Romanistische
Arbeitshefte 57

Herausgegeben von
Volker Noll und Georgia Veldre-Gerner

*Elmar Schafroth*

# Französische Lexikographie

## Einführung und Überblick

De Gruyter

ISBN 978-3-11-027258-1
e-ISBN 978-3-11-028133-0
ISSN 0344-676X

*Bibliografische Information der Deutschen Nationalbibliothek*
Die Deutsche Nationalbibliothek verzeichnet diese Publikation in der Deutschen Nationalbibliografie; detaillierte bibliografische Daten sind im Internet über http://dnb.d-nb.de abrufbar.



Gesamtherstellung: Hubert & Co. GmbH & Co. KG, Göttingen
∞ Gedruckt auf säurefreiem Papier

Printed in Germany

www.degruyter.com

MIX
Papier aus verantwortungsvollen Quellen
FSC® C016439

Für Julian und Maximilian

# Vorwort

Als Franz Josef Hausmann vor einiger Zeit sein Einverständnis für die Neubearbeitung seiner *Einführung in die Benutzung der neufranzösischen Wörterbücher* gab, war nicht abzusehen, dass sich dieses Projekt über einen so langen Zeitraum hinziehen würde. Dass sein Buch seit seinem Erscheinen 1977 eine feste Komponente in den Seminaren zur französischen Lexikographie ist und trotz inzwischen teils veralteter Inhalte nach wie vor in der ersten und einzigen Auflage verwendet wird, spricht für dessen Qualität, aber auch für das große Interesse an einem universitären Einführungsband rund um das Thema Wörterbücher.

Größer könnte der Gegensatz zwischen den technologischen und editorischen Möglichkeiten Ende der 1970er Jahre und 37 Jahre später wohl in kaum einer sprachwissenschaftlichen Disziplin sein als in der Lexikographie. Während 1977 gerade erst der fünfte von sechzehn Bänden des größten Wörterbuchs der französischen Sprache, des *Trésor de la langue française*, erschienen ist und die Auswahl an ein- und mehrbändigen *dictionnaires* eher überschaubar war, haben wir es heute mit einer schier unüberblickbaren Anzahl und Vielfalt von Wörterbüchern und Lexika zu tun, die durch die Digitalisierung der lexikographischen Daten – auch dies eine vergleichsweise junge Entwicklung – zu ungeahnten Möglichkeiten der Wörterbucherstellung geführt hat, deren Zukunft gerade erst begonnen hat.

Aber nicht nur die praktische Lexikographie hat sich – auch in Frankreich und in weiten Teilen der Frankophonie – rasant entwickelt, sondern auch die linguistische Disziplin, die diese erforscht und in Zusammenarbeit mit den Verlagen in der Vergangenheit zu vielen Synergieeffekten bei der Konzeption von Wörterbüchern beigetragen hat. Diese – *Metalexikographie* genannte – Wissenschaft ist in ihren Dimensionen buchstäblich explodiert. Als Beispiele seien die Gründung der EURALEX (*European Association of Lexicography*) 1983 und die Publikation eines dreibändigen internationalen Handbuchs zur Lexikographie 1989 bis 1991 sowie des ersten Bandes des *Wörterbuchs zur Lexikographie und Wörterbuchforschung* von 2010 genannt, von den zahlreichen Fachtagungen, Monographien und Handbüchern ganz zu schweigen.

Das vorliegende Buch versteht sich als Einführung in die Lexikographie und möchte einen Überblick über die aktuellen Wörterbücher und Enzyklopädien geben, ohne dabei die Grundpfeiler der französischen Lexikographie zu vergessen. Es ist selbstverständlich, dass dabei auch die digitalen Werke einen beträchtlichen Stellenwert einnehmen werden. Das Studienbuch bezieht seine Methoden und seinen Inhalt aber auch aus der engen Verbindung, die die Lexikographie mit der Lexikologie eingeht, denn die Beziehungen zwischen den Wörtern zu erforschen ist Gegenstand beider Fachdisziplinen – und die Probleme der systematischen Wortschatzerfassung sind auch diejenigen der Wortschatzerforschung. Somit ist dem hier zugrunde gelegten Verständnis von Lexikographie stets eine lexikologische Sichtweise inhärent, was sich besonders in den ersten Kapiteln niederschlägt.

Der hier gebotene Überblick über lexikographische Grundbegriffe und Termini, über die Geschichte der französischen Wörterbücher und Enzyklopädien sowie über die aktuell zur Verfügung stehenden Werke richtet sich an Studierende des Fachs Französisch bzw. Romanistik, an Fachkollegen und an alle Leser, die hinter die Kulissen eines oft – zu Unrecht – als trocken verschmähten Fachgebiets blicken möchten.

Den Herausgebern Volker Noll und Georgia Veldre-Gerner danke ich für die Aufnahme in die Reihe *Romanistische Arbeitshefte*, Volker Noll insbesondere für seine immense Geduld. Mein Dank gilt auch Ulrike Krauß vom de Gruyter-Verlag für die stets angenehme und gute Zusammenarbeit und Olena Gainulina für die kompetente verlagstechnische Betreuung. Zu ganz besonderem Dank verpflichtet bin ich ferner den Mitgliedern meines Lehrstuhls Romanistik IV, insbesondere den studentischen Hilfskräften Daniel Fliege, Cecilia Broxup und Kathrin Andree, sowie den Mitarbeiterinnen Karin Ewert-Kling, Wiebke Langer, Julia Sielaff und Nora Wirtz. Vielmals danken möchte ich auch Silvia Caravaggi für ihre Hilfe bei der Erstellung von Graphiken und Gisela Clajus von der Universitäts- und Landesbibliothek Düsseldorf für die stets zuvorkommende Erhörung und zuverlässige Bearbeitung meiner zahlreichen bibliothekarischen Anliegen. Mein Dank gilt ferner meinen französischen *témoins* und Freunden Michel Moulherat und Francis Schaeffer. Für wertvolle fachliche Hinweise möchte ich schließlich Sefan Ettinger und Werner Hupka (beide Augsburg), Susanne Kolb (Florenz), Peter Wunderli (Twann), Alain Polguère (Nancy), Esther Baiwir (Lüttich), Pierre Martel (Sherbrooke), Jean-Claude Boulanger (Quebec) und André Thibault (Paris) sehr herzlich danken.

# Abkürzungen und typographische Konventionen

## Allgemeine Abkürzungen

| | |
|---|---|
| angels. | angelsächsisch |
| CxG | Construction Grammar (Konstruktionsgrammatik) |
| dt. | deutsch |
| e. | englisch |
| fr. | französisch |
| fr.q. | français québécois |
| ggf. | gegebenenfalls |
| gr. | griechisch |
| Jh. | Jahrhundert |
| ib. | ibidem (ebenda) |
| it. | italienisch |
| lat. | lateinisch |
| Ling. | Linguistik |
| nfr. | neufranzösisch |
| nl. | niederländisch |
| p. | portugiesisch |
| rum. | rumänisch |
| s. | siehe |
| sp. | spanisch |
| st.fr. | standardfranzösisch |
| s.v. | sub voce (unter dem Lemma) |
| vgl. | vergleiche |
| Wb. | Wörterbuch |
| zit. | zitiert |

## Abkürzungen der am häufigsten zitierten Wörterbücher und Lexika

| | |
|---|---|
| DAF | Dictionnaire de l'Académie française |
| Dcm | Dictionnaire des combinaisons de mots |
| Ddf | Dictionnaire de français |
| DdfLAR | Dictionnaire de français Larousse en ligne |
| DEC | Dictionnaire explicatif et combinatoire du français contemporain |
| DFC | Dictionnaire du français contemporain |
| Dfcoll | Dictionnaire du francais au collège |
| Dfv | Dictionnaire du français vivant |
| DicDF | Dictionnaire du français |

| | |
|---|---|
| DicHist | Dictionnaire historique de la langue française |
| DiCouèbe | Dictionnaire en ligne de combinatoire du français |
| DQA | Dictionnaire québécois d'aujourd'hui |
| DUW | Duden. Deutsches Universalwörterbuch |
| Enc | Encyclopédie |
| FEW | Französisches Etymologisches Wörterbuch |
| GDU | Grand dictionnaire universel du XIX$^{e}$ siècle |
| GR | Le Grand Robert (digitale Version) |
| LarXX$^{e}$ | Larousse du XX$^{e}$ siècle |
| LDOCE5 | Longman Dictionary of Contemporary English |
| LGDaF | Langenscheidt Großwörterbuch Deutsch als Fremdsprache |
| MR | Micro Robert |
| PLi | Le Petit Larousse illustré 2014 |
| PR | Le Petit Robert 2014 (digitale Version) |
| Rméth | Le Robert méthodique |
| TLF(i) | Trésor de la langue française (informatisé) |

## Typographische Konventionen

| | |
|---|---|
| ► | Separate Erläuterung von Termini außerhalb der Lexikographie |
| < | (eine Form) kommt aus/stammt von (einem Etymon, einer anderen Sprache) |
| ? | hinsichtlich seiner Akzeptabilität fragwürdiges, ungewöhnliches Lexem |
| * | historisch nicht belegtes Lexem; grammatikalisch nicht korrekte Form oder Konstruktion |

# Einleitung

Im Folgenden soll skizziert werden, was in diesem Romanistischen Arbeitsheft behandelt wird, aber auch was nicht Eingang finden konnte. Beginnen wir damit, diejenigen Werke zu nennen, die sozusagen Pflicht- und Hintergrundlektüre für eine Einführung in die französische Lexikographie sind. Neben Hausmanns Band von 1977, den französischen Klassikern Quemada (1967), Matoré (1968), Rey (1982) und neueren Werken zu den französischen Wörterbüchern von Rey (2008) und Dotoli (2012) sind dies zahlreiche Artikel aus dem internationalen Handbuch *Wörterbücher – Dictionaries – Dictionnaires* in drei Bänden (Hausmann et al., 1989–1991, eds.) und die Handbücher zur Lexikographie von Herbst/Klotz (2003), Engelberg/Lemnitzer ($^{4}$2009), Svensén (2009) ebenso wie Einführungen in die Lexikologie von Wunderli (1989), Niklas-Salminen (1997), Cruse et al. (2002, 2005, eds.), Lehmann/Martin-Berthet ($^{3}$2008), Polguère ($^{2}$2008) und Schlaefer ($^{2}$2009), Letztere auch für Lexikographie, ferner einführende Werke zur Semantik (Blank 2001, Löbner 2003, Busse 2009).

Was die Auswahl an Wörterbüchern betrifft, so wurde innerhalb der *zeitlichen Dimension* zwar ein eindeutiger Schwerpunkt auf aktuelle synchronische Werke gelegt, jedoch werden diachronische Wörterbücher ebenso behandelt wie die großen Werke des 19. Jahrhunderts und das Wörterbuch der Académie française (von der ersten bis zur aktuellen Auflage). Ebenso wird Bezug genommen auf die Tradition der enzyklopädischen Wörterbücher und die *Encyclopédie* von Diderot und D'Alembert (Kap. 7.2). Besondere Aufmerksamkeit erfahren ferner die Wörterbücher der Verlagshäuser Hachette, Larousse und Robert (Kap. 5.3).

Bei der Frage der zu berücksichtigenden Wörterbuch*typen* musste eine Auswahl getroffen werden, die sich auch an den Inhalten eines Französischstudiums orientieren sollte. So sind die in Kapitel 4 behandelten lexikographischen Gattungen solche, denen Studierende des Französischen am ehesten begegnen dürften. Dies bedeutet natürlich andererseits, auf viele andere Wörterbucharten verzichten zu müssen. Nicht thematisiert werden in diesem Band daher Wörterbücher zu Abkürzungen, Aussprache, Berufsbezeichnungen, Gesten, Homonymen, Orthographie, Reimen, Sprichwörtern (und andere mehr). Einen Überblick über die Vielzahl an Spezialwörterbüchern bietet Band 2 (1990) des oben zitierten Handbuchs.

Bezüglich der *medialen* Erscheinungsform wurde dort, wo eine Auswahl zwischen einer elektronischen und einer Printversion besteht, grundsätzlich das digitale Medium verwendet, weil der Zugriff auf dieses für alle Benutzer in jederlei Hinsicht einfacher sein dürfte. Dies betrifft vor allem die Werke *Petit Robert*, *Grand Robert* und *Trésor de la langue française*, die über CD-ROMs oder Internet zugänglich sind. Die drei genannten Werke werden mit PR, GR und TLFi abgekürzt.

Besonderer Wert wurde auch auf neuere digitale Wörterbücher gelegt, die bisher in Einführungswerken noch kaum oder gar nicht Gegenstand der lexikographischen Beschreibung waren und die beträchtliche methodische Neuerungen mit sich bringen. Hier können der *Dictionnaire en ligne de combinatoire du français* (DiCouèbe) und der *Dictionnaire d'apprentissage du français langue étrangère ou seconde* (DAFLES) genannt werden.

Bei den Arbeitsaufgaben wurde zudem darauf geachtet, möglichst viele für jedermann *online* zugängliche Wörterbücher einzubauen. Da Portale wie das Centre National de Ressources Textuelles et Lexicales (CNRTL), das ARTFL Project *Dictionnaires d'autrefois* (URL-ARTFL), das *Musée virtuel des dictionnaires* (Musée) oder Gallica erfreulicherweise auch viele Wörterbücher früherer Jahrhunderte digitalisiert zur Verfügung stellen, konnten auch diese in die Aufgaben (und natürlich in das Buch an sich) mit einbezogen werden. Dies gilt analog für Datenbanken wie die *Base de données lexicographiques panfrancophone* (BDLP), *Frantext* und *FrameNet*, und für elektronische Sprachkorpora, hier das *Corpus de français parlé au Québec* (CFPQ) und das *Corpus de LAngues Parlées en Interaction* (CLAPI).

Dieses Buch bietet über die Vermittlung lexikographischen Basiswissens hinausgehend auch eine ausführliche Behandlung *lexikologischer* und *semantischer Grundbegriffe* – insbesondere in den Kapiteln 1, 3, 6–8. Diese Passagen werden mit dem Symbol ▶ angezeigt.

Drei verschiedene Indizes – zu Namen, Begriffen und Wörterbüchern – sowie ein Verzeichnis der häufigsten Abkürzungen und Akronyme erlauben einen raschen und gezielten Zugang zu den gewünschten Informationen. Ein Glossar soll auf einen Blick diejenigen Termini und ihre Verwendung in diesem Buch zusammenstellen, die keine gesonderte Definition erfahren haben.

Wie bereits im Vorwort angedeutet, ist diese Einführung in die Lexikographie in weiten Teilen auch eine Einführung in die Lexikologie. In den Ausführungen lexikologischer und semantischer Grundbegriffe wurden mehrere linguistische Theorien rezipiert: der Strukturalismus im Sinne Saussures, die strukturelle Semantik, die Dependenzgrammatik Tesnières, die kognitive Semantik, insbesondere die Prototypensemantik (vor allem nach Blank), Frametheorien nach Fillmore und Busse, die *Sens-Texte*-Theorie nach Mel'čuk und die Konstruktionsgrammatik (nach Fillmore, Croft). Durch diese Mischung aus – traditionellen wie modernen – linguistischen Theorien und Methoden (vergessen wir nicht die Korpuslinguistik) sowie digitalen Ressourcen einerseits und der Präsentation und angewandten Analyse zahlreicher Wörterbuchtypen andererseits – unter Anknüpfung an die historischen Traditionen der französischen Lexikographie – soll nicht nur eine Einführung und ein Überblick geboten werden, sondern auch eines angestrebt werden: die Erkenntnis, dass Lexikographie nicht langweilig ist!

# Inhalt

# 1. Lexikologie und Lexikographie

## 1.1 Wort, Lexem, Funktionswort, Lexie

*Il faut laisser du temps au temps.*

Dieser Ausspruch stammt aus dem Munde des früheren französischen Staatspräsidenten François Mitterrand. Wie viele Wörter enthält er? Sieben, sechs oder fünf? Für alle drei Antworten gibt es Argumente, die mit der Auffassung davon zu tun haben, was ein *Wort* ist. Intuitiv würden Franzosen sicher sagen, der Satz bestehe aus sieben Wörtern. Demnach wäre ein Wort zu definieren als eine graphische Zeichenfolge, die nach einer Leerstelle beginnt und vor einem Leerzeichen bzw. mit einem Satzzeichen endet. Das wäre sozusagen der **graphische Wortbegriff** (*mot graphique*), der auf den ersten Blick ebenso banal wie nachvollziehbar erscheint und auf den zweiten Blick durchaus auch angewandt wird, z.B. bei der Zählung des Gesamtumfangs in Textverarbeitungsprogrammen (z.B. Textumfang 3 000 Wörter) – und in der Korpuslinguistik.

► **Korpuslinguistik** (*linguistique de corpus*) ist eine Disziplin der Sprachwissenschaft, die auf der Basis von Recherchen in Sprachkorpora phonologische, lexikalische, morphologische, (morpho)syntaktische, pragma-, text- und diskurslinguistische Fragestellungen empirisch untermauert und authentische Sprachbelege für die Lexikographie zur Verfügung stellen kann. Ein **Sprachkorpus**, auch *Textkorpus* oder nur *Korpus* (Plural *Korpora* – frz. *le(s) corpus*) ist eine begrenzte Menge sprachlichen Materials (aus dem *code écrit* oder *code parlé*), welches graphisch, meist nach bestimmten linguistischen Notationskonventionen, aufgezeichnet und – heute meist digital – für die verschiedensten sprachwissenschaftlichen oder sprachdidaktischen Zwecke verwendet wird (vgl. Pusch/Raible 2002, eds., Pusch 2002/2003). Der Umfang der Korpora wird meist mit der Anzahl der **Wortformen** (fr. *mots*), auch *Wortvorkommen*, *Okkurrenzen* oder *tokens* genannt, wiedergegeben – dies sind Termini der Sprachstatistik (*statistique lexicale*). So zählt das Korpus *Elilap – Etude linguistique de la langue parlée* 1 116 000 „mots" (De Kock et al. 1980–, eds.). Hierbei handelt es sich um Wörter im Sinne des oben definierten graphischen Worts. Weitere Korpora der französischen Sprache sind der *Corpus de français parlé au Québec* (CFPQ) und der *Corpus de LAngues Parlées en Interaction* (CLAPI) (weitere Korpora s. CNRTL, http://www.cnrtl.fr/corpus).

Es gibt aber noch eine andere Art und Weise, Wörter in einem Text zu quantifizieren. Und diese entspricht der Antwort „sechs" auf die eingangs gestellte Frage: Die zwei Wörter (Wortformen) *temps* lassen sich ein und demselben Lexem *temps* zuordnen. Ein **Lexem** (*lexème*) ist die Grundform oder Nennform eines Wortes, sozusagen eine abstrakte Kategorie, wie sie im Wörterbuch als Stichwort registriert ist (dort heißt sie dann *Lemma*, s. Kap. 2.1). Wenn in einem Text die Wörter *pense*, *pensons*, *pensez*, *pensé*, *pensa*, *penserais* und *pensait* vorkommen, so sind sie alle der Nennform, dem Lexem *penser*, zuzuordnen. Lexeme sind Träger von Bedeutungen, welche auf die außersprachliche Wirklichkeit verweisen. Sie können Konkreta wie *voiture*, *route* oder *réparer* ebenso wie Abstrakta (z.B. *amour*, *honneur*) bezeichnen. Ihre Bedeutung kann für sich selbst stehen, ist also nicht von der Bedeutung anderer sprachlicher Zeichen abhängig. Lexeme werden deshalb auch als **Autosemantika** (Singular *Autosemantikum*) oder **Inhaltswörter** bezeichnet, sie verfügen über semantische Autonomie (*autonomie sémantique*) und über einen nachvollziehbaren semantischen Gehalt (Inhalt). Das Gegenstück zu den Autosemantika sind **Synsemantika** (Singular *Synsemantikum*), also Elemente, deren Bedeutung nicht unabhängig von anderen Elementen ist, die oft sogar nur wenig bis keine lexikalische Bedeutung haben, sondern vor allem die Beziehungen zwischen Lexemen und Lexemgruppen innerhalb eines Satz oder einer Äußerung herstellen (Präpositionen und Konjunktionen) oder als Kennzeichnen für eine Wortart dienen (Personalpronomina und Determinatoren wie Artikel, Demonstrativ- oder Possessivpronomina). Sie werden deshalb auch **grammatische Wörter** (*mots grammaticaux*) oder **Funktionswörter** (*mots-outils*) genannt. Im Satz *Il faut laisser du temps au temps* sind *il*, *du* und *au* Funktionswörter, *faut* eine Wortform des Lexems *falloir* und die beiden Wörter *temps* stehen für das Lexem *temps*.

► In der Korpuslinguistik und Sprachstatistik werden Lexeme und Funktionswörter auch als ***Worttypen***, engl. *types*, im Französischen als *vocables*, bezeichnet. So umfasst Corneilles Tragödie *Le Cid* 16 690 *mots* und 1 518 *vocables*.[1] Das methodologische Problem, die *types* in jedem Fall maschinell zu erkennen, ist vielfach noch ungelöst: Wie soll ein Programm *tandis que* und *dès lors que* als eine Einheit, als *ein* Funktionswort, erkennen? Wenn *de la confiture* drei Worttypen sind, ist es dann nicht inkonsequent, *du miel* (< *de* + *le miel*) nur als zwei zu zählen?

Diese Fragestellung führt uns zu einer weiteren Verwendung des Wortbegriffs

*Liebe ist nur ein Wort.*

So lautet der Titel eines beliebten Romans von Johannes Mario Simmel. Das Buch wurde als *L'amour n'est qu'un mot* ins Französische übersetzt. *Liebe* sei also (nur) ein Wort, was sicherlich auch mit dem Sprachbewusstsein eines durchschnittlichen deutschen Muttersprachlers übereinstimmt. Im Französischen muss der definite Artikel stehen, so dass das „Wort" *l'amour* hieße. *L'amour* und *il faut* aus dem obigen Zitat werden von Wunderli (1989, 15) als **Lexien**, als „unité[s] de comportement syntaxique", als syntaktische Funktionseinheiten, bezeichnet. Da ein Wort wie *amour* und *faut* ja in der *chaîne parlée* gewöhnlich nicht ohne Wortartenmarker (hier definiter Artikel bzw. Subjektpronomen) auftreten, werden ***l'amour*** und ***il faut*** ebenso wie ***le** pare-brise* und ***la** machine à*

---

1 S. Dubois et al. ($^{2}$2007, 313).

*écrire* als Einheiten angesehen.[2] Aber auch Phraseologismen (*mettre la puce à l'oreille* 'hellhörig machen', *bon gré mal gré* 'ob man will oder nicht'), Akronyme (*H.L.M.*, *S.N.C.F.*) und Kollokationen (*prononcer un discours* 'eine Rede halten', *souffler une bougie* 'eine Kerze ausblasen') seien, so Wunderli, Lexien. Der auf Bernard Pottier zurückgehende Begriff der Lexie bleibt jedoch letztlich diffus, da er bereits bei Pottier selbst unterschiedlich akzentuiert wird:

(a) Pour éviter les ambiguités qui resultent de l'emploi du terme « mot », nous proposons de traiter avec des *lexies*. Les lexies sont les éléments fondamentaux, en langue, de la construction syntaxique. [...] D'où trois sortes de lexies: lexie simple (*cheval*), lexie composée (*cheval-vapeur*), lexie complexe (*cheval marin*). Ces lexies doivent être introduites dans les « vocabulaires fondamentaux » sur un même plan; elles sont indispensables dans les dictionnaires destinés à la traduction automatique (Pottier [5]1969, 1.3);

(b) Une lexie peut contenir un seul lexème (*chaise*, *à tâtons*) ou plusieurs (*battre la campagne*) (Pottier 1964, 119);

(c) Il y a deux classes de lexies: celles qui sont formées par un *morphème*; celles qui sont formées par la combinaison de *lexèmes* et de *morphèmes*. Toutes les lexies ont en commun d'être versées obligatoirement à une « partie du discours » [...] (Pottier 1964, 125).

Die ersten beiden Zitate machen deutlich, dass Pottier unter *Lexie* das versteht, was in diesem Buch als *komplexes Lexem* bezeichnet wird, wobei *Lexem* bei Pottier (und auch bei Wunderli), ganz in der Tradition André Martinets, für die Bedeutung 'lexikalisches Morphem' reserviert ist, also nicht mehr für größere Einheiten zur Verfügung steht.[3] Andererseits wird *Lexie* offenbar als eine syntaktische Grundeinheit aufgefasst (a), die in fester Verbindung mit der Wortklassenzugehörigkeit steht. Allerdings bleibt die syntaktische Relevanz der Lexien letztlich offen (bei Wunderli eher als 'syntaktisches Wort', bei Pottier eher im Sinne einer lexikalischen Einheit innerhalb des Satzes zu verstehen). Dass ein grammatikalisches Morphem alleine eine Lexie sein kann (c), trägt allerdings zur Verwirrung bei. Wunderli (1990, 95) definiert *Lexie* als Einheit, die üblicherweise aus einem grammatikalischem und einem lexikalischen Morphem besteht (*blanch-eur*, *parl-er*, *vend-eur*), es können aber auch mehrere lexikalische Morpheme beteiligt sein (*télé-spectateur*, *coup de foudre*, *grand magasin*, *cigarette-filtre*, etc.).

Der Begriff der Lexie bleibt unklar und hat zudem in einer Lexikologie, die in der Hierarchie der Einheiten auch oberhalb des Morphems einen klar umrissenen Begriff, denjenigen des **Lexems**, zur Verfügung hat, keinen Platz. Es ist deshalb besser, *Lexie* zu

---

2 „Lexien [...] umfassen mindestens ein Lexem (= lexikalisches Monem) und ein Morphem (= grammatikalisches Monem [...]" (Wunderli 1989, 15).

3 Martinet (1967, 15f., 119) spricht von *Monemen* als den kleinsten bedeutungstragenden Einheiten, die untergliedert werden in *grammatikalische Moneme* (oder *Morpheme*) und *lexikalische Moneme* (oder *Lexeme*). In der Terminologie des amerikanischen Strukturalismus, die heute von den meisten Linguisten außerhalb Frankreichs verwendet wird, entsprechen die beiden Kategorien den grammatikalischen und lexikalischen Morphemen.

vermeiden und stattdessen von **einfachen Lexemen** (*Simplizia*, Sg. (*das*) *Simplex*) oder **komplexen Lexemen** zu sprechen.[4]

► **Simplizia** bestehen aus einem Wortstamm (einem lexikalischen Morphem) und gegebenenfalls einem Flexionsmorphem, z.B. *chat* /ʃa/ (Wortstamm), *laisser* /lɛse/ (Wortstamm /lɛs/ + Flexionsmorphem/e/), (*vous*) *parlez* /parle/ (Wortstamm /parl/ + Flexionsmorphem/e/). Sie entsprechen am ehesten dem, was Bloomfield (1933, 177f.) unter *Wort* verstanden hat („a word is a minimum free form"), d.h. die kleinste sprachliche Einheit, die in einem bestimmten Kontext eine vollständige sinnvolle Äußerung darstellen kann.

► **Komplexe Lexeme** setzen sich zusammen aus:

a) zwei Wortstämmen oder zwei Lexemen und gegebenenfalls einem Funktionswort und/oder Flexionsmorphem: **Komposita** (*mots composés*) wie *pare-brise* (*pare* + *brise*), *porte-hélicoptères* (*porte* + *hélicoptère* + *s* – das Pluralmorphem ist nur graphisch analysierbar) oder *machine à coudre* (Lexem + Funktionswort + Lexem); **gelehrte Bildungen** (*recomposés* oder *composés savants*) wie *vidéothèque* oder *francophile*;

b) mehr als zwei Wortstämmen mit oder ohne Funktionswort: **Funktionsverbgefüge** wie *prendre en considération*, **Akronyme** wie *H.L.M.* /aʃɛˈlɛm/ (*habitation à loyer modéré*);

c) einem Wortstamm und einem oder mehreren **Derivationsmorphemen**:[5] *précurseur* (*pré-* als Präfix, *curs-* als Wortstamm, *-eur* als Suffix);

d) mindestens zwei Lexemen (und gegebenenfalls einem oder mehreren Funktionswörtern), deren Einzelbedeutungen nicht die Bedeutung des komplexen Lexems sind; dies ist der Fall bei **Phraseologismen**, z.B. *vendre la mèche* ('alles ausplaudern') oder *se la couler douce* ('eine ruhige Kugel schieben').

---

4 Dennoch wird in der Romanistik bei manchen Autoren nach wie vor mit diesem Begriff gearbeitet, z.B. in Blank (2001, 6f.), wo *Lexie* im Sinne des hier verwendeten Terminus als *komplexes Lexem* verstanden wird, oder in Mel'čuk (DEC), Polguère ([2]2008) oder im *Lexique actif du français* (LAF), wo es im Sinne von 'lexikalischer Einheit' verwendet wird.

5 Derivationsmorpheme werden neben den Flexionsmorphemen oft als zweite Unterkategorie der grammatikalischen Morpheme betrachtet (so in Niklas-Salminen 1997, 19). Doch das erscheint angesichts ihres vielfach semantischen Gehalts problematisch (fr. *-eur* in *chanteur* bedeutet 'jemand, der die im Verb ausgedrückte Handlung ausführt', fr. *-ier* in *poirier* bedeutet 'Baum, der die im lexikalischen Morphem ausgedrückte Frucht trägt'). Andererseits können das Argument der Reihenbildung und die bei manchen Suffixen primär kategoriale Funktion (d.h. das Anzeigen der Wortklasse), z.B. bei *-ion* oder *-ation*, natürlich auch für eine Zuordnung zur Grammatik sprechen. **Derivationsmorpheme** sollen deshalb hier neben den grammatikalischen und lexikalischen als eigenständiger Morphemtyp gesehen werden.

**Kollokationen** sind – im Gegensatz zur Auffassung der Befürworter des Lexiebegriffs – *keine* komplexen Lexeme, sondern Kombinationen aus (meist) zwei Lexemen, z.B. *accorder un piano* ('ein Klavier stimmen') (s. Kap. 3.2.2).

Halten wir fest: In der Lexikologie wird von Lexemen und Funktionswörtern als Grundeinheiten des Wortschatzes gesprochen, die sich nicht nur durch den Status ihrer Bedeutung unterscheiden (autosemantisch gegenüber synsemantisch), sondern auch durch die Offenheit bzw. Geschlossenheit ihres Inventars: Lexeme sind prinzipiell eine offene Klasse, weil aus Gründen der Bezeichnungsnotwendigkeit und menschlichen Kreativität ständig neue gebildet (z.B. *eurosceptique*, Erstbeleg 1992) oder entlehnt werden (z.B. *airbag* [1992]) oder weil es zu semantischen Prozessen kommt, die das Bedeutungsspektrum eines Lexems erweitern (vgl. *souris* 'Maus': hier ist, ausgehend von der Domäne TIER, durch Herstellen einer Ähnlichkeitsbeziehung, eine neue Bedeutung in der Domäne COMPUTER entstanden[6]). Funktionswörter sind eine geschlossene Klasse und meist in starren Paradigmen angeordnet (Pronomina, Determinatoren z.B.). Was man allgemeinsprachlich unter *Wörtern* versteht, sind sprachwissenschaftlich Lexeme oder Funktionswörter. In der Linguistik hingegen wird *Wort* als Vorkommen eines Lexems verstanden, das mit der Nennform identisch sein kann oder in flektierter Form auftritt.

Dennoch bleibt der Terminus *Wort* insgesamt für die Sprachwissenschaft problematisch, da er offenbar auch in solchen Kontexten nicht verzichtbar ist, in denen eigentlich von *Lexem* gesprochen werden müsste, was folgende feststehende Ausdrücke unterstreichen: *Funktions**wort***, ***Wort**klassen*, ***Wort**schatz*, ***Wörter**buch* – es heißt ja nicht: **Lexemschatz*, **Lexembuch*. Zudem umfassen Wortarten (auch *Wortklassen*), die im Französischen *parties du discours* (also im etymologischen Sinne wörtlich 'Redeteile') heißen, ja Lexeme *und* Funktionswörter.

Insgesamt gilt:

| **Sprachwissenschaft** | Wort (form) | *Lexikalische Einheit* | |
|---|---|---|---|
| | | Lexem | Funktionswort |
| **Allgemeinsprache** | Wort | *Wort* | |
| | | Wort | Wort |

Abb. 1: Der Ausdruck *Wort* in der sprachwissenschaftlichen Terminologie und in der Allgemeinsprache

Sucht man aber (außerhalb der Sprachstatistik und Korpuslinguistik) einen sprachwissenschaftlichen Oberbegriff (ein *Hyperonym*) zu *Lexem* und *Funktionswort*, so liest man häufiger den Terminus ***lexikalische Einheit***, auf den im Folgenden auch gelegentlich zurückgegriffen wird. In der Fachliteratur ist aber dennoch oft von *Wort* als Hyperonym

---

6 S. Lakoff/Johnson (2007, 170ff.).

die Rede, so dass mit Bezug auf diese Quellen auch in diesem Buch der Ausdruck *Wort* mitunter unvermeidbar sein wird.[7] *Wort* steht jedoch in einem solchen Falle in doppelten Anführungszeichen („Wort").

## 1.2 Wortschatz, Lexikon, Lexik

So wenig eindeutig der Begriff 'Wort' ist, so unpräzise ist das, was man unter *Wortschatz* versteht. Zudem gibt es mit *Lexikon* und *Lexik* zwei konkurrierende Termini, die ebenfalls einer Klärung bedürfen. Betrachten wir zunächst *Lexikon* und *Wortschatz*:

**Wortschatz**
1. *Ling./Allgemeinspr.* abstraktes Inventar von Lexemen (und Funktionswörtern)
 a) kollektiv (Wortschatz des Französischen, Deutschen, etc.)
 b) individuell (Sprecher)
 c) sektoriell (Wortschatz der Informatik, der Jugendsprache, etc.)
2. *Allgemeinspr.* konkrete Verwendung von Lexemen (und Funktionswörtern)
3. *Ling.* konkretes Inventar von Lexemen und Funktionswörtern, Wörterbuch, Glossar (z.B. Wortschatz nach Sachgruppen)

**Lexikon**
1. *Ling.* $\text{Wortschatz}_1$ (s. dort)
2. *Ling.* Komponente einer Grammatiktheorie (z.B. der generativen Grammatik)
3. *Neurol., Psych., Kogn., Ling.,* mentales Lexikon
4. *Ling., Lexikogr.* Sachwörterbuch, enzyklopädisches Wörterbuch
5. *Allgemeinspr.* jede Art von Wörterbuch (also auch Sprachwörterbücher)

Es ist offensichtlich, dass der Wortschatz einer Sprache, auch eines Sprechers, eine offene Größe ist, zu der täglich neue Wörter und Wortbedeutungen „hinzukommen" (d.h. in der Sprachgemeinschaft ab einem gewissen Zeitpunkt verwendet werden), andere mit der Zeit aus der Mode kommen, bis sie nur noch marginal gebraucht und schließlich nicht mehr verstanden werden. Sowohl im linguistischen Sprachgebrauch als auch im allgemeinsprachlichen Sinne ist ***Wortschatz*** zuallererst ein **abstraktes Inventar** von Lexemen – natürlich auch von Funktionswörtern, aber diese stellen ja ein geschlossenes Inventar da und sind praktisch immun gegenüber Phänomenen wie Entlehnung und sprachlicher Kreativität. Dieses Inventar kann auf die gesamte Sprachgemeinschaft bezogen sein („der Wortschatz des Französischen"), auf einen einzelnen Sprecher („Sie hat einen enormen Wortschatz") oder auf eine Fachdomäne oder soziale Gruppe („(Fach-) Wortschatz der Informatik", „Wortschatz der Jugendsprache"). Wortschatz in diesem

[7] Vgl. die zahlreichen theorieabhängigen Definitionen von *Wort* in Cruse et al. (2002, eds.).

Sinne ist eine abstrakte Größe, weil er sich nie in seiner Gänze manifestiert, und daher nur eine theoretische, nicht messbare (1a) oder nur schätzbare (1b, 1c) Größe handelt. Des Weiteren kann mit *Wortschatz* die **konkrete Verwendung** von Lexemen (und Funktionswörtern) gemeint sein, d.h. eine bestimmte Anzahl empirisch, z.B. durch Sprachkorpora oder literarische Werke, nachweisbarer *parole*-Akte, also konkreter sprachlicher Realisierungen eines Sprechers oder Autors (2). Dies ist etwa der Fall, wenn man über jemanden sagt, sein Wortschatz sei gewählt, mit Anglizismen gespickt oder vulgär. Schließlich ist unter *Wortschatz* in der Sprachwissenschaft ein konkretes Inventar von Lexemen (und Funktionswörtern) zu verstehen, welches in Buchform oder digital dokumentiert wird (z.B. „Wortschatz des Deutschen nach Sachgruppen").

Der Terminus ***Lexikon*** ist nicht weniger polysem. Er kann synonym mit *Wortschatz* (Bedeutung 1) verwendet werden oder innerhalb einer linguistischen Theorie (insbesondere derjenigen der generativen Grammatik) neben der Grammatik die zweite Basiskomponente des sprachlichen Wissens darstellen, über die jeder Sprecher verfügt. Das Lexikon beinhaltet Wortklassen und Lexeme, die mit den Regeln der Grammatik, welche Phonologie, Morphologie und Syntax umfassen, zu Äußerungen verknüpft werden. In den letzten Jahrzehnten wurde *Lexikon* vermehrt in kognitiver und psycholinguistischer Hinsicht verwendet, wobei unter dem *mentalen Lexikon* „das neuronal basierte, internalisierte Wissen von Sprechern über Wörter und ihre Eigenschaften als Gegenstand psycho- und neurolinguistischer Forschung" (Engelberg/Lemnitzer $^{4}$2009, 7) zu verstehen ist. In der Allgemeinsprache (5) wird *Lexikon* für jede Art von Wörterbuch verwendet, in Linguistik und Lexikographie bleibt der Terminus auf die Kategorie der Sachwörterbücher (4) beschränkt bleibt (s. Kap. 7).

Schließlich bleibt noch der eher selten verwendete Fachterminus **Lexik**, worunter in der Sprachwissenschaft meist 'Wortschatz als eine der Untersuchungsebenen' (neben Phonologie, Morphologie etc.) verstanden wird. Für *Wortschatz* im Sinne von 1 und 2 wird *Lexik* eher nicht verwendet, gelegentlich im Sinne von 3 ('Fachwortschatz').

Im **Französischen** stehen die Termini *lexique* und *vocabulaire* zur Verfügung. Nach Niklas-Salminen (1997, 27) entspricht dabei *lexique* in etwa *Wortschatz* in seiner ersten Bedeutung und *vocabulaire* den „mots utilisés par un locuteur donné dans une réalisation orale ou écrite" (ib.), also der zweiten Bedeutung von *Wortschatz*, zu der Dubois et al. (2007, 282) auch die Dokumentation des Wortschatzes in einem Werk oder im Gesamtwerk eines Autors, einer sogenannten **Konkordanz** (fr. *concordance*), zählen. *Lexique* kann darüber hinaus aber auch im Sinne von *Wortschatz*$_3$ verwendet werden (vgl. den 1 445 „Wörter"[8] umfassenden **Grundwortschatz** (*vocabulaire fondamental*) des 1956 veröffentlichten *français fondamental*) – oder als zweisprachige Wortliste (auch **Glossar**), im Unterschied zum *dictionnaire*, welches wesentlich mehr sprachliche Informationen bietet (ib.). Es wird in der französischen Fachliteratur immer wieder betont, dass *lexique* eine Einheit der *langue* sei und *vocabulaire* sich im *discours* (also in der

---

[8] Genauer gesagt 1 176 Lexeme und 269 Funktionswörter (s. Dubois et al. 2007, 207), auf einer höheren Stufe, dem *F.F.2*, ca. 1 700 lexikalische Einheiten.

*parole*) manifestiere. Die Grundeinheit des *lexique* ist das *lexème*, diejenigen des *vocabulaire* die *vocables* (Wortvorkommen eines Lexems) und die *mots* (irgendein Wortvorkommen). Ferner wird *lexique* auch in der Bedeutung *Lexikon*, seltener – insbesondere in der kognitiven Linguistik und Psycholinguistik – auch als *lexique mental* verwendet.

Was den **Wortschatzumfang** betrifft, so wird auf der Ebene des Sprechers (1b) zwischen *aktivem* (oder auch *produktivem*) und *passivem* (auch *rezeptivem*) *Wortschatz* unterschieden. Den aktiven Wortschatz kann ein Sprecher spontan aus seinem mentalen Lexikon abrufen, um Äußerungen zu produzieren oder Dinge zu benennen. Dies gilt für die Muttersprache ebenso wie für eine Fremdsprache. Der **aktive Wortschatz** eines muttersprachlichen Durchschnittssprechers wird bei Römer/Matzke (2010) auf 6 000 bis 10 000 Wörter geschätzt (je nach Ausbildung, Beruf, Interessen). Auch müsste man hier wohl zusätzlich zwischen mündlichem und schriftlichem aktiven Wortschatz unterscheiden. Was den aktiven schriftlichen Wortschatz großer literarischer Autoren betrifft, so sollte stets zwischen *types* und *tokens* differenziert werden. Für La Fontaine und Molière, zwei Schriftsteller der französischen Klassik – der eine berühmt für seine Fabeln, der andere für seine Komödien –, wurden ca. 20 000 verschiedene Wörter, also *types*, gezählt.[9] Bei Corneille und Racine, ebenfalls Dichter des 17. Jahrhunderts, sieht man sehr schön den Unterschied zwischen Wortformen und Typen: In 18 Stücken kam Corneille bei einem Gesamtvolumen von 303 353 Okkurrenzen mit 4 019 verschiedenen Wörtern aus, während Racines Wortschatz (auf der Basis von 11 Stücken) 3 263 *types* und 158 899 *tokens* zählt.[10]

Der **passive Wortschatz** ist natürlich größer, weil sich darin auch diejenigen Lexeme befinden, die man zwar beim Lesen oder Hören dekodieren kann, aber selbst nicht verwendet, meist weil diese in irgendeiner Hinsicht markiert (z.B. *gehoben*, *bürokratisch*, *veraltend*, *neu*, *bildungssprachlich*, *regional*) oder syntaktisch aufwändig sind (vgl. das in der deutschen Qualitätspresse gerne verwendete *jemanden* (*einer Lüge*) *zeihen*). Was den Umfang betrifft, so gehen die Schätzungen – „messen" lässt sich der passive Wortschatz ja nicht – weit auseinander. Gebildeten Muttersprachlern wird ein **passiver Wortschatz** von 30 000 Lexemen und Funktionswörtern attestiert, zum Teil auch deutlich mehr – Karnath/Thier ($^{3}$2102, 424) veranschlagen für einen Durchschnittssprecher mindestens 50 000, manche Quellen sprechen sogar von 100 000.

Nun noch ein Wort zum **Gesamtwortschatz** einer Sprache (im Sinn von 1a). Wenn man Abhandlungen zum Wortschatz europäischer Kultursprachen liest, stößt man auf eine Spanne von 300 000 bis 500 000 „Wörtern" (z.B. Niklas-Salminen 1997, 26f.) – Eigennamen nicht eingerechnet. Solche Berechnungen würden natürlich die gesamte Fachterminologie, den veraltenden und obsoleten sowie regionalen Wortschatz und alle diaphasisch und diastratisch hoch oder niedrig markierten Ausdrücke enthalten. Technisch darstellen lässt sich der Wortschatz einer Sprache nicht, da er nur eine virtuelle

---

9 Für Goethe werden 80 000 verschiedene „Wörter" angegeben (Römer/Matzke 2010, 1).

10 Sämtliche Zahlenangaben zu französischen Autoren nach Wolf ($^{2}$1991, 125).

Größe ist. Naheliegend ist der Versuch, ihn in (meist mehrbändigen) Gesamtwörterbüchern darzustellen. Es kann sich dabei nur um einen Versuch handeln, denn im Moment der Publikation eines Bandes sind bereits wieder Hunderte oder gar Tausende neuer „Kandidaten“ aus Allgemein- und Fachsprache in Umlauf. Aber wo ist die Grenze zu ziehen? Wie viel Wortschatz verträgt ein Wörterbuch, wie viel muss (mindestens) in ein Wörterbuch? Das größte Wörterbuch des Italienischen, der sechsbändige *Grande dizionario italiano dell'uso* (GRADIT, 1999) umfasst 270 000 Stichwörter, das **größte Wörterbuch des Französischen**, der *Trésor de la langue française* in 16 Bänden (s. Kap. 5.3.4) ca. 100 000 Stichwörter und das *Große Wörterbuch der deutschen Sprache* ca. 200 000 Stichwörter in zehn Bänden. Der Stichwortbestand der zweiten Auflage des 20-bändigen *Oxford English Dictionary* (OED2, 1989) wird auf 291 500 beziffert. Für das Spanische liegen die von der synchronen Lexikographie erfassten Lemmata „auf jeden Fall jenseits der 80 000er-Grenze“ (Pöll 2002, 41), jedoch unter 100 000 – die elektronische Fassung der 22. Auflage des DRAE enthält 88 339 Einträge. Dies dürfte auch in etwa der Größenordnung entsprechen, die gebildete Muttersprachler zufriedenstellen müsste. Dass sie alle diese Wörter kennen, ist zwar nicht möglich – aber sie könnten ja in unterschiedlichsten Texten auf sie stoßen. Von der lexikalischen Kompetenz der Sprecher auszugehen, wäre nicht nur methodisch hochproblematisch (welche und wie viele?), sondern würde auch zu geringe Werte hervorbringen, wollte man diese Zahl als Grundlage für den Stichwortbestand einer Sprache ansetzen. Wenn man bedenkt, dass in vielen Sprachen die sich auf etwa 5 000 belaufenden häufigsten Wörter ausreichen, um 90 bis 95% eines beliebigen Textes zu verstehen, dann ließe sich daraus noch kein repräsentatives Wörterbuch erstellen. Die sogenannten Gesamtwörterbücher enthalten also immer mindestens so viel Wortschatz, dass das *kulturelle Erbe* einer Sprache gesichert ist. Die alles entscheidende Frage dabei ist: Zählt man den **Fachwortschatz** dazu oder nicht? Die Medizin z.B. soll über ca. 170 000 Namen (z.B. für Medikamente) und Bezeichnungen verfügen, wobei alleine 60 000 Fachtermini für Krankheiten, Untersuchungsverfahren und Operationsmethoden veranschlagt werden. Andere Berechnungen führen unter Einbezug der Termini angrenzender Wissenschaften sogar eine halbe Million Fachausdrücke an (Wiese 1998, 1278f.).[11]

## 1.3 Lexikologie, Lexikographie, Metalexikographie

Nachdem die Grundbegriffe der Lexikologie behandelt wurden, können wir an dieser Stelle eine Definition von *Lexikologie* geben. Lexikologie ist eine Disziplin der Sprach-

[11] Nach Schätzungen existieren 10 000 Wörter zur Bezeichnung von Köperteilen, Organen und Organteilen, 80 000 Namen für Medikamente, 20 000 Namen zur Bezeichnung von Organfunktionen, 60 000 Namen für Krankheitsbezeichnungen, Untersuchungsverfahren und Operationsmethoden (Porep/Steudel $^{2}$1983, 9).

wissenschaft, die sich mit der Erforschung und Beschreibung des Wortschatzes befasst. Die Zielrichtung kann dabei ebenso diachronisch wie synchronisch sein, *eine* Sprache betreffen oder sprachvergleichend angelegt sein. Zu den Aufgaben der Lexikologie zählt auch die Definition der Grundeinheiten des Wortschatzes wie *Wort*, *Lexem* etc. Lexikologie wird oft in Zusammenhang mit *Lexikographie* genannt. Der Hauptunterschied zwischen beiden Gebieten lässt sich bereits an der Etymologie der jeweils zweiten Komponente dieser gelehrten Bildungen ablesen: gr. *logos* und gr. *gráphein*. Auf der einen Seite das Reden von den Wörtern (*logos* geht auf das Verb *légein* 'erzählen, reden' zurück) – also das „Reden über Wörter", die Lehre von den Wörtern, auf der anderen Seite *gráphein*, welches 'schreiben' bedeutet, also das „Aufschreiben der Wörter". Lexikographie ist somit eine sprachwissenschaftliche Unterdisziplin, die der systematischen Erfassung und kodifizierten Beschreibung eines bestimmten Typs von Wortschatz (1a, b oder c) gewidmet ist. Zur Lexikographie zählt auch die Inventarisierung (eines Teils) des Weltwissens in Form von Enzyklopädien (s. 1.4).

Die Einführung des Begriffs der Metalexikographie ist relativ neu und resultiert aus dem Bedürfnis, die *praktische Lexikographie* (d.h. das Erstellen von Wörterbüchern und Enzyklopädien) von der *theoretischen Lexikographie* abzugrenzen. Metalexikographie beschäftigt sich hingegen mit der Konzeption, Nutzung, Geschichte, und Erstellung von Wörterbüchern und Enzyklopädien. Sie betrachtet die Ergebnisse der praktischen Lexikographie sozusagen von einer höheren Ebene – einer Metaebene – aus. Das vorliegende Buch ist ein Produkt der Metalexikographie.

## 1.4 Wörterbücher, Enzyklopädien, Enzyklopädische Wörterbücher

Wir unterscheiden im Alltag nicht zwischen Wörterbüchern und Enzyklopädien. Beides sind entweder Wörterbücher oder Lexika. In der Lexikographie findet jedoch sehr wohl eine Differenzierung statt. Demnach enthält ein Wörterbuch – wir beschränken uns zunächst auf das *einsprachige* Wörterbuch – grob gesagt sprachliche Informationen, eine Enzyklopädie sachliche. Unter *sprachlichen Informationen* versteht man das, was zum sprachlichen Wissen der Sprachgemeinschaft zählt bzw. zählen sollte: Angaben zur Aussprache, Grammatik, Flexion, Bedeutung, Herkunft und Verwendung eines Stichwortes. Bei der Paraphrasierung der Bedeutungen sollte die sachlich-enzyklopädische Dimension eine untergeordnete Rolle spielen, da wir keine wissenschaftlichen Taxonomien vor Augen haben, wenn wir Wörter wie *Fledermaus* oder *Nuss* hören oder lesen, sondern eine sogenannte vorwissenschaftliche, intuitive Vorstellung davon, was mit den beiden *signifiants* gemeint ist. Dabei ordnen wir freilich einen (in der außersprachlichen Wirklichkeit verankerten) Begriff zu, aber die sprachliche Bedeutung basiert nicht auf einer begrifflichen Hierarchie und einer wissenschaftlichen Definition, sondern auf prototypischen Merkmalen, die, wenn wir sie in einer Bedeutungsparaphrase wiederfinden, uns sofort bei der Dekodierung weiterhelfen. Im Falle der Fledermaus wären solche prototypischen Merkmale etwa 'das außergewöhnliche Gehör', 'das Fliegen in der Dämmerung' und 'die charakteristische Ruheposition mit dem Kopf nach unten' – und eben keine biologische Detailbeschreibung mit Einordnung in das taxonomische Klassifikationsschema. Manchmal können sich sprachliches Wissen und wissenschaftliche Erkenntnisse auch widersprechen, wie im Falle der Nuss, zu der zwar botanisch gesehen die Buchecker, Edelkastanie, Haselnuss, und Walnuss zählen, nicht jedoch die Erdnuss, die Mandel und die Pistazie. Für einen Laien zählen letztere jedoch sehr wohl zu den Nüssen, weil die kognitive Basiskategorie 'Nüsse' diese Begriffe zwar nicht als Prototypen der untergeordneten Ebene,[12] aber dennoch als deren Mitglieder vorsieht. Ähnlich verhält es sich mit dem französischen Lexem *noix*, welches ja botanisch gesehen nur die 'Walnuss' bezeichnet. Für frankophone Sprecher hat sich dieser Begriff jedoch zunehmend als Hyperonym etabliert und umfasst auch *noisettes*, *amandes* oder *pistaches*.

Wörterbücher (fr. *dictionnaires*), auch *Sprachwörterbücher* genannt, inventarisieren also Sprache, keine enzyklopädischen – an der wissenschaftlichen Beschreibung der Wirklichkeit orientierten – Beschreibungen. Ein Artikel wie *chauve-souris* muss also in einem Wörterbuch gänzlich anders aussehen als in einer Enzyklopädie (fr. *encyclopédie*), auch *Sachwörterbuch* oder *Lexikon* genannt. Dasselbe trifft auf *arbre*, *livre*, *ordinateur* etc. zu. Natürlich lassen sich Sprach- und Sachwissen nicht ohne Weiteres trennen, da beide ineinandergreifen und das Wissen über Sprache sich nicht von einem – vorwissenschaftlichen – Wissen über die Realia dieser Welt abspalten lässt.[13] Das wissen auch die Lexikographen. Deswegen kommt es zu Überschneidungen, aber auch zur bewussten Integration von gelegentlichem Sachwissen in ein Wörterbuch, was z.B. in einigen englischen Lernerwörterbüchern praktiziert wird. Werden beide Dimensionen (Sprach- und Sachwörterbuch) prinzipiell miteinander vermischt, sei es, organisch, in ein und demselben Wörterbuch, sei es in zwei verschiedenen Teilen ein und desselben Wörterbuchs, so spricht man von ***enzyklopädischen Wörterbüchern***. Der *Grand Larousse universel* und der *Petit Larousse illustré* verkörpern diesen Typ (s. Kap. 4.3).

Fassen wir noch einmal zusammen. Ein Wörterbuch hat die Aufgabe, lexikalische Einheiten möglichst detailliert in Bezug auf alle sprachlich und kommunikativ relevanten Belange zu beschreiben, von der Aussprache und Grammatik über die Bedeutungen, die typischen Kontexte und eventuell die pragmatischen Besonderheiten. Ein Sachwörterbuch interessiert sich nicht primär für Sprache, sondern für Sachwissen. Dementsprechend werden bestimmte Lexeme gar nicht aufgenommen, z.B. die meisten Verben, die entweder keinen sachlichen Hintergrund haben, also Lexeme wie *streiten*, *jubeln*, *essen*, oder zu denen es ein enzyklopädisch relevantes, etymologisch verwandtes Substantiv

---

[12] *Subordinate level* in der Prototypentheorie, im Unterschied zum *basic level* und *superordinate level* (vgl. Blank 2001, 49f.). S. Kap. 3.3.1.1 und 3.3.1.3.

[13] Vgl. Wiegand (1977, 101): „Die Lexikographie sollte von einem Sprachbegriff ausgehen, der zwischen Sprache und Welt deutlich unterscheidet, Sprache und Welt aber nicht strikt trennt. Zwar ist Schreiben über Wörter vornehmlich sprachbezüglich; aber ohne ausgewählte sachbezügliche Information kann die Bedeutung vieler Wörter nicht angemessen erläutert werden".

gibt, wie *Gehör*, *Geruchssinn* und *Traum* zu *hören*, *riechen*, *träumen*. Andere Lexeme, z.B. die meisten Adjektive (*groß*, *klein*, *großartig*, *mies*), fehlen in Enzyklopädien oder werden dort, wie die Farbadjektive, gänzlich anders behandelt als in Wörterbüchern. Die Tatsache, dass *blau* ein Adjektiv ist, spielt für eine Enzyklopädie nur eine untergeordnete Rolle. Wichtig ist hingegen der Hinweis auf das Wellenlängenintervall zwischen 460 und 480 nm, welchen man wiederum vergeblich in einem Wörterbuch sucht. Im *Duden Universalwörterbuch* wird *blau* definiert als 'von der Farbe des wolkenlosen Himmels'; auch gibt es dort eine weitere Bedeutung, die auf einen informellen Kontext hinweist und als Synonym für *betrunken* verwendet werden kann. Derartiges würde in einem Sachwörterbuch nicht stehen.

De facto finden sich in der Welt der Lexikographie, wie die folgende Graphik veranschaulichen soll, sowohl Vertreter der „reinen Konzeption" (Ebene I) als auch solche der „hybriden Konzeption" (Ebene II):[14]

| Sprachliches Wissen ⟵ | | ⟶ Enzyklopädisches Wissen |
|---|---|---|
| (I) a. reines Sprachwörterbuch | | b. reines Sachwörterbuch |
| (II) a. Sprachwörterbuch mit enzyklopädischen Elementen | b. enzyklopädisches Wörterbuch | c. Sachwörterbuch mit Elementen eines Sprachwörterbuchs |

Abb. 2: Typen der Wissensrepräsentation in lexikographischen Werken

Viele Wörterbücher sind eher II.a als I.a, wie wir noch sehen werden (Kap. 4.3, 7.3). Der Typus II.b ist oft ein eigenständiges lexikographisches Produkt, wie in Frankreich der PLi und weitere Werke aus dem Hause Larousse, in anderen Ländern wie Italien ist die Abgrenzung zwischen enzyklopädischem Wörterbuch und Enzyklopädie längst nicht so deutlich. Der Typ II.c wiederum dürfte der seltenste sein.

Wörterbücher werden in diesem Buch immer wieder hinsichtlich ihrer Konzeption und Publikationsform spezifiziert. Wir unterscheiden deshalb die (konzeptionell traditionellen) *Printwörterbücher* von den *elektronischen Wörterbüchern*, die auch durch ihr grundsätzlich anderes Strickmuster – gekennzeichnet vor allem durch Hypertextualität, Interaktivität (interne Verlinkungen) und somit durch vielfältige Recherchemöglichkeiten – gänzlich neue Horizonte eröffnen. Elektronische oder digitale Wörterbücher können auf zweifache Weise untergliedert werden:

| Elektronische Wörterbücher | |
|---|---|
| Online-Wörterbücher | Offline-Wörterbücher |

Abb. 3: Differenzierung elektronischer Wörterbücher nach technischen Gesichtspunkten

[14] Graphik nach Svensén (2009, 290) und Schafroth (2011a, 416).

Elektronische Wörterbücher sind nur im Internet zugänglich beziehungsweise als CD-ROM, DVD, ICC (*Integrated Circuit Card*) oder als App auf einem mobilen Telefon erhältlich. Da es jedoch auch Werke gibt, die sowohl *online* als auch *offline* existieren, wie z.B. der *TLFi*, verfolgen wir diese Differenzierung nicht weiter.

Die zweite Unterscheidung ist hingegen von größerer Relevanz. Sie betrifft die konzeptionellen Eigenschaften elektronischer Wörterbücher:

| Elektronische Wörterbücher | |
|---|---|
| Retrodigitalisierte Wörterbücher | Neu digitalisierte Wörterbücher |

Abb. 4: Differenzierung elektronischer Wörterbücher nach konzeptionellen Gesichtspunkten

Bisher sind die meisten Wörterbücher auf der Basis von Printwörterbüchern (z.B. dem PR, TLF, PLi) digitalisiert worden. Es versteht sich von selbst, dass die ersten Versionen dieser *retrodigitalisierten* Wörterbücher noch von relativ schlechter Qualität und oft nur linear (statt hypertextuell) konzipiert waren, weil sie damals über wenig mediengerechte Funktionen verfügten. Die neuen Generationen dieser Werke wurden jedoch stark verbessert. Dennoch ist es ein Unterschied, ob ein Wörterbuch von vornherein, d.h. *neu digitalisiert* wurde, da in diesem eine genuin hypertextuelle und modulare (d.h. untereinander vernetzte Bereiche vorsehende) Konzeption umgesetzt wurde,[15] oder ob es sich um eine nachträgliche elektronische Version eines bereits bestehenden gedruckten Werkes handelt.

Da es bisher keine neu digitalisierten Definitionswörterbücher, sondern lediglich einige *online*-Spezialwörterbücher gibt (etwa DAFLES, DiCouèbe), wird auch diese Unterscheidung zu Gunsten des Hyperonyms *elektronische Wörterbücher* aufgegeben.

## 1.5 Wörterbücher als kultureller Faktor

Wörterbücher seien, so liest man oft, Spiegel der sprachlichen Wirklichkeit.[16] Das stimmt natürlich nur bis zu einem gewissen Grad. Zum einen weil die Neuproduktion eines Wörterbuchs Jahre, ja manchmal Jahrzehnte dauert, aber auch Neuauflagen immer nur jährlich erfolgen können. Wörterbücher hinken also immer der sprachlichen Wirklichkeit hinterher, sind sozusagen „Register, bisweilen verspätete Register der Norm"

[15] Modular und hypertextuell wären z.B. Angaben zur Konstruktion eines Verbs, die im Artikel des betreffenden Lemmas eine Verlinkung zu einem eigenen Bereich enthalten, in dem die syntaktischen Konstruktionstypen in Anwendungsbeispielen angezeigt werden, wobei durch Anwählen einer Konstituente mittels Cursor diese grammatikalisch identifiziert wird (z.B. „Subjekt", „indirektes Objekt").

[16] Vgl. die vielfältigen Aspekte zu diesem Themenbereich in Heinz (2010, ed.)

(Coseriu (1978, 232).[17] Zum anderen stimmt der Vergleich deshalb nur bedingt, weil niemand sagen kann, was genau die sprachliche Wirklichkeit ist und weil in Wörterbüchern auch Lexeme und Bedeutungen beschrieben werden, die nur (noch) Buchcharakter haben oder nur einigen Wenigen vertraut sind.

Trotzdem ist es nicht so, dass Wörterbücher losgelöst von Ort, Zeit und Raum entstehen. Im Gegenteil, Lexikographie fand immer unter dem Einfluss gesellschaftlicher, kultureller, vielfach auch ideologischer Strömungen statt. Paradebeispiel sind zwei Wörterbücher aus dem 17. Jh., von denen der *Dictionnaire de l'Académie française* in seiner ersten Auflage aus dem Jahre 1694 explizit dem König (Ludwig XIV) gewidmet ist, während sich der 1690 außerhalb Frankreichs (in Den Haag und Rotterdam) erschienene *Dictionnaire universel* aus der Feder des streitbaren und von der Académie française verstoßenen Antoine Furetière von seinem offiziellen Pendant durch Auswahl und Art der Beschreibung des sprachlichen Materials unterscheidet. Auch aus dem 20. Jahrhundert sind Beispiele ideologisch durchdrungener Wörterbücher bekannt, so z.B. das *Handwörterbuch der deutschen Gegenwartssprache*, 1984 im staatseigenen Akademie-Verlag der DDR erschienen (Kempcke, ed.). Unter dem Stichwort *Bordell* ist dort die Bemerkung „in kap[italistischen] Ländern übliche Einrichtung" nachzulesen. Noch deutlicher offenbart sich der Einfluss des geistigen und politischen Klimas in der italienischen Enzyklopädie *Treccani* (EncI), in der sich vielfach das Gedankengut des italienischen Faschismus offenbart.

Aber auch in sprachlichen Details kann sich die Haltung eines Redaktionsteams sprachlich-ideologischen Brennpunkten gegenüber offenbaren. Dies lässt sich etwa an den innovativen Femininbildungen im Französischen ablesen – Typ: *une auteur* oder *une auteure* an Stelle des bis in die 1990er Jahre ausschließlich gültigen *un auteur* für Frauen –, welche sich in Wörterbüchern wie dem *Nouveau Petit Robert* und *Petit Larousse illustré* von einer markant konservativen Haltung am Anfang bis zu einer heute deutlich „politisch korrekteren" Einstellung gewandelt hat.

Alain Rey (1987) geht sogar so weit, von einem *dictionnaire culturel* zu sprechen,[18] für ihn verwirklicht in großen philologischen (also textbasierten) Wörterbüchern wie dem *Trésor de la langue française*, in zweiter Linie auch in Werken wie dem *Petit Robert*, da sich darin „eine durch bestimmte wissenschaftliche, pragmatische oder ideologische Einstellungen beeinflusste Beschreibung von sprachlichem Material" wiederfinde, „wobei das beschriebene Material seinerseits durch dieselben Einstellungen geprägt ist"

---

17 Mit *Norm* meint Coseriu alles, was „traditionell (sozial) fixiert, was allgemeiner Gebrauch der Sprachgemeinschaft ist" (1978, 232), im Unterschied zu den Ebenen *System* und *Rede*, die bei Saussure *langue* und *parole* entsprechen.

18 Vgl. den unter seiner Ägide erstellten *Dictionnaire culturel en langue française* in vier Bänden (Rey 2005), der sich als Dokumentation des kulturellen Erbes der französischen Sprache versteht. Der Titelzusatz ist entsprechend aufschlussreich: „présentant plus de 70 000 mots du français classique, moderne et très contemporain, avec leur origine, leurs sens et leurs emplois clairement définis, illustrés de nombreuses citations littéraires, en exemple de bon usage, de beau style, de pensée e de poésie …" (s. auch Kap. 5.3.3).

(Rothe 2001, 4). Mit anderen Worten: Nicht nur *wie* die Stichwörter in einem Wörterbuch beschrieben werden, sondern auch *welche Stichwörter* überhaupt aufgenommen werden, kann Reflex einer kulturellen oder ideologischen Prägung sein. Hier ist eine verblüffende Parallele zur Berichterstattung in den Medien zu beobachten: Auswahl der Nachrichten und Art ihrer Präsentation bzw. Kommentierung bedeuten eine direkte Einflussnahme auf den Umgang mit der Wahrheit.

Abgesehen von der Stichwortauswahl können Lexikographen vor allem in den folgenden Bereichen eines Wörterbuchs ihre Akzente setzen bzw. seinen Charakter manipulieren: in den Definitionen bzw. Bedeutungsparaphrasen, Beispielsätzen, Markierungen (z.B. durch Abqualifizierung eines Lexems) oder in Form normativer Kommentare, wie z.B. demjenigen im *Petit Robert 2014* (PR) zum analog zu *atterrir* gebildeten Verb *alunir* ('auf dem Mond landen'):[19]

> REM. Ce verbe et son dérivé ne sont pas admis par l'Académie qui recommande l'emploi de *atterrir* et *atterrissage* (PR).

Die kulturelle und ideologische Dimension von Wörterbüchern muss vielleicht noch genauer erforscht werden, vor allem was gesellschaftliche „Fettnäpfchen" wie „Sexualität, Geschlechterrollen, Rassismus, Religion, Politik usw." betrifft (Rothe, 7).[20] Bekannt geworden ist der Fall des bei Le Robert erschienenen Synonymwörterbuchs von Henri Bertaud du Chazaud (DicSynContr 1992), in dem im Artikel *juif* die Bedeutung *avare* ohne jegliche Erklärung, nur mit dem Marker *fam.* versehen, zu finden war. Der Verlag musste 3 000 Exemplare zurückziehen, in der Auflage von 1996 (DicSynContr 1996) wurde der Eintrag dann korrigiert zu: „juif (emploi signalé comme fam. par Littré, aujourd'hui injurieux et raciste)" (nach Hausmann 2003, 251).

## 1.6 Kriterien für die Aufnahme sprachlichen Materials in ein Wörterbuch

Der Ausdruck *sprachliches Material* erklärt sich nicht nur aus der Absicht, die Ausdrücke *Wörter* oder *Lexeme* zu vermeiden (denn auch Funktionswörter sind hier relevant), sondern auch aus der Tatsache, dass in manchen Wörterbüchern, z.B. dem *Petit Robert*, auch Derivationsmorpheme (z.B. *a-*, *dé-*, *pré-*) oder lexikalische Stämme (z.B. *télé-*, *bio-*, *-logie*) verzeichnet sind, die keinen Lexemstatus haben. Auch Akronyme wie *H.L.M.*, *C.V.*, *P.Q.* finden Eingang.

---

19 Ähnlich im Artikel *parraineur*, wo darauf hingewiesen wird, dass dieses Lexem eine (offizielle) Empfehlung für das Lehnwort *sponsor* sei (PR).

20 Einen vielversprechenden Anfang machte die Studie von Ulrike Rothe (2001), in der die Beziehung von Lexikographie und Kultur in einsprachigen französischen und englischen Wörterbüchern untersucht wird. Reutner (2009) analysiert die (unter anderen auch religiösen und ideologischen) Gründe, die für die Entstehung von Euphemismen verantwortlich sind.

Was kann oder was soll in einem Wörterbuch aufgenommen werden? Natürlich Lexeme, auch Funktionswörter, und, wie gesehen, durchaus auch Akronyme und einzelne Morpheme – aber nach welchen Kriterien?

### 1.6.1 Frequenz

Das Kriterium der Frequenz scheint objektiver Natur zu sein. Schließlich geben Frequenzwörterbücher (Gougenheim 1958, Juilland/Brodin/Davidovitch 1970), Grundwortschätze (Gougenheim et al. 1956) und große Sprachkorpora Aufschluss über die Häufigkeit eines sprachlichen Elements. Aber oft ist die untersuchte Datenmenge zu gering – im Frequenzwörterbuch von Gougenheim (1958) sind 3 500 Stichwörter verzeichnet, beim *français fondamental* geht es um 1 700 lexikalische Einheiten (*F.F.2*) bzw. in der Neubearbeitung von 1964 (*Base Gougenheim 2.00*) um 8 774 „Wörter". Die allerhäufigsten Lexeme finden selbstverständlich Eingang in ein umfangreiches einsprachiges Wörterbuch – aber da ist ja noch Platz für weitere 50 000. Selbst wenn man Frequenzuntersuchungen zu sehr vielen Lexemen und Funktionswörtern durchführt – im Falle der online zugänglichen Frequenzliste *Lexique* 3 (New/Pallier 2001) wurden 55 000 *types*, die in 135 000 Wortformen auftreten, extrahiert aus einem 15 Millionen Okkurrenzen umfassenden Korpus, untersucht – so bleiben dennoch einige Fragen bezüglich ihrer Aufnahme in ein Wörterbuch:

1. Welcher Grenzwert ist anzusetzen, unterhalb dessen ein Lexem nicht mehr in ein Wörterbuch aufgenommen werden muss, weil es dann als zu selten gelten darf?
2. Sind die Korpora, auf deren Basis Frequenzlisten angefertigt wurden, überhaupt repräsentativ? Besteht eine Ausgewogenheit zwischen mündlich und schriftlich konzipierten Texten, zwischen literarischen und umgangssprachlichen, zwischen medialen und nicht-medialen Texten, zwischen Sprachaufnahmen aus Paris, Nord- und Südfrankreich?
3. Ist es nicht gerade auch sinnvoll, seltenere Wörter zu dokumentieren, weil sie charakteristisch für eine bestimmte Textsorte, einen bestimmten Stil oder eine bestimmte Fachdomäne sind?
4. Kann sich auf der anderen Seite eine hohe Frequenz in einem Korpus nicht auch zufällig ergeben, weil z.B. ein bestimmtes Ereignis oder ein bestimmtes Schlagwort in den Medien zeitweise stark thematisiert wird? Das würde den Durchschnittswortschatz einer Sprachgemeinschaft unter Umständen verfälschen.
5. Ist Frequenz wirklich alles? Es gibt Lexeme wie *coude* oder *Ellbogen*, die wir im Lauf eines Lebens nicht sehr oft sagen und die meist auch in keiner Zeitung zu finden sind. Jeder Muttersprachler kennt sie jedoch und kann sie spontan aus

seinem mentalen Lexikon abrufen. Sie stehen ihm also zur Verfügung. Dieses Kriterium wird auch **Disponibilität** genannt – es ist empirisch allerdings nur sehr schwierig nachzuweisen, da es ja praktisch eine virtuelle Größe darstellt.

Es ist sicher unabdingbar, die Schnittmenge aller Grundwortschätze einer Sprache in ein Wörterbuch aufzunehmen. Diese sprachlichen Einheiten decken ja, wie gesehen, einen hohen Prozentsatz in Alltagstexten ab. Auch können Frequenzlisten und -wörterbücher im Einzelfall (unter Vorbehalt) berücksichtigt werden, aber es spielen auch noch andere Kriterien eine Rolle.

### 1.6.2 Lexikalisiertheit

Der Terminus *lexikalisiert* kennt in der Sprachwissenschaft zwei Verwendungsweisen:

1) Lexikalisiert ist ein Lexem,[21] wenn es als fester Bestandteil des Wortschatzes gelten kann.

2) Von *lexikalisiert* spricht man aber auch, wenn sich die Bedeutung eines komplexen Lexems nicht aus den Einzelbedeutungen seiner Konstituenten ergibt.

Ein Lexem wie *pomme* ist zweifellos lexikalisiert im Sinne von (1), da es jeder Muttersprachler kennt – dies wäre durch eine repräsentative Befragung nachweisbar – und es daher, ganz unabhängig von seiner Häufigkeit, in ein Wörterbuch aufgenommen und lexikographisch erschöpfend behandelt werden muss. Dies trifft in gleicher Weise auf Lexeme wie *chemise* und *nuit* zu. Nicht notwendigerweise im Wörterbuch erklärt werden müssten jedoch *chemise de lin* ('Leinenhemd') und *longue nuit* ('lange Nacht'), da sie **durchsichtige** (transparente, motivierte oder motivierbare) Verbindungen darstellen, d.h. die Summe der Bedeutungen ihrer Konstituenten ist identisch mit der Bedeutung der Komposita an sich. *Chemise de lin* und *longue nuit* sind also nicht lexikalisiert (in der zweiten Bedeutung des Terminus) – jedoch sind *chemise de nuit* ('Nachthemd'), *nuit d'encre* ('tiefschwarze Nacht') und *nuit blanche* ('schlaflose Nacht') ebenso wie *pomme de terre* ('Kartoffel') lexikalisiert, da sie **undurchsichtig** oder opak (bzw. nur noch zum Teil durchsichtig) sind, also semantisch **unmotiviert** (bzw. motivierbar) oder nur noch teilmotiviert: Eine *chemise de nuit* ist kein Hemd, auch im Deutschen nicht, aber ein Nichtmuttersprachler – denn das ist ein Test, der funktioniert – wird aufgrund seines Weltwissens verstehen, was gemeint ist. Weniger klar dürften *nuit d'encre* und *nuit blanche* sein – zumindest aber bleibt die lexikalische Basis 'Nacht' intakt; beim 'Erdapfel' hilft nur noch die Phantasie (oder dialektales Sprachwissen im Deutschen) weiter,

---

[21] Die überschaubare Anzahl von Funktionswörtern wie Konjunktionen, Präpositionen, etc. kann ohnehin als integraler Bestandteil des Wortschatzes einer Sprache gelten, da in dieser Kategorie ja kaum „Fluktuation" stattfindet.

bei it. *pomodoro* 'Tomate' ist der syntagmatische Charakter von *pomo d'oro* 'Goldapfel' sowohl in formaler als auch inhaltlicher Hinsicht verloren gegangen.

Das deutsche Kompositum *Feierabend* ist sprecherseitig nicht mehr motivierbar (nur noch die Linguisten können das bewerkstelligen), da es weder um eine Feier oder das Feiern geht, noch der Zeitpunkt dieses Ereignisses etwas mit dem Einbruch der Dunkelheit zu tun hat. Es bedeutet einfach 'Schluss der täglichen beruflichen Arbeit'. Typisch für den Verlust der Durchsichtigkeit sind formale und semantische Verschiebungen, die im Laufe von Jahrhunderten durch die Sprecher selbst durch Fehlinterpretationen unbewusst vorgenommen wurden. Solche etymologisch falschen Reinterpretationen werden *Volksetymologien* genannt: Aus dem spätmittelhochdeutschen Lexem *vīrabent* 'Vorabend eines Feiertags' (DUW) ist durch systemhaften Bedeutungswandel einerseits, aber auch durch nicht etymologische Anlehnung der Konstituente *vīr* zum Verb *feiern* andererseits eine völlig andere Bedeutung entstanden.

Von **Verdunkelung** oder **Petrifizierung** – der höchsten Stufe der Lexikalisiertheit – spricht man darüber hinaus, wenn es überhaupt keinen motivierbaren Bezug mehr zwischen Form und Inhalt gibt, weil im Sprecherbewusstsein gar keine zwei Konstituenten (eines früheren Kompositums oder einer früheren Kollokation) mehr erkannt werden: *beaucoup* (< *beau* + *coup*) und *bonheur* (< *bon* + *heur*) sind solche Fälle – im Englischen etwa *daisy* 'Gänseblümchen', welches eine heute verdunkelte Verschmelzung eines altenglischen Kompositums *dæges ēage* 'day's eye' (OED2) darstellt.

Es versteht sich also von selbst, dass komplexe Lexeme, die durch einen nicht mehr oder nicht mehr vollständig nachvollziehbaren Wortbildungsprozess entstanden sind, im Wörterbuch erklärt werden müssen, womöglich, falls die alphabetische Ordnung es zulässt, sogar als Stichwörter: Leicht fallen dürfte das bei graphisch stärker verschmolzenen Komposita wie *rez-de-chaussée*, welches im *PR* in der Tat ein Stichwort ist – im Gegensatz zu graphisch unverbundenen Komposita wie *chemise de nuit*, welches im Artikel von *chemise* abgehandelt wird.

### 1.6.3 Verkehrswert

Häufigkeit und Lexikalisiertheit mögen die wichtigsten Kriterien dafür sein, ein Lexem in einen *dictionnaire* aufzunehmen. Aber sie reichen nicht aus, um die lexikographische Präsenz folgender Lexeme, allesamt dem *PR* von 2013 entnommen, zu erklären:

> **audience** [...] **Vx** ou **littér.** Action de bien vouloir écouter qqn. ⇒ attention. *« Je vous demande un moment d'audience »* (Molière) [...].
>
> **amorce** [...] **Inform.** Partie d'un programme qui entraîne l'apparition d'instructions suivantes [...].
>
> **magasiner** [...] **Région.** **(Canada)** Aller faire des achats dans les magasins (cf. Faire des courses) [...].
>
> **éclairer** [...] **3** (1771, de l'éclat de l'argent; déjà XVI$^{e}$ en arg.) **Arg.** Payer.

Die vier Fälle haben weder etwas mit Lexikalisiertheit (in keiner der beiden Bedeutungen) zu tun noch weisen sie eine besondere Frequenz auf. Es muss also einen anderen Grund geben, warum sie im Wörterbuch stehen. Sie gehören jeweils einem markierten Teilausschnitt der Gesamtsprache an (literarisches Französisch, Fachsprache, kanadisches Französisch,[22] Argot), auf dessen Berücksichtigung die Lexikographen nicht verzichten wollen, da die Lexeme z.B. bei Molière (s. *audience*) oder im Zusammenhang mit Computern (*amorce*), der frankokanadischen Realität (*magasiner*) oder argothaltiger (auch literarischer) Texte (*éclairer*) in Erscheinung treten könnten. Es gibt also ein weitgestreutes Interesse an der Dokumentation markierter sprachlicher Elemente, die ein ehrwürdiges Alter aufweisen, aber auch Entlehnungen, Neubildungen aus eigenem Sprachmaterial oder neu entstandene Bedeutungen eines bereits vorhandenen Lexems sein können.

Lexikographen müssen darüber hinaus aufgrund ihres Sprachbewusstseins und ihrer Kenntnis des allgemeinen, insbesondere des medialen Sprachgebrauchs entscheiden, ob ein Lexem kommunikativ wichtig genug ist und ob es voraussichtlich auch langlebig genug ist, um Eingang in ein Wörterbuch zu finden. So kann man sich fragen, ob das 1990 erstmals belegte Lexem *lapideur* ('Steinewerfer') aufgrund seiner Verwendung in medialen Berichten über gewalttätige Demonstrationen in den *Nouveau Petit Robert* (NPR-CD 2001) aufgenommen wurde und ob *hot-line*, in Frankreich erstmals 1996 attestiert, nicht in kürzester Zeit im allgemeinen Sprachgebrauch zu wichtig geworden ist, ohne dass es dafür Frequenzuntersuchungen gäbe, um von der Lexikographie ignoriert zu werden. Eine solche kommunikative Relevanz sowie die oben erläuterte sektorielle Wichtigkeit von Lexemen können wir **Verkehrswert** nennen.

Der Verkehrswert kann auch dadurch gegeben sein, dass ein Lexem für einen Begriff steht, welcher allgemeinbildenden Charakter oder eine fachsprachliche Relevanz hat, die gesamtgesellschaftlich von Bedeutung ist. Beispiele hierfür wären etwa *négationniste* ('Holocaustleugner') und *nanotechnologie*. Hier ist der intersubjektive Konsens im Redaktionsteam gefragt, welches natürlich über Neologismenlisten und Karteikarten verfügt, um eventuell zusätzlich auf dieser Basis zu einer Entscheidung zu kommen.

Wie erklärt es sich vor dem Hintergrund des Gesagten, dass nur sehr wenig sprachliches Material mit der Markierung 'Jugendsprache' (*langage des jeunes*) in den Wörterbüchern verzeichnet ist? (Dies ist auch im Italienischen und Deutschen nicht anders). Es scheint so zu sein, dass dem Sektor Jugendsprache grundsätzlich ein nur schwacher Verkehrswert zugemessen wird, da das Gros der Ausdrücke offenbar als zu kurzlebig und als nicht bekannt genug für die gesamtgesellschaftliche Kommunikation betrachtet wird.[23]

---

[22] Analog Belgizismen, Helvetismen sowie Regionalismen und Dialektismen innerhalb Frankreichs.

[23] Im NPR-CD 2001 sind gerade einmal fünf Belege für Jugendsprache registriert: *cool*, *déchirer*, *faire* (*Ça le fait, ça le fait pas*), *maille* 'argent', *trop* (*Elle est trop, cette nana!*). Im PR (aus dem Jahre 2013) sind ebenfalls fünf Belege als jugendsprachlich ausgewiesen, der Unter-

### 1.6.4 Relevanz für die Wortbildung

Manche Wörterbücher nehmen auch Derivationsmorpheme (s. Anm. 5) sowie Wortstämme (lexikalische Konstituenten), die Teil von Wortbildungsprozessen sind, als Stichwörter auf, um deren reihenbildende Funktion und somit ihr kreatives Potenzial zu verdeutlichen. Die folgenden Beispiele stammen bis auf den Artikel *-ier* (TLFi) aus dem PR:

**Lexikalische Konstituenten griechisch-lateinischer Herkunft am Anfang**:

**méga-, mégal(o)-**

**I** [...] Éléments, du gr. *megas, megalou* « grand » : *mégalithe, mégalomanie, splénomégalie.*
**II** [...] MÉGA- (Emplois spéciaux)
**1** [...] Sc. Indique la multiplication de l'unité dont il précède le nom, en métrologie par un million *(mégahertz, mégajoule),* en informatique par $2^{20}$, soit 1 048 576 *(mégabit, mégaoctet).* Symb. M. – REM. Var. *még- (mégohm),* de l'angl.
**2** [...] (Intensif) Fam. *Une mégafête.*

Ähnlich: *bio-*, *géo-*, *hydr(o)-* ('eau'), *socio-*, *thalasso-* ('mer')

**Lexikalische Konstituenten griechisch-lateinischer Herkunft am Ende**:

**-phile, -philie**

[...] Éléments, du gr. *philos* « ami »: *anglophile, xénophilie; bibliophile; hémophile, hémophilie, hydrophile.* ⇒ phil(o)-.

**-cole**

[...] Élément, du lat. *colere* « cultiver, habiter » : *agricole, arboricole, ostréicole, piscicole, sylvicole, viticole.*

Ähnlich: *-graphe*/*-graphie* ('écrire'), *-phobe*/*-phobie* ('crainte'), *-cide* ('tuer'), *-phage* ('manger').

**Präfixe**:

**dé-, des-, dés-** 1. Élément, du latin *dis-,* qui indique l'éloignement *(déplacer),* la séparation *(décaféiné),* la privation *(décalcifier),* l'action contraire *(décommander, défaire, démonter).* 2. Élément, du latin *de-*, à valeur intensive : *débattre, découper, détailler.*

**in-** [...] Élément négatif, du préfixe lat. *in-* (var. *il-* devant *l, im-* devant *b, m, p, ir-* devant *r*).

**Suffixe**:

**-aille** [...] Élément de substantifs collectifs à valeur péjorative : *mangeaille, marmaille.*

---

schied zur 13 Jahre früher erschienenen Version besteht allerdings nur darin, dass *trop* durch *frère* „(Appellatif) *T'énerves pas, frère !*" ersetzt wurde.

**-ier, ière, -er, -ère** [...]
**I.** – Le dérivé est un subst. désignant une personne.
**A.** – La personne exerce une activité à caractère professionnel.
**1.** La base est un substantif désignant le produit ou la matière sur lesquelles s'exerce l'activité, ce qui est objet de commerce.
**a)** Le dérivé prend la marque des deux genres: *bijoutier* [...] *chocolatie,* [...] *tapissier* [...].
**b)** Le dérivé est le plus souvent au masculin: [...] *barbier* [...] *plombier* [...] *fromager.*
[...]
**2.** La base désigne l'animal ou le troupeau d'animaux dont la personne a la charge.
**a)** Le dérivé prend la marque des deux genres: *ânier, chevrier; porcher, vacher.*
**b)** Le dérivé est le plus souvent au masculin: [...] *chamelier, fauconnier* [...].
**3.** La base désigne l'instrument ou l'équipement, le poste de travail, le lieu, la fonction dont la personne a la charge.
**a)** Le dérivé prend la marque des deux genres : [...] *gondolier* [...] *liftier, portier* [...].
**b)** Le dérivé est au masculin: [...] *pompier* [...] *cocher.*
[...]
**B.** – La personne exerce une activité à caractère quasi-professionnel.
**1.** La personne exerce une activité littéraire, artistique ou journalistique. Le substantif prend la marque des deux genres: *conférencier, préfacier, romancier.* Le substantif est au masculin: *animalier, chansonnier, échotier, ensemblier, parolier.*
[...]
**D.** – Le dérivé (généralement masculin) a une valeur péjorative ou minorative.
**1.** La base désigne une activité littéraire, artistique ou journalistique : *articlier; brochurier, bulletinier, écriturier.*
[...]
**II.** – Le dérivé est un substantif désignant un inanimé.
**A.** – Le suffixe exprime l'idée de production.
**1.** Le subst. (masc.) désigne
– l'arbre ou la plante qui produit le fruit, la fleur, la feuille ou la graine dénommée par la base : *abricotier, amandier* [...] *mûrie* [...] *olivier* [...] *poirier* [...] *pêcher.*
[...]
**2.** Le subst. féminin désigne
– le lieu où croît, d'où l'on extrait ce qu'exprime la base : [...] *érablière* [...] *houblonnière* [...] *melonnière* [...] *truffière* [...].
[...].
**C.** – Le dérivé a un sens instrumental; il désigne un dispositif, un appareil permettant la réalisation du produit ou de l'action qu'exprime la base.
**1.** Au masculin : *balancier* [...] *gaufrier* [...] *tisonnier.*
**2.** Au féminin : *bétonnière, cafetière, cuisinière* [...] *fromagère* [...] *yaourtière* [...].
[...]

Abb. 5: Auszug aus dem Artikel *-ier* im *Trésor de la langue française informatisé* (TLFi)

Der Artikel zum Suffix *-ier* wurde etwas ausführlicher zitiert, um zu illustrieren, wie wichtig die lexikographische Bearbeitung eines Derivationsmorphems in einem eigenen Artikel sein kann. Man muss sich vergegenwärtigen, dass im Artikel *-ier* des TLFi 45 verschiedene Verwendungsweisen und Funktionen ausführlich beschrieben sind! Stichwörter in Wörterbüchern können also auch Morpheme sein.

### 1.6.5 Vollständigkeit des Paradigmas

Sind im Deutschen zu den Verben *begleichen*, *angleichen*, *vergleichen* und *abgleichen* Verbalsubstantive auf *-ung* üblich oder zumindest möglich? Unser Sprachgefühl würde sagen, dass die *Begleichung* (*einer Rechnung*), die *Angleichung* (*an einen Standard*) und die *Abgleichung* (*zweier Dokumente*) in abnehmender Reihenfolge üblich sind, jedoch ?*Vergleichung* und ?*Ausgleichung* nicht zur usuellen Norm des Deutschen gehören, wenngleich das deutsche Sprachsystem sie natürlich erlaubt. Dennoch ist *Vergleichung* im DUDEN (DUW) verzeichnet, sogar ohne Markierung – auf ?*Ausgleichung* wurde hingegen verzichtet. Die Frage ist: Warum wird *Vergleichung* überhaupt aufgenommen, wenn es doch alles andere als lexikalisiert (in des Ausdrucks erster Bedeutung) ist? Stellen wir die Beantwortung einen Moment zurück und betrachten wir folgende Beispiele aus dem PR:

> **actionnement** [...] **Rare** Action d'actionner, mise en marche. *L'actionnement à distance d'une machine.*
>
> **amplificateur, trice** [...] II. Adj. **Rare** Qui réalise une amplification. *Circuit amplificateur.*

Die Lexeme *actionnement* und *amplificateur* – Letzteres ist die adjektivische Verwendung des Substantivs *amplificateur* (Konversion) – werden als selten eingestuft, was die Frage nach der Existenzberechtigung beider Fälle in einem Wörterbuch wie dem PR aufwirft. Dies hängt, genauso wie der Fall *Vergleichung*, mit der Unsicherheit der Lexikographen zusammen, ein Paradigma eventuell unvollständig zu lassen. Die hier beteiligten Paradigmen lauten:

a) Verb → Verbalsubstantiv (mittels *-ung*-Suffigierung): *herstellen* → *Herstellung*
b) Verb → Verbalsubstantiv (mittels *-ment*-Suffigierung): *payer* → *payement*
c) Substantiv → Adjektiv (mittels Konversion): *indicateur* n.m. → *indicateur* adj.

Auch wenn Lexeme wie *Vergleichung*, *Ausgleichung*, *actionnement* und *amplificateur* (Adj) in der Allgemeinsprache selten, ungewöhnlich oder gar unbekannt sind, so könnten sie ja in einer Fachsprache womöglich verwendet werden, was letztlich das „Auffüllen" des Paradigmas rechtfertigen würde. Und in der Tat ist *Ausgleichung* ein juristischer Terminus,[24] aber auch in der Technik nicht unbekannt, und *Vergleichung* ein Begriff aus der Philosophie.[25] Aus Sicht einer auf umfassende Wortschatzdarstellung be-

---

24 „Ausgleichung von Vorempfängen und Vorleistungen [...] Ausgleichungspflicht" (Weber 2011, ed., 106f.).

25 „Vergleichung ist die Findung, Konstatierung von Ähnlichkeiten und Verschiedenheiten durch aneinanderhaltende Apperzeption (s. d.) zweier Inhalte" (Eisler 1910, 1649).

dachten Lexikographie ist es deshalb wünschenswert, lieber eine marginale Form zuviel aufzunehmen als eine zuwenig. Ein solches Procedere ist allerdings dann problematisch, wenn keine eindeutige Markierung erfolgt, da dann ein Sprachgebrauch vorgespiegelt wird, den es nur selten oder womöglich sogar nur hypothetisch gibt.

Aufgaben

1. Erklären Sie den Unterschied zwischen *types* und *tokens*, indem Sie folgende Frage umformulieren: „Wie viele Autos gibt es in Frankreich?“
2. Wo dürften folgende Lexeme bzw. Namen zu finden sein: eher in einem Wörterbuch oder eher in einer Enzyklopädie? *Molière*, *moliéresque*, *cinématographe*, *cinéma*, *cinéaste*, *Méditerranée*, *méditerranéen*, *Bretagne*, *breton*, *bretonnant*.
3. Schlagen Sie in einem *Petit Robert* der 1980er Jahre und im neuesten *Petit Robert*, der Ihnen zur Verfügung steht, folgende Stichwörter nach und achten Sie dabei auf die jeweilige Femininform (falls vorhanden): *avocat*, *député*, *écrivain*, *médecin*, *ministre*, *professeur*. Welche Schlussfolgerungen lassen sich in Bezug auf die Einstellung zur Feminisierung von Berufsbezeichnungen in diesen Wörterbuchausgaben ziehen? (auch mit zwei Ausgaben des *Petit Larousse illustré* zu bearbeiten). Es lohnt sich auch ein Blick auf das *online*-Wörterbuch DdfLAR und die dortige Beschreibung (unter *Difficultés*) der genannten Bezeichnungen.
4. Sind die folgenden französischen Komposita alle in gleicher Weise lexikalisiert? Machen Sie den Verständnistest und begründen Sie Ihre Entscheidung: *bain-marie*, *casse-pieds*, *casse-croûte*, *cerf-volant*, *fille-mère*, *pisse-en-lit*, *perce-neige*, *perce-oreille*.
5. Suchen Sie im TLFi (http://atilf.atilf.fr/tlf.htm) Lexeme, die die lexikalische Konstituente *-manie* und *-gone* enthalten. Sie können die jeweiligen Stichwörter aufrufen oder mit einer Wildcard (*) arbeiten. Versuchen Sie beide Methoden.

# 2. Strukturen und Strukturelemente in lexikographischen Werken

Mit dem Terminus *lexikographische Werke* können einsprachige Wörterbücher und Enzyklopädien zusammengefasst werden, um deren grundlegende Strukturen und Strukturelemente es im Folgenden geht. Die Struktur eines Wörterbuchs wird in der folgenden Grafik synoptisch wie folgt zusammengefasst:

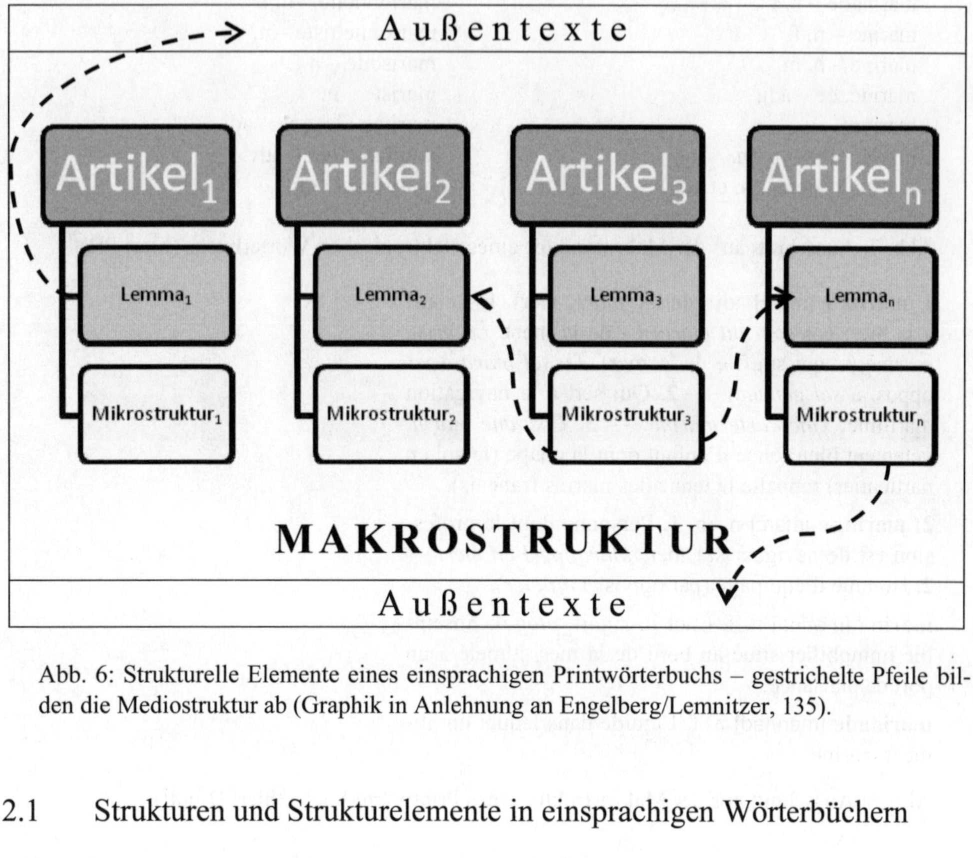


Abb. 6: Strukturelle Elemente eines einsprachigen Printwörterbuchs – gestrichelte Pfeile bilden die Mediostruktur ab (Graphik in Anlehnung an Engelberg/Lemnitzer, 135).

## 2.1 Strukturen und Strukturelemente in einsprachigen Wörterbüchern

Blättert man ein alphabetisch geordnetes Wörterbuch durch, so springen einem zuallererst die fett gedruckten Stichwörter ins Auge. Die Gesamtheit aller Stichwörter können wir als durchgängiges Strukturelement wahrnehmen, für das in der Lexikographie die Bezeichnung ***Makrostruktur*** (fr. *macrostructure*, auch *nomenclature*; im Deutschen ist auch *Nomenklatur* möglich) reserviert ist. Diese ist in den allermeisten Wörterbüchern, entsprechend der Grundkonzeption des Nachschlagewerks, alphabetisch gegliedert, kann jedoch auch einer begrifflichen Anordnung folgen (s. Kap. 4.1). Eine **extensive** Makrostruktur kann ab ca. 50 000 Stichwörtern angesetzt werden (der PR enthält 60 000 Lemmata), **selektive** Makrostrukturen liegen deutlich unter diesem Wert (s. 4.5.2).

Die Nomenklatur in elektronischen Wörterbüchern besteht meist aus der bloßen Aneinanderreihung der Lemmata (Abb. 7) und entspricht damit dem Begriff der Makrostruktur mehr als es bei einem Printwörterbuch der Fall ist (Abb. 7), da man sich hier die Mikrostrukturen „wegdenken" muss:

marin, ine – adj.
marin – n. m.
marina – n. f.
marinade – n. f.
marine – n. f.
marine – n. m.
mariné, ée – adj.
mariner – v.
maringouin – n. m.
marinier, -ière – n. et adj.
marinière – n.f.
marinisme – n. m.
mariolle – adj. et n.
marionnette – n. f.
marionnettiste – n.
marisque – n.f.
mariste – n.
marital, ale, aux – adj.
matitalement – adv.
maritime – adj.

Abb. 7: Ausschnitt aus der Makrostruktur eines elektronischen Wörterbuchs (hier: PR)[26]

**1. marin, e** [marɛ̃] adj. (du lat. *mare*, mer). **1.** Relatif à la mer: *Un courant marin* (= de la mer). *La brise marine* (= qui souffle de la mer). *Le sel marin* (par oppos. à *sel gemme*). — **2.** Qui sert à la navigation maritime: *Une carte marine.* — **3.** *Costume marin*, vêtement bleu foncé d'enfant dont la coupe (le col en particulier) rappelle la tenue des marins français).

**2. marin, e** [marɛ̃] n. m. **1.** Personne dont la profession est de naviguer sur mer: *Marin péri en mer.* — **2.** Homme d'équipage (par oppos. à *officier*).

**marina** [marina] n. f. (mot it. signif. *plage*). Ensemble immobilier situé au bord de la mer, jumelé à un port de plaisance.

**marinade** [marinad] n. f. Liquide dans lequel un aliment marine.

Abb. 8: Ausschnitt aus der Makrostruktur eines Printwörterbuchs (hier: Dfcoll)

Vor und nach der Makrostruktur befinden sich in der Regel weitere Textteile des Wörterbuchs, die als ***Außentexte*** (auch *Umtexte*) bezeichnet werden.[27] Außentexte können je nach ihrem Platz im Printwörterbuch unterteilt werden in *Vorspann*, *Nachspann* und *Einschübe* in die Makrostruktur (letztere etwa durch Kästen, Tafel, Tabellen und Illust-

[26] Die Stichwörter wurden aus technischen Gründen auf zwei Spalten verteilt.

[27] Die Gesamtheit aller in einem Wörterbuch vorhandenen großen Strukturteile (Außentexte, Makrostruktur) und deren Beziehungen untereinander wird, insbesondere in der angelsächsischen Lexikographie, auch ***Megastruktur*** genannt (vgl. Svensén 2009, 77, 379ff.).

rationen).[28] Zu ihnen zählen je nach Werk: das Vorwort oder bei mehreren Auflagen mehrere Vorworte, die „présentation du dictionnaire“, also das Selbstverständnis, die inhaltlichen, strukturellen und technischen Besonderheiten des Wörterbuchs, Übersichtstafeln zu der im Wörterbuch verwendeten grammatikalischen Terminologie (Wortarten, Satzfunktionen, etc.), ein Abriss zur Feminin- und Pluralbildung oder zum Accord des *participe passé*, zu den Begleitern (Demonstrativ-, Personal-, Possessivpronomina) oder zur Rektion der Verben. Aber auch umfangreiche Verbkonjugationstabellen, Listen der wichtigsten Präfixe, Suffixe und gelehrten Wortstämme finden sich neben Abkürzungsverzeichnissen und einer Liste des phonetischen Alphabets sowie der Ordinal- und Kardinalzahlen. Manche Wörterbücher führen auch eine Auswahl an Sprichwörtern oder eine Liste der zitierten Autoren auf sowie die wichtigsten Daten der Sprachgeschichte und einen Abriss der Aussprache samt Erklärung der Phänomene *Liaison* und *e instable* und der Aussprachetendenzen. Nützlich, wenngleich eher selten, sind auch alphabetisch geordnete (französische, zum Teil auch internationale) Orts- und Ländernamen und die dazugehörigen Adjektive (auch *Ethnika* genannt, vgl. Kap. 7.1), z.B. *Artois* (*Artésien, ienne*), *Saint-Etienne* (*Stéphanois, oise*), *Saint-Malo* (*Malouin, ine*) sowie Bezeichnungen für Sprachen und Dialekte (z.B. *aztèque*, *béarnais*, *hottentot*).

Außentexte können also äußerst informativ und hilfreich sein, wenngleich sie von den meisten Benutzern eher ignoriert werden, weil sich kaum jemand über das akute Suchbedürfnis hinaus Zeit nimmt, in einem Wörterbuch zu lesen. Leider. Denn in den Außentexten verbergen sich oft wahre Schätze und Fundgruben…

Wenden wir uns nun dem Aufbau der Wörterbuchartikel zu. Ein **Artikel** (fr. *article*) besteht aus einem **Stichwort** (fr. *entrée*, *adresse*, (*mot*) *vedette*) und einer **Mikrostruktur** (fr. *microstructure*), das sind alle Informationen, die das Stichwort näher beschreiben. Statt *Stichwort* wird in der Fachsprache der Lexikographie auch ***Lemma*** (fr. *le lemme*) oder ***Eintrag*** oder ***Wörterbucheintrag*** gesagt. Ein Lemma (Pl. *Lemmata*) ist das fettgedruckte Element am Anfang eines Artikels und repräsentiert als abstrakte Nennform ein sprachliches Zeichen (ein Lexem, Funktionswort oder Morphem), weshalb in der Fachliteratur auch zwischen *Lemmazeichen* und *Lemma* differenziert wird (z.B. Engelberg/Lemnitzer $^4$2009, 143), worauf in diesem Buch im Wesentlichen verzichtet werden soll, da man in bestimmten Erklärungszusammenhängen sogar von *Lemmazeichengestaltangabe* (ib., 159) sprechen müsste, was hier vermieden werden soll.

Weitaus gängiger ist die Unterscheidung verschiedener alphabetischer Anordnungsformen. Ausgehend vom Normalfall **initialalphabetischer Makrostrukturen** in semasiologischen Wörterbüchern (s. 4.1) – *finalalphabetische* Makrostrukturen wie etwa in rückläufigen oder Reimwörterbüchern (fr. *pas* [pɑ] steht in dieser Ordnung vor *ça* [sɑ])

[28] S. Bergenholtz/Tarp/Wiegand (1999, 1764).

schließen wir hier aus – können sich Lemmata in folgenden Varianten präsentieren (nach Engelberg/Lemnitzer $^{4}$2009, 146ff.):[29]

a) in einer **glattalphabetischen Struktur**: Jedes Lemma leitet einen neuen Artikel ein, in dem es keine weiteren Gruppierungen (durch Sublemmata) gibt (vgl. z.B. Abb. 7 und 8);

b) in einer **nischenalphabetischen Struktur**: In einer Mikrostruktur stehen mehrere z.B. durch Wortbildungsrelationen zusammengehörige Sublemmata, die die alphabetische Anordnung nicht durchbrechen, d.h. das nächste Lemma steht alphabetisch hinter dem letzten Sublemma des vorangegangenen Artikels; ein Nischenartikel bleibt also immer striktalphabetisch. Im folgenden Beispiel ist *galop* das Lemma – oder in dieser Konstellation auch *Eingangslemma* –, *galoper*, *galopade* und *galopant* sind *Sublemmata* in einer nischenalphabetischen Struktur, das nächste Lemma in der Makrostruktur ist *galopin*, d.h. die Anordnung, von *galop* bis *galopant* und danach *galopin*, ist konsequent alphabetisch:

> **galop** n. m. […] **galoper** v. i. […] **galopade** n. f. […] **galopant, e** adj. […].
> **galopin** n. m. […] (DFC).

c) in einer **nestalphabetischen Struktur**: verwirklicht im Prinzip des *regroupement* bzw. der Wortfamilie (s. 3.3.2), d.h. die Sublemmata sind *nicht striktalphabetisch* eingeordnet, sondern können das Alphabet sogar deutlich durchbrechen (*égayer*, *s'égayer*):

> **gai, e** adj. […] **gaiement** adv. […] **gaieté** n. f. […] **égayer** v. t. […] **s'égayer** v. pr.
> **gaillard, e** adj. […] (DFC).

Von den französischen Wörterbüchern lässt sich außer dem *Dictionnaire du français contemporain* (DFC), *Lexis* (1975, 2009) und dem *Robert méthodique* (Robméth, s. 3.3.2) nur der *Trésor de langue française* (TLF) als Werk nennen, das gelegentlich sowohl nischen- als auch nestalphabetische Strukturen enthält (vgl. den Artikel *galoper* im TLFi).

Unter **Lemmatisierung** versteht man den Prozess und das Ergebnis der lexikographischen Entscheidung, ein Lexem (Inhaltswort, Funktionswort) in einer Nennform als Stichwort (Lemma) ins Wörterbuch zu bringen. Bei den meisten Wortarten ist das konventionell geregelt (Beispiele aus dem TLFi):

| | |
|---|---|
| Adjektive: | **passable** adj.; **fin, fine**, adj.; **beau, bel, belle**, adj. |
| Substantive: | **écran**, subst. masc.; **serveur, -euse,** subst.; **va-et-vient**, subst. masc. inv. |
| Verben: | **ennuyer**, verbe trans., **s'ennuyer**, verbe pronom. subjectif. |

[29] Vgl. auch die Feindifferenzierung initialalphabetischer Makrostrukturen in Wiegand et al. (2010, eds., 330f.).

Adverbien: **bien**[1], adv.; **malheureusement**, adv.; **vite**, adj. et adv.
Andere: **tandis (que)**, adv., prép. et loc. conj., **sur**, prép., **re-**, **ré-**, **r-**, préf., etc.

Für die meisten grammatikalischen Kategorien und auch für Affixe gibt es also kanonische Zitierformen: das Maskulinum bei Adjektiven, der Infinitiv bei Verben, etc. In anderen Sprachen mag das anders sein – bekanntlich ist die Nennform in lateinischen Wörterbücher ja die 1. Person Singular Indikativ Präsens (*căntō*).

Daneben gibt es Fälle außerhalb des Üblichen, die Lemmastatus haben könnten, sofern es die Lexikographie so möchte (ebenfalls aus dem TLFi):

(a) **tout(-)va (à)**, loc. adv. et adv. (b) **leu**[1] **(à la queue leu leu)**, voir **queue**

In (a) liegt eine Adverbialphrase vor, die sich problemlos lemmatisieren lässt, in (b) ein Phrasem (*à la queue leu leu* 'im Gänsemarsch'), welches gewisse Probleme bereitet (die Lemmatisierung müsste eigentlich unter *à* erfolgen), weshalb hier auf einen Verweis zurückgegriffen wurde: *leu* ist *Verweislemma*, der Verweisartikel ist alles, was unter (b) steht, der lexikographische Verweis selbst ist „voir *queue*".

Die Mikrostruktur ihrerseits[30] enthält in jedem Definitionswörterbuch mindestens einen **Explikationsteil** und meist auch – allerdings in unterschiedlich systematischer Ausarbeitung – einen **Demonstrationsteil**. Die beiden Teile greifen innerhalb der Mikrostrukturen ineinander, sind also nicht als unabhängige, aufeinanderfolgende Strukturen zu verstehen.

| **Artikel** | | |
|---|---|---|
| Lemma | Mikrostruktur | |
| | Explikationsteil | Demonstrationsteil |

Abb. 9: Strukturelemente eines Wörterbuchartikels

Da Lexeme in der Regel mehr als eine Bedeutung haben, also polysem sind, müsste im Idealfall für jede dieser Bedeutungen ein Explikations- und Demonstrationsteil ausgearbeitet sein. Im **Explikationsteil** werden die formalen und semantischen Eigenschaften des (als Lemma ausgewiesenen) Lexems (oder Funktionswortes) aufgezeigt und ggf. diejenigen Lexeme angegeben, zu denen es in einer semantischen oder begrifflichen Beziehung steht. Diese **paradigmatischen** oder assoziativen **Beziehungen** können sein:

[30] Manche Autoren, vor allem der Germanistik, verwenden auch den Terminus *Interpretament*, zumal der Ausdruck *Mikrostruktur* auch im Sinne des gesamten Artikels (also mit Lemma) verstanden wird. Ursprünglich, d.h. in Rey-Debove (1971, 151), wurde mit *Mikrostruktur* jedoch der auf das Lemma folgende Teil eines Artikels bezeichnet. So auch in diesem Buch.

- ein Oberbegriff, auch *Hyperonym* (fr. *hyperonyme*) genannt, in der Bedeutungserklärung: Als Hyperonym zum französischen Lexem *lit* fungiert z.B. *meuble*, welches wiederum selbst Unterbegriff, Hyponym (fr. *hyponyme*), zum Hyperonym *objet mobile* ist;
- ein Synonym (fr. *synonyme*): z.B. zu *merveilleux* etwa *fabuleux*, *fantastique*;
- ein Antonym (fr. *antonyme*): z.B. *horrible* zu *merveilleux*;
- Mitglieder desselben Begriffsfeldes oder Sachbereichs: Begriffsverwandte Wörter zu *gâteau* sind etwa *tarte*, *tartelette*, *tatin*, *tourte*, *quiche*, *flamiche*. Diese Komponente wird auch, wie in der französischen Lexikographie üblich, insbesondere in den Wörterbüchern der Robert-Reihe, als *analogisch* bezeichnet.

Im **Demonstrationsteil** wird das Wort in seiner Verwendung gezeigt, d.h. es wird eine Auswahl an typischen sprachlichen Kontexten präsentiert, die im Wesentlichen aus einigen Kollokationen (s. 3.2.2), Anwendungsbeispielen bzw. Zitaten (s. 3.2.4) oder aus Phrasemen (s. 3.2.3) bestehen, wobei letztere im Unterschied zu den ersten beiden eine Bedeutungserklärung erfordern und deshalb auch „expliziert" werden müssen.

Die einzelnen Komponenten sollen anhand des Artikels *thèse* im *Petit Robert 2014* (PR) differenziert werden:

**thèse** [tɛz] **n. f.**

• 1579; lat. rhét. *thesis,* mot gr., proprt « action de poser »

**1♦** Proposition ou théorie particulière qu'on tient pour vraie et qu'on s'engage à défendre par des arguments. *Avancer, soutenir, défendre une thèse. Réfuter la thèse adverse. À l'appui de cette thèse. Thèses économiques, philosophiques.* ⇒ doctrine, opinion. – Littér. *Pièce, roman à thèse,* qui illustre une thèse (philosophique, morale, politique, etc.) que l'auteur propose au public. *« Toute cette littérature est à thèse puisque ces auteurs, bien qu'ils protestent avec virulence du contraire, défendent tous des idéologies »* (Sartre).

**2♦** (1680) Anciennt Proposition ou série de propositions que le candidat à un grade de bachelier, de licencié, de docteur, etc., s'engageait à soutenir. *« La thèse pour son baccalauréat »* (A. Gide). – (depuis le XIX^e^) Ouvrage présenté pour l'obtention du doctorat. *Préparer, soutenir une thèse de doctorat* (⇒ fam. thésard). *Soutenance de thèse.* – Par ext. La thèse imprimée. *Envoyer sa thèse à un collègue.*

**3♦** (1904) Philos. (Hegel) Premier moment de la démarche dialectique auquel s'oppose l'*antithèse**, jusqu'à ce que ces contraires soient conciliés par la synthèse.
◊ Simple position par la pensée de quelque réalité ou vérité, qui n'implique pas une affirmation, dans la phénoménologie.

⊗ CONTR. Antithèse.

Abb. 10: Der Artikel *thèse* im *Petit Robert* (PR)

*Explikationsteil*:

- **Lemmaangaben**: Angaben zu Orthographie (*thèse*) und Aussprache ([tɛz]) des als Lemma dargestellten Lexems; ebenso: Angaben zu grammatikalischen Eigenschaften des Lexems, im Artikel *thèse* Wortklasse und Genus (*n. f.* = nom féminin), bei Verben Rektionstyp (z.B. *v. tr.* für *verbe transitif*) und Konjugationsklasse, bei Adjektiven die feminine Form oder besondere maskuline Formen (*bel* zu *beau* z.B.), im Falle von Substantiven Besonderheiten bei der Pluralbildung (z.B. *cheval*, *aux* oder *après-midi* inv.);
- **Etymologischer Kommentar** zum Lexem mit Erstbeleg (1579) und Etymon (lat. *thesis*, seinerseits aus dem Griechischen); Erstbelege sind oft auch für die einzelnen Bedeutungen oder Verwendungsweisen eines Lexems, z.B. „**3♦** (1904) Philos. (Hegel)“ angegeben;
- **Semantisierung** des Lexems durch Definitionen bzw. Paraphrasen verschiedener Bedeutungen oder Verwendungsweisen, die zudem noch weitere Spezialisierungen erfahren können, z.B. innerhalb von Bedeutung 2 „(depuis le XIX$^{e}$) Ouvrage présenté pour l'obtention du doctorat“ und „Par ext. La thèse imprimée“;
- **Gebrauchsangaben** (Markierungen): *anciennement* (verweist auf einen Begriff, der nur noch historisch von Belang ist), *littéraire* (Terminus der Literaturwissenschaft), *familier* (informelle Alltagssprache), *par extension* (‘im weiteren Sinne’), *philosophie* (Fachsprache der Philosophie);
- Angabe von **Synonymen** und **„analogischen**“, also begrifflich ähnlichen (*doctrine*, *opinion*) oder zum Begriffsfeld gehörigen Lexemen (*thésard*);
- Angabe von **Antonymen** (*antithèse*).

*Demonstrationsteil*:

- **Kollokationen**: *avancer, soutenir, défendre une thèse*, etc.;
- Darstellung des Lexems als **Teil komplexer Lexeme** (meist mit gesonderter Semantisierung): „Littér. *Pièce, roman à thèse,* qui illustre une thèse (philosophique, morale, politique, etc.) que l'auteur propose au public“;
- Konstruierte **Anwendungsbeispiele** („*Envoyer sa thèse à un collègue*“) und **Zitate** (im Artikel *thèse* von Sartre und Gide);
- **Phraseme** (kein Beleg hierfür im Artikel *thèse*).

Bezogen auf die Mikrostruktur, muss schließlich noch der aus der Informatik stammende Terminus der ***Adressierung*** erklärt werden (nach Engelberg/Lemnitzer $^{4}$2009, 158f.):

**ERREUR**, subst. fém. […] (TLFi)

Man ist in der jüngeren Lexikographieforschung dazu übergegangen zu sagen, dass alle Angaben in Wörterbuchartikeln an das Lemma(zeichen) „adressiert“ seien, also etwas über dieses aussagen. Die Wortartangabe *subst.* und die Genusangabe *fém.* sagen uns etwas über die grammatikalische Kategorie und das grammatikalische Geschlecht des Lexems *erreur*. Das Lemma (oder in nischen- und nestalphabetischen Strukturen auch das Sublemma) ist die **Adresse** der beiden Angaben, die Wortart und das Genus des Lexems *erreur* die *Adressaten*. Eine noch genauere Differenzierung unterscheidet zudem die Adressierungsrichtung (in striktalphabetischen Wörterbüchern *Linksadressierung* genannt, wie bei *erreur*, in Nest- oder Nischenstrukturen eventuell *Rechtsadressierung*, oder, wie im Falle der COBUILD-Bedeutungsparaphrasen (s. 3.1.2), *Binnenadressierung*) und die Spezifizierung der Adresse: *lemmatische Adressierung* (bei Sublemmata *sublemmatische Adressierung*).

Der Terminus ***Mediostruktur*** (fr. *médiostructure*)[31] wurde von Wiegand (1996) in die Metalexikographie eingeführt. Grob gesprochen handelt es sich dabei um die Gesamtheit aller impliziten und expliziten Verweise innerhalb eines Wörterbuchs, also innerhalb – sowie zwischen – Mikrostruktur, Makrostruktur und Außentexten (s. Abb. 6).

> Gedruckte Wörterbücher stellen eine traditionelle Form der *Wissensrepräsentation* dar. Durch die *wörterbuchinterne Mediostruktur* werden die textuell in unterschiedlichen Sektoren des Wörterbuchs vor allem sprachlich, aber auch durch *Angabesymbole* und mittels *Illustrationen* aller Art repräsentierten Wissenselemente auf mehreren lexikographischen Bearbeitungsebenen [...] – je nach Wörterbuchtyp mehr oder weniger systematisch – vernetzt (Wiegand 1996, 13).

Daneben gibt es auch eine *wörterbuchübergreifende Mediostruktur*, die aus Verweisen von einem Wörterbuch auf andere Wörterbücher oder wörterbuchexterne Quellen besteht. Dies ist etwa der Fall, wenn Zitate literarischer Autoren verwendet werden.

Grundsätzlich kann man *Mediostruktur* als „lexikographische Handlung" begreifen (id., 16), bei der von einer Verweisposition mittels Verweisangaben auf eine Verweisadresse verwiesen wird. Der Handlungstyp kann abstrakt wie folgt dargestellt werden (Wiegand 2003, 174):

> 'jemanden von etwas$_1$ mittels etwas$_2$ auf etwas$_3$ verweisen'.

Dieser Sichtweise liegt die Auffassung zugrunde, dass, wie im obigen Zitat zum Ausdruck gebracht, Wörterbücher Wissen repräsentieren und somit „*Textsortenträger* sind, deren zugehörige *Texte*, *Teiltexte* und *Textsegmente* in bestimmten Beziehungen zueinander stehen" (Wiegand 1996, 11).

In der Legende des elektronischen *Nouveau Petit Robert 2001* wird als expliziter Verweisindikator lediglich der zweistrahlige Pfeil (⇒) angegeben, der folgende Verweishandlung ankündigt:

---

31 In der französischen Lexikographie ist dieser Terminus zwar belegt (z.B. Mavoungon 2010), aber wohl noch nicht etabliert. Alternativ könnte man von *types de renvois* sprechen. In der angelsächsischen Lexikographie spricht man von *cross-reference structure* oder *mediostructure* (Svensén 2009, 79).

suivi d'un mot en gras, présente un mot qui a un grand rapport de sens: 1° avec le mot traité; 2° avec l'exemple qui précède (NPR-CD 2001).

Auf den Artikel *thèse* bezogen wären die Verweisadressaten die Lexeme – bzw. besser die Artikel – *doctrine opinion* und *thésard.* In der Printversion des PR 2011 steht als Verweisindikator ebenfalls ein Pfeil (➤). Neben den durch Pfeile angekündigten expliziten Verweisangaben gibt es auch implizite Verweise, die in folgenden Belegen zum Ausdruck kommen:

**oreille** […] – LOC. *Écouter de toutes ses oreilles. Être tout yeux*, tout oreilles* (cf. Être tout ouïe*). […]. (PR)
**temps** […] ▪ **HOMONYMES :** Tan, tant, taon. (PR)
**taciturne** […] ▪ **CONTRAIRES :** Communicatif, disert, loquace, parleur. (PR)
**loquace** […] (syn. BAVARD, ÉLOQUENT; contr. MUET). (Dfcoll)

Wie man sieht, gibt es hier mit Ausnahme von *cf.* (Abkürzung von lateinisch *confer* 'vergleiche') keine durch einen semiotisch eindeutigen Indikator vorgenommene Handlungsanweisung für einen Verweis. Dennoch ist ein solcher impliziert, da das Phrasem *être tout yeux, tout oreilles* nur im Artikel *œil* zu finden ist (hier ist ein zusätzlicher sekundärer Verweis von *yeux* zu *œil* dazwischengeschaltet); ähnlich der Ausdruck *être tout ouïe*, welcher gleichzeitig Bedeutungsparaphrase und (im Artikel *ouïe* erklärtes) Phrasem ist. Die durch Abkürzungen eingeleiteten Angaben von Homonymen (HOM.), Antonymen (CONTR.) und Synonymen (SYN.) stellen letztlich wiederum eine indirekte Verweisbeziehung her.

Für die Mediostruktur relevant ist auch noch folgender Fall, bei dem ebenfalls indirekt auf andere Artikel im Wörterbuch verwiesen wird:

**sponsoration** […] REGION. **commandite**. – Recomm. offic. *mécénat*, *parrainage*. (PR)

Was in Frankreich – aus puristischer Sicht zu Unrecht – *sponsorisation* genannt wird, heißt in einer anderen Gegend der Frankophonie *commandite* und sollte nach den offiziellen Empfehlungen der staatlichen Terminologiekommissionen *mécénat* oder *parrainage* lauten. Erst wenn man die implizierte Verweishandlung ausführt, erfährt man, dass *commandite* in Kanada üblich ist. Unter *mécénat* und *parrainage* schlägt man dann vielleicht aus Neugierde nach, weil man wissen möchte, wie in diesen Artikeln die Abgrenzung zu dem offensichtlich umstrittenen Lexem *sponsorisation*, einem Pseudoanglizismus zum echten Anglizismus *sponsoring*, erfolgt.

**Mediostrukturen** in **elektronischen Wörterbüchern** sind prinzipiell anders organisiert, da nicht nur das Nachschlagen entfällt, sondern durch die Verlinkung eigentlich auch keine Verweisindikatoren mehr nötig sind (s. auch Engelberg/Lemnitzer 2009, 184f.). Im NPR-CD 2001 diente der zweistrahlige Pfeil, wie gesehen, nicht nur der Verweisangabe, sondern auch dem Hinweis auf begrifflich-semantische Affinität. Das ist ein Unterschied, denn Hypertextualität wie bei *Wikipedia* bedeutet zwar die Existenz einer (hierarchischen) Verweisstruktur, jedoch ist diese meist mit keiner Intention, die über die bloße Verlinkung hinausgeht, verbunden. Wenn jedes dritte Wort einen Hyperlink enthält, kann es nur darum gehen, die Wissensverzweigungen immer weiter zu verfolgen, bis der Benutzer vielleicht nicht mehr weiß, wovon er eigentlich ausgegangen ist. Auch dass in digitalen Wörterbüchern wie dem (*Nouveau*) *Petit Robert* auf CD-ROM bzw. *online* oder dem *Trésor de la langue informatisé* jedes graphische Wort angeklickt werden kann und zum entsprechenden Artikel umgeschaltet wird, stellt keinen methodologischen Wert an sich dar, sondern nur die Umsetzung einer technologischen Möglichkeit. Anders zu beurteilen sind jedoch Verlinkungen von Elementen der Mikrostruktur zu Außentexten, wie z.B. von den im Artikel *thèse* eingesetzten Markierungen (*littér.*, *anciennt* etc.) auf das Abkürzungsverzeichnis oder von den Jahreszahlen auf die sprachgeschichtliche Tafel und von den zitierten Autoren auf ein biographisches (im Falle von „Sartre" 1 235 Wörter umfassendes) Profil, welches zudem exportier- und ausdruckbar ist.

## 2.2 Strukturen und Strukturelemente in Enzyklopädien

Was soeben zur Makrostruktur, zu den Außentexten und zum Lemma gesagt wurde, gilt *mutatis mutandis* auch für die Enzyklopädien. Natürlich ist zuallererst die Tatsache zu betonen, dass es in Enzyklopädien um die Repräsentation sachlichen Wissens geht und sprachliche Informationen, zu denen die Lemmaangaben gehören, so gut wie keine Rolle spielen. Die meisten Lemmata stehen für Eigennamen, die im Französischen, abgesehen davon, dass manche mit einem definiten Artikel beginnen (*Le Corbusier*, *La Fontaine*, *La Haye*, *Le Havre*),[32] keine morphologischen Eigenschaften haben, aber auch für Substantive, die für ein wissenschaftlich oder technologisch relevantes Konzept stehen. Dennoch findet man vereinzelt die Angabe der Wortart und des Genus, vor allem bei Namen nicht-französischer Herkunft (im PRnp: *Palestine* n.f., *Rubicon* n.m., *Ruhr* n.f., *Bible* n.f., *Talmud* n.m., jedoch zum Beispiel nicht bei *Coran*), aber auch vereinzelt bei französischen (*Louvre* n.m., *Corbières* n.f.pl. (PRnp)).

Der wesentliche strukturelle Unterschied zwischen Wörterbüchern und Enzyklopädien besteht in den Mikrostrukturen. Diese können aufgrund der Diversität des sachlichen Gehalts eines Namens oder eines Begriffs in Lexika nicht in gleicher Weise standardisiert sein wie in Wörterbüchern. Oberstes Ziel von Enzyklopädien ist es, die sachliche Komplexität eines Begriffs oder eines Themas in einem Artikel zu kondensieren, wobei die sprachliche Gestaltung des Texts kaum Normierungen unterworfen ist und zwischen definitorisch, explanativ oder diskursiv schwanken kann. Dies lässt sich be-

[32] Bei der Frage der alphabetischen Reihung werden auch innerhalb eines Lexikons unterschiedliche Prinzipien angewandt. Während die Personennamen *Le Corbusier* und *La Fontaine* im *Petit Robert des noms propres* alphabetisch nach dem definiten Artikel geordnet sind, ist dies bei den Städtenamen nicht der Fall. Dort lauten die Lemmata *Haye (La)* und *Havre (Le)*.

reits in der Mutter aller französischen Enzyklopädien, der *Encyclopédie* von Diderot und D'Alembert (Enc) aus dem 18. Jahrhundert, nachvollziehen (vgl. Kap. 7.2):

**FAUVETTE,** s. f. (*Hist. nat. Ornitholog.*) *curruca.* **Cet oiseau** est presque aussi gros que la farlouse ou la gorge rouge ; son bec est mince, allongé & noir ; sa langue est fourchue, dure, tendineuse & noire à l'extrémité ; les narines sont oblongues ; l'iris des yeux est couleur de noisette ; les oreilles sont grandes & couvertes ; les plumes des épaules & du dessus du dos sont noires dans le milieu autour du tuyau, & de couleur rousse sur les bords : la tête & le cou sont un peu cendrés avec des taches au milieu des plumes qui sont plus foncées ; le bas du dos & le croupion sont de couleur jaunâtre avec une teinte de verd sans aucune tache noire ; les grandes plumes des aîles sont brunes, à l'exception des bords extérieurs qui sont roussâtres ; les plumes intérieures du second rang, ont chacune à la pointe deux petites taches de couleur blanchâtre ; les plus petites plumes des aîles sont de la même couleur que les plumes du dos ; la premiere grande plume est très-courte ; la queue a environ deux pouces de longueur ; elle est entierement brune ; le dessous de l'oiseau est de couleur cendrée, cependant le ventre est un peu blanchâtre ; & dans quelques individus, cette couleur est plus grise, & même plombée ; les jambes & les pattes sont de couleur de chair jaunâtre ; les ongles sont bruns ; le doigt de derriere est le plus gros & le plus long ; le doigt extérieur tient au doigt du milieu à sa naissance, comme dans les autres petits oiseaux. **Celui-ci** niche dans les haies ; **il** donne aisément dans toute sorte de piéges. Willugb. *Ornit.*

Abb. 11: Der Artikel *fauvette* in der *Encyclopédie* von Diderot und D'Alembert (Hervorhebung E.Sch.)

In diesem Artikel (*fauvette* ist die *Grasmücke* im Deutschen, also ein Vogel) liegt keine Definition oder Bedeutungsparaphrase vor, sondern eine vom Duktus eher erzählende Beschreibung, bei der ein Merkmal an das andere gereiht wird. Die Subjekte der durch Strichpunkte abgegrenzten Sätze beziehen sich dabei nur in den wenigsten Fällen (*cet oiseau*, *celui-ci*, *il*) auf das Lemma, sondern bezeichnen einzelne Körperteile. Dies wäre in einem Sprachwörterbuch undenkbar, wo das Prinzip der substantiellen Definition (s. 3.1.2), zumindest bei substantivischen Lemmata, unbedingt eingehalten werden muss:

**FAUVETTE** […] Petit oiseau (*passériformes*) à plumage parfois fauve, au chant agréable. […]. (PR)

Mikrostrukturen in traditionellen, d.h. gedruckten Enzyklopädien sind also nur wenig gegliedert. Sie enthalten keinen Demonstrationsteil, da das Lemma nicht in seiner sprachlichen Verwendung dargestellt werden muss. Ihr Explikationsteil beschränkt sich bei Substantiven, manchmal auch bei Eigennamen, auf minimale Wortartangaben und natürlich auf die sachliche Beschreibung, die bisweilen eher die Form einer Definition haben kann, bisweilen eher einer Aufzählung von Fakten und Merkmalen gleicht.

Andere Möglichkeiten haben hingegen **digitale Enzyklopädien** (Abb. 12 und 13), da die Organisation des Textes mehrere Darstellungsmodi zulässt: innerhalb der Mikrostruktur *sequentiell* nach Kapiteln gegliedert („1 Les différences" etc.), innerhalb dieser Kapitel *hierarchisch*, also hypertextuell strukturiert (unterstrichene Elemente mit Hyperlinks), wobei durch Mausklick jedes Kapitel direkt angesteuert werden kann, also nicht „geblättert“ werden muss.

So ist der Artikel *fauvette* in *Wikipédia* wie folgt gegliedert:

**Sommaire**
[masquer]

- 1 Les différences
- 2 Liste d'espèces appelées « fauvette »
  - 2.1 Noms normalisés
  - 2.2 Autres passereaux appelés « fauvette »
- 3 La fauvette dans la culture
- 4 Voir aussi

Abb. 12: Inhaltsverzeichnis des Artikels *fauvette* in *Wikipédia*

Das Inhaltsverzeichnis kann als Navigator benutzt werden, der durch Mausklick direkt zu den einzelnen Kapiteln führt, oder man scrollt die Seite nach unten bis zu den entsprechenden Stellen, hier Kapitel 1 „Les différences“:

**Les différences** [modifier]
Au sens strict, les fauvettes sont les 18 espèces du genre *Sylvia*.

Les ***fauvettes*** *(Sylvia)* sont de petits oiseaux à bec court, tête souvent bombée et queue étroite, parfois redressée. En France, la Fauvette à tête noire, la Fauvette mélanocéphale sont présentes toute l'année alors que la Fauvette des jardins, la Fauvette grisette sont présentes en été. [...]

Abb. 13: Ausschnitt aus dem Kapitel „Les différences“ des Artikels *fauvette* in *Wikipédia*

Aufgaben

1. Informieren Sie sich in den Außentexten des *Nouveau Petit Robert*, wie die Einwohner von Neuilly, Piacenza (Plaisance), Poissy, London und der Elfenbeinküste heißen. Finden Sie diese Informationen auch in Ihrem zweisprachigen Wörterbuch?
2. Überprüfen Sie in den Außentexten des *Nouveau Petit Robert*, welches Datum für die Straßburger Eide, das Alexiuslied und den Rosenroman anzusetzen sind und in welchem Jahr das Wörterbuch von Robert Estienne, die erste Auflage des Wörterbuchs der Académie française und der erste Band der *Encyclopédie* von Diderot und D'Alembert erschienen sind.
3. Vergleichen Sie die Mikrostrukturen der Artikel *fraise* in *Wikipédia*, im *Petit Larousse illustré* (PLi) und im *Petit Robert* (PR). Was fällt Ihnen hinsichtlich der Strukturiertheit und des Informationsgehalts auf?

# 3. Informationsangebot in einsprachigen Wörterbüchern

## 3.1 Bedeutungserklärungen

### 3.1.1 Bedeutung

In Wörterbüchern findet man die Bedeutungen der Wörter, heißt es. Dabei ist es gar nicht so einfach, sich darauf zu verständigen, was *Bedeutung* überhaupt ist. Wenn wir annehmen, dass Bedeutung im Unterschied zum Konzept (Begriff) gar nicht autonom existiert, d.h. nur „eine aus dem Wissen abgeleitete Metaebene der semantischen Beschreibung[,] für das jedem Sprachbenutzer in mehr oder weniger starkem Umfang mögliche ‚Sprechen über Wörter'" (Blank 1997, 92f.) ist, dann liegen wir in der Lexikographie mit diesem Verständnis von Bedeutung genau richtig. Denn Wörterbücher sind just der Ort, an dem „Bedeutung […] aus dem Wissen heraus[tritt]", weil „man sie selbst zum Objekt des Sprechens macht" (ib., 93). Im Zusammenhang mit der lexikographischen Beschreibung der Inhaltsseite von Lexemen können wir also getrost von *Bedeutungen* sprechen.

Wenn Wortbedeutungen nun als „Verknüpfung von Wissen" in unserem mentalen Lexikon verankert sind und eine *„rein linguistische Abstraktion*" darstellen, so sind *Konzepte* – bei Blank (ib., 102) auch *Designate*[33] – hingegen die mentale Repräsentation außersprachlichen Wissens, genauer gesagt von Klassen von Referenten, „auf die mit einem entsprechenden Wort Bezug genommen werden kann" (Blank 2001, 153), während das sprachliche Zeichen mit einzelsprachlichem Wissen (einzelsprachlich-lexikalischem[34] und einzelsprachlich-sememischem[35] Wissen) verknüpft ist.[36] Die Verknüpfung dieser drei Wissensebenen erklärt, warum wir in der sprachlichen Kommunikation ein Schallphänomen dekodieren und ein Konzept über die einzelsprachliche Zeichenebene versprachlichen (enkodieren) können und uns dabei auf einen Referenten (in Blank 1997 auch *Denotat*) beziehen können oder nicht.[37]

---

33 *Designat* wird definiert als „außersprachliche Dingvorstellung" (Blank 1997, 99).

34 „Wissen über das Wort, seine Stellung im Lexikon und die Regeln seiner Verknüpfung" (Blank 1997, 54).

35 „‚Kernwissen' […], mit dessen Hilfe eine Bedeutung eines Wortes von einer anderen dieses oder eines anderen Wortes abgegrenzt werden kann" (Blank 1997, 54).

36 Vgl. hingegen Löbner (2003, 22): „Bedeutungen sind Konzepte". Statt *Konzept* könnte auch *Begriff* gesagt werden. *Begriff* ist jedoch ein allgemeinsprachlicher Ausdruck und deshalb im Kontext der kognitiven Linguistik weniger geeignet, wenngleich es gelegentlich unumgänglich sein wird, ihn zu verwenden, vor allem wenn es um die Aristotelische Begriffshierarchie und um lexikologische Zusammenhänge geht. Zur Problematik der Gleichsetzung von *Begriff* und *Bedeutung* s. Busse (2009, 32ff.).

37 Dieser „semiotische Prozess" kann anhand des Modells von Blank (1997, 102; 2001, 9) gut nachvollzogen werden.

An einem Beispiel dargestellt heißt das: Wenn wir die (konkrete) phonische Ausdrucksseite eines sprachlichen Zeichens wie *PC* [pe'tse] hören, können wir ihr als Muttersprachler sofort ein (abstraktes) Konzept zuordnen, weil wir über ein einzelsprachliches Wissen über dieses (abstrakte) Zeichen verfügen, welches untrennbar mit dem außersprachlichen Wissen verknüpft ist. Wir verstehen die Lautkette also auch ohne Bezug auf einen konkreten Referenten, da wir in der Lage sind, das zugehörige Konzept mental zu repräsentieren, uns also die abstrakte Kategorie *PC* „vorzustellen“ und weil wir über das sprachliche und kulturelle Wissen verfügen, welches Teil des Lexems bzw. des Konzepts *PC* ist.

Meist stellen wir jedoch in Äußerungskontexten eine Beziehung zwischen dem Zeichen und einem in dieser Situation vorhandenen oder gedachten Referenten her. Sonst könnten wir nicht kommunizieren. Jeder Muttersprachler des Deutschen versteht den Sinn des Satzes „Mein PC ist kaputt“ und kann die Bezüge zur außersprachlichen Wirklichkeit in Sekundenschnelle herstellen: *mein* (‘etwas gehört dem Sprecher’), *PC* (‘ein konkreter Gegenstand aus der Klasse der Computer’), *ist kaputt* (Zustandbeschreibung: ‘funktioniert nicht mehr’). Die Dekodierung einer Äußerung wie „Mein CP ist kaputt“ würde hingegen daran scheitern, dass wir der Lautkette [tse'pe] kein Konzept zuordnen können, weil wir kein Wissen zu einer solchen Lautsequenz haben und deshalb kein Konzept dazu existiert.

Dabei gelingt es uns sogar, spontane Transferleistungen zu erbringen, wenn wir ein uns bekanntes Lexem in einem Kontext wahrnehmen, in den es eigentlich nicht passt. *Zeitfenster* ist so ein Fall, oder *spannend* in einer Äußerung wie „Ich finde die Kombination aus Fisch und Rotwein spannend“. Es sind nicht die üblichen Bedeutungen von *Fenster* und *spannend*, denen wir hier begegnen, sondern metonymisch entstandene neue Bedeutungen, mit denen wir aber dennoch spielend zu Recht kommen, da entweder der sprachliche Kontext für Klarheit sorgt oder wir das Lexem in dieser neuen sprachlichen Umgebung schon zum wiederholten Male gehört haben und sich darüber Wissen angesammelt hat – auch wenn wir es eine gewisse Zeit vielleicht selbst aktiv so nicht verwenden.

Wie kann nun ein Wörterbuch der Aufgabe gerecht werden, alle Bedeutungen – der Ausdruck *Bedeutung* ist an dieser Stelle im Sinne obiger Ausführung exakt passend verwendet – möglichst vieler Lexeme zu erfassen und so zu beschreiben, dass jeder sie versteht? Hinzu kommt, dass „Wörter“ irgendwann außer Mode kommen und andererseits ständig neue die Sprache überfluten. Und muss ein Wörterbuch des Deutschen tatsächlich die neue Bedeutung von *spannend* erfassen? Oder anders gefragt: Ab wann gibt es eigentlich eine neue Bedeutung eines bekannten Lexems? Wo ist die Grenze nicht nur des lexikographisch Machbaren, sondern auch des sprachlich Erfassbaren zu ziehen? Man kann ja schließlich nicht jede Metapher und jede Metonymie ins Wörterbuch bringen (s. 3.1.5). Die Korpuslinguistik kann sicher dabei behilflich sein, einen Überblick über den Stellenwert „neuer“ Bedeutungen hinsichtlich ihrer Frequenz und ihres Verkehrswertes zu bekommen, aber die drei magischen Größen eines jeden Wörterbuchprojekts – *time*, *space* und *money* – setzen einer allzu großen Lust an der maximalen lexikographischen Dokumentation des aktuellen Wortschatzes natürliche Grenzen.

Hinzu kommt, dass die Lexikographie sich keiner semantischen Theorie der Linguistik bedienen kann, die für ihre Zwecke operationalisierbar wäre. Es ist eher ein Theorienpluralismus, der in der Praxis zum Tragen kommt, bestehend aus Anklängen einer strukturalistischen Komponentenanalyse (gestützt durch die Klassifikation wissenschaftlicher Taxonomien), der Wittgensteinschen Theorie, der zufolge die Bedeutung eines Wortes sein Gebrauch sei, und Elementen aus der Prototypentheorie. De facto geht die Lexikographie aber noch ganz andere Wege – wie z.B. die *full sentence definitions* (s. 3.1.2), die erklärende Paraphase, die metasprachliche oder die synonymische Bedeutungserklärung. Die Lexikographie muss sich also selbst behelfen. Von der theoretischen Linguistik können keine eindeutigen Rezepte erwartet werden.

### 3.1.2 Die Definition und weitere Arten der Bedeutungserklärung

Es gibt mehrere Verwendungsweisen des Begriffs der Definition. Zunächst lässt sich die **referentielle Definition**, auch „Zeigedefinition" genannt (fr. *définition référentielle*, *définition ostensive*), unterscheiden. Sie besteht darin, dass die Bestimmung eines Lexems durch unmittelbare Referenz geschieht: „Was ist ein Wörterbuch?" – „Dás ist ein Wörterbuch!". Diese Art des Definierens ist in der Lexikographie bestenfalls in einem Bildwörterbuch umgesetzt.

Ebenfalls auf Referenz, jedoch auf mittelbarer, sprachlicher Referenz, beruht die **extensionale Definition** (fr. *définition par extension*), die sich auf den begrifflichen *Umfang* bezieht, d.h. auf einzelne oder alle Vertreter der durch den Begriff repräsentierten Kategorie. Diese Art der Definition wird meist durch Aufzählung realisiert. Reine extensionale Definitionen sind selten und würden etwa auf die Frage „Was ist Schmuck?" antworten : „Ein Ring, eine Brosche, ein Anhänger, eine Kette [sind Schmuck]". Eine solche Aufzählung dürfte jedoch in einem lexikographischen Werk kaum zu finden sein. Durchaus vorkommen können hingegen extensionale Definitionselemente innerhalb von Definitionen bzw. Bedeutungsparaphrasen, wie der Zusatz „(anneau, collier, pendentif, broche, etc.)" in folgender Bedeutungserklärung:

> **bijou** […] 1. Petit objet de parure (anneau, collier, pendentif, broche, etc.) précieux par la matière (or, platine, etc.) ou par le travail (orfèvrerie) […]. (DFC)

In einem Sprachwörterbuch gibt es meist eine erklärende Paraphrase, manchmal auch eine **semantische** bzw. **logische Definition** (*définition sémantique* oder *définition logi-*

*que*). Und nur die logisch-semantische Definition soll im Folgenden als Definition verstanden werden.[38]

Der Begriff der **Definition** wird hier sehr eng gefasst und an die Grundbedeutung des zugrunde liegenden lateinischen Verbs DEFINIRE angelehnt. Sie lautet 'abgrenzen, begrenzen'. Etwas zu definieren heißt also, etwas so zu beschreiben, dass es von einer anderen Sache eindeutig abgegrenzt werden kann. Dies wiederum erfordert, dass ich zunächst eine gemeinsame Kategorie für beide Dinge finde, um dann Kriterien zu bestimmen, die das eine vom anderen trennen lassen. Dabei handelt es sich um das Prinzip der aristotelischen Begriffslehre:[39]

> Ausgehend von einem Begriff höherer Allgemeinheit (*Gattung*), kann man, durch Hinzunahme immer weiterer „spezifischer Unterschiede" (*Differenzen*) zu engeren Begriffen (Artbegriffen) herabsteigen und von diesen weiter zu Begriffen, die so eng sind, daß sie sich nicht mehr in weitere Unterarten aufspalten lassen, sondern nur noch Einzelwesen unter sich begreifen (Störig 1992, 178).

Das Absteigen vom Allgemeinen zum Besonderen kann durch folgendes Beispiel illustriert werden (ib.):

Lebewesen
Säugetier
Hund
Dackel
Langhaardackel
brauner Langhaardackel
„dieser braune Langhaardackel"

Jede Begriffsbestimmung besteht also aus zwei Teilen, aus *Gattung* und *Differenz* (Aristoteles, *Analytica posteriora*, 764). Die Definition eines Begriffs B besteht gewöhnlich aus der Angabe seiner Gattung G und derjenigen Differenz D von G, für die gilt: $G \cap D = B$ (ib., 124). Das bedeutet, um das Prinzip an konkreten Begriffen zu veranschaulichen, dass die Gattung G *Rechteck* sei, der Begriff B *Quadrat* und die Differenz *mit vier gleich langen Seiten*. $G \cap D = B$ hieße dann: 'Ein Rechteck, welches vier gleich lange Seiten hat, ist ein Quadrat'. Geht man in der Begriffshierarchie eine Stufe höher („ein Rechteck ist ein Viereck") und setzt man für G *Viereck* und für D *mit vier gleich großen Innenwinkeln*, so ist B ein *Rechteck*. $G \cap D = B$ hieße dann: 'Ein Viereck, welches vier gleich große Innenwinkel hat, ist ein Quadrat'.

Man kann auch sagen, dass D in jedem der beiden Fälle gleichzeitig eine *notwendige Bedingung* und *hinreichende Bedingung* für B darstellt: Ein Rechteck ist *genau dann* ein

38 Statt logisch-semantischer Definition kann auch auf die Bezeichnung *intensionale Definition* (fr. *définition par compréhension*) zurückgegriffen werden, die traditionell in Opposition zur extensionalen Definition steht. *Intensional* bezieht sich nicht auf den Konzept*umfang*, den Bezeichnungsbereich (vgl. Blank 1997, 92), sondern auf den Konzept- bzw. Bedeutungs*inhalt*.

39 Der Terminus *Begriff* (für *Konzept*) wird hier aufgrund seiner Bedeutung in der Logik und aufgrund des feststehenden Ausdrucks *Begriffslehre* beibehalten.

Quadrat, *wenn* es vier gleich lange Seiten hat. Logische Relationen dieses Typs kommen vor allem in mathematischen Zusammenhängen vor (Bühler [3]2000, 131f.). Für die natürliche Sprache spielen „genau-dann-wenn"-Satzoperatoren bestenfalls in der Aussagenlogik eine Rolle, nicht jedoch bei der Abgrenzung von außersprachlich geprägten Begriffen. Es trifft nicht zu, dass genau dann ein Sitzmöbel ein Stuhl ist, wenn es vier Beine und eine Lehne hat, weil es auch andere Stühle gibt, für die diese Kriterien nicht passen. Die genannten Merkmale sind nicht einmal notwendige, geschweige denn hinreichende Bedingungen. Man sieht, dass sich die **Prototypentheorie** für die Semantisierung von Begriffen aus der Alltagswelt besser eignet („der beste Vertreter der Kategorie STUHL hat vier Beine und eine Lehne").

Recht gut funktioniert die „klassische", auf Begriffshierarchien und logischen Bedingungen beruhende Definition im Bereich der naturwissenschaftlichen Klassifikationen (Taxonomien), wenngleich als D meist mehrere Bedingungen zugleich erforderlich sind, um $B_1$ von $B_2$ zu unterscheiden. Dass es genau *eine* Differenz gibt, um zwei Begriffe voneinander abzugrenzen, dürfte selten sein: Vögel sind die einzige Klasse der Landwirbeltiere, die über das Merkmal (die Differenz) *mit Federn* verfügen und unterscheiden sich dadurch exklusiv von anderen Klassen (Begriffen) der Landwirbeltiere wie den Amphibien, Reptilien oder Säugetieren. In der Regel geht es aber nicht nur um ein Merkmal, sondern um mehrere (z.B. „Nur Säugetiere haben Haare und Brustdrüsen"). Das müsste in der Lexikographie auch so umgesetzt werden, wenngleich die wissenschaftliche Präzision natürlich nicht immer eingehalten wird, auch weil das vorwissenschaftliche Wissen der Sprecher manchmal gänzlich andere kognitive Kategorisierungen enthält (Beispiele: die Erdbeere, die wissenschaftlich keine Beere ist, die Erdnuss, die in der Botanik keine Nuss ist).

Eine **Definition** (fr. *définition*) besteht grundsätzlich aus zwei Elementen: einem ***Definiendum*** (*le défini*), also dem, was definiert werden soll, und einem ***Defininiens*** (*le définissant*), also demjenigen Element, welches definiert.

Lexikographische Definitionen sind semantische Definitionen, deren Definiens aus einer Gattung (einem Hyperonym), welche ***genus proximum*** genannt wird, und einer Differenz (*differentia specifica*), meist jedoch aus mehreren Differenzen (***differentiae specificae***), besteht, die hinreichende und/oder notwendige Bedingungen darstellen. Damit scheiden erklärende und prototypisch angelegte Paraphrasen aus. Definitionen in Wörterbüchern (und in Lexika ohnehin) haben also oft einen stark enzyklopädischen Charakter – oder sie lassen sich, wie Begriffe aus der Mathematik, logisch formulieren. Eine **lexikographische Definition** arbeitet daher sichtbar mit Begriffshierarchien (*arachide*: „plante de la famille des Fabaceés (Fabacées) (ou légumineuses)") und Differenzen („graines oléagineuses", „fruits enterrés après fécondation") und verzichtet z.B. auf impressionistische Merkmale (*fauvette*: „[…] au chant agréable" (PLi)) oder erklärende Passagen (s. Kap. 3.1.3: *singe* in *Bordas*).

| **cuivre** | métal | de couleur rouge-brun, ductile et malléable, bon conducteur de l'électricité, de symbole Cu |
|---|---|---|
| | *genus proximum* | *differentiae specificae* |
| *definiendum* | *definiens* | |

Abb. 14: Grundelemente einer logisch-semantischen Definition (TLFi)

Liegt keine aus *genus proximum* und *differentiae specificae* bestehende Struktur vor, sprechen wir nicht von Definition, sondern von **Bedeutungsparaphrasen**, **synonymischen** oder **metasprachlichen Erklärungen** oder anderen Semantisierungsformen.[40]

Das Lemma ist in einem lexikographischen Werk das Definiendum. Gehören *genus proximum* und Lemma der gleichen Wortklasse an, so spricht man von einer **substantiellen Definition**:

*écureuil*: petit *mammifère* rongeur […] (Substantiv: Substantiv)

Substantielle Definitionen sind aufgrund der Möglichkeit begrifflicher Hierarchien von Referentenklassen am ehesten bei Substantiven gegeben. Natürlich kann auch zu Verben ein *genus proximum* gefunden werden, so z.B. zu *muer* das Hyperonym *changer* (*de peau*, *de plumage*, *de poil*, *de timbre*), und zu *changer* der Oberbegriff *devenir* (*autre*, *différent*), zu *devenir* die hierarchisch nächst höhere (abstraktere) Stufe *passer* (*d'un état à un autre*), aber dabei handelt es sich nicht um logische oder wissenschaftlich begründete Hierarchien, sondern um rein sprachliche, die ab einer bestimmten Abstraktionsstufe willkürlich sein können (nach PR):

???
aller (?) s'écouler (?) cesser d'être (?)
passer
devenir
changer
muer

Dennoch gibt es auch bei Verben oft ein plausibles *genus proximum* und eine nachvollziehbare *differentia specifica* – Definitionen sind also auch bei Verben möglich (Beispiel aus dem PR):

| | | |
|---|---|---|
| **moudre** | broyer (des grains) | avec une meule |
| | *genus proximum* | *differentia specifica* |

Gerade bei Verben treten als Definiens jedoch oft alternative Definitionen in Erscheinung, welche die Stringenz einer begrifflichen Hierarchie vermissen lassen (Beispiel aus dem Ddf):

40 Es darf die Benutzer dieses Arbeitsheftes allerdings nicht verwundern, wenn in anderen Handbüchern der Lexikologie oder Lexikographie der Begriff der Definition als Hyperonym für verschiedene Semantisierungsarten verwendet wird und dadurch unscharf bleibt.

| | | |
|---|---|---|
| **broyer qqch** | le réduire l'écraser | en petits morceaux ou par choc ou par pression |
| | *genera proxima* | *differentiae specificae* |

Hier liegen innerhalb eines Definiens alternativ zwei Definitionen mit eigenem *genus proximum* und eigener *differentia specifica* vor. Solche Erscheinungsformen verwässern die Grundkonzeption einer Definition.[41]

Liegt keine Definition vor, so handelt es sich um andere Formen der Semantisierung, die im Falle von Adjektiven meist als **relationelle Bedeutungsparaphrase** (*commode* 1 *transactionnel* 1) oder als **synonymische Erklärung** (*commode* 2) erfolgt:

> **commode** […] adjectif […] **1** […] (Choses) Qui se prête aisément et d'une façon appropriée à l'usage qu'on en fait. […] **2** […] Facile, simple. […] (PR)
>
> **transactionnel, elle** […] adjectif […] **1** […] DR. Qui concerne une transaction, a le caractère d'une transaction (1°). […] (PR)

Relationelle Bedeutungsparaphrasen auf der Basis von Relativsätzen enthalten kein *genus proximum*. Dieses muss als Bezugsnomen gedanklich „ergänzt" werden:

> **fragile** adj.: [quelque chose] qui se casse facilement (nach Ddf)
>
> **avare** adj.: [quelqu'un] qui aime à accumuler l'argent sans en faire usage (nach Ddf)

Die beteiligten Relativpronomina können außer *qui* natürlich auch *que*, *dont*, *auquel*, *duquel* und andere sein; es können auch zwei Relativsätze auftreten (wie bei *anonyme*):

> **quérable** adjectif: DR. qu'on doit aller chercher (nach PR)
>
> **anonyme** adjectif: Dont on ignore, ou qui ne fait pas connaître son nom (PR)

Eine andere Form der Relationalität ist der Gebrauch der Präposition *de*:

> **allemand** adjectif et nom: De l'Allemagne (PR)

In Bedeutungsparaphrasen von Adjektiven kann aber durchaus Übereinstimmung zwischen der Wortklasse des Definiendum und derjenigen des Definiens herrschen, was zwar das Merkmal der Substantialität rechtfertigen würde, jedoch die Paraphrase aus oben genannten Gründen noch zu keiner Definition macht:

> **commode** adj.: bien approprié à l'usage qu'on en attend; qui offre de la facilité (Ddf)
>
> **linguistique** Adj.: Relatif à la linguistique (PR)

---

41 Ebenso die Verwendung logisch falscher (d.h. keine nächst höhere Abstraktionsstufe darstellender) Hyperonyme. Hausmann (1977, 37) hatte bereits auf den Fall *bouillie* ('Brei') hingewiesen, in dessen Definition noch heute (z.B. im Ddf) das Lexem *farine* als Hyperonym steht, welches in Meronymie- aber nicht in Hyperonymiebeziehung zu *bouillie* steht und somit kein *genus proximum* ist.

Das letzte Beispiel bringt eine weitere Möglichkeit der Differenzierung von Bedeutungserklärungen zum Vorschein, diejenige in primäre und sekundäre Paraphrasen bzw. Definitionen.[42] Im Falle des Adjektivs *linguistique* wird im Definiens Bezug genommen auf das morpho-semantisch zugehörige (Basis-)Lexem (*linguistique* n.f.). Solche Erklärungen nennt man **sekundär** – im Unterschied zu **primären**, die ohne einen solchen Bezug auskommen (s. oben *cuivre, écureuil, moudre, broyer*). Sekundäre Bedeutungserklärungen sind – genauso wie primäre – auf die Wortklassen Substantiv, Verb, Adjektiv und Adverb beziehbar:

**démaquillage** n. m.: action de démaquiller (Ddf)

**démaquiller** v. t.: enlever le maquillage (Ddf)

**dictionnairique** adjectif et nom féminin: Qui concerne le dictionnaire (PR)

**viscéralement** adv.: de manière viscérale (Ddf)

Lemmata anderer Wortklassen werden meist weder substantiell noch referentiell und weder primär noch sekundär erklärt, sondern mit Hilfe **metasprachlicher Erklärungen**, d.h. die Paraphrase wird mit Hilfe von Syntagmen wie *sert à, se dit de, indique*, etc. oder unter Rekurs auf grammatikalische Termini aus der Sicht eines Lehrers oder Linguisten „didaktisch formuliert". Diese Art der Semantisierung tritt insbesondere bei Funktionswörtern (hier vor allem bei Präpositionen, Konjunktionen und Interjektionen),[43] aber auch bei Abtönungspartikeln und Gesprächswörtern (s. Koch/Oesterreicher $^2$2011), falls diese überhaupt in ihrer diskursiven Funktion lexikographisch erfasst werden, auf, wobei *se dit de* durchaus auch bei Adjektiven verwendet wird, oft in Form einer relationellen Paraphrase („*abaisseur* adj.: Se dit d'un muscle servant à abaisser une partie du corps" (PR)):

**parce que** [...] conj. **1.** Indique la cause, la raison, le motif (en réponse à la question pourquoi) [...] (Ddf)

**malgré** [...] prép. [...]. Indique une opposition [...] (Ddf)

**zut** [...] **interjection** [...] Fam. Exclamation exprimant le dépit, la colère (euphémisme pour *merde* devenu néanmoins plus courant). [...] (PR)

In der französischen Lexikographie nicht besonders verbreitet sind metasprachliche Erklärungen in Form **vollständiger Sätze** (mit Ausnahme von DAFLES und einigen pädagogischen Wörterbüchern). Dies ist eine typisch angelsächsische Erscheinung, die unter der Bezeichnung *full sentence definitions* bekannt ist. Auf diese Weise können nicht nur semantische Rollen wie Subjekt oder Objekt sprachlich kontextualisiert, sondern auch pragmatische Aspekte integriert werden:

---

42 S. Hausmann (1977, 37f.), der, entsprechend einem anderen Verständnis von Definition, von 'primären und sekundären Definitionen' spricht.

43 Bei anderen Funktionswörtern, z.B. beim bestimmten Artikel *le* (*la, les*), wird oft auch auf einen Außentext verwiesen.

**bush** […] If you do not *beat about the bush*, you say what you want to say or answer a question immediately and directly rather than trying to avoid doing so. (COBUILD1).

Eine weitere Art der Bedeutungserklärung besteht darin, auf das Lemma **zuerst ein Anwendungsbeispiel** folgen zu lassen, aus dessen konkretem sprachlichen Kontext heraus das Lemma dann semantisiert wird. Diese Technik war und bleibt innerhalb der französischen Lexikographie ein Erkennungsmerkmal des *Dictionnaire du français vivant* (Dfv) und findet sich in dem einen oder anderen pädagogischen Wörterbuch wieder (4.5.1):[44]

**combler** […] **1** *Ce fossé est inutile*: *mieux vaut le combler* = remplir entièrement de terre ou de matériaux divers […]. (Dfv)

### 3.1.3 Sprach- und Sachwissen in Bedeutungserklärungen

In Kapitel 1.4 sind bereits die unterschiedlichen Wissensbestände und Wissensrepräsentationen in Verbindung mit den dafür üblicherweise zuständigen Typen lexikographischer Werke (Wörterbücher vs. Enzyklopädien) angesprochen worden. Und es wurde auch darauf hingewiesen, dass die letztlich hypothetischen Grenzen zwischen beiden Wissensbeständen und ihrer lexikographischen Darstellung fließend sind, was sich in besonderer Weise im Mischtyp des enzyklopädischen Wörterbuchs (z.B. dem *Grand Larousse encyclopédique*) niederschlägt, wo sich innerhalb der Makrostruktur Artikel mit deutlich sprachlichem Charakter und solche enzyklopädischer Natur (vor allem bei Eigennamen) abwechseln.

Was aber macht eine Bedeutungserklärung zu einer sprachlichen bzw. zu einer enzyklopädischen? Der fundamentale Unterschied besteht darin, dass die Beschreibung sprachlicher Bedeutungen in weitaus größerem Maße dem entspricht, was wir zu Beginn von Kap. 3.1 als semiotischen Prozess kennengelernt haben, bei dem die Ausdrucksseite eines sprachlichen Zeichens die mentalen Repräsentation des dazugehörigen Konzepts evoziert. Diese Vorstellung vom Inhalt einer Laut- oder Buchstabensequenz ist eine fundamental andere als die auf **wissenschaftlichen Erkenntnissen** und **Kategorien** beruhende lexikographische Bearbeitung eines solchen Zeichens in einer Enzyklopädie. Was Muttersprachler über ein Lexem im Allgemeinen wissen, gehört in ein Wörterbuch, wobei es eigentlich genügen würde, die **prototypischen Merkmale** der Bedeutung dieses Lexems und nach Möglichkeit auch den typischen Vertreter einer Kategorie, sofern eine solche beschrieben wird, einzubringen.

---

44 In ähnlicher Weise gehen der *Dicionário do português básico* (Vilela $^{3}$1991), ein portugiesisches Lernerwörterbuch, und der *Primo Zanichelli* (Cannella 1999, ed.), ein pädagogisches Wörterbuch des Italienischen, vor.

In folgender Bedeutungsparaphrase – Biologen würden wohl nicht von einer Definition sprechen – ist zumindest ein prototypisches Merkmal, die Ähnlichkeit zum Menschen, genannt:

> **singe** […] Mammifère, proche de l'homme, à face nue, à mains et pieds terminés par des doigts. […]. (DFC/Ddf)
>
> **monkey** […] a small brown animal with a long tail, which uses its hands to climb trees and lives in hot countries. […]. (LDOCE5)
>
> **Affe** […] ein Säugetier, das dem Menschen ähnlich ist und gerne (auf Bäume) klettert . […]. (LGDaF)

Es befinden sich aber auch Merkmale darunter, die weder zentrale Elemente des sprachlichen noch des außersprachlichen Wissens sind (*à face nue*, *mains et pieds terminés par des doigts*, *a long tail*, *lives in hot countries*) und schon gar nicht in eine wissenschaftlich-enzyklopädischen Beschreibung eingehen würden. Ein weiteres prototypisches Merkmal unseres sprachlichen Wissens ist hingegen das Klettern auf Bäume. Das in der Paraphrase des LGDaF ausgedrückte Definiens würde sicher bei den meisten Muttersprachlern des Deutschen die Ausdrucksseite des zugehörigen Definiendum evozieren, ähnlich auch bei den anderen beiden Sprachen. Prototypische Merkmale sind zwar weit von enzyklopädischen Taxonomien entfernt, sie entsprechen aber offensichtlich, am ehesten dem, was wir über die Dinge und Zeichen wissen.

Ganz anders eine enzyklopädische Definition wie die folgende:

> **singe** […] **1.** Mammifère primate arboricole, fortement encéphalisé, à face souvent glabre. (Les singes constituent le sous-ordre des simiens). […]. (GLarUniv, Bd. 14).

Man kann aus dem Definiens nicht unbedingt ableiten, um welches Definiendum (Lemma) es geht, obwohl der Beleg aus einem enzyklopädischen Wörterbuch, nicht einmal aus einer Enzyklopädie stammt. Dabei definieren Lexika oft gar nicht einmal, sondern reihen wissenschaftliche Fakten in erklärender Weise aneinander. Der folgende Ausschnitt stellt 10 von 63 Zeilen des Artikels *singes* in der *Encyclopédie Bordas* dar:

> **singes** ou **simioïdés**, n.m., sous-ordre de mammifères de l'ordre des primates […], lequel ordre comprend les mammifères les plus évolués, dont l'homme. Les singes ont un encéphale bien développé, que seul surpasse celui de l'homme. La vue est leur sens le plus perfectionné. Les deux yeux dirigés vers l'avant permettent la vision binoculaire, donc la notion de relief. […]. (Bordas, Bd. IX).

Während die obigen Belege *singe*, *monkey*, *Affe* alle Lernerwörterbüchern entnommen wurden, um die lexikographische Arbeit mit semantischen Prototypen, mit deren Hilfe sprachliches Wissen effizient genutzt wird, zu illustrieren, bilden die beiden letzten Auszüge schwerpunktmäßig sachliches Wissen ab. Betrachten wir zum Schluss noch das größte Sprachwörterbuch der französischen Sprache, den *Trésor de la langue française*:

> **SINGE, subst. masc.** […]
> subst. masc.

**I. A.** — *ZOOL.*, gén. *au plur.*
**1.** [N. générique désignant l'ensemble des mammifères primates anthropoïdes, quadrupèdes ou bipèdes, comprenant notamment les Platyr(r)hiniens et les Catar(r)hiniens] Synon. *simiens*. […]. (TLFi).

Man ist bass erstaunt über den stark enzyklopädischen Anstrich dieser metasprachlichen Erklärung („nom générique désignant"), die eine Definition enthält („mammifères … Catar(r)hiniens"), welche allerdings semantisch gesehen nicht substantiell ist (*singe* ≠ *ensemble*).

Diese sehr heterogenen Befunde scheinen letztlich die Wiegandsche Skepsis bezüglich einer Trennung von Sach- und Sprachwissen in Verbindung mit der Trennung von Sach- und Sprachwörterbuch zu untermauern:

> Es ist lexikographietheoretisch nicht notwendig, entspricht nicht der vortheoretischen Erfahrung im Umgang mit Wörterbüchern und ist daher methodisch anfechtbar, wenn die Unterscheidung von Sprach- und Sachlexikographie und damit eine klare Abgrenzung von Sprach- und Sachwörterbüchern ausschließlich abhängig gemacht wird von irgendeiner der linguistischen, philosophischen, psychologischen oder gar aus diesen und weiteren Forschungsgebieten zusammengewürfelten, eklektizistischen Auffassungen (und von diesen gibt es genug) über das Verhältnis von sog. sprachlichem und enzyklopädischem Wissen (Wiegand 1998, 48).

Ich teile Wiegands Auffassung, dass sich die lexikographische Produktion von Sach- und Sprachwörterbüchern wohl kaum an der Abbildung der einen oder der anderen Wissensart orientiert, dennoch lassen sich nun einmal unterschiedliche Arten von Bedeutungserklärungen feststellen, die zum einen eher Elemente des vorwissenschaftlich-intuitiven Sprecherwissens über Konzepte oder zum anderen eher Elemente des wissenschaftlichen Expertenwissens über Dinge verarbeiten.[45] Aber es gibt, wie wir auch gesehen haben, keine eindeutigen Zuordnungen dergestalt, dass Wörterbücher rein sprachliche Semantisierungen oder Enzyklopädien rein enzyklopädische Bedeutungserklärungen enthalten. Dies erklärt vielleicht auch den gerade in Frankreich (und Italien) so populären Typ des enzyklopädischen Wörterbuchs.

Es können also durchaus wissenschaftlich anmutende Definitionen in den *dictionnaires* enthalten sein (s. oben *singe* im *TLFi*). Dies bleibt den Lexikographen selbstverständlich unbenommen.

[45] Die beiden in der Semantik unterschiedenen Wissensebenen *einzelsprachliches* und *außersprachliches* Wissen (Weltwissen) können als Komponenten dessen gesehen werden, was in der Lexikographie als *sprachliches Wissen* betrachtet wird. Es handelt sich um Sprecherwissen.

### 3.1.4 Bedeutungsanordnung

Abgesehen von fachsprachlichen Lexemen,[46] seien es solche, die in einer Fachsprache verhaftet bleiben (wie z.B. dt. *Lettner* und fr. *jubé* aus der Kunstgeschichte) oder solche, die auch in die Allgemeinsprache Einzug gehalten haben (wie dt. *Blütenstaub* und fr. *pollen*), gibt es nur relativ wenige allgemeinsprachliche Lexeme, genauer gesagt Autosemantika (Inhaltswörter), die **monosem** sind, also nur eine Bedeutung haben: am ehesten Relationsadjektive wie *alaire* (abgeleitet von *aile* 'Flügel') oder *bancaire* (zu *banque*) und einige qualifizierende Adjektive wie *rance* (oder *ranzig*), des Weiteren Nomina, die spezifische Realia bezeichnen wie *yaourt* m., *cépage* m. 'Rebsorte', *bardane* f. 'Klette' oder *loir* m. 'Siebenschläfer'. Bereits das deutsche Lexem *Klette* ist **polysem**, hat also mehr als eine Bedeutung, in diesem Fall das metonymisch entstandene Signifikat 'Person, die durch ihre Anhänglichkeit lästig ist' (DUW). Andere Lexeme weisen eine viel stärker ausgeprägte Polysemie auf, z.B. *pomme*, *couronne* oder gar *fort tenir* und *mettre*, so dass sich für den Lexikographen die Frage stellt, wie diese vielen Einzelbedeutungen, die nicht selten eine Größenordnung von zwei, manchmal sogar von drei Dutzend erreichen, sortiert werden sollen.

In einsprachigen Definitionswörterbüchern wird meist versucht, die **etymologisch älteste** Bedeutung an die erste Stelle zu setzen und die weiteren Einzelbedeutungen entweder **chronologisch** anzuordnen, was jedoch in der Praxis nicht oder bestenfalls nur bei insgesamt zwei bis drei *signifiés* durchführbar ist, oder nach dem Kriterium der **semantischen Affinität** zur ältesten Bedeutung, die auch als Grundbedeutung oder Begriffskern bezeichnet werden kann. Auf diese Weise ergibt sich eine sequentielle Anordnung, die in Wirklichkeit als hierarchisches Schema zu verstehen ist, welches die Nähe bzw. Entfernung von der Grundbedeutung zum Ausdruck bringen soll. Dies ist, wie gesagt, einfach zu bewerkstelligen, wenn es nur um wenige Signifikate geht, wie z.B. bei *muer*:

> **muer** [mɥe] **verbe** (conjugaison **1**)
> **ETYM.** fin XI^e ◊ latin *mutare* « changer » **[…]**
> **1. V. tr.** VIEUX Changer.
> ▫ LITTER. **MUER EN :** transformer en. *« La pluie avait soudain mué Venise en une immense moisissure »* (Mauriac). PRONOM. *« Ces joies refoulées se sont muées en rêves »* (R. Rolland).
> **2. V. intr.** (XVI^e) Changer de peau, de plumage, de poil (en parlant d'un animal). → se **dépouiller; mue.** *« Un paon muait, un geai prit son plumage »* (La Fontaine).
> ◆ (**De la voix humaine**) Changer de timbre au moment de la puberté. → **mue;** VIEUX **muance.** *Sa voix mue.* […]. (PR)

[46] Eine nützliche Übersetzungshilfe für Fachterminologie stellt die EU-Datenbank IATE (Inter-Active Terminology for Europe) dar, in der aktuell (1.10.2013) zu 25 Sprachen 1,4 Millionen Einträge registriert sind.

Man erkennt, dass die älteste Bedeutung von *muer* ein transitives 'changer' ist – dies wird durch den TLFi bestätigt (Erstbleg ca. 1050, allerdings in der altfr. Form *muder*, um 1100 dann in der Form *muer* belegt) – und entsprechend im PR (mit der Markierung *vieux*) an erster Stelle steht, gefolgt von einer dieser „Urbedeutung" offenbar am nächsten stehenden Variante 'transformer', die wiederum die Verbindung des (transitiven) Verbs mit der Präposition *en* voraussetzt. Eine zweite Bedeutung (im TLFi 'changer de plumes') ist erstmals im Jahre 1100 registriert, also im gleichen Jahr wie auch die Erstbedeutung und deutlich vor der Verwendung *muer en* im Sinne von 'transformer' (laut TLFi 1269–1278). Metonymisch aus dem 'Mausern' entstanden ist dann die letzte Einzelbedeutung 'im Stimmbruch sein', die erst 1575 zum ersten Mal in einem Text nachweisbar ist. Man sieht also, dass die Chronologie nicht stimmt, da die semantische Affinität das übergeordnete Kriterium ist, welches zufällig einhergeht mit den verschiedenen Rektionen des Verbs (*transitiv* vor *intransitiv*), einem **distributionellen Kriterium** (vgl. Werner 1989, 923), das sich in erster Linie auf grammatikalische Differenzierungen bei einem Lexem bezieht:

– z.B. mehrere Rektionen bei Verben (s. *muer* oder *douter/se douter*) oder, wie z.B. im Deutschen, bei Präpositionen (*auf* + Dativ/Akkusativ);
– Valenzmuster bei Verben (vgl. die syntaktisch motivierte semantische Differenzierung von *jouer avec, à, sur, de* innerhalb der intransitivem Rektion im PR);
– singularische oder pluralische Verwendung bei Substantiven (z.B. *ciseau* 'Meißel' im Singular als erste Bedeutung, noch vor der 'Schere', *ciseaux*);
– Genusunterschiede (*le livre* 'das Buch' und *la livre* 'das Pfund' – hier neigen die Wörterbücher jedoch dazu, zwei verschiedene Lemmata anzusetzen (s. Kap. 3.1.5));
– der Gebrauch einer Form als Adjektiv oder als Adverb (vgl. z.B. *droit*, *sec*, *vite*) bzw. die Voran- oder Nachstellung des Adjektivs (z.B. *méchant*, *sacré*, *vrai*);
– die semantische Spezifizierung der Aktanten, meist *sujet chose* vs. *sujet personne* (vgl. z.B. den Artikel *alerter* im PR, in dem die beiden Bedeutungen in erster Linie aufgrund des genannten Kriteriums differenziert werden: „(Sujet personne) Avertir en cas de danger […] pour que des mesures soient prises)" gegenüber „(Sujet chose) Signaler, faire pressentir une menace").

Dass es in der lexikographischen Praxis bei der Anordnung der Einzelbedeutungen zu Unterschieden zwischen den Wörterbüchern kommt, haben die Einträge *muer* im TLFi und PR gezeigt, die im ersteren Falle mit der aktuell häufigsten Bedeutung beginnen, im letzteren Falle mit der ältesten (also etymologischen), die jedoch veraltet ist und damit dem Kriterium der **Frequenz**, einem weiteren möglichen Ordnungsprinzip, allerdings einem mangels Daten kaum operationalisierbaren, nicht gerecht werden kann. Mit anderen Worten, es kommt häufig zu einem Konflikt zwischen den genannten Kriterien, der im Idealfall in ein und demselben Wörterbuch einheitlich gelöst werden sollte. Die bekannten Wörterbücher des Verlages Robert (PR, GR) neigen jedenfalls ganz klar zur Anordnung nach der ältesten Bedeutung, der TLFi nicht grundsätzlich und der *Petit Larousse 2014* (PLi) ebenfalls nicht prinzipiell (nicht bei *muer* z.B.). Hierbei kann es zu Verzerrungen wie der folgenden kommen: Sowohl im *Petit* als auch im *Grand Robert* steht die mittelalterliche Bedeutung von *fief* ('Lehen'), die ja außerhalb eines historischen Kontextes gar nicht mehr verwendet wird, vor der modernen und weitaus häufigeren Bedeutung 'Hochburg':

> **fief** [fjɛf] **nom masculin** [...]
> 1. Au Moyen Âge, Domaine concédé à titre de tenure noble par le seigneur à son vassal [...].
> 2. FIG. Domaine où qqn est maître, exerce une influence prépondérante. *Fief électoral,* où l'on est toujours réélu. (PR)

Die Markierung FIG. (*figuré*) deutet an, dass die Robert-Redakteure explizit darauf hinweisen, dass der Begriff des Lehens durch Abstraktion,[47] genauer gesagt durch Kontiguität (gemeinsames Merkmal ist 'maître'), in eine andere (extensional weiter zu fassende) Zieldomäne übertragen wurde. Damit wird gleichzeitig eine Begründung oder Rechtfertigung für die Inventarisierung einer weiteren Bedeutung gegeben.

Ein letztes Kriterium, das hier erwähnt werden soll, ist dasjenige der diasystematischen **Markiertheit** einer Bedeutung gegenüber einer Bedeutung desselben Lexems, die keiner Gebrauchsbeschränkung unterliegt. Man vergleiche die ersten beiden Bedeutungen des Lemmas *abruti* im *Petit Robert*:

> **abruti, ie** [abʀyti] **adjectif** et **nom** [...]
> 1. Dont les facultés intellectuelles sont temporairement amoindries [...] *Être abruti de soleil, de fatigue.* [...].
> 2. Fam. Sans intelligence. [...].
> ▫ **N.** Personne stupide (surtout employé en injure). *Espèce d'abruti !* → **crétin**. (PR)

Der Unterschied zwischen der ersten und zweiten Bedeutung ist denotativ durch das Merkmal [-habituell] gegenüber [+habituell] fassbar. Zusätzlich ist Bedeutung 2 aber auch diaphasisch niedrig (*familier*), was bedeutet, dass im Wörterbuch die unmarkierte gewöhnlich vor der markierten Bedeutung steht. Meist sind jedoch wie im Falle von *abruti* mehrere Kriterien gleichzeitig involviert, wo sowohl eine chronologische Nachgeordnetheit von 2 gegenüber 1, eine semantische Weiterentwicklung (temporär → habituell) und der Status einer nicht-vorhandenen (1) gegenüber einer vorhandenen Gebrauchsbeschränkung (i.e. Markiertheit) (2) zu konstatieren ist, was sich wiederum in der Reihenfolge der Einzelbedeutungen manifestiert.

Zusammenfassend kann gesagt werden, dass Definitionswörterbücher – nicht nur französische, auch deutsche (z.B. DUW), italienische (z.B. *Zingarelli*) oder spanische (z.B. Moliner) – dazu neigen, die Bedeutungen der Lexeme nach **diachronischen** Gesichtspunkten zu ordnen, Wörterbücher ohne umfassenden Dokumentationsanspruch

---

47 *Figuré* wird im PR wie folgt semantisiert: 'sens issu d'une image (valeur abstraite correspondant à un sens concret)'.

wie z.B. Lernerwörterbücher jedoch nach **synchronischen** Gesichtspunkten (s. Kap. 4.5.2).

### 3.1.5 Homonymie und Polysemie

Aus der Sicht des Strukturalismus sind Homonymie und Polysemie zwei Fälle von Asymmetrie des sprachlichen Zeichens (einen dritten, denjenigen der Synonymie, behandeln wir in Kap. 3.3.1.1). Dass mehrere sprachliche Zeichen (etwa *vaire*, *ver*, *verre*, *vers*, *vert*) eine identische (hier phonische) Ausdrucksseite (/vɛr/) gemeinsam haben (Homonymie), und dass bei einem sprachlichen Zeichen mehrere *signifiés* vorhanden sein können, die synchronisch als semantisch zusammengehörig empfunden werden (z.B. *couronne* 'Kranz', 'Krone' [Gegenstand], 'Krone' [Institution], 'Baumkrone' etc.) (Polysemie), entspricht nicht dem dyadischen Grundmodell des *signe linguistique* Saussures, in dem Form und Inhalt des Zeichens wie die beiden Seiten eines Blattes Papier (also 1:1) zu verstehen sind (CLG 2013, 246). Wir wissen, dass der Genfer Strukturalist (nicht nur) hier stark abstrahierte und idealisierte, um den Systemgedanken seiner Sprachauffassung in den Vordergrund zu stellen. Nichtsdestotrotz wurden diese Begrifflichkeiten zum festen Bestandteil vieler semantischer Theorien. Es gibt jedoch einige Unklarheiten, von denen im Folgenden kurz die Rede sein soll: Wenn Lexeme wie *son*, *voler* oder *temps* semantisch disparate Bedeutungen aufweisen, jedoch phonisch und graphisch identisch sind, müssten diese folglich als Homonyme behandelt werden, da ja Mehrdeutigkeit nur dann vorliegt, wenn der semantische Umfang eines Lexems über den einer einzigen Bedeutung hinausgeht – was der Normalfall ist, wie wir in Kap. 3.1.4 gesehen haben. Damit beginnen in der Tat die Probleme der Lexikographie, denn zum einen verhalten sich die Wörterbücher in ihrer Einstufung der Lemmata als Homonyme oder Polyseme untereinander unterschiedlich (z.B. PR vs. DFC), aber auch in ein und demselben Wörterbuch lassen sich entsprechende Inkonsequenzen nachweisen. So behandelt der PR $son_1$ ('sein, ihr'), $son_2$ ('Ton') und $son_3$ ('Kleie') als Homonyme und beschreibt sie in drei getrennten Artikeln; ebenso *voler* 'fliegen' und *voler* 'stehlen', nicht jedoch *temps* 'Zeit' (mit vielen spezifischen semantischen Ausformungen wie 'Zeitdauer', 'Zeitpunkt', 'Ära', 'Epoche', 'Tempus', 'Takt' usw.) und 'Wetter'.

Folgende Tabelle zeigt die Uneinheitlichkeit in der Handhabung homonymer bzw. polysemer Lexeme anhand von sechs einsprachigen Wörterbüchern des Französischen:

| | Anzahl der verschiedenen Artikel im jeweiligen Wörterbuch | | | | | |
|---|---|---|---|---|---|---|
| | PR | GR | TLFi | PLi | DFC | Lexis |
| *rapporter* | 1 | 1 | 1 | 1 | 5 | 5 |
| *servir* | 1 | 1 | 1 | 1 | 6 | 5 |
| *son* | 3 | 3 | 3 | 3 | 3 | 3 |
| *temps* | 1 | 1 | 1 | 2 | 3 | 4 |
| *tirer* | 1 | 1 | 1 | 1 | 9 | 9 |

| | | | | | | |
|---|---|---|---|---|---|---|
| *titre* | 1 | 1 | 1 | 1 | 4 | 5 |
| *tour* | 3 | 3 | 3 | 3 | 7 | 10 |
| *voler* | 2 | 2 | 2 | 2 | 2 (s.v. *vol*) | 2 (s.v. *vol*) |
| *volant* | 2 | 3 | 3 | 2 | 8 | 8 |

Abb. 15: Lexikographische Behandlung homonymer/polysemer Lexeme in sechs einsprachigen Wörterbüchern des Französischen

Es scheint klare Fälle zu geben wie *son* und *voler*, die von allen Wörterbüchern als Homonyme betrachtet werden, obwohl *voler* strenggenommen, legt man eine diachronische Betrachtungsweise zugrunde, polysem ist, da die Bedeutung 'stehlen' sich bekanntlich (aus der Domäne der Falknerei) im 16. Jahrhundert metonymisch aus 'fliegen' entwickelt hat und somit dasselbe Etymon (VOLARE) vorliegt. Bei *son* hingegen liegen tatsächlich drei verschiedene Etyma vor (lat. SUUM, SONUM und angels. SEON), die Behandlung als Homonyme ist somit sowohl aus synchronischer als auch aus diachronischer Sicht gerechtfertigt.

Anders sieht es für die restlichen Lexeme aus Abb. 15 aus, die mehrheitlich als Polyseme behandelt werden – außer im DFC und Lexis (1975, 2009), die rigoros homonymisieren. Dieses für die Larousse-Wörterbücher charakteristische Prinzip der „distributionell-derivationell motivierte[n] Homonymisierung der Makrostruktur" (Zöfgen 1994, 94) wird **Degruppierung** (fr. *dégroupement*) genannt.[48] Die gegenteilige Methode ist eine meist nach diachronischen Gesichtspunkten orientierte Darstellung der Einzelbedeutungen eines Lexems, wie sie beispielsweise in den Robert-Wörterbüchern verwirklicht ist – als Ausnahme haben wir jedoch *voler* ausgemacht, woran eine gewisse lexikographische Willkür abzulesen ist. Im Lexis 2009, immerhin das umfangreichste einbändige Definitionswörterbuch der französischen Sprache (s. Kap. 4.3 und 5.3), wird die Degruppierung konsequent verwirklicht. Selbst offensichtlich metonymische Bedeutungen, die in allen anderen Wörterbüchern als Polyseme behandelt werden, bekommen dort eigene Einträge: so z.B. *1. orage* 'perturbation atmosphérique', *2. orage* 'trouble et violence dans les sentiments ou les rapports humains'.

Aber es gibt noch ein viel grundlegenderes Problem im Umgang mit dem Phänomen der Mehrdeutigkeit, das von Blank (2001, 103ff.) scharfsinnig erfasst worden ist. Es betrifft gleichermaßen Lexikologie und Lexikographie. Sprache manifestiert sich ja nur auf der Ebene der Texte (mündlich wie schriftlich). Und bekanntlich sind Sprecher und Schreiber äußerst kreativ und produzieren tagtäglich Neues: Augenblicksbildungen durch assoziative Prinzipien wie Metonymie und Metapher, neue Wortbildungen, hybride Formen etc. Die lexikologisch und lexikographisch orientierte und korpusbasiert arbeitende Sprachwissenschaft muss nun entscheiden, ob es sich bei einer sprachlichen

[48] Die entscheidenden Kriterien für die „homonymisierenden Auflösungen von Bedeutungsklumpen" (Zöfgen 1994, 94) sind syntagmatischer und paradigmatischer Natur: Sie betreffen die Distribution (z.B. verschiedene Wortklassenzugehörigkeit) und die morphosemantischen Ableitungsbeziehungen (s. Kap. 3.3.2).

Erscheinung um eine kontextuelle (*parole*-)Variante einer bereits inventarisierten (*langue*-)Bedeutung handelt (und deshalb lexikographisch vernachlässigt werden kann) oder ob eine neue *langue*-Bedeutung entstanden ist, die bereits im Sprachgebrauch verankert ist (oder auf dem Weg dazu ist) und deshalb im Wörterbuch registriert werden sollte. Ich möchte diesen Sachverhalt an einem Beispiel illustrieren: In einem imaginären Gespräch eines Journalisten der Tageszeitung *Libération* (Lançon 2013) mit Roland Barthes fällt folgender Satz (Kursivsetzung E.Sch.):

> Comme il n'a rien publié depuis 1998, quinze ans déjà, je lui ai demandé si tricoter était un substitut, une *rhapsodie*, une manière de tisser les *mailles* du temps.

Kein französisches Wörterbuch gibt Aufschluss über die Verwendung von *rhapsodie* in diesem metaphorischen Sinne, ebenso wenig geben die Artikel zu *maille* 'Masche' eine figurative Verwendung in Verbindung mit dem Begriff der Zeit (*temps*) her. Vermutlich handelt es sich hier um die Freiheit des Autors. Doch wo bzw. ab wie vielen Textbelegen fängt eine neue Bedeutung an, die von einem Wörterbuch dann auch erfasst werden muss? Die Entwicklung vom Status einer „textbelegten" zu demjenigen einer „sprachüblichen" Bedeutung (Rettig 1989, 643) kann synchronisch nicht erfasst werden. Man wird also nie alle Lexeme und Bedeutungen in einem Wörterbuch finden können, weil dieses keine Konkordanz einer maximalen Anzahl von Texten sein kann, sondern den sozialen Aspekt der (intersubjektiven) Kommunikation im Blick haben muss (s. auch Kap. 8.4).

Auch die kontrastive Perspektive hilft nicht weiter, denn für einen Franzosen ist *Straße* polysem (vgl. die beiden Bedeutungen im LarGdb, die mit *rue* und *route* wiedergegeben werden), für einen Deutschen in Bezug auf den Begriff 'befestigter Verkehrsweg' (DUW) nicht. Polysemie muss also innereinzelsprachlich gelöst werden.

► Über **Polysemie** spricht man in der Linguistik heutzutage eigentlich fast nur noch im Zusammenhang mit der kognitiven Semantik, dergestalt, dass die assoziativen Prozesse aufgeschlüsselt werden, die dazu geführt haben, dass ein *signifiant* – so die klassische Definition – mehrere *signifiés* hat. Ausgehend von Michel Bréals[49] Auffassung, dass Polysemie als Synchronie des Bedeutungswandels betrachtet werden kann, arbeitet Blank (2001, 103ff.) die verschiedenen Arten der lexikalischen Polysemie heraus, die bekannte Verfahren wie die metaphorisch (*dos* 'Rücken', 'Bergrücken') und metonymisch (*diligence* 'Eile', 'Kutsche') entstandene Polysemie, aber auch weniger bekannte Typen wie die taxonomische (*gabelle* 'Steuer', 'Salzsteuer') oder antiphrastische Polysemie (*villa* 'Landhaus', (argot) 'Gefängnis') umfassen. Homonymie und Polysemie lassen sich schließlich mit dem Vorliegen einer semantischen Beziehung zwischen den Verwendungen eines *signifiant* unterscheiden: Besteht – synchronisch gesehen – keine semantische „Relation (Metapher, Metonymie, Ober-/Unterbegriffsrelation etc.)" zwischen diesen Verwendungen (z.B. bei *voler* 'fliegen'/'stehlen'), *pêche* 'Fisch-

---

[49] Michel Bréal, *Essai de sémantique*, Paris, Hachette 1987. Der Terminus *polysémie* stammt von Bréal (vgl. Blank 2001, 103f.).

fang'/'Pfirsich'), liegt Homonymie vor. Besteht hingegen eine solche Beziehung,[50] handelt es sich um Polysemie, z.B. im Falle von *son* 'Ton'/'Kleie', aber auch bei *louer* 'vermieten'/'mieten' (die Relation kann *auto-konvers* genannt werden, i.e. Gegensätzlichkeit durch spiegelbildliche Aufeinanderbezogenheit). Eine *kontextuelle Variante* liegt hingegen vor, wenn

> einerseits zwischen zwei konkreten Varianten eines Wortes keine polyseme Relation hergestellt werden kann, da die semantische Überlappung zu groß ist, und andererseits die in den beiden Äußerungen bezeichneten Referenten ein und derselben Referentenklasse zugewiesen werden können (Blank 2011, 152):

(a) *le bras du corps humain* und (b) *le bras d'une statue* sind kontextuelle Varianten, da sie derselben Klasse von Referenten (MENSCHLICHER ARM) zugewiesen werden können und der semantische Abstand zwischen ihnen zu klein ist (ib., 109ff.), (a) und (c) *le bras d'une grue* hingegen sind aufgrund der metaphorischen Beziehung Polyseme.

Lexikographen haben sicherlich ein Gespür dafür, was kontextuelle Variante und was Polysemie ist – *bras* im Sinne von (b) findet sich z.B. in den größten Wörterbüchern der französischen Sprache (GR und TLFi) nicht als eigene Bedeutung. Ob Blanks Unterscheidung von Polysemie und Homonymie allerdings lexikographisch operationalisierbar ist, wohlgemerkt unter Verzicht auf etymologische Kriterien, bleibt fraglich.

Man könnte die **Prototypentheorie** (in ihrer erweiterten – semasiologischen – Fassung) heranzuziehen versuchen, um die Anordnung von Bedeutungen neu zu denken. Die verschiedenen Bedeutungen einer kognitiven Kategorie hätten dann einen Prototypen (auch *prototypischer Effekt* genannt), der eine zentrale Rolle in der lexikographischen Beschreibung einnehmen könnte. Was aber ist eine Kategorie? Blanks Kritik an Lakoffs *Idealized Cognitive Models*, 'Kategorie' und 'Wort einer Einzelsprache' gleichgesetzt zu haben, ist in der Tat nachvollziehbar, denn das Lexem *oiseau* bildet mehrere kognitive Kategorien (Konzepte) ab ('animal', 'individu', 'hotte (Tragkorb der Maurer)', 'chevalet (Gestell der Dachdecker')), nicht nur eine einzige. Und diese sind untereinander nicht deswegen „familienverwandt", weil sie alle mit *oiseau* bezeichnet werden. Genau dies legt Lakoff (1987, 68–76, 416ff.) aber nahe, wenn er schreibt, Polysemie sei „a special case of prototype-based categorization, where the senses of the word are the members of a category" (378). Damit sollen „alle möglichen mit einem Wort verbundenen Bedeutungen einer einzigen prototypisch organisierten Kategorie" (Blank 1997, 411) zugeordnet werden. Für die Lexikographie würde dies bedeuten, viele

---

50 Heger ($^2$1976, 61f.) hat diese „Beziehung" genauer gefasst und spricht dann von Polysemie, wenn zwischen den Sememen (Einzelbedeutungen) eines *signifié* mindestens ein gemeinsames Sem oder semähnliches Merkmal vorhanden ist. Blank (1997, 410) gibt jedoch zu bedenken, dass solche Merkmale sehr konstruiert sein können, wie z.B. [PHYSISCHES OBJEKT] oder [UNBELEBT]. Demnach wären auch e. *bank* 'Ufer' und 'Geldinstitut' polysem (s. auch Kap. 8.3).

homonyme Strukturen aufzugeben und zu polysemen umzuwandeln, diese also in eine „Mega-Kategorie“ (ib.) zu stecken.

Aufgaben

1. Versuchen Sie, den Unterschied zwischen ‘Definition’ und ‘Bedeutungsparaphrase’ herausfinden, indem Sie die Semantisierung von *écureuil* und *loir* im *Grand Robert* (2. Aufl., Print-, CD- oder online-Version) oder dem TLFi nachschlagen und a) die notwendigen und hinreichenden Bedingungen zu bestimmen versuchen und b) sich die Unterschiede zwischen den beiden Erklärungen vor Augen führen.
2. Diskutieren Sie, ausgehend vom Lemma *table* (nachzuschlagen im PR, TLFi und Wikipédia), wie sinnvoll es ist, zwischen sprachlichem und enzyklopädischem Wissen zu unterscheiden. Finden Sie weitere Beispiele.
3. Sehen Sie sich den Artikel *galère* im GR oder TLFi an. Versuchen Sie, die Anordnung der Einzelbedeutungen aus linguistischer Sicht nachzuvollziehen. Welche semantischen Prozesse waren jeweils am Werk? Was ist der Grund dafür, dass Bedeutung 1 am Anfang der Mikrostruktur steht?
4. Wie erklärt sich jeweils die Bedeutungsanordnung innerhalb der Artikel *aider*, *crever*, *abîmer*, *abonnement* im PR?
5. Im PR gibt es vier verschiedene Artikel zu *fraise*. Versuchen Sie, die Gründe für die homonyme Behandlung dieser Lexeme nachzuvollziehen und gehen Sie – nach Lektüre des Kapitels 5 in Blank (2001) – der Frage nach, ob die Einzelbedeutungen innerhalb von *fraise*$_1$ berechtigterweise als Polyseme ausgewiesen wurden.

## 3.2 Das Lemma im Kontext

Lexeme – und zwar Auto- und Synsemantika, also Inhalts- und Funktionswörter – werden zwar in Wörterbüchern als autonome Lemmata beschrieben, sind aber immer Teil einer größeren Struktur, die grammatischer oder lexikalisch-semantischer Natur sein kann. Saussure hat, seinem Systemgedanken folgend, dargelegt, dass jedes sprachliche Element in einer Äußerung zu dem Element, das ihm vorausgeht und zu demjenigen, welches ihm folgt, in Beziehung steht („caractère linéaire du signifiant“ (CLG 2013, 174)). Zu den syntagmatischen Beziehungen innerhalb der *langue* bemerkt der Genfer Strukturalist:

> Diese Kombinationen, deren Grundlage die [lineare] Ausdehnung ist, können Syntagmen genannt werden. Das Syntagma besteht somit immer aus zwei oder mehr aufeinanderfolgenden Einheiten (z. B.: *re-lire*; *contre tous*; *la vie humaine*; *Dieu est bon*; *s'il fait beau temps, nous sortirons*; usw.). Im Syntagma gewinnt ein Term seinen Wert nur aufgrund der Opposition zu dem, was vorangeht oder folgt, oder zu beiden (CLG 2013, 263).

Die Grundstrukturen eines Sprachsystems, in dem die Zeichen verankert sind, sind paradigmatisch-assoziativer Natur (Paradigmen konstituieren sich durch die Austauschbarkeit innerhalb desselben Kontextes) oder **syntagmatischer** Natur. Zeichen sind Teil einer horizontalen Struktur, die innerhalb eines Lexems besteht (*relire*), oder zwischen zwei und mehreren Lexemen, oder in Gestalt eines Satzes. Um die Arten syntagmatischer Strukturen im Wortschatz wird es im Folgenden gehen; ebenso darum, welche dieser Verbindungen von den Wörterbüchern im Allgemeinen erfasst werden.

Substantive etwa bilden mit einem oder mehreren Determinanten und/oder einem anderen Lexemen zusammen eine Nominalphrase (*livre → un/le/ce/mon/son dernier/ton formidable/... livre*), Funktionswörter leiten Präpositionalphrasen ein (*derrière la maison*), oder Nebensätze (*Après que j'avais mangé...*), Verben bewegen sich innerhalb eines Konstruktionsschemas, welches durch die **Rektion** vorgegeben ist (*aider quelqu'un* vs. *jemandem helfen*) und zusätzlich durch präpositionale Anschlüsse (**Valenzen**) konfiguriert sein kann (*se repentir de qqch, parvenir à* INF*/qqch*).[51] Durch Rektion und/oder Valenz können auch Bedeutungsunterschiede einhergehen: *douter de* 'zweifeln, misstrauen' vs. *se douter de* 'ahnen', oder *dormir* 'schlafen' vs. *dormir avec qqn* 'mit jemandem schlafen'. Lexikalisch-semantisch bestimmt sein kann eine syntagmatische Struktur in Form von **Kollokationen** (z.B. fr. *étancher sa soif* vs. dt. *seinen Durst löschen*) und Phrasemen (Idiome, Routineformeln, Sprichwörter usw.) In letzterem Falle spielen auch pragmatische und rhetorische Aspekt eine zentrale Rolle.

### 3.2.1 Aktanten (Argumente) und Strukturformeln

Wir haben bereits den Begriff der Valenz angesprochen, der sich unmittelbar an die Chemie anlehnt, analog zu den Verbindungen, die ein Atom eines chemischen Elements innerhalb eines Moleküls eingehen kann. So ist das Stickstoffatom (N) im Ammoniak ($NH_3$) „dreibindig", und umgekehrt die Wasserstoffatome (H) „einbindig". Der französische Linguistik Lucien Tesnière hat in den 1950er Jahren den Begriff der 'Bindigkeit' (bzw. 'Wertigkeit' oder 'Valenz') für seine Sprachtheorie fruchtbar gemacht, die unter dem Namen *Dependenzgrammatik* bekannt wurde. Aufbauend auf Tesnières Kategorien entstand die Valenztheorie (vgl. Ágel 2000), die Valenz als Fähigkeit eines Verbs versteht, die Anzahl und die Funktion der Konstituenten zu bestimmen, die mit dem Verb zusammen auftreten (können). Das Verb wird dabei als Zentrum des Satzes verstanden; von ihm hängen alle anderen Elemente mittelbar oder unmittelbar ab. Dass nicht nur Verben, sondern auch Adjektive und Substantive Valenz(en) haben können, werden wir später sehen. Halten wir mit einer bildlichen Ausdrucksweise fest, dass „Wörter (syntaktisch) nicht blind [sind]" (Ágel 2000, 15), oder anders ausgedrückt: „Ein Verb, das ist so, wie wenn man im dunklen Raum das Licht anknipst. Mit einem Schlag ist eine Szene da" (Heringer 1984, 49). Und diese Szenen sollten von einem Wörterbuch nicht unbe-

---

51 Wir können hier leider nicht auf alle syntagmatischen Verbindungen eingehen. Unberücksichtigt bleiben müssen etwa Verbalperiphrasen (z.B. *aller* + Partizip Präsens, *avoir beau* INF, *venir de* INF), auch Funktionsverbgefüge (z.B. *prendre en considération*) werden nur kurz angesprochen.

leuchtet gelassen werden! Auch wenn Heringer mehr die Semantik als die Syntax im Blick hatte, eignet sich das Zitat dennoch, um die syntaktische Relevanz der Valenz zu unterstreichen. Ágel (2000, 7) wandelt die Textstelle entsprechend ab: „Mit einem Schlag ist das Grundgerüst des Satzes da."

Und genau darum geht es bei der Darstellung der Valenz in Wörterbüchern: um das Potenzial eines Verbs, „satzfähig" zu sein. Eine isolierte Betrachtung von Lexemen als Lemmata würde der oben genannten zentralen Bedeutung der syntagmatischen Sprachstruktur nicht gerecht werden. Im Prinzip ließen sich die Valenzeigenschaften eines Verbs auf zwei Arten im Wörterbuch darstellen: Zum einen (a) durch Angabe der Anzahl der **Aktanten** (fr. *actants*)[52] – darunter sollen hier nach Helbig (1971) obligatorische und fakultative Ergänzungen verstanden werden, wobei das Subjekt bei Tesnière als Aktant „mitgezählt" wird; zum anderen (b) durch Illustration der Valenzen im engeren Sinne: Präposition(en), Art des Anschlusses (Infinitiv-Ergänzung, *que*-Satz, semantische Spezifizierung der Ergänzung, fakultativer oder obligatorischer Status u.a.m.). Diese Angaben können durch einen Code erfolgen, z.B. [T1] (zu lesen als direkt transitiv, also z.B. *frapper qqn/qqch*), oder als explizite Pattern oder Strukturformeln (s. unten). Beide Informationen könnten aber auch kombiniert miteinander auftreten, wobei aus Gründen der Anschaulichkeit das Subjekt als Aktant wohl in der lexikographischen Praxis eher weggelassen werden würde.[53] Konstruieren wir einige Beispiele, wobei statt des sperrigen Terminus *actant* der ebenfalls gebräuchliche Ausdruck ***Argument*** (fr. *argument*), abgekürzt als *argt*, verwendet werden soll (Bedeutungsparaphrasen und Kollokationen auszugsweise nach PR):

**habiter I.** [V. intr.] (1 argt) ***habiter quelque part*** avoir sa demeure: *habiter rue Pascal, en ville, à la campagne …* **II.** [V. intr.] (1 argt) **1** ***habiter quelque chose*** occuper (une habitation, un logis) de façon durable: *habiter une maison, une villa …*

**marcher I.** [V. intr.] (0 argt) **1** Se déplacer par mouvements et appuis successifs des jambes et des pieds sans quitter le sol: *m. d'un pas ferme, lent, tranquille*; *m. bon train, vite*; *m. avec peine*; *m. pieds nus*; *m. sur la pointe des pieds*; *m. en boitant*; *m. avec une canne, des béquilles, un déambulateur*; *m. de long en large*; *m. en zigzag*; *m. à reculons …* **II.** [V. tr.] (1 argt) **1** ***marcher sur quelque chose*** Mettre le pied (sur qqch.) tout en avançant: *Défense de marcher sur les pelouses …* **2** ***marcher dans, sur quelque chose*** Poser le pied (sur qqch.), sans idée d'autre mouvement: *m. dans une flaque d'eau. Il a marché en plein dedans. Marcher sur les pieds de qqn. …*

---

52 Die *Zirkumstanten* (fr. *circonstants*) sind freie Angaben und sind somit nicht Bestandteil des Valenzrahmens. Besonders typische Angaben könnten jedoch als Kollokationen oder in Beispielsätzen illustriert werden (vgl. die Angaben unten im Artikel *marcher* I.1).

53 Dies widerspricht zwar der Tesnièreschen Einteilung in null- bis vierwertige Verben, wobei ein direkt transitives Verb wie *regarder (qqch)* z.B. zweiwertig wäre, jedoch würde die Angabe von 2 Aktanten/Argumenten bei einem Lemma wie *regarder* wohl zur Verwirrung der Benutzer führen.

**donner I.** V. tr. (2 argts) **1** ***donner quelque chose (à quelqu'un/quelque chose)*** Abandonner à qqn, dans une intention libérale ou sans rien recevoir en retour (une chose que l'on possède ou dont on jouit): *Donner qqch. par testament. Donner de l'argent, un pourboire, des étrennes à qqn.* ... **3** ***donner quelque chose pour, contre quelque chose*** Céder en échange d'autre chose: *Donner qqch. contre, pour de l'argent. Donner des billes contre un calot.* ... **10** ***donner quelqu'un à quelqu'un***: *Donner sa fille (en mariage) à un jeune homme. Elle a donné deux fils à son mari.* ... **II.** V. itr. **1** (1 argt) ***donner contre, sur quelque chose*** Porter un coup (contre, sur): *Le navire alla donner sur les écueils* ... **4** (1 argt) ***donner sur quelque chose*** Être exposé, situé; avoir vue, accès sur: *Porte qui donne sur la rue, sur un jardin. La terrasse donne sur la mer* ... **III.** V. pron. **1** (1 argt)[54] ***se donner à quelqu'un/quelque chose*** Faire don de soi-même. *Se donner à Dieu. Se donner à une cause, à un parti. Se donner au travail, à l'étude.* ...

De facto geht jedoch kein Wörterbuch des Französischen so vor.[55] Es gibt Werke, die ihre Informationen auf ein Minimum beschränken, wie z.B. der *Petit Larousse illustré 2014* (PLi), der etwa im Eintrag *jouer* die elf Unterbedeutungen innerhalb der intransitiven Rektion kurz mit der vorangestellten Angabe der jeweiligen Präposition (zuerst) syntaktisch (dann semantisch) differenziert. Man kann Valenzen in der modernen Lexikographie aber auch durch explizite Strukturformeln zum Ausdruck bringen, die nicht nur den präpositionalen Anschluss, sondern auch die (genaue) semantische Spezifizierung der Aktanten enthält:

*Emploi trans. indir.*
**a) Jouer à** + subst. spécifiant le jeu. Engager de l'argent dans un jeu de hasard. *Jouer au baccara, au tiercé, aux courses, à la loterie, à la roulette* [...]
**b)** *P. anal.* **Jouer à, sur** + subst. spécifiant l'objet de la spéculation. Spéculer. [...]
*Emploi trans. indir.* **Jouer à** + subst. spécifiant le sport ou l'instrument nécessaire à sa pratique. Pratiquer un sport. [...]. (TLFi)

Mit syntaktischen Angaben dieser Art können lexikographische Werke auch als Produktionswörterbücher herangezogen werden – abgesehen davon, dass es zum Ethos der Lexikographie gehören sollte, Lemmata in alle Richtungen, also auch syntaktisch, zu beschreiben.

In geringerem Umfang sind auch Adjektive und Substantive **valenzfähig**, Letztere jedoch häufig nicht in Analogie zur Valenz der ihnen zugrunde liegenden Verben oder Adjektive:

*jaloux de qqn*, aber nicht **jalousie de qqn*, sondern *jalousie pour, envers, à l'égard de qqn*
jedoch *riche en → richesse en* (*Richesse d'un aliment en calcium, en calories*) (PR), *curieux de qqch/qqn/INF→ curiosité de qqch/qqn/INF* (TLFi)

---

[54] Eigentlich müssten zwei Argumente (Aktanten) angesetzt werden, da das reflexive Pronomen (*me, te, se* etc.) ja ein direktes Objekt darstellt. Eine solche Notationsweise ist eine Grundsatzentscheidung.

[55] Für das Italienische stellt der *Dizionario Italiano Sabatini Coletti* (*DISC*) eine rühmliche Ausnahme dar (s. Schafroth 1999).

Häufig kommen mehrere Präpositionen in Frage, die an ein Substantiv angeschlossen werden können, vor allem dann, wenn die Lexeme zum selben Wortfeld gehören: So können wohl, ohne dass dies allerdings den Wörterbüchern zu entnehmen wäre, *attitude*, *jugement*, *opinion*, *idée*, *avis* mit den funktional quasi-äquivalenten Präpositionen *à l'égard de*, *envers*, *sur*, die man mit Schwarze (2009, 111) auch als 'lexikalisch variabel' bezeichnen könnte, verbunden werden.

Was die Informationen zu den Valenzen (mit und ohne Angabe der obligatorischen und fakultativen Ergänzungen) betrifft, ist in der französischen Lexikographie in den letzten 30 Jahren zwar Einiges geschehen, der Service wäre aber durchaus noch verbesserungswürdig, vor allem was die Explizitheit und Vollständigkeit der Strukturformeln betrifft. Dies gilt im Übrigen auch für pädagogische Wörterbücher (s. Kap. 4.5.2).

### 3.2.2 Kollokationen

Mindestens so zentral wie grammatikalisch-strukturelle Informationen ist für die lexikographische Beschreibung einer Sprache eine möglichst ausführliche Darstellung der Kollokationen, für deren Exemplifizierung wir zum Einstieg einige klassische (und unstrittige) Fälle auflisten wollen:

(a) *allumer une bougie, allumer la lumière, allumer la radio*
(b) *éteindre une bougie, éteindre la lumière, éteindre la radio*
(c) *serrer le robinet, serrer les dents, serrer la main (à qqn)*

Warum sind die unter (a) bis (c) aufgeführten syntagmatischen Verbindungen Kollokationen, nicht jedoch *laver la salade* und *acheter une voiture*? Die erste Antwort darauf soll bewusst intuitiver Natur sein: Weil es auch im Deutschen heißt *den Salat waschen* und *ein Auto kaufen* – die Verb-Substantiv-Kombinationen sind also problemlos zu bilden. Die zweite Antwort ist linguistisch etwas differenzierter: Weil sowohl von *laver* und *acheter* aus als auch umgekehrt von *salade* und *voiture* aus gesehen nichts dagegen spricht, das jeweils andere Lexem frei zu wählen. Analog bei den deutschen Beispielen: Wir können alles 'waschen' und 'kaufen', was wasch- und kaufbar ist; ebenso kann mit einem 'Salat' oder einem 'Auto' allerhand gemacht, z.B. gewaschen und gekauft, werden – sowohl das eine als auch das andere Objekt (*laver la voiture*, *acheter une salade*).

Wo ist nun der Unterschied zu den oben aufgeführten Verbindungen, von denen wir behaupten, dass sie Kollokationen sind? Er liegt darin, dass jede der Verb-Substantiv-Verbindungen etwas an sich hat, was **nicht vorhersagbar** ist: Wie kann das Verb *allumer* semantisch gesehen sowohl für eine 'Kerze', eine 'Lampe' und ein 'Radio' „zuständig" sein, wo doch die Grundbedeutung 'mettre le feu à' (PR) ist? Entsprechend *éteindre* für die gleichen Referenten (bzw. Lexeme). Eine historische Antwort darauf ist, dass die Extension oder Reichweite eines Verbs wie *allumer* durch semantische Prozesse wie

Metonymie und Metapher beträchtlich erweitert wurde und auch andere – nicht materiell entflammbare – Referenten (und damit Begriffe und Lexeme) wie Lichter und elektrische Geräte erfasst hat. Auf diese Weise haben sich syntagmatische Verfestigungen ergeben, die in anderen Sprachen jedoch ganz anders verlaufen sind. Das deutsche Verb *anzünden* ist nicht den gleichen Weg gegangen: Man kann nur eine *Kerze*, nicht aber ein (elektrisches) *Licht* und erst recht kein *Radio anzünden*. Auch kann man kein *Radio löschen*, sondern zweifelsfrei nur eine *Kerze* und nur noch im formalen (und zum Teil regionalen) Sprachgebrauch ein *Licht*. Ähnlich die Kollokationen in (c), die eine recht weitgefächerte Semantik von *serrer* aufweisen: In der Verbindung *serrer le robinet* wird der 'Wasserhahn zugedreht', bei *serrer les dents* 'die Zähne zusammengebissen' und in *serrer la main (à qqn)* 'die Hand geschüttelt *od.* gedrückt'.

Was sind nun **Kollokationen** genau? Ein erster eigener Definitionsversuch könnte etwa lauten: Kollokationen sind Lexemverbindungen, häufig Verb und Substantiv, die insofern nicht oder nicht unbedingt selbstverständlich sind, als sie einem Fremdsprachenlerner nicht unmittelbar oder womöglich gar nicht einfallen würden, für einen Muttersprachler jedoch „normal" und feste Bestandteile seines sprachlichen Wissens und *en bloc* und meist spontan abrufbar sind (außer es handelt sich um Kollokationen, die einem gehobenen Sprachniveau zuzurechnen sind). Für muttersprachliche Sprecher des Deutschen ist es also völlig normal, *Fahrrad fahren* oder *zu Fuß gehen* zu sagen oder zu hören, während ein französischer Austauschschüler, ausgehend von *aller à bicyclette* und *aller à pied*, womöglich zu anderen „Lösungen" im Deutschen käme. Das Beispiel gilt natürlich auch umgekehrt.

Franz Josef Hausmann kommt das Verdienst zu, den Kollokationsbegriff entscheidend geprägt zu haben – besser gesagt einen *bestimmten* Kollokationsbegriff (es gibt auch andere), denjenigen nämlich, der grundsätzlich von einer *Basis* und einem *Kollokator* ausgeht:

> Wörter mit begrenzter Kombinierbarkeit verbinden sich entsprechend differenzierten semantischen Regeln und einer gewissen zusätzlichen Üblichkeit mit Wörtern, zu denen sie in Affinität stehen. Affinität sei definiert als die „Neigung zweier Wörter, kombiniert aufzutreten". Affine Kombinationen wie *un ton péremptoire*, *rentrer sa colère*, *un mur fissuré* sind Halbfertigprodukte der Sprache, welche der Sprecher nicht kreativ zusammensetzt, sondern als Ganzes aus der Erinnerung holt und der Hörer als bekannt empfindet. Wir wollen diesen Typ der affinen Kombination „Kollokation" nennen (Hausmann 1984, 398f.).

Eine Kollokation besteht also aus zwei Komponenten: der semantisch autonomen oder auch 'autosemantischen' **Basis**, wie z.B. dem Lexem *dent*, und dem semantisch nicht autonomen ('synsemantischen') **Kollokator**, wie z.B. *serrer*. Der Kollokator ist deshalb semantisch nicht autonom, weil in einem der Sememe von *serrer*, '[Le compl. d'obj. dir. désigne une partie du corps et, en partic., des parties symétriques] Maintenir fortement rapproché ou fermé' (TLFi), die semantische Abhängigkeit von einer Basis wie 'lèvres' (auch 'mâchoires', 'fesses', 'poings') „enthalten" ist – der Kollokator ist also zur jeweiligen Basis semantisch **affin**. Diese semantische Affinität kann noch wesentlich deutlicher sein, ja ein und dasselbe Lexem kann als Kollokator eine ganz fein austarierte Bedeutung annehmen, wenn es in Verbindung mit einem bestimmten anderen Lexem, welches Basis ist, in Erscheinung tritt. Betrachten wir verschiedene Einzelbedeutungen (nach PR und TLFi) des Adjektivs *raide*, die alle zu einer ganz bestimmten nominalen Basis (in spitzen Klammern) in direkter Beziehung stehen – *raide* ist also jeweils Kollokator:

– Qui ne se laisse pas plier, manque de souplesse <un tissu>
– plats et lisses <les cheveux>
– difficile à mouvoir, engourdi <les jambes, nerfs, tendons>
– *fam.* sous l'effet d'une drogue <une personne>
– *fam.* qui est à la fois très fort et très râpeux <une eau-de-vie>
– très incliné par rapport à l'horizontale et difficile à parcourir <un escalier, une pente>

Dies bedeutet, dass das Phänomen der Kollokationen bis in die lexikographische Konzeption der Wörterbuchartikel hineinwirkt, denn die genannten Bedeutungen von *raide* sind ohne ihre unmittelbare Anbindung an die jeweilige(n) Referentenklasse(n) gar nicht zu fassen und zu beschreiben. Kollokationen erscheinen in einem Wörterbuch also nicht nur *explizit* als syntagmatische Verbindungen (z.B. in den Artikeln *cheveu* und *raide* als *des cheveux raides*), sondern auch *implizit* in Gestalt der Bedeutungsparaphrasen der Kollokatoren. Man kann sogar sagen, dass Kollokationen zur Polysemie eines Lexems beitragen, ja neue Bedeutungen im Sinne der kontextualistischen Gebrauchstheorie („Die Bedeutung eines Wortes ist sein Gebrauch") konstituieren. Erst die Verbindung mit *temps* hat dem Verb *tuer* in der Kollokation *tuer le temps* 'die Zeit totschlagen' eine neue Bedeutung verliehen.

Natürlich ist nicht jedes Adjektiv oder jedes Verb in jeder seiner Bedeutungen kollokationsrelevant (bzw. basisaffin) – *acheter* und *laver* sind es in ihren Grundbedeutungen z.B. nicht, *serrer* und *raide* in einigen Bedeutungen hingegen durchaus. Es gibt also ganz unterschiedliche Grade der semantischen Affinität zwischen zwei Lexemen, die von einer Null-Affinität bis zu einer maximalen Affinität reichen können. Der erste Fall trifft auf **freie Syntagmen** (in der Fachliteratur auch *freie Wortverbindungen* genannt) zu, z.B. *voir*, *acheter*, *laver*. Die lexikalischen „Partner" dieser Lexeme sind die maximale Zahl derjenigen Lexeme, die semantisch grundkompatibel sind, also alle Substantive, die sichtbar, kaufbar oder waschbar sind. Der zweite Fall, das andere Extrem sozusagen, ist verwirklicht durch **Kollokationen**, bei denen es zu einem Kollokator genau eine Basis gibt, z.B. bei *abroger une loi* ('ein Gesetz außer Kraft setzen') oder, noch deutlicher, bei *briser des chaussures (neuves)* ('(neue) Schuhe einlaufen')[56] oder *le cheval hennit* ('das Pferd wiehert').[57] Zu Kollokatoren gehört jedoch meist ein Inventar an

---

[56] Unter Vernachlässigung von Hyponymen wie *disposition légale* oder Kohyponymen wie *règlement*, *acte réglementaire*.

[57] Vgl. die Bedeutungsparaphrase zu *hennir* 'En parlant du cheval, Pousser le cri particulier à son espèce' im PR. Dieser Fall, von Coseriu 1967 *Implikation* (als ein Typ „lexikalischer So-

Basen, das größer ist als 1: Bei *gober* ‘avaler vivement en aspirant, et généralement sans mâcher’ (PR) sind es einige wenige (*une huître, un œuf, des pruneaux* laut GR) – im Deutschen *schlürft* man eine Auster –, zu *allumer* ‘einschalten’ ist die Kategorie der in Frage kommenden Referenten ungleich größer, aber eben lange nicht so groß wie bei *laver* und *acheter*. Darüber hinaus gibt es Verben wie fr. *faire* oder dt. *anmachen*, deren **Kombinationsradius** so groß, deren Bedeutung also so unspezifisch ist, dass sie buchstäblich ohne Kotext nicht zu verstehen sind. Erst in Verbindung mit der jeweiligen Basis wird dem Kollokator „semantisches Leben eingehaucht“: *<Licht, den Kamin, ein Plakat, den Salat, einen Jungen/einMädchen> anmachen.*

Kollokationen können also nach dem Kriterium der **semantischen Affinität**, i.e. demjenigen der Affinität zwischen Kollokator und Basis, auf einem Kontinuum verortet werden, welches vom besten Vertreter einer Kollokation – vom „Prototyp“ zusagen – (etwa *briser des chaussures*) bis hin zum freien Syntagma (*laver la salade*) reicht (s. Abb. 16).

**Kontinuum semantischer Affinität**
**(Kollokatoren → Basis)**

←――――――――――――――――――――――――――――――→

1 Referent | maximale Zahl semantisch kompatibler Referenten

Abb. 16: Semantische Affinität zwischen Kollokator und Basis (vom Kollokator aus gesehen)

Man darf jedoch nicht außer Acht lassen, dass es Lexemverbindungen wie *Zigaretten holen* gibt, die man eigentlich nicht als Kollokationen einstufen würde, da *holen* mit einer sehr hohen Zahl von Referenten verbunden werden kann. Dennoch sagt man eher *Zigaretten holen* als *Obst holen*, *Brot holen* oder *Salz holen* oder als *Zigaretten kaufen*.[58] Es findet also eine „lexikalische Bevorzugung“ statt, die „sich nicht durch Restriktionen im Referenz- oder Bedeutungsbereich erklären lässt“ (Konecny 2010, 127). Dieses zweite Kriterium soll hier **lexikalische Affinität** genannt werden (s. Abb. 17).[59] Mit ihm kann die Frage beantwortet werden, warum Wörterbücher Verbindungen als Kollokationen auflisten, die eigentlich keine sind, die aber auch keine beliebigen freien Syntagmen darstellen. Das könnte erklären, warum im TLFi Kombinationen wie *laver* und *préparer la salade* auf eine Stufe gestellt werden wie die „besseren“ Kollokationen *remuer, tourner* oder *fatiguer la salade*.

---

lidarität“) bezeichnet, stellt insofern eine Besonderheit dar, als der Inhalt des Lexems *Pferd* wesensmäßig im Inhalt des Lexems *wiehern* enthalten ist (vgl. Konecny 2010, 29ff.).

[58] Im Französischen ähnlich: Es ist üblich zu sagen *Je vais chercher des cigarettes* und nicht *J'achète des cigarettes*; aber: *J'achète les cigarettes au tabac du coin*.

[59] Lexikalische Affinität dürfte ungefähr dem entsprechen, was Blumenthal (2008, 22) unter *Spezifität* versteht. Kollokationen seien „Kookkurrenzen von Wörtern, die sich in größeren Korpora als spezifisch (d. h. häufiger als statistisch erwartet […]) erweisen“.

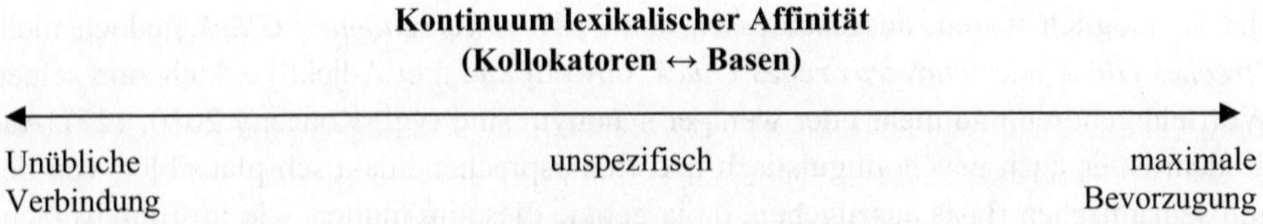


Abb. 17: Lexikalische Affinität zwischen Kollokator und Basis (bilateral)

Natürlich können auch beide Kriterien kombiniert miteinander auftreten, wie in Abb. 18 darzustellen versucht wird: Der „beste“ Vertreter einer Kollokation ist demnach derjenige, bei dem die Basis paradigmatisch nicht substituierbar ist (*briser des chaussures*), bei dem also eine semantische Affinität von 1:1 besteht (vom Kollokator aus gesehen) und dadurch gleichzeitig eine maximale lexikalische Bevorzugung zwischen den beiden Lexemen herrscht. Je mehr Basen zu einem Kollokator in Frage kommen, desto weniger prototypisch ist eine Kollokation (z.B. *allumer + X*). Die Graphik erklärt auch den Fall einer semantischen Nicht-Affinität bei gleichzeitiger hoher lexikalischer Bevorzugung eines Elements (des Kollokators) durch das andere (die Basis). Eine solche lexikalische Affinität liegt etwa bei *Zigaretten holen* vor.[60]

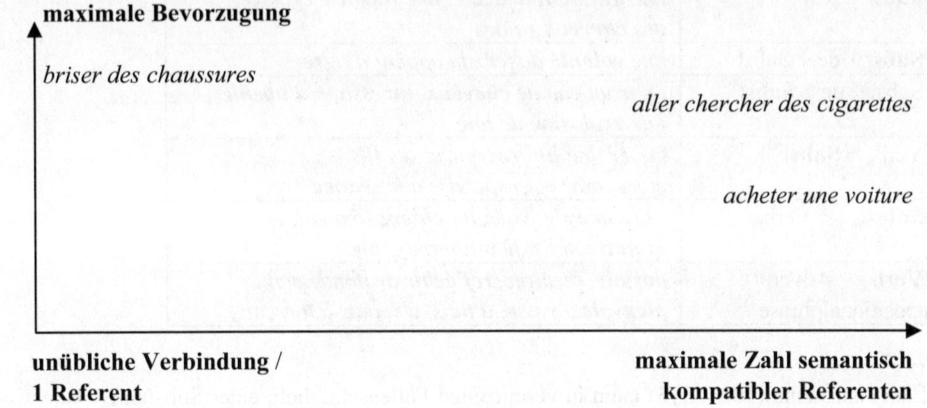


Abb. 18: Kreuzklassifikation *lexikalische Bevorzugung* und *semantische Affinität*

Man kann die Perspektive auch ändern und von der Basis aus argumentieren. Demnach wäre das Besondere an Kollokationen, dass nur ganz bestimmte Kollokatoren als üblich bzw. passend betrachtet werden und andere, die „vom System her […] bzw. denotativ“

[60] Das Kriterium der großen **Häufigkeit** kommt bei einigen Kollokationen wie *allumer une cigarette* oder *aller à bicyclette* sicherlich flankierend mit hinzu. Andere Verbindungen würden jedoch ihren Status als Kollokationen verlieren, wäre die Frequenz das Kriterium, z.B. *gober une huître*, *briser des chaussures*. Letztlich liegt hier ein anderer Begriff des Syntagmatischen zugrunde, der rein statistisch orientiert ist und deshalb besser mit dem Terminus *Kookkurrenz* wiedergegeben werden sollte (vgl. Schafroth 2003a, Konecny 2010, 132–137).

ebenso möglich wären, ausgeschlossen sind: z.B. *unverschämtes Glück*, jedoch nicht **freches Glück* oder **unverfrorenes Glück*, obwohl alle drei Adjektive doch zum selben Wortfeld gehören und mehr oder weniger synonym sind (vgl. Konecny 2010, 127). Außerdem ist es auch psycholinguistisch und fremdsprachendidaktisch plausibler, von der autosemantischen Basis auszugehen, da ja gerade diese im mutter- wie im fremdsprachlichen Spracherwerb zuerst gelernt wird und uns in der Sprachproduktion spontan zur Verfügung steht. Jeder deutsche Schüler weiß nach einem oder zwei Jahren Französischunterricht, dass *Schuhe* auf Französisch *chaussures* heißen, aber er weiß nicht – und vermutlich auch nicht die Studentin im Französischstudium –, wie man *sich die Schuhe binden* oder gar *neue Schuhe einlaufen* sagt (Kollokationen), wohingegen *Schuhe putzen* und *Schuhe kaufen* (freie Syntagmen) kein Problem sein dürften.

Im Folgenden soll eine Übersicht über die gängigsten Kollokationstypen im Französischen gegeben werden. Es wurden in der Linguistik schon mehrfach Klassifikationen von Kollokationen erstellt, auf die hier nicht im Einzelnen eingegangen werden kann (vgl. die Übersicht Konecny 2010, Kap. 6). Folgende Typologie basiert im Wesentlichen auf Hausmann (1989) und Konecny (2010):

| **Kollokationstypen** | |
|---|---|
| 1) **Subst** + Adj[61] | *une **question** délicate, une **réponse** évasive, des **cheveux** raides* |
| 2) **Subst** + de + Subst | *une **volonté** de fer, un **appétit** d'**ogre*** |
| 3) Subst + de + **Subst**[62] | *un troupeau de **chevaux**, un essaim d'**abeilles**, une explosion de **joie*** |
| 4) $\text{Verb}_{\text{tr}}$ + **Subst**[63] | *gober une **huître**, retirer les **fils** clore, ouvrir, suspendre une **séance*** |
| 5) $\textbf{Subst}_{\text{Subj}}$ + $\text{Verb}_{\text{itr}}$ | *la **fumée** s'envole, les **chiens** aboient, la **nuit** tombe, le **tonnerre** gronde* |
| 6) $\textbf{Verb}_{\text{itr}}$ + Adverb/ Präpositionalphrase | ***dormir**, **respirer**, **réfléchir** profondément, **pleuvoir** à verse, à flots, à seaux, à torrents,* |

61 Laut Hausmann (2004, 315) kann in vereinzelten Fällen innerhalb einer Substantiv-Adjektiv-Struktur auch das Adjektiv die (kognitive) Basis sein, z.B. *treulose Tomate*, *beleidigte Leberwurst*. Aus kontrastiver Perspektive wäre darauf hinzuweisen, dass es Substantiv-Adjektiv-Verbindungen im Französischen (und anderen romanischen Sprachen) gibt, die im Deutschen mit einem Kompositum wiedergegeben werden, z.B. *un **canard** sauvage* ('Wildente'), *une **poule** couveuse* ('Legehenne'), aus binnenfranzösischer Sicht ist dies jedoch irrelevant.

62 Problematisch ist hier die Abgrenzung zu den Komposita, wie Konecny (2010, 191ff.) treffend bemerkt. Ob allerdings die Tatsache, dass es im Deutschen meist zwei Möglichkeiten der Versprachlichung dieses Kollektivkonzepts gibt (*eine Pferdeherde/eine Herde Pferde*), ausreicht, um *troupeau de chevaux* nicht als Kollokation, sondern als Kompositum zu werten, bleibt strittig. Dieses Problem ist also mindestens genauso schwer zu lösen wie dasjenige, dass *Wildente* im Deutschen ein Kompositum, *canard sauvage* im Französischen jedoch eine Kollokation ist.

63 Innerhalb dieses Verb-Objekt-Typs gibt es laut Hausmann (2004, 315) auch Fälle wie *Bauklötze **staunen*** und *Bahnhof **verstehen***, bei denen das Verb die Basis darstellt.

| | |
|---|---|
| | ***travailler*** *dur, d'arrache-pied* |
| 7) **Adj/Partizip** + Adverb od. Präpositionalphrase | *strictement* ***confidentiel****, diamétralement* ***opposé****, clair comme le jour, bête comme une oie* |

Abb. 19: Typologie französischer Kollokationen (Kollokationsbasen fett)

Konecny (2010, 203ff.) wendet in ihrer Klassifikation eine Verknüpfung des basisbezogenen Kollokationsbegriffs Hausmanns (1989) und der valenztheoretischen Herangehensweise Scherfers ($^{2}$2008) an, der Kollokationen wie *ein Problem taucht auf*, *ein Problem stellt sich*, *ein Problem angehen* als Ergebnisse dreier verschiedener Rektionstypen (intransitives, intransitiv-pronominales, transitives Verb) betrachtet und das Lexem, welches bei einem kognitiven Ansatz die Basis wäre (*Problem*), konsequenterweise als Aktant analysiert. Man sieht, dass die Basis und der syntaktische Kopf einer Kollokation nicht identisch sein müssen (wie z.B. bei *un troupeau de chevaux*). Die basisbezogene Typologie in Abb. 19 enthält auch nicht den Typ der Funktionsverbgefüge (z.B. *mettre à disposition*, *prendre en considération*), da diese zum einen keine semantische Basis aufweisen und zum anderen durch ein paradigmatisch-assoziativ „vorhandenes" Verb (hier *disposer*, *considérer*) motiviert sind und deshalb nicht in gleicher Weise im mentalen Lexikon abgespeichert werden müssen und daher auch in größerem Maße vorhersagbar sind – auch für Lerner des Französischen.[64]

Ein letzter Aspekt kann als Überleitung zu Kap. 3.2.3 („Phraseme") verstanden werden und bezieht sich auf das Problem der Abgrenzung von Kollokationen und Idiomen. Es besteht in der Forschungsliteratur weitgehend Einigkeit darüber, dass sich Kollokationen aus den Bedeutungen beider Konstituenten sozusagen additiv erschließen lassen, während bei idiomatischen Wendungen eine einzige (komplexe) Bedeutung vorliegt, was im Folgenden an einer Lexemverbindung, die sowohl Kollokation als auch Idiom sein kann, besonders gut zu erkennen ist: *serrer les dents* (a) Kollokation: ‘die Zähne zusammenbeißen’, (b) Idiom: ‘Entschlossenheit und Kampfgeist demonstrieren’. Dass dabei historisch (b) metonymisch aus (a) hervorgegangen ist, spielt synchronisch keine Rolle. Tatsache ist, dass die Bedeutungen der Komponenten *serrer* und *dents* nicht die Bedeutung von (b) ergeben. Andererseits muss konzediert werden, dass (b) als Idiom in gewisser Weise semantisch **(re)motivierbar** ist, im Unterschied etwa zu *ramener sa fraise* pop. (‘intervenir en protestant; faire l'important’ (TLFi)), bei dem auch mit viel Phantasie die Bedeutung nicht erschlossen werden kann. Auch *prendre la porte* (‘sortir, souvent lorsqu'on est dans une situation de conflit, de danger, de nécessité’ (TLFi)) z.B. ist nicht „hermetisch", sondern zumindest zum Teil dekodierbar. Kompositionalität und Nicht-

64 Siepmann (2002) setzt hingegen „binäre Kollokationstypen" (14 Varianten) und „Satzfragment-Kollokationen" (weitere 16 Varianten) an. Darunter befinden sich jedoch auch Nominalphrasen mit Genitivattributen, Verbalperiphrasen, lexikalisch gefüllte Valenzen und Funktionsverbgefüge. Beim zweiten Typ handelt es sich in erster Linie um Phraseoschablonen (s. Kap. 3.2.3), von denen es natürlich noch viel mehr gibt.

Kompositionalität sind also keine Entweder-oder-Phänomene, sondern lassen sich durchaus als Kontinuum verstehen (s. auch Konecny 2010, 96f.), die von der absoluten Transparenz der Konstituenten bis zur absoluten Undurchsichtigkeit und Unmotivierbarkeit reicht. Das eine Extrem wäre durch freie Syntagmen des Typs *une table noire*, *une bière froide* besetzt, das andere durch Idiome oder andere Phraseme wie *avoir pignon sur rue* ('avoir un magasin, un domicile connu et être solvable; par ext. avoir une situation, une fortune assise' (PR)) oder *bon gré mal gré* ('en se résignant, malgré soi, que cela plaise ou non' (PR)). Dazwischen befinden sich Kollokationen, von denen es auch solche gibt, bei denen ein Lexem kompositionell und transparent ist, das andere idiomatisiert. Man spricht hier von **teilidiomatisierten Kollokationen** oder auch **Teilidiomen**. Gemeint sind Fälle wie *pleuvoir à verse*, *travailler d'arrache-pied*, wo jeweils die erste Komponente eine autosemantische Basis und die zweite ein nicht nur synsemantischer, sondern zudem auch intransparenter Kollokator ist. Im Deutschen wird hier gerne die *Fahrt ins Blaue* zitiert, die ja doch immer noch eine 'Fahrt' bleibt. Sicherlich sind auch *einen Streit vom Zaun brechen* und *Bauklötze staunen* dieser Kategorie zuzuzählen, doch man kann sich fragen, wie weit man das Kriterium der Idiomatisiertheit (Lexikalisiertheit, Intransparenz etc.) fassen will bzw. was genau darunter verstanden werden soll. Denn bei genauerer Betrachtung gerät auch der synsemantische Charakter vieler Kollokatoren in die Nähe der **Idiosynkrasie**. Ist *begrüßen* in *eine Entscheidung begrüßen* nur ein weiteres Semem des Lexems *begrüßen*? Ist *rümpfen* in *die Nase rümpfen* nicht hochgradig idiosynkratisch? Im Sinne der Konstruktionsgrammatik wären sowohl Idiome als auch Kollokationen (grundsätzlich) nicht vorhersagbare Konstruktionen.

Eine Trennlinie zwischen Kollokationen und Idiomen erscheint also schwierig. Es empfiehlt sich eher, zwischen transparenten Kollokationen mit einem großen Inventar an Basen wie *allumer une cigarette* auf der einen und völlig opaken Idiomen wie *passer un savon à qqn* (fam. 'le réprimander' (PR)) auf der anderen Seite zu unterscheiden. Dazwischen tummelt sich einiges: Kollokationen mit Kollokatoren, die praktisch nur in Verbindung mit einer bestimmten Basis vorkommen, teilidiomatisierte Kollokationen, remotivierbare Idiome, Routineformeln. Es ist Aufgabe der Lexikographie, alle diese Verbindungen zu erfassen und adäquat zu beschreiben.

Über **Kollokationen in Wörterbüchern** und in der Forschung ist bereits sehr viel geschrieben worden (zuletzt, zum Französischen, Tutin/Grossmann 2002, Hausmann/Blumenthal 2006, Bischof 2008, Blumenthal 2008, Hausmann 2008, Zöfgen 2008, Forkl 2010, Rössler 2011).[65] Erst langsam, so könnte man als Fazit ziehen, setzt sich in der Lexikographie des Französischen das Bewusstsein auf breiter Ebene durch, wie wichtig die Beschreibung von Kollokationen ist. Besonders ergiebig war hier immer schon der *Trésor de la langue française* (s. zusammenfassend Pruvost 2002b und Schafroth 2011b) – der *Grand Robert*, vom (*Nouveau*) *Petit Robert* ganz zu schweigen,

[65] Vgl. die Bibliographie in Konecny/Autelli (2012) sowie die internationale Bibliographie zu *Collocations and idioms* (http://kollokationen.bbaw.de/bib/index_de.html).

kann hier nicht konkurrieren. Ein methodisches Manko hat sich aber in allen Wörterbüchern (auch dem TLF) immer wieder gezeigt: Es werden einfach nicht genügend Kollokationen in den Artikeln der Basen aufgelistet, wodurch ein Gutteil in Printversionen unauffindbar bleibt und in den digitalen Versionen nur durch eine geschickte Recherche sichtbar gemacht werden kann:

> Der Anteil der nicht unter den Basen, sondern unter den Kollokatoren verzeichneten Kollokationen scheint insgesamt beträchtlich zu sein, wie Forkls (2005: 209) Auswertung zu vier ‚hochgradig kollokationellen' (Hausmann 2005: 291) Basen (*accueil, décision, discussion, doute*) ergab: Von insgesamt 337 Kollokationen waren 228, also rund zwei Drittel, in den Artikeln der Kollokatoren ‚versteckt' (Schafroth 2011b, 389).

Verbesserungswürdig wäre ferner die Logistik der Anordnung von Kollokationen, z.B. primär nach Typen (s. Abb. 19), sekundär nach dem Alphabet. Unterschiedlich gut gelöst ist zudem die Behandlung teilidiomatisierter Kollokationen, die nur allzu oft in einer Reihe mit „transparenten" Kollokationen stehen: z.B. *pleuvoir à verse* im PR, GR – jedoch im TLFi: „*Il pleut à flots, à seaux, à torrents, à verse*. Il pleut très fort".

Überlegenswert wäre ferner, und zwar von Seiten der Lexikographie und der Lexikologie, den Kollokationsbegriff auszuweiten auf mehr als zwei Lexeme. Hausmann (2004, 316) nennt Dreierkonstellationen *Tripelkollokationen* – gemeint sind Konvergenzen zweier Kollokationen, die im Sprachgebrauch üblich sind und auch eine signifikante Frequenz aufweisen: z.B. *scharfe/massive Kritik üben*, *Kritik scharf/entschieden zurückweisen*, *tiefes Misstrauen hegen*, *umfangreiche Ermittlung führen* (s. Schafroth 2003a).

Auch ist zu überlegen, ob die Fronten zwischen dem Hausmannschen basisbezogenen und dem sprachstatistischen und textbezogenen Kollokationsbegriff wirklich so verhärtet sein müssen, oder ob die Kollokationsforschung und -lexikographie letztlich nicht von den Möglichkeiten der Korpuslinguistik profitieren können. Gerade wenn es darum geht, Kotexte bereitzustellen, um eine Kollokation in Bezug auf syntagmatische Korrelationen auszuloten, können maschinell erzeugte Kookkurrenzen eines Millionen- oder Milliardenkorpus, bezogen auf *tokens*, wertvolle Dienste leisten.

### 3.2.3 Phraseme und Sprichwörter

Ist die Kollokationsforschung bereits als hochproduktiver Bereich von Lexikologie, Lexikographie und angewandter Sprachwissenschaft bestens etabliert, so kann die Phraseologie auf eine wahre Flut von Publikationen zu vielen Sprachen blicken,[66] darunter ein umfangreiches zweibändiges Handbuch zur Phraseologie (Burger et al. (eds.) 2007)

[66] Vgl. etwa das Internetportal von Konecny/Autelli (2012), in dem auch Werke zur Phraseologie der gängigen romanischen Sprachen aufgelistet sind, ferner die Webseite von Ettinger (2009) zur Phraseologie.

und eine über 2 000 Seiten starke Bibliographie zur Phraseologie und Sprichwortforschung (Parömiologie) in den romanischen Sprachen von den Anfängen bis zum Ende des zweiten Jahrtausends (Lengert 1999). Auch die Zahl der theoretischen Ansätze, Begriffe und Termini sind Legion, so dass es in einem Handbuch wie diesem unmöglich ist, näher auf die Unterschiede, die sich oft auch aus der Tradition einer nationalen Philologie heraus manifestieren, einzugehen. Einen allgemeinen Überblick zu diesem Thema gibt Burger ($^{4}$2010), Aspekte aller Art zur Phraseologie finden sich in Burger et al. (ed., 2007), über Phraseologie im Französischen informieren Buridant (2007), Lengert (2007), Mejri (2007) und Ettinger (2011) (vgl. auch die Webseite von Ettinger (2009–)).

Im Folgenden wird der Terminus ***Phrasem*** (in der Literatur auch *Phraseologismus*) als Oberbegriff für all diejenigen syntagmatischen Verbindungen verwendet, die mindestens die Merkmale **Polylexikalität** (mehr als ein Lexem ist beteiligt) und **Idiomatizität** aufweisen. Das dritte zur Bestimmung von Phrasemen verwendete Definitionskriterium, **Festigkeit**, ist zwar prinzipiell ebenfalls konstitutives Merkmal, jedoch dasjenige der drei genannten, welches am wenigsten stringent und zwingend ist, da gerade die Variabilität von Phrasemen ein lukratives Feld für Medien- und Werbesprache (z.B. *Hier liegen Sie richtig!* als Werbeslogan eines Möbelhauses), aber auch in unserem alltäglichen Sprechen darstellt. Unter *Idiomatizität* wird die Umkehr des **Kompositionalitätsprinzips** verstanden – mit anderen Worten, Phraseme sind anhand der Bedeutungen ihrer einzelnen Konstituenten nicht zu verstehen, sondern sind eigene sprachliche Zeichen mit einer komplexen Gesamtbedeutung, die nicht vorhersagbar und – beim höchsten Grad an Idiomatizität – auch nicht dechiffrierbar ist. Wie wir im vorangehenden Kapitel gesehen haben, gibt es Phraseme, die mit einem gewissen Maß an Phantasie und Weltwissen motivierbar und deshalb halbwegs verständlich sind (z.B. *mettre le pied dans le plat*, *tenir haute la dragée à quelqu'un*, *aus einer Mücke einen Elefanten machen*), andere hingegen bleiben hermetisch und sind nicht zu „knacken" (z.B. *au fur et à mesure*, *avoir pignon sur rue*, *fröhliche Urständ feiern*) – und dies nicht nur für Nichtmuttersprachler, sondern auch für Muttersprachler, wenn sie das Phrasem noch nicht kennen. Der Grund: Das zur Dekodierung herangezogene Kompositionalitätsprinzip, welches wir gemeinhin bei der Sprachrezeption anwenden, läuft ins Leere. Es möge jede Leserin und jeder Leser dieses Buches für sich selbst prüfen, ob er die idiomatische Wendung *wissen, wo Barthel den Most holt* versteht, wenn sie/er sie nicht kennt…

Mit der Fokussierung auf das Kriterium der Idiomatizität werden in der Forschung unter Zugrundelegung eines engen Phraseologiebegriffs Kollokationen und Sprichwörter aus dem Objektbereich der Phraseme ausgeschlossen (z.B. Burger et al. 2007, 2) – unter Vernachlässigung des Umstands allerdings, dass es teilidiomatisierte Kollokationen gibt (s. Kap. 3.2.2) und es wohl auch zumindest diskutabel ist, ob Sprichwörter keinerlei Idiomatizität aufweisen. Zu den Phrasemen werden in erster Linie **Idiome** (idiomatische Wendungen) (z.B. *mettre la puce à l'oreille*, *tomber dans les pommes*, *dire ses quatre vérités*, *un ange passe*) und **Routineformeln** (z.B. *Bonjour!*, *Ça va?*, *Je vous en prie!*, *à mon avis*, *n'est-ce pas?*, *autant que je sache*, *et avec cela, Madame?*) gezählt, aber auch noch etliche andere idiosynkratische, d.h. nicht-kompositionelle und nicht vorhersagbare Verbindungen, von denen hier nur die **Phraseoschablonen** zur Sprache kommen sollen (z.B. *Mais qu'est ce-qu'il a à INF?*, z.B. *Mais qu'est-ce qu'il a à me regarder comme ça?*). Auf **Sprichwörter** wird ebenfalls kurz eingegangen.

Werfen wir aber zunächst einen Blick auf eine fast 100 Jahre alte Schrift, den *Cours de linguistique générale*, zitiert nach der zweisprachigen Ausgabe von Peter Wunderli (CLG 2013). Ferdinand de Saussure geht in seinem Kapitel über die syntagmatischen Beziehungen des sprachlichen Zeichens auch auf die eben genannten Phänomene ein:

> Man stößt zuerst einmal auf eine große Zahl von Ausdrücken, die dem Sprachsystem zuzurechnen sind; das sind die stehenden Wendungen, an denen etwas zu ändern der Gebrauch untersagt, und dies selbst dann, wenn man bei näherem Zusehen signifikante Teile unterscheiden kann (cf. *à quoi bon?*, *allons donc!* usw.). Gleiches gilt, wenn auch in geringerem Ausmaß, für Ausdrücke wie *prendre la mouche*, *forcer la main à quelqu'un*, *rompre une lance*, oder auch *avoir mal à* (*la tête* usw.), *à force de* (*soins* usw.), *que vous en semble?*, *pas n'est besoin de* . . . usw., deren Gebrauchscharakter deutlich wird aufgrund ihrer semantischen oder syntaktischen Eigenheiten. Derartige Wendungen kann man nicht improvisieren, sie werden uns durch die Tradition zur Verfügung gestellt. […] (CLG 2013, 265).

Saussure spricht hier sowohl Routineformeln als auch Idiome an, aber auch Verbindungen wie *avoir mal à ta tête* oder *à force de* (komplexe Präposition), die wir heute als lexikalisierte Strukturen oder auch Konstruktionen bezeichnen würden, Erstere je nach Auffassung auch als Kollokation. Entscheidend ist die feste, konventionalisierte Struktur, die wir als Form-Bedeutungs-Einheit, in der Konstruktionsgrammatik würde man sagen, als *Form-Bedeutungs-Paar*, betrachten können. Und diese müssen als Ganzes beschrieben werden, da sie als Ganzes Bedeutung haben, unabhängig von ihren Bestandteilen. Dazu müssen Konstruktionen aber erst einmal als solche erkannt werden. Doch dazu weiter unten.

Zunächst soll es darum gehen, warum Phraseme so wichtig für die Kommunikation sind. Sie erfüllen zuallererst ureigenste sprachliche Funktionen wie diejenigen der Referenz und Prädikation (s. Abb. 20).

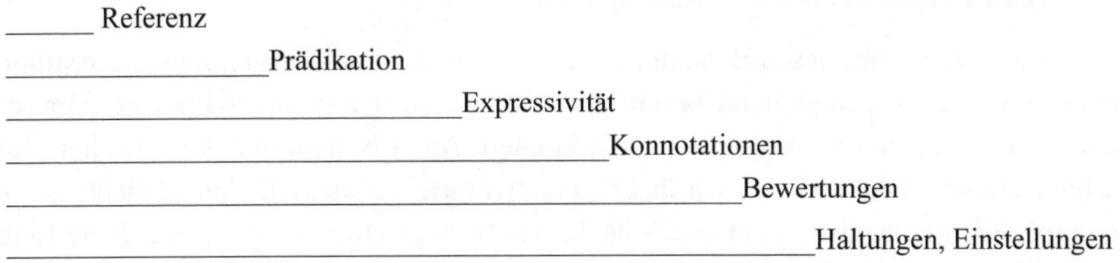


Abb. 20: Funktionsrahmen von Phraseologismen (Grafik gemäß Schafroth 2001)

Vor allem Idiome sind darüber hinaus in besonderer Weise geeignet, Wirkung in der Kommunikation zu erzielen, sei es im Sinne einer rhetorischen Strategie des *delectare* und des *movere* (Expressivität, Konnotationen), sei es, um einen bestimmten Sprechakt zu realisieren (Bewertungen, Haltungen und Einstellungen). Phraseme haben also ein bemerkenswertes **pragmatisches Potenzial** und sind deshalb kommunikativ von besonderer Relevanz. Umso wichtiger wäre es folglich, sie auch in der einsprachigen Lexikographie, vor allem natürlich in der Lernerlexikographie, adäquat zu beschreiben. Dies ist aber einfacher gesagt als getan, denn es müssten argumentative, stilistische und expressive Funktionen ebenso berücksichtigt werden wie situative und formale, also syntaktische und prosodische Besonderheiten.

Es ist also ein Unterschied, ob man z.B. im Französischen sagt *donner du fil à retordre à qqn* oder *causer des soucis à qqn* – oder entsprechend im Deutschen *jemandem zu schaffen machen* gegenüber *jemandem Sorgen bereiten.* Die zweite Ausdrucksweise klingt in beiden Sprachen farblos, neutral, vielleicht sogar langweilig, die erste hingegen trifft den Nagel auf den Kopf, um ein weiteres (expressives) Idiom zu verwenden.

Es bedarf keines großen lexikographischen Sachverstandes, um zu der Erkenntnis zu gelangen, dass die gängigen Wörterbücher aus Platzgründen nur die semantische Seite, kaum jedoch die pragmatische oder gar rhetorische Seite abdecken können – von detaillierten Hinweisen auf sprachliche Besonderheiten ganz zu schweigen.

Betrachten wir das Idiom *mettre la puce à l'oreille*, bekanntlich ein *faux ami* im Deutschen, da es keineswegs 'jem. einen Floh ins Ohr setzen' bedeutet, sondern 'jem. hellhörig/stutzig machen', und sehen wir uns an, wie es in einigen Wörterbüchern des Französischen semantisiert wird:

(1) *mettre la puce à l'oreille à qqn*: éveiller ses doutes ou ses soupçons (DFC)

(2) *mettre la puce à l'oreille*: intriguer, éveiller des doutes, des inquiétudes, des soupçons (PR)

(3) *mettre la puce à l'oreille de qqn*: Intriguer, éveiller les soupçons, la méfiance de quelqu'un (TLFi)

(4) *Mettre la puce à l'oreille (de qqn; à qqn)*: intriguer, éveiller des doutes, des inquiétudes, des soupçons chez qqn (en parlant d'une personne ou d'une chose) (GR)

(5) *mettre la puce à l'oreille*: mettre sur le qui-vive (PLi)

Die Frage ist, ob mit diesen Bedeutungsparaphrasen der Funktionsrahmen dieser idiomatischen Wendung ausreichend beschrieben ist. Es wird z.B. nicht klar, ob Menschen und/oder Dinge diese Zweifel erwecken können. Auch besteht ein semantischer Unterschied zwischen 'Zweifel', 'Verdacht' und 'Unruhe'. Zudem fehlen jegliche ko- und kontextuellen Hinweise. Sieht man sich Texte etwas genauer auf die sprachliche Einbettung dieser idiomatischen Wendung an, so entdeckt man, dass das Phrasem sehr häufig im Konditional II konstruiert wird, etwa *Un détail aurait dû me mettre la puce à l'oreille*; oder dass sehr häufig ein Zeitadverb mit beteiligt ist: *Ça m'a immédiatement mis la puce à l'oreille.* Auch ließe sich die Frage der syntaktischen Repräsentation der thematischen Rolle des Rezipienten (1. *à qqn*, 2. *de qqn*, 3. nicht ausgedrückt) durch korpuslinguistische Untersuchungen etwas genauer fassen. Es ist nämlich in der Tat so, dass alle drei Varianten ungefähr gleich oft vorkommen, also auch Belege wie *Seul le nom met la puce à l'oreille*, das heißt ohne Genitivattribut (*de qqn*) oder pronominalen *à*-Obliquus (*Cela m'a*... usw.).

Nun ist es in gewisser Weise unfair, Wörterbüchern mit Makrostrukturen, die zwischen 30 000 und 100 000 Lemmata liegen, eine oberflächliche Behandlung von Phrasemen vorzuwerfen. Eine ganzheitliche Beschreibung ist schlicht und einfach nicht zu leisten, auch nicht von retrodigitalisierten Wörterbüchern und Spezialwörterbüchern der Phraseologie. Hierfür müsste ein eigener Typus neu digitalisierter Phrasemwörterbücher geschaffen werden, in dem all diejenigen Erklärungen gegeben werden, die nötig sind, um das „Funktionieren" eines Idioms, mit anderen Worten das Verstehen und die aktive Anwendung, zu gewährleisten. Dies ist nur mit einem Ansatz möglich, der auf der Ebene der **Form** umfassende Informationen phonologischer, morphologischer und syntaktischer Natur sowie auf der **Inhalt**sebene Informationen semantischer, pragmatischer und diskursfunktionaler Art bietet (vgl. Croft 2001, 18; Ziem 2008, 185). Auf der Basis framesemantischer und konstruktionsgrammatischer Theoreme kann man sich eine solche holistische Darstellung in Form eines digitalen ***PhraseoFrame*** vorstellen (vgl. Schafroth (im Druck)), dessen Grundkonzeption auf Croft (2001, 18) und Fried/Östman (2004, 30) basiert. Das Modell des *PhraseoFrame* soll an einem deutschen Beispiel, demjenigen des Idioms *jemandem ist eine Laus über die Leber gelaufen*, illustriert werden:

| **PhraseoFrame** | Vorschlag einer ganzheitlichen „verstehensrelevanten" Beschreibung von Phrasemen, basierend auf den Theorien der Framesemantik und Konstruktionsgrammatik |
|---|---|
| sAnwendung | Digitale einsprachige oder zweisprachige* Lexikographie (*Äquivalenzen durch Hyperlink) |
| Beispiel | *jemandem ist eine Laus über die Leber gelaufen* |
| **SYNTAX** | |
| Wortklasse | |
| Syntaktische Funktion | Satz |
| Satzform | in mündlicher Kommunikation: *meist* Fragesatz, *auch* Exklamativsatz (dann meist mit Modalpartikel)<br>*„Ist Deinem Chef eine Laus über die Leber gelaufen?"*<br>*„Deinem Chef ist (wohl) eine Laus über die Leber gelaufen!"*<br>Imperativsatz: nein<br>Wunschsatz: nein<br>Aussagesatz: in mündlicher Kommunikation seltener (a); häufiger in geschriebenen Texten (b)<br>(a) „*Meinem Chef ist heute morgen eine Laus über die Leber gelaufen*".<br>(b) *Es muß ihr wohl an jenem Nachmittag eine Laus über die Leber gelaufen sein* (Mannheimer Morgen, 14.01.1999) |
| Finites Verb | Ja (*laufen*) |

| | |
|---|---|
| Externe Syntax | |
| Interne Syntax | Obligatorische Aktanten: Dativobjekt (vorangestellt), Subjekt (*eine Laus*), Verb (*laufen*), präpositionale Ergänzung (*über die Leber*) |
| Fakultative Elemente | (1) Exklamativsatz/Aussagesatz:<br>[NOMEN/EIGENNAME/PROFORM$_{Dativ}$] IST {MODALPARTIKEL}<br>[eine] {ADJ} [Laus über die Leber] GELAUFEN<br>*„Deinem Chef ist {wohl} eine {große* ETC.*} Laus über die Leber gelaufen!“*<br>(2) Fragesatz: IST [NOMEN/EIGENNAME/PROFORM]$_{Dativ}$ {MODALPARTIKEL} [eine Laus über die Leber] GELAUFEN?<br>*Ist Dir {etwa} eine Laus über die Leber gelaufen?*<br>Häufige Variationen (betont nähesprachlich): *„Welche Laus ist Dir {denn} über die Leber gelaufen?“, „Was ist dir {denn} für ’ne Laus über die Leber gelaufen?“* |
| Invariable Elemente | [eine] [Laus] [über die Leber] |
| Variable Elemente | [NOMEN/EIGENNAME/PROFORM]$_{Dativ}$<br>Tempus (jedoch meist Perfekt)<br>*laufen* oder (seltener) *kriechen: über die Leber gelaufen/gekrochen* |
| **SEMANTIK** | |
| Semantisches Feld | Ärger |
| | Thesaurus Lexeme: *griesgrämig, knatschig, launisch, miesepet(e)rig, muff(e)lig, sauer, stinksauer, unausstehlich, unwirsch*<br>Thesaurus Phraseme:<br>*(mit) jemandem gehen die Nerven durch*<br>*jemandem platzt der Kragen*<br>*jemandem steigt das Blut schnell/rasch/leicht in den Kopf*<br>*mit dem linken Bein/Fuß (zuerst) aufgestanden sein*<br>*nicht genießbar sein*<br>*nicht zu genießen sein/nur mit Vorsicht zu genießen sein*<br>*schlecht drauf sein* |
| Bedeutung | jemand ist schlecht gelaunt, ärgert sich anscheinend grundlos |
| Semantische Rolle | Patiens ist Emotionsträger (Dativobjekt), Agens nicht ausgedrückt (*Laus* ist lediglich grammatikalisches Subjekt) |
| Referenz auf Hörer | Ja<br>*„Ist Dir eine Laus über die Leber gelaufen?“*<br>*„Dir ist (wohl) eine Laus über die Leber gelaufen!“* |
| Referenz auf Dritte | Ja<br>*„Ist Deinem Chef eine Laus über die Leber gelaufen?“*<br>*„Deinem Chef ist (wohl) eine Laus über die Leber gelaufen!“* |
| Referenz auf Sprecher | ungewöhnlich (betont humorig)<br>*„Mir ist heute morgen eine Laus über die Leber gelaufen.“* |
| **PROSODIE** | |
| Intonation | Fallend, wenn Exklamativsatz (a) – steigend wenn Fragesatz (b)<br>*(a) „Deinem Chef ist wohl eine Laus über die Leber gelaufen!“*<br>*(b) „Ist Dir eine Laus über die Leber gelaufen?"* |
| Hauptakzent | • auf *Laus*, wenn Fragesatz ohne Modalpartikel (c) |

| | |
|---|---|
| | (c) *„Ist Dir eine **Laus** über die Leber gelaufen?"*<br>• auf dem Dativobjekt, wenn wh-Fragesatz (d)<br>(d) *„Welche Laus ist **Dir** {denn} über die Leber gelaufen?"*<br>• auf Laus, wenn Exklamativsatz (mit oder ohne Modifikationen) (e)<br>(e) *„Deinem Chef ist {wohl} eine {große} **Laus** über die Leber gelaufen!"* |
| **PRAGMATIK** | |
| Sprechakt | Kritik, Beurteilung oder Bewertung einer Äußerung oder Handlung |
| Status | indirekt |
| Situativer Rahmen | unspezifisch |
| Motivation | jemandes Verhalten/Sprache erscheint als unbegründet/ unangemessen |
| Illokutive Funktion | face-to-face: Sprecher will Änderung des (sprachlichen) Verhaltens des Hörers oder zumindest eine Erklärung dafür;<br>nicht face-to-face: kritische Einstellung oder Unverständnis zum Ausdruck bringen |
| Interpersonelle Funktion | face-to-face: [+ vertraut] |
| Register | üblicherweise: gesprochen/Nähesprache – leicht bzw. simuliert humorvoll<br>aber auch, in schriftlichen Texten: stilistisch simulierte Nähe |
| Diskursfunktion | new topic |
| Themenwechsel | Ja |
| metasprachliche Variation | *berühmte/sprichwörtliche* [Laus]<br>[…] *als sei ihm die berühmte Laus über die Leber gelaufen* […] |

Abb. 21: *PhraseoFrame* zu *jemandem ist eine Laus über die Leber gelaufen* aus dem semantischen Feld ÄRGER

Ich möchte betonen, dass eine traditionelle Lexikographie dies nicht bewerkstelligen kann. Digital hingegen sind sogar noch weit mehr sprachliche Informationen darstellbar, etwa eine Fülle an **Korpusbelegen**, um zu illustrieren, wie ein Phrasem sprachlich „funktioniert" und in welchen Situationen es mit welchem Ziel verwendet wird.

**Idiome** können weiter subkategorisiert werden in **prädikative Idiome** und **Satzphraseme**. Bisher ist nur der erste Typ behandelt worden, *mettre la puce à l'oreille à/de qqn*, *dire des quatre vérités à qqn*. Entscheidend ist, dass diese Wendungen keine strukturell abgeschlossenen Sätze darstellen, sondern Prädikate sind, die in der Regel ein Agens (Subjekt) und/oder ein Patiens (Objekt) aufweisen, d.h. *X a mis la puce à l'oreille de Y*, oder *X dit ses quatre verités à Y*. Daneben gibt es aber auch noch satzwertige Phraseme (**Satzphraseme**), die keine *variable* Leerstelle mehr aufweisen, auch wenn eine thematische Rolle vorhanden sein mag, die aber fest besetzt und daher invariabel ist, z.B. *Mich laust der Affe (*Dich laust der Affe)*. Im Wörterbuch werden sie nicht im Infinitiv registriert, sondern in genau dieser einen festen satzwertigen Form in der Mikrostruktur eines darin enthaltenen Substantivs oder Verbs. Oft finden sich Satzphraseme darin wieder, was man „flotte Sprüche" nennt (z.B. *Das geht auf keine Kuhhaut!*, *Ich krieg' die Tür nicht zu! Mir kommen (gleich) die Tränen!*). Ihr semantisch-pragmatischer Wert reicht dicht an denjenigen von Routineformeln heran, ist jedoch im Vergleich zu diesen nicht so eng an ganz bestimmte Äußerungssituationen gebunden (vgl. Komenda-Earle 2006). Beispiele für Satzphraseme des Französischen wären:

> *Le vent a tourné; Les murs ont des oreilles; Les bras m'en tombent; Le ton fait la musique; Ça va saigner; Ce n'est pas la mer à boire; Cela ne rime à rien.*

Die Satzwertigkeit kann sich auch auf Nebensätze erstrecken, z.B.

> *quand les poules auront des dents* ('wenn Ostern und Pfingsten auf einen Tag fallen').

Einige Fälle sind nicht eindeutig zuzuordnen, wie z.b. *Un ange passe*, welches als Idiom, aber auch als Routineformel eingestuft werden könnte, da es unmittelbar an eine bestimmte Situation gebunden ist; andererseits ist es nicht in gleichem Maße ritualisiert wie z.B. Gruß- und Dankesformeln:

> *Un ange passe.* Se dit lorsqu'un silence gêné ou ironique interrompt une conversation (TLFi)
>
> *Un ange passe*, se dit quand il se produit dans une conversation un silence gêné et prolongé (PR)

**Routineformeln** wie *Bonjour*!, *Ça va?*, *Félicitations*!, *Voilà*!, *Merci, je veux bien* usw. sind feste Verbindungen, die interaktionale Alltagshandlungen wie Grüßen, Danken, Kontakteröffnung[67] (face-to-face, telephonisch usw.), Kontaktbeendigung (mündlich, in Briefen, Mails etc.), Entschuldigen, Höflichkeitsbekundungen aller Art einleiten oder begleiten (vgl. zum Französischen Gülich/Henke (1979/1980).[68] „[I]hre Bedeutung, ihre Funktion, [geht dabei] keineswegs immer aus der wörtlichen Bedeutung der Ausdruckskomponenten hervor noch ist sie mit dieser identisch" (Lüger 2007, 444). Damit sind sie Phraseme bzw. Konstruktionen und sollten entsprechend multidimensional (Prosodie, Morphologie, Syntax, Semantik, Pragmatik, diskursive Funktionen) beschrieben werden. Da diese Formeln Bestandteil der Sozialisierung von Muttersprachlern sind und täglich viele Male gesagt oder gehört werden, werden sie meist unbewusst und automatisch verwendet. Außer es handelt sich um diaphasisch extreme Register (besonders formell oder informell) – in diesen Fällen (z.B. bei einer förmlichen Kondolenz) ist die Spontaneität weniger groß. Für fremdsprachige Benutzer hingegen wäre es ein großer Gewinn, über ein lexikographisches Funktionsprofil dieser konventionellen Signale verfügen zu können. Man denke daran, wann Franzosen (*Bon,*) *allez!*, *Je vous laisse*, *à tout à l'heure*

---

[67] Hier sei mir der Hinweis auf *und zwar*, ein neues Kontakteröffnungssignal des Deutschen erlaubt, welches das Merkmal [+studentisch] trägt und am Anfang z.B. einer Sprechstunde steht.

[68] Da es meist um universale Handlungstypen geht, können einige der Routineformeln auch als Gesprächswörter (z.B. Kontaktsignale und Interjektionen) betrachtet werden (vgl. Koch/ Oesterreicher $^{2}$2011).

sagen oder wie es sich genau mit dem wechselseitigen *Ça va?* bei Sprecher und Hörer verhält.

Schlagen wir in einigen Wörterbüchern nach. Der *Petit Robert* (PR) löst seine Aufgabe, was *allez* betrifft, recht gut:

> **VA, ALLONS, ALLEZ,** pour inciter au départ, et surtout à l'action. *Allons, debout ! Allez, au travail ! « Allons, enfants de la patrie »* (« La Marseillaise »). *Allez, les bleus !* (équipe sportive). *« Allons vite, ma chaise et des sièges à tout le monde »* (Molière). *Allons, pressons :* dépêchez-vous. *Vas-y !* (PR),

etwas weniger gut jedoch, was *Ça va* angeht (es fehlt die Funktion der reinen Grußformel):

> *Ça va ?* pour s'informer de la vie de qqn, demander de ses nouvelles (PR),

und gar nicht, wenn wir uns über *à tout à l'heure* informieren wollen (es wird nur *tout à l'heure* erfasst). Der TLFi sieht *Allons!* und *allez!* als „formule[s] d'exhortation […]"„d'impatience" oder „d'agacement" und *Ça va* als Frage nach dem Gang der Geschäfte oder der Gesundheit (als reiner Gruß ist es nicht verzeichnet).

Der *Grand Robert* (*online*) beschreibt die erst genannten Formeln wie folgt (die anderen beiden werden in den oben genannten Funktionen nicht aufgelistet):

> (À l'impératif). *Va, allons, allez !*, interjection servant à attirer l'attention, à stimuler. Il *n'en saura rien, va ! Allons, du calme ! Allons, allons, ce n'est rien. Allez, vous ne le regretterez pas !* (GR)[69]

Im *Dictionnaire du français contemporain* findet sich zu keiner der drei Formeln ein Eintrag. *Allez!* wird nur als Interjektion, welche Ansporn, Ungläubigkeit oder Ungeduld ausdrücken kann, aufgeführt.

Mit den Satzphrasemen haben wir bereits syntaktisches Terrain betreten. Je näher wir an der Schnittstelle zwischen Phraseologie und Syntax sind, desto sinnvoller erscheint es, uns mit der **Konstruktionsgrammatik** auseinanderzusetzen. Wenn es stimmt, dass syntaktische Konstruktionen selbst Bedeutung tragen, unabhängig von den Lexemen, die darin enthalten sind (Goldberg 1995, 4), dann empfiehlt es sich, diesen Grenzbereich näher zu betrachten, von dem wir uns erwarten können, dass es syntaktische Muster gibt, die eine gewisse Festigkeit aufweisen, die jedoch andererseits mit einigen Lexemen frei bestückt werden können. Dass syntaktische Konstruktionen überhaupt Anlass zu einer phraseologischen Betrachtung geben können, liegt entweder (a) in der Struktur selbst begründet oder ergibt sich dadurch, dass es (b) für ein und dasselbe syntaktische Muster zwei (auch prosodisch) verschiedene Lesarten gibt: eine idiomatisierte und eine wörtli-

---

[69] Wichtig erscheinen mir Hinweise wie dieser: „*Allons !, allez !* ne correspondent plus à des formes verbales (première et deuxième pers. du plur.). On peut dire : *allez ! dépêche-toi !; allons, viens ici ! Allez France ! Allez les verts* (encouragement à une équipe sportive)" (GR).

che.[70] Der Fall (b) ist etwa verwirklicht in *Wie er läuft!*, *Was du nicht alles gelesen hast!* (Fleischer ²1997, 132) oder *Du und ein Jogger?*, (a) hingegen in *Das Auto will und will nicht anspringen*, *Es gibt solche und solche Leute* (vgl. im Englischen *There are people and people*), im Französischen, weniger idiosynkratisch, *Il y a des gens de toutes sortes.*

Bevor wir zum Begriff der 'Phraseoschablonen' kommen, ist es von Vorteil, kurz auf den konstruktionsgrammatischen Ansatz von Fillmore/Kay/O'Connor (1988) einzugehen, die *idioms* (in diesem Buch gleichbedeutend mit dem Terminus *Phraseme*) in mehrerlei Hinsicht und in ungewöhnlicher Weise klassifizieren. So unterscheiden sie z.B. zwischen dem Gegensatzpaar *lexikalisch offene* („schematische") *Phraseme* (e. *formal idioms*) und *lexikalisch gefüllte* („spezifische") *Phraseme* (e. *substantive idioms*), welches sich als Gradatum darstellen lässt (fettgedruckte Elemente sind variabel, die Ziffern 1 bis 10 sollen die verschiedenen Stufen zwischen A und B darstellen):

| ↑ | **A: Lexikalisch offene Phraseme** | |
|---|---|---|
| | Plus **tu travailles** plus **tu es payé** | 1 |
| | C'est à **INF**! (C'est à ne pas croire!, mourir de rire! etc.) | 2 |
| | Qu'est qu'**il** a à **me regarder comme ça**? | 3 |
| | Et si **je me tromp**ais? | 4 |
| | Moi **INF**? Un **ami**, c'est un **ami**! | 5 |
| | | 6 |
| | mettre$_{\text{INFL}}$ la puce à l'oreille à/de **qqn** | 7 |
| | tomber$_{\text{INFL}}$ **des nues** | 8 |
| | | 9 |
| | un ange passe; au fur et à mesure; abstraction faite de | 10 |
| ↓ | **B: Lexikalisch gefüllte Phraseme** | |

Abb. 22: Lexikalisch offene und gefüllte Phraseme (basierend auf Fillmore/Kay/O'Connor 1988)

Auf der Grundlage dieses Modells können wir uns nun den **Phraseoschablonen** zuwenden. Es handelt sich dabei um Lexemverbindungen, „bei [denen] ein bestimmtes syntaktisches Schema mit einer 'typisierten Semantik' ausgestattet ist, wobei die lexikalisierte Besetzung der syntaktischen Positionen (mehr oder weniger) frei", also lexikalisch variabel ist. Diese Definition stammt aus Burger/Buhofer/Sialm (1982, 35), die diese Konstruktion *Modellbildungen* nennen. Der Terminus *Phraseoschablonen* hingegen geht zurück auf den Germanisten Wolfgang Fleischer und wird wie folgt beschrieben:

> Es handelt sich um syntaktische Strukturen – und zwar sowohl nicht-prädikative Wortverbindungen als auch Satzstrukturen –, deren lexikalische Füllung variabel ist, die aber eine Art

[70] Dieser Sachverhalt liegt im Grunde bereits bei einem verneinten Fragesatz vor (*Haben Dir die Nudeln nicht geschmeckt?*), der nicht einfach die Verneinung des affirmativen Fragesatzes (*Haben Dir die Nudeln geschmeckt?*) ist.

**syntaktischer Idiomatizität** aufweisen. Das syntaktische Konstruktionsmodell hat eine vom entsprechenden nichtidiomatischen Modell abweichende, irreguläre Bedeutung (Fleischer ²1997, 131; Hervorhebung E.Sch.).

Da Phraseoschablonen immer mindestens eine Leerstelle enthalten, also nie lexikalisch voll gefüllt sind, wären sie in unserem Schema (Abb. 22) in etwa auf den Stufen 1 bis 5 zu verorten.[71] Ihre Idiomatizität besteht, wie gesagt, darin, dass sie (a) eine unübliche Syntax oder (b) eine idiosynkratische, nicht-vorhersagbare zweite Lesart einer scheinbar normalen Syntax aufweisen. Fillmore/Kay/O'Connor (1988, 508) würden (a) *familiar pieces unfamiliarly arranged* und (b) *familiar pieces familiarly arranged* nennen. Unter (a) würde etwa die sogenannte *incredulity-response-construction* (z.B. Feilke 2007, 72f.) fallen, die bereits bei Fleischer (1982, hier ²1997, 133) erwähnt ist – ein sehr fruchtbares Terrain für die Konstruktionsgrammatik. Es handelt sich dabei um eine Echofrage, die erstaunte Zweifel oder abschätzige Ungläubigkeit ausdrücken soll. Das US-amerikanische Standardbeispiel lautet *Him be a doctor?* Für das Deutsche könnte man etwa *Die und Lehrerin? Der und studieren? Ich und aufgeben?*, für das Französische *Lui avocat? Moi abandonner? Lui s'excuser?* anführen. Ein weiterer Klassiker ist die sogenannte „*What's Y doing Y?* construction" (Kay/Fillmore 1999), die ebenfalls durch eine ungewöhnliche Syntax und ein hohes pragmatisches Potenzial gekennzeichnet ist. Einige der berühmten Beispiele waren *What's this fly doing in my soup?, What is it doing raining?* (ib., 3). Für das Italienische konnte eine ähnliche Phraseoschablone *Che me lo chiedi a fare? E che studi a fare?* ('Wozu fragst du mich das überhaupt?' 'Warum studierst du überhaupt?') ermittelt werden, die der Lexikographie übrigens völlig entgangen zu sein scheint (vgl. Schafroth (im Druck)). Ähnlich unbekannt in den französischen Wörterbüchern ist die Konstruktion *Qu'est-ce qu'il a à INF?*, welche funktional mit der englischen und italienischen Verbindung vergleichbar ist: Sie drückt Verärgerung, Irritation und Ungeduld aus: *Qu'est-ce qu'il a à me regarder comme ça?*, *Mais qu'est-ce qu'il a à vouloir tout changer?* Schließlich sei noch ein letztes Beispiel gegeben, das im Deutschen mit *Das ist (ja) zum+ INF!* ausgedrückt werden könnte (*Das ist ja zum Davonlaufen, Verrücktwerden!* usw.). Auch das Französische kennt eine solche reihenbildende Phraseoschablone: *c'est à + INF!*, wobei das Verb auch als prädikatives Idiom in Erscheinung treten kann. Beispiele hierfür lassen sich mittels einer Volltextsuche im TLFi, GR oder PR ermitteln. Hier eine Auswahl:

> ***c'est à****: mourir/crever de rire, ne pas croire, n'y pas croire, à désespérer, mettre sous globe, se les mordre, se taper/cogner la tête contre les murs/un mur, donner la nausée/les nausées, n'y pas/plus tenir, donner le vertige, à se taper le cul par terre/dans un seau, tomber sur les bottes* (TLFi).

---

[71] Es wurde bewusst nicht jede Stufe des Schemas besetzt, weil die Unterschiede ohnehin nur gradueller Natur sind und es in erster Linie darauf ankommt, die beiden Pole A und B in den Vordergrund zu stellen.

Abschließend soll noch kurz auf **Sprichwörter** eingegangen werden. Der Grund, warum die Phraseologie sie nicht zu den Phrasemen (im engeren Sinne) zählt, ist fehlende Idiomatizität. Doch in gewisser Weise haben Sprichwörter ja auch einen „doppelten Boden", auch wenn das Prinzip der Kompositionalität gewahrt scheint. Sie sind zwar über die Bedeutung ihrer Einzelkonstituenten zu verstehen, außer es ist, was durchaus passieren kann, ein veraltetes Lexem oder eine ungewöhnliche Struktur mit beteiligt (z.B. *Schuster, bleib' bei deinem Leisten*; *Gut Ding will Weile haben*), jedoch sind sie dennoch „kulturell verschlüsselt". Sehen wir uns einige französische Sprichwörter an:

*L'habit ne fait pas le moine.* Il ne faut pas se fier aux apparences (souvent trompeuses) (TLFi).

*Qui a bu boira.* On ne se corrige jamais de certains défauts (TLFi).

*Mieux vaut tenir que courir*: il vaut mieux avoir effectivement qqch. qu'entretenir de grands espoirs de l'obtenir (PR).

*Chat échaudé craint l'eau froide.* Toute expérience malheureuse doit servir de leçon de prudence (TLFi).

Was die Wörterbücher natürlich nicht leisten können, ist, die besondere „illokutionäre Schlagkraft" (Filatkina 2007, 147) der Sprichwörter zu illustrieren und die sprachlichen Handlungen zu beschreiben, die damit vollzogen werden können. Aufgrund ihrer „textuellen Selbständigkeit [...] wirken [sie] ohne weitere syntaktische und textuelle Ergänzung als vollständige Aussagen" (Schlaefer $^{2}$2009, 29). Schließlich ist ihr oft moralisch-pädagogischer Gehalt zu erwähnen, der metaphorisch zugespitzt erscheint und häufig Lebenserfahrungen, aber auch „Vorurteile und Widersprüche" (ib., 30) zum Ausdruck bringt.

Für die lexikographische Praxis sind Phraseme keine leichte Materie. Wie gesehen, sind sie semantisch und pragmatisch sehr komplexe sprachliche Zeichen, die zudem durch ganz bestimmte sprachliche Korrelationen gekennzeichnet sein können. Die meisten der hier behandelten Typen finden sich zwar in den großen Wörterbüchern, aber sie sind in der Regel nur sehr knapp beschrieben und können keine Komponente zur Verfügung stellen, die zu einem 'verstehensrelevanten Wissen' (Busse 2012, 29) führen würde. Abhilfe könnten ganzheitlich konzipierte digitale Modelle leisten, wie sie im Projekt des *PhraseoFrame* darzustellen versucht wurden. Dass Phraseme aufgrund ihrer Polylexikalität zu praktischen Problemen bzw. Zwängen (vor allem bei der Frage der Zuordnung zu einem Lemma als Nennform) führen können, liegt in der Natur der Sache und erfordert keine weitere Vertiefung. Die phraseologischen Spezialwörterbücher werden in 4.6.2 behandelt.

### 3.2.4 Anwendungsbeispiele

Ein fester Bestandteil der Mikrostruktur von Sprachwörterbüchern sind seit jeher Anwendungsbeispiele, die das Lemma noch einmal in einen sprachlichen Äußerungszusammenhang einbetten, unter anderem auch um zu illustrieren, in welcher Situation ein Lexem oder eine grammatische Konstruktion typischerweise verwendet werden. Mit Herbst/Klotz (2003, 56) können die Hauptfunktionen von Beispielen wie folgt zusammengefasst werden:

I. Illustration der Bedeutung des Lemmas durch Ergänzung der Definition durch Evozieren einer Situation, die für die Verwendung des Wortes in dieser Bedeutung typisch ist.
II. Verdeutlichung anderer wichtiger sprachlicher Eigenschaften der entsprechenden sprachlichen Einheit, vor allem im Hinblick auf Stil, Valenz und Kollokationen.
III. gegebenenfalls Erhöhung der Authentizität bzw. Plausibilität der im Eintrag enthaltenen Angaben durch Belege aus Korpora oder anderen Originalquellen.

Beispielangaben kommen in der einsprachigen Lexikographie in der Regel in folgenden Varianten vor:

1) als konstruierte (erfundene) Beispielsätze
2) als Autorenzitate
3) als Korpusbelege (eventuell gekürzt oder leicht verändert)
4) als Mischung aus Korpusbelegen und konstruierten Beispielen.

Da den Beispielen bereits einige lexikographische Teile in der Mikrostruktur vorausgehen, kommt es bei diesem Baustein darauf an, eine angewandte Komponente einzubauen, die entweder authentisches Sprachmaterial präsentiert oder idealtypische Informationen liefert. Der Vorteil des ersten Typs liegt darin, gezielt lemmabezogen vorgehen zu können und alles, was nicht zum besseren Verständnis des Stichworts beiträgt, beiseite zu lassen. Darüber hinaus können Lexeme mit „eingeschleust“ werden, die in einem sachlichen und begrifflichen Zusammenhang, zum Beispiel als Teile desselben Frames, mit dem Lemma stehen. So werden im folgenden Beispielsatz zu *bicyclette* gleich mehrere Teile des Fahrrads sprachlich mitgeliefert:

**bicyclette**: *Le cadre, le guidon, la selle, le garde-boue, le porte-bagages de la bicyclette* (MR2, MR3).

Andere Wörterbücher integrieren in den Beispielsätzen im Artikel sonst nicht genannte Kollokationen und versuchen auf diese Weise, Defizite auszugleichen:

**bicyclette**: *Aller à bicyclette. Réparer sa bicyclette* (Ddf).

Wo die Chance bestünde, syntaktische Konstruktionstypen zu illustrieren, wird jedoch oft nur Minimales – natürlich immer mit dem Blick auf den zur Verfügung stehenden Platz im Printwörterbuch – geleistet. Man hätte sich die Darstellung der präpositionalen

Anschlüsse eines Verbs wie *s'excuser* aussagekräftiger vorstellen können als in den nächsten beiden Beispielsätzen umgesetzt:

> **s'excuser**: *Je m'excuse d'avoir pris du retard* (MR2, MR3).
> **s'excuser**: *Je m'excuse de mon retard* (Ddf).

Natürlich klaffen Theorie und Praxis – Metalexikographie und praktische Lexikographie – mitunter weit auseinander. Dies trifft wohl insbesondere auf die Anwendungsbeispiele zu, zu denen beträchtliche sprachwissenschaftliche Literatur erschienen ist, z.B. Hermanns 1988, Harras 1989, Martin 1989, Lehmann (ed., 1995), Heinz (ed., 2005). Hermanns etwa sieht folgende Eigenschaften als wünschenswert an: Beispiele sollen sprechend, ansprechend, echt und kurz sein. Die Umsetzung dieser Eigenschaften scheint jedoch die Quadratur des Kreises zu sein, denn gerade der zweite Typ, die **Autorenzitate**, sind zwar authentisch, aber oft zu umfangreich. Nicht immer wird die Länge des Zitats durch einen entsprechend erhöhten Informationsgehalt, wie im folgenden Beispielsatz zu *bicyclette* im GR, gerechtfertigt (Unterstreichung durch mich):

> Lutigneaux parut, menant à la main une rutilante bicyclette, la bicyclette de Nestor. C'était une bicyclette de marque *Alcyon,* de couleur grenat fileté jonquille, avec un guidon de course en acier chromé agrémenté à gauche d'un mignon rétroviseur et à droite d'un gros timbre à deux sons, des pneus semi-ballon à flancs blancs, et à l'arrière un porte-bagages sur lequel était fixé un catadioptre; enfin, chose peu connue à l'époque, elle était équipée d'un dérailleur à trois vitesses. M. Tournier, le Roi des Aulnes, p. 36 (GR).

Man sieht, dass auch Autorenzitate, wenn sie günstig gewählt werden, sehr wohl einen Mehrwert, hier verwirklicht durch die Angabe von „Satellitenbegriffen" und Kollokatoren (beides unterstrichen), haben. Im Unterschied zu anderen europäischen Wörterbuchlandschaften ist das philologische Wörterbuch, in dem solche Zitate als fundamentales Prinzip verwirklicht sind, in Frankreich ganz besonders traditions- und erfolgreich (s. Kap. 4.4 und 5). Man nimmt aus diesem Selbstverständnis heraus bewusst Abstand von der Momentaufnahme zeitgenössischer *parole*-Fragmente aus Zeitungen oder anderen Dokumenten, sondern setzt auf die auktoriale Prägnanz von Zitaten – durchaus auch zeitgenössischer Autoren: Aus Sartre werden im PR mehr Stellen zitiert als aus Molière, Claude Simon wird ungefähr so oft herangezogen wie La Rochefoucauld und auch ganz junge Autoren wie Achard, Adam kommen zur Geltung.

Und diese Tradition wird auch auf absehbare Zeit nicht durch digitale Ressourcen abgelöst werden, obwohl ein Korpusbeleg letztlich ebenso authentisch wie ein Autorenzitat ist, nur (in der Regel) ohne literarischen Hintergrund. Dennoch gibt es immer Raum und Technologie für neue Wörterbuchprojekte, die ja nicht unbedingt in Konkurrenz treten müssen zu den Flaggschiffen aus dem Hause Robert oder zum größten Wörterbuch der französischen Sprache, dem TLF(i). Die Zukunft wird neue Möglichkeiten bringen, die sich allerdings nur digital umsetzen lassen. Der Trend hierfür ist allein schon durch die Tatsache eingeleitet, dass Bibliotheken größtenteils schon umgestellt haben auf *online*-Versionen und die Printversionen jährlich erscheinender Wörterbücher zum Teil gar nicht mehr kaufen.

Was kann die **Korpuslinguistik** zu einer sinnvollen Gestaltung der Beispielangaben beitragen? In der britischen Lexikographie, etwa im COBUILD3, sind Korpusbelege fester Bestandteil oder werden zumindest als Ausgangsbasis für Beispielsätze herangezogen. Voraussetzung sollte allerdings sein, dass „eine lexikalische Einheit mit einer bestimmten statistischen Signifikanz mit bestimmten anderen Lexemen oder in bestimmten Konstruktionen auftritt" (Herbst/Klotz 2003, 58). Auf diese Weise können authentische Belege aus Sprachkorpora sehr wohl zur „Natürlichkeit eines Beispiels und seiner Nähe an der Realität des Sprachgebrauchs bei[tragen]" (ib.). Lexikographen müssen hier jedoch sehr umsichtig vorgehen, um sich nicht dem Verdacht des schieren Empirismus auszusetzen. Ephemere Angaben wie Eigennamen von Politikern oder Institutionen sollten daher ausgeklammert werden. Auch stellt sich die Frage, inwieweit sich authentisch gesprochene Sprache für die Illustration von Lemmata eignet. Im *Corpus de français parlé au Québec* (CFPQ) erhalten wir für die Recherche *astheure* (laut PR *à cette heure* [astœr] 'maintenant', *vielli* oder *régional*) einen Beleg wie den folgenden:

> nous-autres là là **astheure** euh: t'sais **astheure** où est-ce que je travaille c'est comme c'est la boss qui passe ça euh en frais de représentation.

Es ist unwahrscheinlich, dass sich ein einsprachiges Definitionswörterbuch des Französischen, sei es französischer oder Quebecer Herkunft, darauf einließe, einen solchen Beleg zur Illustration von *astheure* (*à cette heure*) eins zu eins abzubilden – aus jeweils unterschiedlichen Gründen. Dies wäre jedoch bedauerlich, da man auf diese Weise nicht nur das Lemma als Lexem im Kontext sähe, sondern auch andere sprachliche Besonderheiten des *français québécois* (die starktonige Pronominalform *nous autres* sowie die feminine Form *la boss*). Korpuslinguistische Ergebnisse könnten dort sinnvoll ergänzen, wo der traditionelle an der Schriftlichkeit orientierte Beschreibungsmodus zur krassen Vernachlässigung der Mündlichkeit führt, wie z.B. bei den Routineformeln. Der folgende Beleg aus CLAPI (*Corpus de LAngues Parlées en Interaction*) ist insofern sehr illustrativ, als er das „Funktionieren" von *ça va* in nähesprachlicher Kommunikation wesentlich besser erläutert als es alle in Kap. 3.2.3. daraufhin untersuchten Wörterbücher zusammen vermochten (Darstellung unter Verzicht auf Zeitintervallangaben):

SUZ bonsoir
FER bonsoir Suzanne ça va
SUZ OUI ça va
FER °(ça va)°[72]
ELI .tsk euh qu'est-ce qu'on va vous offrir

---

72 Gemäß den Notationskonventionen von CLAPI bedeutet *°(ça va)°* eine geflüsterte und zudem nicht sicher identifizierte Passage.

Die französische Lexikographie wird sich den korpuslinguistischen Methoden und Ergebnissen auf die Dauer nicht entziehen (können). Vermutlich werden aber neue Formate konzipiert werden müssen, die dann allerdings eine Neudigitalisierung und eine stärkere Berücksichtigung gesprochener Sprache voraussetzen.

Ein letzter Punkt betrifft den Aspekt der *Political Correctness*. Während vor Beginn einer feministisch ausgerichteten Linguistik in den 80er Jahren in den Wörterbüchern keine Rücksicht darauf genommen wurde, ob die Anwendungsbeispiele geschlechtergerecht und interkulturell sensibel waren, haben die Redaktionen wohl so gut wie aller Verlage ihre Beispielsätze so modifiziert, dass der Vorwurf von Sexismus und Diskriminierung nicht mehr (oder zumindest nicht mehr in gleicher Weise) erhoben werden kann. In der Ausgabe des *Petit Robert* von 1981 sind im Eintrag zu *femme* noch folgende Autorenzitate zu lesen, die freilich heute nicht mehr zu finden sind:

> *« Une femme est* AUSSI *un être humain »* (MALRAUX) (PR 1981)
> *« Ô femme ! femme ! femme ! créature faible et décevante ! »* (BEAUMARCH.) (PR 1981)

Aber allein schon die Bedeutungsparaphrase des Lemmas *femme* wurde völlig umgestaltet:

> I. Être humain du sexe qui conçoit et met au monde les enfants (sexe féminin); femelle de l'espèce humaine (PR 1981).
>
> I. ÊTRE HUMAIN ADULTE DE SEXE FEMININ. 1. Être humain de sexe féminin lorsque son âge permet d'envisager sa sexualité (par oppos. à *enfant*), et, le plus souvent, après la nubilité et à l'âge adulte, sociologiquement lié à l'âge où le mariage est possible (par oppos. à *fille*) (PR 2011).

Diese Veränderungen nach einem Zeitraum von 30 Jahren bedürfen keines Kommentars. Insgesamt kann davon ausgegangen werden, dass in einem Wörterbuch heutzutage auch diese Aspekte (bei Bedeutungsparaphrasen, Kollokationen und Anwendungsbeispielen) entsprechend berücksichtigt werden. Alles Andere wäre überraschend.

## Aufgaben

1. Testen Sie, ob Nichtmuttersprachler des Deutschen Kollokationen wie *einen Zahn ziehen, eine Lüge auftischen, einen Streit vom Zaun brechen, eine Einladung ausschlagen, die Bäume schlagen aus, Bauklötze staunen* verstehen und erklären Sie für jeden einzelnen Fall, warum bzw. warum nicht. Suchen Sie ggf. weitere Kollokationen und begründen Sie Ihre Auswahl.
2. Suchen Sie beliebige idiomatische Redewendungen des Deutschen und gehen Sie vor wie bei Frage 1. Welche Unterschiede a) zu den Kollokationen sowie b) zwischen den einzelnen Idiomen bemerken Sie?
3. Versuchen Sie, in einem einsprachigen Wörterbuch des Französischen (z.B. PR, PLi, TLFi, GR) herauszufinden, was *sich die Schuhe binden, die Schuhe aufmachen, mein Schuh ist aufgegangen* auf Französisch heißt und erklären Sie den Befund mit Begriffen, die Sie im Kapitel

über die Kollokationen gelernt haben. Benutzen Sie kein zweisprachiges Wörterbuch für diese Aufgabe!

4. Angenommen, es gäbe die Kollokation *caresser le lait* 'faire mousser le lait d'une manière particulière en n'en fouettant que la surface avec des mouvements rapides et délicats', wie würden Sie sie in die Mikrostrukturen von *caresser* und *lait* (im *Micro Robert* oder *Petit Robert*) integrieren? Ergänzen Sie die beiden Artikel. Was macht die Verbindung zur Kollokation? Warum liegt kein Phrasem vor? Liegt eine neue Bedeutung von *caresser* vor und wie ist diese zustande gekommen?
5. Suchen Sie drei- und vierwertige Verben des Französischen (mit Subjekt) und überprüfen Sie, wie die Rektion im PR, GR oder TLFi dargestellt wird.
6. Erklären Sie einem Nichtmuttersprachler des Deutschen, was *jemandem einen Floh ins Ohr setzen* und *Jemandem ist eine Laus über die Leber gelaufen* bedeutet. Was fällt Ihnen auf? Lassen Sie sich umgekehrt von einem französischen Muttersprachler verständlich machen, was genau *avoir pignon sur rue* bedeutet und wann man es verwendet.
7. Im Artikel *ange* des PR finden sich einige (teil)idiomatisierte Lexemverbindungen: *une patience d'ange, rire aux anges, Ce n'est pas un ange, beau comme un ange, discuter du sexe des anges, un ange de douceur, le saut de l'ange*. Ordnen Sie sie jeweils einer der Kategorien 'Kollokation', 'lexikalisiertes Kompositum', 'Idiom' zu.

## 3.3 Das Lemma und seine Beziehungen zu anderen Lemmata

> D'autre part, en dehors du discours, les mots offrant quelque chose de commun s'associent dans la mémoire, et il se forme ainsi des groupes, au sein desquels règnent des rapports très divers. Ainsi le mot *enseignement* fera surgir inconsciemment devant l'esprit une foule d'autres mots (*enseigner, renseigner*, etc., ou bien *armement, changement*, etc., ou bien *éducation, apprentissage*, etc.); par un côté ou un autre, tous ont quelque chose de commun entre eux. On voit que ces coordinations sont d'une tout autre espèce que les premières. Elles n'ont pas pour support l'étendue; leur siège est dans le cerveau; elles font partie de ce trésor intérieur qui constitue la langue chez chaque individu. Nous les appellerons *rapports associatifs* (CLG 2013, 262).

Saussure nennt die Beziehungen, die ein sprachliches Zeichen mit anderen *in absentia* eingeht, *assoziativ*, was wohl in der Tat die bessere Ausdrucksweise ist als der Terminus *paradigmatisch*, der sich dann mit Louis Hjelmslev durchgesetzt hat. *In absentia* bzw. *assoziativ* bedeutet, dass diese Beziehungen nicht wie die syntagmatischen „sichtbar" sind, sondern nur kognitiv präsent sind, sozusagen mental „mitschwingen". Sie sind ebenso wie die syntagmatischen Relationen Ausdruck der komplexen Struktur des Sprachsystems. Nicht nur Lexeme der gleichen Wortfamilie (**enseign**) werden dabei evoziert, sondern auch morphologische Paradigmen wie die Derivation auf *-ment* (*armement, changement* etc.), und Lexeme, die in ein und demselben begrifflichen Zusammenhang stehen (*éducation, apprentissage* etc.). Solche Begriffszusammenhänge oder semantische Netzwerke werden später Frames, *domains*, *scenes* oder *scripts* genannt (vgl. Blank 2001, 54ff.). Einige dieser semantisch-assoziativen Beziehungen sind auch in einem Wörterbuch darstellbar, weshalb im Folgenden zunächst (Kap. 3.3.1) von Synonymie, Antonymie (und weiteren Gegensatzrelationen), Hyponymie bzw.

Hyperonymie sowie Wortfeldern und danach von Begriffsfeldern und Frames (Kap. 3.3.2) die Rede sein soll.

## 3.3.1 Semantische Beziehungen

### 3.3.1.1 Synonymie

In Kap. 3.1.5 haben wir zwei Typen der Asymmetrie des sprachlichen Zeichens, Homonymie und Polysemie, kennengelernt. Nun soll es um eine weitere Beziehung zwischen Lexemen (bzw., im Wörterbuch, zwischen Lemmata) gehen, die Synonymie: Zwei oder mehrere *signifiants* enthalten ähnliche *signifiés*. Die so synonym zu bezeichnenden sprachlichen Zeichen stehen im Sprachsystem in Opposition zueinander:

> Innerhalb einer Sprache begrenzen sich alle Wörter, die eine ähnliche Idee zum Ausdruck bringen, gegenseitig: Synonyme wie *redouter*, *craindre*, *avoir peur* haben nur aufgrund ihrer Opposition einen eigenen Wert; wenn *redouter* nicht existierte, würde sein ganzer Inhalt an seine Konkurrenten gehen (CLG 2013, 251).

Man spricht meist ein wenig leichtfertig von „bedeutungsgleichen Wörtern" und übersieht dabei nur allzu oft, dass sich dieses Attribut bestenfalls auf die begriffliche Ebene beziehen kann. Die Lexeme *Morgenstern* und *Abendstern* referieren bekanntlich, um ein inzwischen nicht mehr so häufig zitiertes (und dennoch probates) Beispiel, zu nehmen, auf denselben Begriff, die 'Venus'. Ebenso sind *Blinddarm* und *Appendix* sowie *bicyclette* und *vélo* **denotativ** synonym – es liegt also begrifflich gesehen **absolute Synonymie** vor. Die beiden Lexeme bezeichnen dasselbe, referieren also auf denselben Begriff. Aber bedeuten sie auch dasselbe? Nein, denn unter Einbezug der syntagmatischen Achse gibt es keine absolute, sondern nur noch eine **partielle Synonymie** oder **Quasi-Synonymie**– im Französischen spricht man von *synonymes exacts* und *approximatifs* (vgl. Polguère $^{2}$2008, 150). Man muss nicht die Gebrauchstheorie nach Wittgenstein („Die Bedeutung eines Wortes ist sein Gebrauch in der Sprache" (Wittgenstein 1989, §43)) bemühen, um zu verstehen, dass *Blinddarm* und *Appendix* kontextuell (situativ) und kotextuell (sprachlich) gar nicht absolut synonym sein können, da *Blinddarm* der Allgemeinsprache angehört und *Appendix* ein fachsprachliches Lexem ist. Ein Muttersprachler des Deutschen würde nicht sagen: „Vor zwei Wochen habe ich mir den Appendix herausnehmen lassen" (Ko- und Kontext). Genauso wenig wie ein Arzt bei einer Untersuchung zu einem Kollegen sagen würde: „Verdacht auf Blinddarmentzündung" (Kontext). Auch sieht man an Kollokationen und Wortbildungen (Kotext), dass es nicht weit her sein kann mit der absoluten Synonymie: *Blinddarmentzündung* vs. *Appendizitis*, *Blinddarmdurchbruch* vs. *Appendixperforation* ($^{?}$*Blinddarmperforation*, $^{?}$*Appendixdurchbruch*). Auch jenseits der Opposition Fachsprache vs. Allgemeinsprache kann man nachvollziehen, dass es absolute Synonymie kotextuell nicht geben kann: Es ist weitaus üblicher zu sagen *faire du vélo*, *bicyclette à plusieurs vitesses* oder *vélo à trois roues* als *faire de la bicyclette*, *vélo à plusieurs vitesses* oder *bicyclette à trois roues*. Und schließlich können mit dem Lexem *bicyclette* keine Komposita des Typs *vélomoteur*, *vélopousse*, *vélotaxi*, *vélodrome*, *vélomane*, *vélophobe* gebildet werden. Abgesehen davon, dass *vélo* nach dem Urteil etwas älterer Wörterbücher (DFC, TLFi) diaphasisch markiert sei (*familier*) und somit *bicyclette* das neutrale Lexem darstelle. Die neueren und neuesten Wörterbücher GR und PR machen diesen Unterschied jedoch nicht mehr.

Beachten wir ferner die Rektion von Synonymen. Im Idealfall wäre auch sie die gleiche. Das Lexem *amende* ('Strafe') ist in beträchtlichem Maße kollokativ, in (a) werden Synonyme gegeben, die alle 'rechnen mit' bedeuten, in (b) Lexeme, die ausdrücken, dass die Strafe umgesetzt wurde ('auferlegt bekommen'):

(a) Il encourt [~ risque ~ s'expose à ~ est passible d'] une grosse amende

(b) Ils reçoivent [~ *fam.* écopent d' ~ ont été condamnés à ~ ont été frappés d'] une amende légère

In (a) sind zwei Verben direkt transitiv, eines reflexiv mit *à*-Komplement; *être passible de* ist die Verbindung aus Kopula und der Präposition *de*. Abgesehen von den grundsätzlich unterschiedlichen Rektionen auch im Aktivsatz, kommt bei *être passible de* hinzu, dass das Subjekt auch eine Sache sein kann (semantisch das begangene Delikt), z.B. *L'acte de vandalisme est passible d'une amende de 4 000 €*. In (b) liegen noch disparatere Konstruktionstypen vor, die sich auf die Art der Diathese (Aktiv/Passiv), den Rektionstyp (transitiv/intransitiv) und auf die durch die Präposition ausgedrückte Valenzstelle beziehen. Von kotextueller (im Sinne struktureller) Synonymie kann also keine Rede sein.

Ein letzter bedenkenswerter Aspekt ist die **Konnotation** eines Lexems, worunter nach Wunderli (1990, 156ff.) zwar keine bedeutungsrelevanten, aber dennoch zum sprachlichen Zeichen als Ganzes gehörige kommunikationsrelevanten Merkmale zu verstehen sind. Der Unterschied zwischen *Hund* und *Köter* ist weder begrifflich noch über eine Stilebene, sondern lediglich durch die Konnotation *abwertend* gegenüber keinerlei Konnotation beim neutralen Lexem Hund zu fassen.

Der beste Vertreter eines (Quasi-)Synonyms S zu einem Lexem L ist also derjenige, der 1. weitgehende begriffliche Übereinstimmung mit L aufweist, 2. einen Kollokationsrahmen ausfüllt, der mit demjenigen von L identisch ist, 3. grammatikalisch wie L konstruiert wird, 4. dem gleichen Sprachregister zuzurechnen ist wie L, 5. das gleiche Verhalten in Wortbildungsprozessen (Derivation, Komposition) wie L zeigt und 6. über die gleiche Konnotation wie L verfügt. Dieses Anforderungsprofil dürfte nicht auf sehr viele Kandidaten zutreffen.

Synonymie hat aber auch etwas mit Hyponymie zu tun (Kap. 3.3.2.3). In den Fällen, in denen kein unmittelbares Synonym möglich ist, weil der Begriff, auf den referiert wird, auf einer untergeordneten Ebene innerhalb der Hierarchie einer begrifflichen Kategorie angesiedelt wird. Wenn das Kohyponym keine Synonymie aufweist, weil es begrifflich zu stark abgegrenzt ist vom Ausgangslexem, bleibt nur der Begriff der nächsthöheren Ebene, das Hyperonym, nicht aber derjenige der übergeordneten. Ein Beispiel:

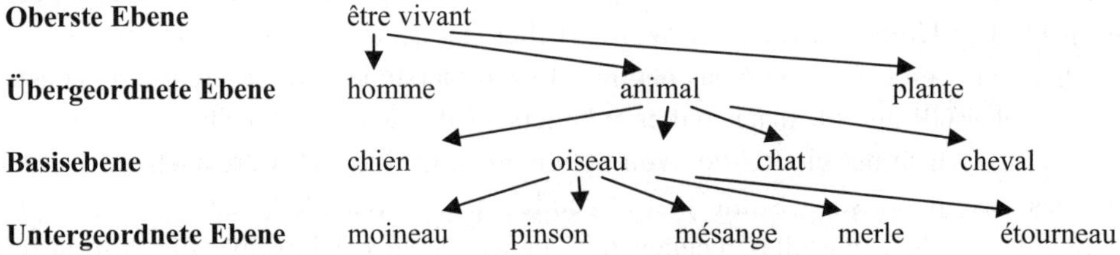


Abb. 23: Hierarchie der Kategorie LEBEWESEN mit der Basisebene VOGEL

Das Lexem *merle* kann in einer Äußerung wie *Regarde ce merle!* nicht ersetzt werden durch *moineau* oder *étourneau*, da hier andere Referenten derselben Ebene vorliegen. Eine Möglichkeit wäre aber, die Ebene anzusteuern, welche die größte prototypische Prägnanz aufweist, die Basisebene (*Regarde cet oiseau!*), nicht jedoch darüberliegende Ebenen (*Regarde cet animal! Regarde cet être vivant!*).

Für die Lexikographie bedeutet die oben vorgenommene Unterscheidung in absolute und partielle Synonymie, dass *a priori* differenziert werden müsste zwischen begrifflicher und ko(n)textueller Bedeutungsähnlichkeit, was jedoch nicht geschieht. Die kollokationelle Synonymie wird insofern berücksichtigt, als bedeutungsähnliche Lexeme in vielen Wörterbüchern jeweils zu den Einzelbedeutungen vermerkt werden, allerdings nicht immer (s. *écoper*$_1$) und nicht immer auf die gleiche Weise: Bei *écoper*$_2$ gibt es das Synonym als Definiens (*boire*) und den analogischen Bezug zu *trinquer* (→), von dem angenommen werden muss, dass er sich auf ein Synonym bezieht, denn der Pfeil steht zunächst nur allgemein für „présente un mot qui a un grand rapport de sens“ (PR, *Tableau des abréviations*):

**écoper** verbe transitif […]
1. MAR. Vider l'eau de (un bateau) avec une écope.
▫ ABSOLUMENT Il a fallu écoper.
2. FAM. et VIEUX Boire.
♦ (1887) MOD. FAM. Écoper (de) qqch. : recevoir (un coup), subir (un désagrément). *Il écopa d'une forte amende. Il « écopa, comme on dit dans l'armée, deux jours de salle de police »* (Allais).
▫ ABSOLUMENT Être atteint, puni. → **trinquer**. *Ce sont toujours les mêmes qui écopent.*

Auch wird nicht recht klar, ob die Äquivalente zu *écoper (de) qqch.* gleichzeitig als Synonyme zu verstehen sind. Klarer wäre, explizit durch die Angabe SYN. auf Synonyme zu verweisen. Dies geschieht im PR jedoch in lediglich 61 Artikeln (ermittelt durch Volltextsuche, abzüglich nicht relevanter Treffer). Warum gerade dort, ist nicht ersichtlich. Einige Belege:

> **actinite** nom féminin […] Méd. […] (SYN. courant coup de soleil*)
> **agnosie** nom féminin […] Psychopath. […] *Agnosie visuelle* (→ **alexie**), *auditive* (syn. Surdité* verbale).
> **cash-flow** nom masculin […] Anglic. Comptab. […] (→ liquidité). Des cash-flows. ▫ SYN. Marge brute d'autofinancement.
> **full** nom masculin […] ■ Anglic. Au poker, Ensemble formé par un brelan* et une paire (SYN. main pleine).

Es scheint sich hier also um begriffliche Synonymie zwischen einem fach- und einem allgemeinsprachlichen Lexem zu handeln. Allerdings hätte dieser Typus dann im gesamten Wörterbuch mehr als 61-mal auftreten müssen.

Grundsätzlich einzelbedeutungsspezifisch und immer mit derselben Methode, der Abkürzung *Synon.*, geht der TLFi mit dem Problem der Synonymie um. Allerdings bleiben Verben meistens ohne Hinweise auf bedeutungsähnliche Lexeme, bei Adjektiven und Substantiven hingegen werden Synonymangaben recht großzügig eingesetzt, aber bei weitem nicht zu jedem Lemma (Stichproben haben ergeben: keine Synonymangaben zu *amende*, *confiance*, *foi* – s. hingegen im GR!).

### 3.3.1.2 Antonymie (und andere Gegensatzrelationen)

Weit gefasst, liegt Antonymie zwischen zwei Begriffen A und B immer dann vor, wenn gilt: Wenn A zutrifft, dann trifft B nicht zu. Es gibt jedoch verschiedene Gegensatzrelationen, die sich logisch begründen lassen:

(a) chaud ↔ froid, grand ↔ petit, aimer ↔ détester, paix ↔ guerre

(b) femme ↔ homme, pair ↔ impair, tante ↔ oncle, acheter ↔ louer, libre ↔ occupé

(c) en haut ↔ en bas, devant ↔ derrière, en amont ↔ en aval, avant ↔ après, lacer ↔ délacer, coller ↔ décoller

(d) acheter ↔ vendre, mère/père-enfant, employeur ↔ employé, $louer_1$ ↔ $louer_2$

Zwei Lexeme sind antonym bzw. **Antonyme**, wenn sie wie in (a) „auf einer Skala von Möglichkeiten entgegengesetzte Extreme bezeichnen (Löbner 2003, 123),[73] d.h. es gibt Abstufungen dazwischen (z.B. *assez chaud*, *tiède*, *frais*, *assez froid*) – man nennt dieses Phänomen *tertium datur* ('etwas Drittes ist möglich') – und beide Ausdrücke selbst können intensiviert werden (*très chaud*, *extrêmement froid*). Diese Art der Antonymie wird von manchen Autoren auch *Antonymie im engeren Sinne* genannt. Sie trifft klassischerweise auf **skalare Adjektive** wie *chaud*/*froid*, *grand*/*petit*, *vieux*/*jeune*, *lourd*/*léger*, aber auch auf Verben (*aimer*/*détester*), Substantive (*paix*/*guerre*), Adverbien (*toujours*/*jamais*) oder Pronomina (*tout*/*rien*) zu. Entscheidend ist, dass die Verneinung des einen Lexems semantisch nicht identisch sein muss mit dem anderen Lexem, also *pas chaud* nicht mit *froid* oder *pas froid* nicht mit *chaud*. Andererseits herrscht dennoch

73 Bei der Darstellung der Gegensatzrelationen lehne ich mich an Löbner (2002, 123–130) an.

logische Inkompatibilität: Etwas kann nicht gleichzeitig heiß und kalt sein. Antonyme werden häufig mit Negationspräfixen des Typs *non(-)*, *in-* (und dessen Allomorphe *il-*, *im-*, *ir-*) oder mit *a-* gebildet, es muss also in einer Sprache nicht unbedingt ein antonymes Lexem vorhanden sein – im Gegenteil. Was soll das Antonym zu *zugänglich* oder *leserlich* sein, wenn nicht *unzugänglich* und *unleserlich*? Analog im Französischen *admissible/inadmissible*, *lisible/illisible*, *mangeable/immangeable*, *réel/irréel*, *politique/apolitique*, *marqué/non(-)marqué*.

(b) femme ↔ homme, pair ↔ impair, tante ↔ oncle, acheter ↔ louer, libre ↔ occupé

Wenngleich *grand* und *petit* nicht kompatibel sind, so sind sie doch nicht komplementär wie die Lexempaare in (b). **Komplementäre Opposition** bedeutet, dass es genau eine von zwei Möglichkeiten innerhalb sonst gleicher semantischer Bedingungen gibt. Bei den natürlichen Zahlen besteht eine Entweder-Oder-Relation: diejenige zwischen gerade und ungerade; ebenso bei Menschen (entweder Mann oder Frau), Geschwistern eines Elternteils (Tante oder Onkel) oder bei der Finanzierung einer Immobilie (kaufen oder mieten). Da es nur entweder A oder B gibt, ist A die Verneinung von B und umgekehrt. Es herrscht eine *tertium-non-datur*-Relation (‘etwas Drittes ist nicht möglich’). Semantische Komplementäre sind überdies ohne Bedeutungsveränderung weder steigerbar noch mit Adverbien wie *très* oder *assez* modifizierbar: **assez pair*, **une place très libre*. Präfigierungen mit *in-* (etc.) sind auch möglich (*possible/impossible*), was bedeutet, dass Negationspräfixe nicht nur Antonyme, sondern auch Komplementäre erzeugen können.

(c) en haut ↔ en bas, devant ↔ derrière, en amont ↔ en aval, avant ↔ après, lacer ↔ délacer, coller ↔ décoller

Eine weitere Gegensatzrelation ist diejenige der **direktionalen Opposition**. Die Beispiele in (c) lassen auf den ersten Blick vermuten, es handle sich um Antonyme wie *gros/petit*. Der Unterschied besteht jedoch darin, dass bei der direktionalen Opposition die Lexempaare in Abhängigkeit eines Bezugspunkts zu verstehen sind. Dieser Bezugspunkt ist in aller Regel der Sprecher, der sich in einem räumlichen Koordinatensystem aus drei Achsen befindet, von denen aus er die Welt beschreibt: einer vertikalen Achse (*oben/unten*) und zwei horizontalen (*vorn/hinten*, *links/rechts*). [OBEN] und [UNTEN] sind dabei keine absoluten Größen (Kategorien), sondern relativ zur Sprecher-Origo zu verstehen. *Oben* ist ein anderes *oben* vom Montmartre aus gesehen als vom Boulevard Saint-Michel aus. Auch auf einer zeitlichen Achse gibt es direktionale Gegenteile, die sich in den Kategorien [VORHER] und [NACHHER] manifestieren (*avant/après*, *dernier/prochain*, *hier/demain*) und auch auf das Herbeiführen eines Zustands (vorher) und das Rückgängigmachen dieses Zustands (nachher) bezogen werden können: *entrer/sortir*, *charger/décharger*, *brancher/débrancher*, *ouvir/fermer*, *lacer* (*ses chaussures*)/*délacer* (*ses chaussures*), *coller* (*une affiche sur un mur*)/*décoller* (*une affiche du mur*).

(d) acheter ↔ vendre, mère/père-enfant, employeur ↔ employé, $louer_1$ ↔ $louer_2$

*Acheter* und *vendre* können auch direktional oppositiv sein, wenn z.B. ein Auto, das man gekauft hat, wieder verkauft wird. Die Verben *kaufen* und *verkaufen* sind jedoch, handelt es sich um ein und dieselbe Handlung, konvers oder Konverse. Die Gegensatzrelation der **Konversivität** liegt dann vor, wenn zwei Lexeme „dieselbe Beziehung mit vertauschten Rollen ausdrücken" (Löbner 2003, 128) – s. die unter (d) genannten Fälle, aber auch Relationen wie *prêter/emprunter*, *au-dessous de/au-dessus de* oder *inférieur/supérieur*, *hyponyme/hyperonyme*.

Gegensatzrelationen schließlich dürfen nicht mit einer weiteren semantischen Relation, die zwischen Lexemen bestehen kann, verwechselt werden: derjenigen der **Heteronymie**:

> On appelle *hétéronymes* les mots de racine différente, mais formant ensemble une structure sémantique. Ainsi, les noms de parenté (*mère*, *sœur*, *tante*, *oncle*, etc.), les noms de couleur (*rouge*, *vert*, *jaune*, etc.), les grades militaires, etc. (Dubois et. al. [2]2007).

Das Gegenteil von *mardi* ist also nicht *lundi* oder *jeudi*, *blanc* auch nicht dasjenige von *noir* – bestenfalls liegt, wie im Falle der Farbbezeichnungen, ein Kontrast vor. Sie alle sind Punkte innerhalb eines (in der Regel geschlossenen) Bezugssystems, ihre *valeur* definiert sich – und hier schließt sich der Kreis wieder zu Saussure – durch Opposition zu den nächstliegenden Begriffen (in einer Reihe wie den Wochen- oder Monatstagen oder innerhalb eines Spektrums, z.B. der elektromagnetischen Wellen). Es wäre zu diskutieren, ob auch Wortfelder, z.B. das Wortfeld des Sprechens (*parler*, *chuchoter*, *murmurer*, *susurrer*, *crier*, *hurler*) zu den Heteronymen gezählt werden kann, wie Löbner (2003, 128) dies suggeriert (vgl. Kap. 3.3.1.4).

Es liegt auf der Hand, dass einsprachige Wörterbücher den von Semantik und Lexikologie vorgegebenen Differenzierungen aus praktischen Gründen nicht folgen können. Vielleicht wäre dies aber auch nicht nötig, wenn alle genannten Fälle bei jeder Unterbedeutung berücksichtigt würden, durchaus auch unter Verwendung ein und derselben Kategorie (*CONTRAIRES* in den Robert-Wörterbüchern, *antonymes* im TLFi). Das ist natürlich nicht der Fall, was mitunter daran liegt, dass, wie wir gesehen haben, nicht zu jedem Lexem ein „Gegenteil" in Form eines anderen Lexems existiert, sondern viele antonymische etc. Relationen mittels Präfigierungen (*in-*, *a-*, *non-*) nicht nur möglich, sondern auch üblich sind. Es wäre jedoch sinnvoll, blockierte Antonyme anzuzeigen – etwa wie folgt:

*immensurable*, anton. *mesurable* (!) (und umgekehrt)
*implacable*, anton. **placable* (!)
*inouï*, anton. **oui* (!)
*incessant*, anton. *cessant* (signif. différ.) (!)
*indu*, anton. *dû* (signif. différ.) (!) (und umgekehrt)

In neu digitalisierten Wörterbüchern wäre eine solche Vorgehensweise durchaus realisierbar. Die Praxis sieht hingegen wie folgt aus:

> (1) **impitoyable** adjectif [...]
> ▪ Qui est sans pitié. [...]
> ♦ PAR EXTENSION Qui observe, juge sans indulgence, ne fait grâce de rien. [...]
> ♦ (CHOSES) Regard impitoyable. [...].
> ▪ **CONTRAIRES** : 1. **Bon, charitable; bienveillant, indulgent, pitoyable**. (PR)
>
> (2) **INDU, -UE, adj.**
> **A.** – Contraire à la règle, aux usages ou à la raison. Synon. *anormal, inconvenant, injuste, irrégulier;* anton. *convenable, correct, juste, normal.*
> **B.** – *DR.* Qui n'est pas dû; qui n'est pas conforme à la loi; qui n'est pas justifié, fondé. [...]. (TLFi)

In (1) wird zwar eine Reihe von Antonymen präsentiert, doch wird nicht ersichtlich, für welche der drei Bedeutungen sie jeweils verwendet werden können. Besonders heikel ist es, *pitoyable* in diese Reihe zu stellen, denn wenn *impitoyable* 'qui est sans pitié' bedeutet, dann müsste *pitoyable* 'qui est plein de pitié' bedeuten. Das Adjektiv *pitoyable* hat aber im aktuellen Französisch die Bedeutungen 'digne de pitié, qui inspire la pitié' – ein kleiner Unterschied. Im Falle von (2) hingegen kann man sich nicht vorstellen, dass es für ein Semem wie dasjenige in B ('unberechtigt, unbegründet') kein Antonym geben soll, während für die Bedeutung A ('unzulässig') gleich vier geben soll.

### 3.3.1.3 Hyponymie/Hyperonymie

Wie wir im vorangegangenen Kapitel gesehen haben, stellt das Begriffspaar 'Hyponymie/Hyperonymie' einen Fall von Konversivität dar: eine Relation aus zwei verschiedenen Blickwinkeln. Statt Hyperonym könnte man auch *Oberbegriff*, statt Hyponym *Unterbegriff* sagen:

| | | | | |
|---|---|---|---|---|
| Tier | | | | ↓ **Hyperonymie** |
| Vogel | | | | |
| Raubvogel | | | | |
| Adler | Bussard | Habicht | Geier | ↑ **Hyponymie** |
| ← **Kohyponyme** → | | | | |

Abb. 24: Hyponymie und Hyperonymie in der Allgemeinsprache am Beispiel der Raubvögel

Wenn wir sagen „Ein Bussard ist ein Raubvogel, ein Raubvogel ist ein Vogel, ein Vogel ist ein Tier", tasten wir uns in der Hierarchie der Begriffe immer weiter nach oben, in dem wir von einem Hyponym (Bussard) zum nächsten Hyperonym aufsteigen. Wir könnten auch umgekehrt vorgehen. Dann müssten wir sagen: „Zu den Tieren gehören die Vögel, zu diesen die Raubvögel, zu diesen Adler etc.“. Der wesentliche logische Unterschied besteht darin, dass, von oben kommend, jedes Mal mindestens ein semantisches Merkmal hinzukommt: Die Kategorie [TIER] hat weniger semantische Merkmale als die Kategorie [VOGEL], da Vögel Federn haben und Eier legen, was ja nicht auf alle Tiere zutrifft. Je weiter unten wir uns in der Hierarchie befinden, desto spezifischer ist die semantische Matrix der Begriffe, mit anderen Worten: Ein Hyperonym schließt logisch und semantisch seine Hyponyme mit ein – zwischen Hyperonym und Hyponym herrscht eine **Inklusionsbeziehung**. Die Kategorie [ADLER] ist also in der Kategorie [RAUBVOGEL] und erst recht in den Kategorien [VOGEL] und [TIER] enthalten. Umgekehrt gilt dieses Inklusionsverhältnis nicht, denn man kann nicht sagen, dass jeder Vogel ein Raubvogel ist bzw. jedes Tier ein Vogel. Dies ist nur von unten nach oben möglich.

Wir ordnen Begriffe innerhalb einer Kategorie jedoch nicht nur vertikal, sondern auch horizontal, also nicht nur hyponymisch, sondern auch kohyponymisch. In unserem mentalen Lexikon ist *Bussard* deshalb zweifach verankert: auf einer vertikalen Achse – nach oben: *Raubvogel* oder *Vogel* (je nach Umfang unseres Sprachwissens), ggf. auch noch nach unten: *Mäusebussard*), und auf einer horizontalen: neben *Adler*, *Habicht* usw. Dass es überhaupt solche Strukturen gibt, verdanken wir der Strukturiertheit des Wortschatzes, die vertikal/horizontal, aber auch prototypisch geprägt sein oder, wie bei den Antonymen gesehen, durch räumliche und zeitliche Koordinaten erfolgen kann.

Die in Abb. 24 dargestellte Hierarchie entspringt übrigens dem allgemeinsprachlichen (vorwissenschaftlichen, intuitiven) Wissen über die Dinge bzw. Begriffe und die Zusammenhänge zwischen ihnen. In den Naturwissenschaften gibt es hierfür **Taxonomien**, die, um bei unserem Beispiel zu bleiben, wie folgt aussehen würde (der Unterschied zwischen beiden Hierarchien steht stellvertretend für den zwischen Sprach- und Sachwissen):

Tiere ↓ **Hyperonymie**
Wirbeltiere
Vögel
Raubvögel
Greifvögel
Habichtartige
Adler Seeadler Bussarde Habichte Geier ↑ **Hyponymie**
← **Kohyponyme** →

Abb. 25: Hyponymie und Hyperonymie in der Fachsprache am Beispiel der Raubvögel

Für die praktische Lexikographie bedeutet dies, wie in Kap. 3.1.2. zu den Definitionen bzw. Bedeutungsparaphrasen gesehen, dass auf eine bereits etablierte Beschreibungssystematik zurückgegriffen werden kann. Im *definiens* eines Lemmas wird, sofern dies möglich ist, ein Hyperonym gesucht, welches auch ***genus proximum*** (oder, in der strukturellen Semantik, *Archilexem*) genannt wird. Es ist jedenfalls der allgemeinere Begriff, mit dem der spezifische erklärt werden kann:

| | |
|---|---|
| *Ein **Adler*** | *ist ein **Raubvogel*** [oder *Vogel*] *mit den Eigenschaften **X, Y, Z**.* |
| *definiendum* | *definiens* |
| | *genus proximum + differentiae specifiacae* |

Abb. 26: Definition von *Adler* auf der Basis von *genus proximum* und *differentiae specificae*

Das *definiendum Adler* wird durch ein *definiens* beschrieben, welches aus *genus proximum* (*Raubvogel* oder *Vogel*) und denjenigen Merkmalen besteht, die einen Adler z.B. vom Habicht unterscheiden.

Bedeutungsbeschreibungen in Wörterbüchern gehen also im Wesentlichen über Hyperonyme vonstatten. Nur wenn der Begriff in keine hierarchische Struktur eingebunden ist, z.B. viele Adjektive, Verben und alle Funktionswörter, muss auf andere Beschreibungsmodi zurückgegriffen werden (vgl. Kap. 3.1.2).

Hyperonymie und Hyponymie spielen aber auch noch in anderem Zusammenhang eine Rolle, nämlich in der kognitiven Linguistik, genauer gesagt in der Prototypensemantik, wo es um die Frage geht, nach welchen Gesichtspunkten wir sprachliche Kategorien organisieren. Ausgehend vom Grundprinzip vertikaler und horizontaler Begriffsstrukturen wird, gemäß der Vorstellung, Muttersprachler gliedern vorzugsweise nach drei Ebenen (TIER – VOGEL – ROTKEHLCHEN), angenommen, dass die mittlere Ebene die wichtigste sei, da sie kommunikativ am bedeutendsten sei und die höchste **Prototypikalität** aufweise. Die Kategorie VOGEL, welche wie HUND, KATZE, PFERD zu den *basic level terms* zählt (s. Abb. 23 in Kap. 3.3.1.1),

> hat, aufgrund ihrer hohen psychologischen (und anthropologischen) Relevanz, mehr typische und randständige Mitglieder als die abstraktere Kategorie TIER [...] oder die bereits zu spezielle Kategorie ROTKEHLCHEN [...]. Anders ausgedrückt: ein „typisches Tier" gibt es ebenso wenig wie ein „typisches Rotkehlchen", sehr wohl aber typischere und untypischere Vögel (Blank 2001, 49f.).

Die mittlere Kategorie der *basic level terms* ist somit kommunikativ die wichtigste, da wir mit ihr, ohne dass Expertenwissen vonnöten wäre, auf eine Amsel, einen Spatz, ein Rotkehlchen oder auch einen Habicht referieren können. Gerade der Habicht aber ist innerhalb der Kategorie VOGEL kein zentraler, sondern eher ein randständiger – da auffälliger, seltenerer, weniger vertrauter – Vertreter, so dass es wahrscheinlich ist, dass psychologisch und kommunikativ auf eine etwas spezifischere übergeordnete Kategorie (z.B. RAUBVOGEL oder GREIFVOGEL) zurückgegriffen wird. Die einsprachige Lexikographie hat sich – mit Ausnahme der Lernerlexikographie – bisher noch nicht dazu durchringen können, Bedeutungen nach prototypischen Gesichtspunkten zu beschreiben. Diese müssten a) semasiologisch sein, also semantische Merkmale betreffen und b) nichts mehr mit notwendigen und hinreichenden Bedingungen zu tun haben. Ein Lemma

*Bussard* würde dann nicht mehr begrifflich von seinen Kohyponymen abgegrenzt werden (*differentiae specificae*), sondern nach seinen prototypischen Merkmalen, d.h. denjenigen, von denen wir annehmen, sie seien im Bewusstsein von Sprechern einer bestimmten Sprache (eines bestimmten Kulturkreises) zentral, beschrieben werden: also etwa [groß], [lautloses Gleiten], [plötzliches Herunterstürzen, um Mäuse zu fangen].

#### 3.3.1.4 Wortfelder, Begriffsfelder und Frames

Zu Beginn von Kap. 3.3 haben wir aus dem *Cours de linguistique générale* zitiert. Saussure gab dort Beispiele für verschiedenartige Assoziationen, die ein Lexem wie *enseignement* auslösen könne, unter anderem *éducation* und *apprentissage*. Man würde nicht zögern, diese drei Ausdrücke als semantisch zusammengehörig zu betrachten und sie in eine Beziehung zueinander zu setzen. Um Relationen zwischen semantisch oder begrifflich affinen Lexemen soll es in diesem Abschnitt gehen – natürlich stets mit Blick auf die Relevanz für die Lexikographie. Bereits in der ersten Hälfte des 20. Jahrhunderts wurden in der Sprachwissenschaft Lexeme, die einem Begriff zugeordnet werden können oder solche, die sich auf benachbarte Begriffe beziehen, zu Gruppen gebündelt, die im Strukturalismus dann als **Wortfelder** (*champs lexicaux*, auch *champs sémantiques*) bezeichnet wurden. Noch lange vor der kognitiven Linguistik war den Linguisten klar, dass es im Wortschatz einer Sprache lexikalische Strukturen gibt, die sich beschreiben lassen. Es ist aus Einführungswerken und -seminaren hinreichend bekannt, welche Bedingungen gegeben sein müssen, um von *Wortfeldern* sprechen zu können:

- die Mitglieder eines Wortfelds gehören zur gleichen Wortart und bestehen aus einem Lexem oder einem lexikalisierten Kompositum (im Wortfeld des ‘Schauens’ etwa *béer* ‘regarder avec étonnement’, aber nicht *appuyer son regard* oder *avaler des yeux*; im Wortfeld ‘heiß/kalt’ *frais* und *tiède*, aber nicht *moins chaud* oder *plus froid*);
- ihre Bedeutungen (*Sememe*) weisen gemeinsame Merkmale (*Seme*) auf, die zusammen das *Archisemem* bilden, sie unterscheiden sich aber in mindestens einem semantischen Merkmal;
- das Wortfeld ist in der Regel ein geschlossenes Inventar.

Berühmte Beispiele sind die Wortfelder der ‘Sitzgelegenheiten’ oder des ‘Lachens’, aber auch ‘fließende Gewässer’ (*fleuve – rivière – torrent – ruisseau – filet d’eau*) oder ‘stehende Gewässer’ (*mer – lagune – lac – lagon – étang – mare*). Das ihnen gemeinsame Archisemem ist ein Bündel von Semen, das auf alle Lexeme zutrifft. Das *Archilexem* hingegen entspräche dem Hyperonym oder *genus proximum*, z.B. *cours d’eau* bei *fleuve*, *rivière* etc. Die Kritik an dieser Art Semantik entzündete sich daran, dass es letztlich um Merkmale der außersprachlichen Wirklichkeit, nicht um sprachliche Bedeutungen gehe, und dass die Seme zum Teil willkürlich gewählt seien. Bekanntlich hat darauf die Prototypentheorie reagiert und eine ganz andere Art der semantischen Beschreibung vorgeschlagen.

Heteronyme (s. Kap. 3.3.1.2) sind auch Wortfelder, aber mit präzise voneinander abgegrenzten und unveränderlichen Größen, wie Wochen- oder Monatstage, Jahreszeiten, Schulnoten. Wortfelder enthalten normalerweise jedoch Feldnachbarn, die sich semantisch überschneiden, also praktisch entweder Quasi-Synonyme oder Kohyponyme sind, und sich dennoch zu einer Einheit bündeln lassen.

Was für uns wichtig ist: Lassen sich Wortfelder in einsprachigen Wörterbüchern darstellen? Dies wäre in der Tat möglich, allerdings nur, wenn eine solche assoziative, begriffliche oder auch analogische Komponente vorgesehen ist, wie in den Wörterbüchern der Robert-Reihe. Diese berücksichtigen zwar sehr wohl assoziative Zusammenhänge, aber in der Regel keine vollständigen Wortfelder, wie am folgenden Beispiel deutlich wird. Wenn wir das Wortfeld des 'Lachens' im Französischen als lexikalische Gruppe zusammengestellt haben möchten, erwarten wir die französischen Äquivalente zu dt. *lachen*, *lächeln*, *kichern*, *grinsen* usw. Im Artikel *rire* finden wir Verweise auf *se marrer* (fam.), *rigoler* (fam.), *s'esclaffer*, *pouffer*, *se bidonner* (fam.), *se boyauter* (fam.), *se gondoler* (fam.), *se poiler* (fam.), *se tordre*. Das Wörterbuch enthält jedoch in anderen Mikrostrukturen noch weit mehr Mitglieder dieses Wortfelds, auf die man allerdings nur über die *recherche par critères* (*texte intégral*, *définition*, *rire*) stößt:

> *se dérider* ('sourire, rire'), *se désopiler* ('rire beaucoup'), *glousser* ('rire en poussant de petits cris'), *ricaner* (1. 'rire à demi de façon méprisante ou sarcastique', 2. 'rire de façon stupide, sans motif ou par gêne') (PR).

Nimmt man noch weitere im TLFi ermittelten Lexeme mit dem Archilexem *rire* hinzu, nämlich *s'oiler* (POP.) 's'amuser, rire', *hennir* 'rire bruyamment', *ricasser* (VX OU REGION.) 'ricaner, rire moqueusement ou sottement' und *rioter* (VIEILLI OU REGION.) 'Rire à demi, doucement', so haben wir es nicht nur mit einem großen Wortfeld zu tun, das mit *sourire*, aber ohne Kollokationen des Typs *crever de rire*, *hurler de rire*, *éclater de rire* usw., aus 18 Mitgliedern (mit *rire* selbst) besteht, sondern auch mit einer stilistisch sehr heterogenen Gruppe, die auch diaphasisch und diastratisch markierte Lexeme enthält. Die Frage, die sich hier aufdrängt, ist folgende: Ist das Wortfeld nur ein lexikologisches Konstrukt oder hat es ein kognitives Korrelat? Saussure sprach von den **assoziativen Relationen**, die evoziert werden, wenn einer dieser Ausdrücke genannt wird. Obwohl jedoch kaum ein Sprecher alle Wortfeldmitglieder kennt und bei jedem Individuum andere Begriffe mental aktiviert werden, lässt sich das Organisationsprinzip 'Wortfeld' dennoch am besten als Struktur unseres sprachlichen Wissens beschreiben, die dichter ist als etwa Begriffsfelder oder Frames.

> Gerade die Wortfelder sind jedoch […] ein gutes Beispiel dafür, dass bei der Analyse des verstehensrelevanten („semantischen") Wissens Sprachwissen und Weltwissen immer stark ineinandergreifen (Busse 2009, 109).

Man kann von einem Definitionswörterbuch letztlich nicht erwarten, Wortfelder sichtbar zu machen. Umso weniger ist davon auszugehen, dass, selbst in Werken mit analogischer Komponente (MR, PR, GR), **Begriffsfelder** (fr. *champs notionnels*) aufgezeigt werden. Darunter können wir semantische Netzwerke verstehen, die man sich entweder hierarchisch organisiert vorstellen kann oder, wozu die kognitive Semantik übergangen ist, als **Frames**, d.h. als Beziehungen zwischen Lexemen, die sich an den Strukturen des Alltagswissens orientieren und nicht durch strikte vertikale oder horizontale Relationen gekennzeichnet sein müssen. Während die Bezeichnung *Begriffsfeld* sozusagen präkognitivistisch ist, hat sich die Theorie des Frame – in der Literatur auch *scene* oder *Skript* – mittlerweile durchgesetzt.[74] In einem Begriffsfeld sind ebenso wie im Frame Lexeme, die ja nur Begriffe versprachlichen, so miteinander vernetzt, dass sie assoziativ mitschwingen, wenn der Stimulus eines *signifiant* gegeben wird: und zwar keineswegs nur Lexeme derselben Wortart, sondern quer durch alle grammatischen Kategorien hindurch, einschließlich Kollokationen und Phraseme. Der Unterschied zum Frame besteht darin, dass der Rahmen, innerhalb dessen die Begriffe assoziativ vorhanden sind, auf Erfahrungen und Erwartungen des menschlichen Alltags basiert, die sich in unserem sprachlichen Wissen – freilich individuell unterschiedlich und kulturspezifisch – niedergeschlagen haben:

> Das Spezifische von Frames ist, dass sie einzelne Wörter in einem umfassenderen Wissenszusammenhang verorten, der die Gesamtheit des verstehensrelevanten Wissens repräsentiert (und davon nicht nur kleine Ausschnitte thematisiert, wie eine Bedeutungsbeschreibung nach der traditionellen Merkmalsemantik oder der Logischen Semantik) und in diesem den einzelnen Wörtern eine spezifische Funktion zuweisen, die sich nur auf dem Hintergrund der Kenntnis des gesamten Wissensrahmens erschließen lässt (Busse 2009, 110).

Nehmen wir als Beispiel den „Restaurant-Frame“, zu dem wir ein übergeordnetes Wissen haben, auf dem die Lexembedeutungen basieren: *réserver*, *entrer*, *table* (*libre*), *s'asseoir*, *maître d'hôtel*, *serveur/serveuse*, *garçon*, *menu*, *commander*, *Vous avez déjà choisi, messieurs dames?*, *couvert*, *amuse-gueule*, *hors d'œuvre*, *plat*, *dessert*, *fromage*, *à discrétion*, *l'addition* etc. Frankophone Sprecher erwarten sozusagen diese (und andere Lexeme), da sie alle über eine gemeinsame Wissensgrundlage verfügen. Die Bedeutungen polysemer Lexeme, etwa *garçon*, *commander*, *addition*, aber auch Kollokationen und Routineformeln sind kontextuell an diesen Frame gebunden. Aus diesem Grund sollten Frames möglichst vollständig beschrieben werden, was im *FrameNet*-Projekt zum US-amerikanischen Englisch (s. Kap. 4.6.4) ja auch geschieht. Aber kann das ein traditionelles Wörterbuch leisten? Sehen wir uns zuerst die begrifflichen Beziehungen an, die der *Grand Robert* (GR) zum Lemma *restaurant* aufführt:

---

[74] Zugrunde gelegt wird Fillmores Auffassung von *frame*: „By the word 'frame' I have in mind any system of concepts related in such a way that to understand any of them you have to understand the whole structure in which it fits; when one of the things in such a structure is introduced into a text, or into a conversation, all of the others are automatically made available“ (Fillmore 1982, 111). Zum Frame-Begriff s. vor allem Ziem (2008) und Busse (2012).

[…] **Restauration**. […] → **Bouillon** (vx), **crémerie** (vieilli), **gargote** (péj.), **taverne** (anciennt.). […] → **Service, self, self-service**. […] → **Casse-croûte; fast-food** (anglic.). […] → **Buffet**. […] → **Cantine, mess, popote**. […] (→ **Grill, grill-room**). […] (→ **Hostellerie, rôtisserie, taverne**). […] → **Restoroute**. […] → **Cabaret**. […] → **Brasserie, café; bistro**. Salle de restaurant […]. – *Office, cuisine d'un restaurant. Personnel d'un restaurant*: *garçon** (→ Pourboire, cit. 1), *serveuse, maître d'hôtel, sommelier, cuisiniers* (→ **Chef**; **brigade**), *gâte-sauce, marmitons, plongeurs. – Aller au restaurant, dans un bon restaurant. Manger tous les jours dans le même restaurant.* → **Habitué, pensionnaire**. – *Payer son repas au restaurant.*→ **Addition**. *Restaurant où l'on paie à la caisse* (→ Patron). *Restaurant à prix fixe* (→ **Menu**), *où l'on mange à la carte. Plat du jour, menu, suppléments d'un restaurant.*

Abb. 27: Auszug aus dem Artikel *restaurant* des *Grand Robert* (GR): Verweise auf Lexeme die begrifflich im Zusammenhang mit dem Lemma *restaurant* stehen

Wie wir sehen, sind die Angaben nicht geeignet, einen Frame im Sinne eines Handlungsmusters oder einer 'konzeptuellen Wissensstruktur' (Ziem 2008, 441) abzubilden – das war auch nicht zu erwarten. Die fettgedruckten Begriffe, auf die der GR verweist, aber auch die Lexemreihen in Kursiv und die darin gegebenen Verweise, zeigen dennoch erstaunlich viele paradigmatische semantische Relationen auf. Es sind beteiligt: 1) das Wortfeld 'restaurant' (*bouillon, crémerie* etc.), das gleichzeitig 2) die Kohyponyme zum Hyperonym *restaurant* umfasst, 3) **meronymische Beziehungen**, d.h. solche, die eine Teil-Ganzes-Relation zum Ausdruck bringen (hier: Räumlichkeiten und Personal des Restaurants – man beachte die Fachtermini *gâte-sauce*, früher 'schlechter Koch', heute, wie *marmiton*, 'Küchenjunge', und *plongeur* 'Tellerwäscher'), 4) Satellitenbegriffe innerhalb des Begriffsfeldes 'restaurant', wie das Bezahlen, die Rechnung usw. – im Grunde also Elemente eines Frames, nur nicht zu einem solchen ausgearbeitet.

Ein großer Teil der französischen Lexikographie ist, was den systematischen Einbezug paradigmatischer (semantischer) Beziehungen innerhalb des Wortschatzes betrifft, gut ausgestattet. Dies trifft auf den *Trésor de la langue française* (*informatisé*) zu, der bereits in den Mikrostrukturen selbst über eine stattliche Zahl an Synonym-, Antonym- und Kohyponymangaben verfügt, aber auch viele Lexeme, die zum Begriffsfeld des Lemmas gehören, enthält, ohne allerdings diese als eigene (analogische) Komponenten auszuweisen. So finden sich etwa im Artikel *piano* des TLFi zahlreiche Satellitenbegriffe in der Bedeutungsparaphrase (Meronyme wie *instrument*, *table de résonance*, *cadre*, *cordes*, *marteaux*, *touches*, *clavier*, *octaves*, *pédales*, oder begrifflich affine Lexeme wie *classe*, *cours*, *exercice*, *leçon*, *maîtresse*, *professeur de piano*) oder als *syntagmes définis*, die eigene Absätze einleiten (z.B. *piano à queue*, (*piano*) *grand-queue*, *piano demi-queue, quart de queue, piano de concert* u.a.m.). Zudem lassen sich über geschickte Recherchen weitere Mitglieder eines Wortfeldes bestimmen (wie beim Beispiel *rire*).

Dennoch enthält der TLFi keine echte **analogische Komponente**, deren ursprüngliche *raison d'être* darin bestand, eine Möglichkeit zu schaffen, „de trouver un mot oublié ou inconnu à partir d'un mot connu" (Préface NPR). Der Begründer der Robert-

Wörterbücher und Schöpfer der Werke *Grand Robert* und *Petit Robert*, Paul Robert, sah die Hauptfunktion analogischer Bezüge darin, auf diese Weise „des fils multiples que la simple logique tresse entre les mots“ (Préface PR) sichtbar machen zu können. Damit ist gewissermaßen der Gedanke semantischer Netzwerke (*tresser* ‘flechten’) bereits vorweggenommen. Die Idee, dass ein Wörterbuch nicht nur der Dekodierung, sondern auch der Enkodierung dienen können sollte, ist in einer Kombination aus (*dictionnaire*) *alphabétique* und *analogique* am ehesten zu verwirklichen. **Analogische Beziehungen** sind also sowohl onomasiologische Bezüge mit Lexemen aus demselben Sachgebiet (Hyponyme, Kohyponyme, Meronyme, Satellitenbegriffe wie z.B. zum Lemma *soleil*: *aube*, *aurore*, *matin*, *levant*, *orient*, *jour*, *hélio-* oder *équinoxe*), Mitglieder einer Wortfamilie (zu *soleil*: *brise-soleil*, *ensoleiller*, *tourne-sol*), Quasi-Synonyme und damit Wortfeldnachbarn sowie weitere assoziative Begriffe, die alle zusammen das (mehr oder weniger vollständig erfasste) Begriffsfeld zu einem Lemma bilden, unabhängig davon, welcher Wortart die Lexeme angehören. Die folgenden Beispiele aus dem Artikel *piano* des *Grand Robert* machen den Unterschied zu einem TLFi deutlich. Es ist das Prinzip der „kognitiven Kette“ vom Bekannten zum Neuen innerhalb ein und desselben assoziativen Zusammenhangs: Von *mauvais piano* wird man auf *casserole* und *chaudron* verwiesen, zwei Ausdrücke für ein altes, verstimmtes Klavier bzw. Instrument; von *accorder un piano* und *clef d’accordeur du piano* zu *accordoir* (‘Stimmgabel’) und von der Kollokation *tapoter du piano* zum synonymischen *pianoter*, welches normalerweise nicht in der Mikrostruktur von *piano* in Erscheinung treten würde.

### 3.3.2 Morphosemantische Beziehungen und Wortfamilien

Das Beispiel *pianoter* leitet über zu einer weiteren paradigmatischen Beziehung, die morphologischer und semantischer Natur zugleich ist. Sie besteht darin, dass es zwischen Lexemen einerseits eine morphologische Verbindung gibt, und zwar dergestalt, dass ein lexikalisches Morphem wie *piano* durch Wortbildungsprozesse wie Derivation und Komposition zu einem anderen Lexem (wie *pianoter*) geführt hat, und dass es andererseits eine gemeinsame semantische Verbindung gibt, wie es bei diesem Beispiel der Fall ist (das semantische Merkmal ‘Klavier’ wurde sozusagen vererbt). Solche Relationen werden **morphosemantisch** genannt. Sie können abgegrenzt werden von dissoziierten Beziehungen (wie *cœur*/*cardiaque* oder *aveugle*/*cécité*), aber auch von Wortfamilien. Der Unterschied zu **Wortfamilien** besteht darin, dass diese die etymologische (diachronische) Perspektive mit einbeziehen, während morphosemantische Beziehungen sich auf aktuelle synchronische Assoziationen beschränken, d.h. die Sprecher einer Sprache müssen ohne etymologische Kenntnisse in der Lage sein zu erkennen, dass Lexeme von ihrer Form *und* ihrer Bedeutung her zusammengehören. Sehen wir uns dazu das Lexem *or* (lat. AURUM) an und versuchen wir, den Unterschied zwischen Wortfamilie und morphosemantischen Beziehungen auf diese Weise zu veranschaulichen:

**Wortfamilie *or***: aurélie, auréole, aureus, aurifère, aurifier, aurification, dorade, doré, dorer, orfèvre, orfèvrerie, orfroi, oripeau, orpailleur.

Die Frage, welche dieser Lexeme von frankophonen Sprechern synchronisch-aktuell in Zusammenhang gebracht werden mit *or*, hängt davon ab, wie viel Bildungshintergrund bei einem Sprecher vorauszusetzen ist. Einige der Ausdrücke zählen zum Fachwortschatz unterschiedlicher Domänen und scheiden deshalb für eine synchrone Anbindung an *or* aus (*aurélie*, *aureus*, *orfroi*), andere könnten von (humanistisch) gebildeten Sprechern durchaus mit 'Gold' in Verbindung gebracht werden (*auréole*, *aurifère*), wiederum andere sind sachlich zu entfernt vom Konzept des Goldes, um damit assoziiert zu werden (*dorade*). Daneben gibt es Lexeme, deren morphologischer Bestandteil *or* aufgrund der Bekanntheit des *signifiant* die Dechiffrierung ermöglicht (*orpailleur* 'Goldwäscher'). Schließlich bleiben die Fälle übrig, die ohne etymologisches Wissen – dafür jedoch mit Alltagswissen – die Transparenz der Bezeichnung ermöglichen: *aurifier* und *aurification*, weil dies beim Zahnarzt geschieht, *doré*, *dorer*, *orfèvre*, *orfèvrerie*, weil dies aus den Erfahrungen mit Schmuck resultiert:

**Morphosemantische Beziehungen zu *or***: (auréole, aurifère) aurifier, aurification, doré, dorer, orfèvre, orfèvrerie.

Letztlich müssen die Wörterbuchautoren bzw. -verlage entscheiden, welches Prinzip sie anwenden. Es ist allerdings nicht davon auszugehen, dass philologische Wörterbücher wie PR, GR, Pli, TLFi eine rein synchronische Perspektive einnehmen. Dies würde auch überhaupt nicht zu ihrer lexikographischen „Mission" gehören. Ein Werk wie der *Dictionnaire du français contemporain* (DFC) jedoch, über den wir in Kap. 3.1.5 erfahren haben, er zeichne sich im Gegensatz zu allen anderen Wörterbüchern durch rigorose Homonymisierung (*dégroupement*) aus, ist auch noch für ein anderes Prinzip bekannt: für dasjenige des **regroupement**, worunter die Sichtbarmachung morphosemantischer Beziehungen im Wortschatz zu verstehen ist.

Saussure hat als Beispiel den Zusammenhang zwischen dem Stimulus *enseignement* und den assoziativen sprachlichen Zeichen *enseigner* und *renseigner* vorgeschlagen, der DFC führt im Artikel *enseigner* zudem *enseignable* und *enseignant* auf. Spektakulär – und letztlich aus einer konservativen lexikographischen Perspektive umstritten, wenngleich als didaktisch gewinnbringend eingestuft – sind jedoch die Fälle, bei denen der DFC die morphosemantischen Beziehungen unter Durchbrechung des Alphabets aufrechterhalten hat. Unter dem Stichwort *sommeil* finden wir dort

**sommeil** n. m. […] **sommeiller** v. i. […] **somnifère** adj. et n. m. […] **somme** n. m. fam. *Faire un somme*, *un petit somme* […] **demi-sommeil** […] **ensommeillé** […].

Abb. 28: Ausschnitt aus dem Artikel *sommeil* des *Dictionnaire du français contemporain* (DFC) zur Veranschaulichung des morphosemantischen Prinzips

Die „Nachfolger“ des DFC, der *Dictionnaire de français* (Ddf) und der *Dictionnaire du français au collège* (Dfcoll) haben das Prinzip des *regroupement* nicht übernommen, in einem anderen Larousse-Produkt, dem *Lexis*, wird dieses Markenzeichen jedoch weiter gepflegt. Vgl. folgende nestalphabetische *regroupement*-Struktur:

> **2. chemin** […] n. m. […] **cheminer** v. intr. […] **cheminement** n. m. […] **acheminer (s')** v. pr. […] **mi-chemin (a)** loc. adv. […].

Abb. 29: Ausschnitt aus dem Artikel *2. chemin* des *Lexis 2009*

Maxime ist jedoch eine durchsichtige Ableitungsbeziehung, die mit Prä- und Suffixen der französischen Sprache hergestellt wurde. Ist ein solches Affix nicht erkennbar wie bei *dorer* (zu *or*) oder sind andere verdunkelnde Mechanismen wie Lexikalisierung (*orfèvre*) und Latinisierung (*aurifier*) im Spiel, wird im *Lexis 2009* Abstand vom Prinzip des *regroupement* genommen: Im Artikel *or* ist in der Tat nicht eine einzige morphosemantische Beziehung abgebildet.

Die Robert-Wörterbücher inkorporieren es sozusagen in ihrer analogischen Komponente, die auch Wortfamilien mit umfasst. Im GR sind entsprechend unter *sommeil* zu finden: *demi-sommeil*, *ensommeillé*, *hypersomnie*, *insomnie*, *somme*, *somnambulisme*, *somnescence*, *somniloquie*, *somnolent*, *somnolence*, *somnifère*. Allerdings veranschaulicht der *Micro Robert* (MR1–3) durchaus morphosemantische Beziehungen in den Mikrostrukturen, wobei die nischenalphabetische Struktur, bei der die alphabetische Ordnung zwischen den Haupt- oder Eingangslemmata (s. 2.1) meist intakt bleibt: Unter *opérer* findet man somit die Sublemmata *opérable*, *opération*, *opérationnel*, *opératoire*, von denen nur das letzte die alphabetische Folge zwischen den Hauptlemmata *opérer* und *opérette* durchbricht. Nestalphabetische Strukturen wie im DFC, wo im Artikel *boire* die Sublemmata *boisson*, *buvable*, *imbuvable* und *buveur* stehen – das nächste Hauptlemma ist *bois* –, werden hingegen nicht angewandt.

Ein weiteres Werk aus dem Hause Robert, der *Robert méthodique* (Robméth), erstmals 1988 erschienen, kann mit Fug und Recht als morphosemantisches „Extremwörterbuch“ bezeichnet werden, weil es das Prinzip des *regroupement* auf die Spitze treibt, indem es die synchrone Morphemgrenze durchbricht und neben Lexemen und Affixen auch lexikalische Wurzeln wie *célér-* (in *célérité*, *accéléler*, *décélération*) oder *or-* (in der Bedeutung ‘parler solennellement’, etwa in *inexorable*, *oraison*, *orateur*, *oratoire*) lemmatisiert. Dabei handelt es sich um nur noch etymologisch segmentier- und legitimierbare Elemente (*éléments*) – so auch der im Robméth für Affixe und lexikalische Wurzeln verwendete Terminus –, die in die Synchronie hineingetragen werden, ganz so, als müssten sie zum sprachlichen Wissen eines Muttersprachlers gehören. Dabei haben *inexorable* (‘impitoyable’), *orateur* (‘personne qui parle en public’) und *oratoire* (‘lieu consacré à la prière’) synchronisch rein gar nichts miteinander zu tun. Was die Bezeichnungen für Lexeme mit dem Merkmal ‘dormir’ betrifft, ergibt sich folgende Verweisstruktur:

**3. SOMME** *n. m.* • Action de dormir, considérée dans sa durée. [...] ▼ **SOMMEIL** [...] V. **Hypn(o)-, somn-, sopor-; narc(o)-** [...] **SOMMEILLER** [...] ▽ V. aussi ASSOMMER, ASSOMMANT, DEMI-SOMMEIL, ENSOMMEILLE.

**SOMN-** Élément qui signifie « sommeil ». V. **Hypn(o)- sopor-; narc(o)-**. ▼ **SOMNAMBULE** [...] ▽ AMBUL- [...] ▼ **SOMNAMBULISME** [...] ▼ **SOMNAMBULIQUE** [...] ▼ **SOMNIFÈRE** [...] ▽ -(I)FER [...]▼ **SOMNOLER** [...] ▼ **SOMNOLENT, ENTE** [...] ▼ **SOMNOLENCE** [...] V. **Demi-sommeil, torpeur** [...] ▽ V. aussi INSOMNIE, INSOMNIAQUE.

Abb. 30: Auszüge aus den Artikeln *3. Somme* und *somn-* im *Robert méthodique*.

Während andere Wörterbücher morphosemantische Beziehungen gänzlich ignorieren, wird im *Robert méthodique* die Sichtbarmachung etymologischer Zusammenhänge bis ins (nicht mehr immer als solches wahrnehmbare) Detail praktiziert.[75]

Vergessen wir nicht, dass DFC und Robméth hinsichtlich ihrer Methode des *regroupement* einen altehrwürdigen Vorläufer haben: das Wörterbuch der Académie française (!), genauer gesagt die erste Auflage, die etymologisch, also nach Wortfamilien gegliedert war, und in der etwa unter dem Verb *or* Lexeme wie *dorer*, *doreur*, *dorure*, *desdorer*, *redorer*, *dorade*, *orfevre*, *oriflame* und *oripeau* aufgelistet sind (*Dictionnaires d'autrefois*).

Weiter oben wurde der Terminus ***dissoziiert*** ohne nähere Erläuterung verwendet. Eine solche soll nun gegeben werden, indem er seinem begrifflichen Pendant, ***konsoziiert*** gegenübergestellt wird. Diese Unterscheidung hat sehr viel mit der Transparenz morphosemantischer Beziehungen zu tun. In den germanischen Sprachen stehen die semantisch verwandten Lexeme in einem stärkeren Familienverbund zueinander als in den romanischen Sprachen, aber auch als im Englischen (s. Leisi/Mair [9]2008, 51–59), welches typologisch gesehen germanisch-romanisch ist. In den romanischen Sprachen sind diese Beziehungen sehr oft undurchsichtig(er), so dass einige Lexeme buchstäblich isoliert sind, wie dies bei *cécité* ('Blindheit') der Fall ist, das semantisch gesehen der unmittelbare Verwandte zu *aveugle* ('blind') ist, jedoch keinerlei morphologische Beziehung zu ihm aufweist. Das Verbalsubstantiv *aveuglement* bedeutete früher einmal 'Blindheit', ist heute jedoch nur noch im übertragenen Sinne gebräuchlich ('état d'une personne dont la raison est obscurcie, le discernement troublé'). Das Deutsche wird oft wegen seiner starken Konsoziiertheit als in lexikalischer Hinsicht „leichter" betrachtet, während es in den romanischen Sprachen viele Substantiv-Adjektiv-Paare des Typs *mère/maternel*, *oreille/auriculaire* bzw. *oto-*, oder *poitrine/pectoral* gibt, von denen das Substantiv Erbwort und das dazugehörige Adjektiv (gelehrtes) Lehnwort aus dem Lateinischen oder Griechischen ist.

---

[75] Das Wörterbuch wurde 2003 mit neuem Titel (NRobméth) neu aufgelegt. Das radikale Wortfamilienprinzip wurde beibehalten, jedoch werden die etymologischen Zusammenstellung typographisch „zurückhaltender" präsentiert.

| Französisch | Italienisch | Englisch | Deutsch | Niederländisch |
|---|---|---|---|---|
| *hôpital* | *ospedale* | *hospital* | *Kranken\|haus* | *zieken\|huis* |
| piéton | pedone | pedestrian | Fuß\|gänger | voet\|gang(st)er |
| *paillasson* | *zerbino* | *doormat* | *Fuß\|matte* | *voet\|mat* |
| oreiller | cuscino | pillow | Kopf\|kissen | hoofd\|kussen |
| *dictionnaire* | *dizionario* | *dictionary* | *Wörter\|buch* | *woorden\|boek* |

Abb. 31: Beispiele für konsoziierten Wortschatz in germanischen Sprachen und dissoziierten Wortschatz in romanischen Sprachen und großenteils auch im Englischen

Diese Dissoziation, d.h. Auflösung des Wortfamilienverbundes, hat in den germanischen Sprachen in der Allgemeinsprache so nicht stattgefunden (**maternell* gibt es gar nicht, *aurikular* bzw. *oto-* sowie *pektoral* nur fachsprachlich) – die Beziehungen zwischen semantisch verwandten Lexemen sind auch morphologisch „gewissermaßen vergesellschaftet (konsoziiert)" (Leisi/Mair [9]2008, 51), was schon Saussure erkannte, als er von der relativen Motiviertheit des sprachlichen Zeichens sprach (CLG 2013, 277). *Wörterbuch* ist „assoziativ solidarisch" mit *Wortspiel* oder *Märchenbuch*, „und syntagmatisch ist es solidarisch mit seinen Elementen" (279) *Wörter* und *Buch*, analog nl. *woordenbook*, wohingegen *dictionnaire*, *dizionario* und *dictionary* (synchronisch gesehen, und nur darum geht es hier), isoliert und dissoziiert sind, da sie keine Anbindung zu einem anderen Lexem in dieser Bedeutung haben. Wenn man so möchte, wurde in dem gerade behandelten *Robert méthodique* (Abb. 30) der Versuch unternommen, die Konsoziiertheit des französischen Wortschatzes unter Durchbrechung von Synchronie und Diachronie in allen Facetten aufzuzeigen.

Die Konsequenz eines eher dissoziierten Wortschatzes für die Lexikographie ist, dass weitaus weniger lexikalische Einheiten (Derivate, Komposita) in die Mikrostruktur eines Lemmas ohne eigene Semantisierung mit integriert werden können, als dies in einer Sprache wie dem Deutschen der Fall ist, wo ganze Reihen komplexer Lexeme aufgrund ihrer Konsoziiertheit (und damit Durchsichtigkeit) mit in einen Artikel aufgenommen werden können. Man vergleiche die Reihung von Komposita zu *Straße*, wobei das Lemma gleichzeitig Determinans und Determinatum sein kann – eine solche Transparenz wäre in den romanischen Sprachen nicht möglich:

**Stra·ße** *die*; *-*, *-n*;
|| *K-*: Straßenarbeiten, Straßenbelag, Straßenecke, Straßenfest, Straßenkarte, Straßenkehrer, Straßenkreuzung, Straßenlampe, Straßenlärm, Straßenlaterne, Straßenmusikant, Straßenname, Straßennetz, Straßenpflaster, Straßenrand, Straßenraub, Straßenräuber, Straßenreinigung, Straßenrennen, Straßensänger, Straßenschuh, Straßenseite, Straßensperre, Straßentheater, Straßenverkehr
|| *-K*: Asphaltstraße, Betonstraße, Schotterstraße, Teerstraße; Bergstraße, Dorfstraße; Fernstraße, Geschäftsstraße, Karawanenstraße, Landstraße, Passstraße, Schnellstraße, Uferstraße; Hauptstraße, Nebenstraße, Seitenstraße.

Abb. 32: Auszug aus dem Artikel *Straße* des LGDaF (typographisch verändert)

## 3.4 Gebrauchsangaben innerhalb der Mikrostruktur

Sollte die seit Bestehen sozialer Internet-Netzwerke in Umlauf gekommene neue Bedeutung von *ami* irgendwann einmal in den *Petit Robert* eingehen, darf man gespannt sein, welches „Etikett“ sie bekommen wird: *Inform.* (für *terme d'informatique*) oder *lang. des jeunes* (*langage des jeunes*)? Beide Angaben sind **Markierungen**, auch ***Marker*** (fr. *marques*, e. *labels* oder *indications of marking*), in der Germanistik auch *Markierungsetiketten*, *Markierungsprädikate* oder *pragmatische Angaben* genannt.[76] Es handelt sich dabei um Hinweise darauf, dass ein Lexem oder eine bestimmte Verwendung eines Lexems in einem spezifischen Kontext (d.h. in einer bestimmten Unterbedeutung oder in einer bestimmten syntagmatischen Verbindung) nicht der neutralen Allgemeinsprache entspricht, sondern dass „Verwendungsrestriktionen“ im Spiel sind, „um die der Muttersprachler intuitiv weiß, die der Fremdsprachler jedoch [...] eigens lernen muß“ (Hausmann 1989c, 649). Bleiben wir noch einen Moment beim Begriff des Freundes. Im modernen Französischen konkurrieren folgende Quasi-Synonyme zu *ami*, dargestellt an fünf französischen Wörterbüchern:

| 'ami' | PR | GR | PLi | Lexis 2009 | TLFi |
|---|---|---|---|---|---|
| *camarade* | FAM. | – | – | – | – |
| *chum* | (Canada) | ● | QUÉBEC FAM. | ● | ● |
| *copain* | FAM. | FAM. | FAM. | FAM. | FAM. |
| *frangin* | FAM. | – | ● | ● | FAM. |
| *pote* | FAM. | FAM. | FAM. | POP. | ARG. POP. |
| *poteau* | FAM. et VIEILLI | FAM. et VIEILLI | FAM., VIEILLI | VX | ARG. POP. |
| *vieux frère* | FAM. | – | ● | – | FAM. |

Abb. 33: Bezeichnungen für 'ami' und ihre Markierungen in 5 Wörterbüchern des Französischen (Legende: – keine Markierung, ● Lemma oder Bedeutung nicht verzeichnet)

Wie man sieht, hat es dieser Ausschnitt aus dem Wortfeld 'Freund' in sich, da zwischen den untersuchten Referenzwerken (sogar ein und desselben Verlages) keine Einigkeit bezüglich der stilistischen oder soziolinguistischen Wertigkeit der verschiedenen Ausdrücke besteht. Da wir von einer ungefähr gleichen inhaltlichen Füllung des Markers *familier* ausgehen können, ist dies bemerkenswert.

Die Probleme (und Defizite) sind aber noch weitaus größer, wie Reutner (2009, Kap. 4.1) zur Markierung im *Petit Robert* (CD-ROM 2001 und 2006) nachgewiesen hat. Nicht nur dass bei zweigliedrigen Verbindungen wie *emploi précaire* nur bei einem Lemma (*emploi*) und im Falle von *personnes âgées* bei keinem von beiden (sondern nur bei *vieillard*) markiert wird, es ist auch nicht immer klar, auf welche Elemente innerhalb der Mikrostruktur sich eine Markierungsangabe bezieht (s.v. *âge*: *le troisième âge* ist als

---

[76] Vgl. Hausmann (1989c), Schafroth (2003b), Herbst/Klotz (2003, 88ff.), Engelberg/Lemnitzer ($^4$2009, 208f.) und Svensén (2009, 315ff.).

Euphemismus gekennzeichnet, *le quatrième âge* nicht) oder warum die Bezeichnung *par euphém.* wie bei fr. *gay* nur im etymologischen Kommentar erscheint, obwohl der Anglizismus ja nach wie vor in euphemistischer Weise verwendet wird. Schließlich verblüfft der Vergleich zwischen dem *Petit Robert* und dem TLFi, der als Ergebnis hervorgebracht hat, dass 53% der im *Petit Robert* markierten Lexeme, Verbindungen und Verwendungen im *Trésor* unmarkiert sind.

Im Grunde bedeutet ein Marker immer auch ein pragmatisches Ausrufezeichen, weil die Verwendung eines markierten Elements zu kommunikativen Konsequenzen führen kann. Diese müssen nicht zwangsweise negativ sein, denn wenn ich mit Informatikern spreche und computerspezifischen Fachwortschatz verwende, liege ich ja richtig. Auch mache ich nichts falsch, wenn ich in lockerer Runde mit Freunden plaudere und auf umgangssprachliches bis womöglich deftiges Vokabular zurückgreife (vgl. die Auswahl aus *il pleut très fort/en abondance/à verse/comme vache qui pisse*, *il flotte*, *il tombe des cordes*). Darüber hinaus aber stehen viele sprachliche Fettnäpfchen parat, die gegen die Angemessenheit des Stils (in der antiken Rhetorik das *aptum*) verstoßen können, je nachdem, mit wem ich an welchem Ort und in welcher Situation über welches Thema in welcher Art und Weise kommuniziere. Da in einer Gesprächssituation nur selten monolithische und konstante Konfigurationen vorliegen (wie z.B. bei stark formalisierten Textsorten, etwa einer Vereidigung), sondern von aufeinanderfolgenden und sich überlappenden spezifischen mehr oder weniger nähesprachlichen Konstellationen auszugehen ist, die zudem von individuellen Faktoren (z.B. schwankender Stimmung oder nachlassender Konzentration) und den verschiedensten Konsequenzen sprachlicher Interaktion beeinflusst sein können, scheint es nahezu unmöglich, mit einer einzigen Abkürzung festzulegen, dass ein Lexem grundsätzlich umgangssprachlich, förmlich oder veraltet ist. Wichtig scheint mir das **illokutive Potenzial** markierter Elemente zu sein, mit denen ich bewusst übertreiben, provozieren, verharmlosen, stilistisch brillieren oder auch nur parodistisch in Erscheinung treten möchte (nicht jeder, der in Deutschland *Moin, moin* sagt, kommt auch wirklich aus dem Norden!). Der Anspruch an das Leistungspotenzial von Markierungsangaben ist also sehr hoch, und es darf bezweifelt werden, dass er durch die jetzige lexikographische Praxis eingelöst werden kann.

Da die Markiertheit lexikalischer Elemente zum sprachlichen – und im Übrigen auch verstehensrelevanten – Wissen von Muttersprachlern gehört, die in der Regel gut darüber Bescheid wissen, wo die Grenzen der Einsetzbarkeit eines Lexems sind, ist es durchaus sinnvoll, von *Zentrum* und *Peripherie* eines Markierungsraums (wie demjenigen von *familier* etwa) zu sprechen (vgl. Hausmann 1989c, 650f.). Für jeden Markierungstyp besteht somit ein Spielraum zwischen einer prototypischen und einer an zwei Ränder grenzenden peripheren Bewertung (bei *familier* zwischen *neutre* und *populaire*), was auch die Diskrepanz zwischen den Wörterbüchern erklären würde.

Wir haben bisher vor allem über Probleme mit Markierungsangaben gesprochen, jedoch noch nicht darüber, welche Typen von Markierungen es gibt. Hausmann (1989c, 651) hat hierfür ein Modell vorgelegt, das lexikographischer Standard geworden ist (vgl. etwa Svensén 2000, 316) und elf Markierungsdimensionen unterscheidet. Das Schema wird in Abb. 34 in leicht abgeänderter Form wiedergegeben – das vierte Kriterium (Medialität) wird aus dem Schema herausgenommen und unten gesondert diskutiert:

| | **Kriterium** (Variabilität in Bezug auf:) | **unmarkiertes Zentrum** | **markierte Peripherie** | **Art der Markierung** | **Beispiele für typische Marker** |
|---|---|---|---|---|---|
| 1 | Zeit | gegenwärtig | alt–neu | diachronisch | vx., néol., hist. |
| 2 | Räumlichkeit | überregional, pannational | dialektal–regional | diatopisch | dial., Ouest, rég., Belgique |
| 3 | Nationalität | zur eigenen Nat. gehörig | fremd/ entlehnt | diaintegrativ | anglicisme |
| 4 | Medialität | [s. unten] | [s. unten] | [s. unten] | [s. unten] |
| 5 | soziokulturelle Zugehörigkeit | unauffällig | niedrig–hoch, soz. Gruppen | diastratisch | pop., lang. des jeunes |
| 6 | Formalität | neutral | informell–formell | diaphasisch | fam., vulg., fml., soutenu |
| 7 | Textsortenspezifik | unspezifisch | lit./journal./ jur./admin. | diatextuell | poét., admin., Journ., Dr. |
| 8 | Technizität | allgemeinspr. | fachsprachl. | diatechnisch | Inform., Méd. |
| 9 | Frequenz | häufig | selten | diafrequent | rare |
| 10 | Attitüde | neutral | konnotiert | diaevaluativ | péj., euph. |
| 11 | Normativität | korrekt | unkorrekt | dianormativ | critiqué, in-corr. |

Abb. 34: Typologie von Markierungen im Wörterbuch nach Hausmann (1989c) (mit Veränderungen und Ergänzungen)

Markierungen können sich also auf sehr verschiedene Sachverhalte beziehen: auf die regionale Herkunft oder die soziale Zugehörigkeit eines Sprechers, auf dessen Ausdrucksabsicht, auf den Formalitätsgrad einer Kommunikationssituation, auf einen fachspezifischen Kontext, ja sogar auf Textsorten (wie Literatur, Texte aus früheren Jahrhunderten). Dies bedeutet, dass ein Marker wohl auch signalisieren können soll, wie der Sprecher, der ein solches Lexem benutzt, (vermutlich) soziokulturell oder bezüglich seiner Sperchweise einzustufen ist. Dies ist natürlich anhand eines einzigen Ausdrucks unmöglich und besonders bei der diastratischen Markierung (Kriterium 5) von den Wörterbüchern viel zu oberflächlich ausgearbeitet (was heißt schon *populaire*?). Man könnte höchstens suggerieren, dass Sprecher mit einem bestimmten Bildungshintergrund typischerweise oder tendenziell dieses oder jenes sprachliche Zeichen verwenden, was empirisch jedoch überhaupt nicht abgesichert ist.

Hinzu kommt, dass bei einigen Kriterien (2, 5, 8–11) die Dichotomie *phonisch/graphisch* grundsätzlich mit in Ansatz gebracht werden müsste, weswegen auch

Kriterium 4 – nachdem dieser Bereich in den letzten 25 Jahren in der Romanistik besonders intensiv diskutiert wurde (vgl. Koch/Oesterreicher $^{2}$2011, Hunnius 2013) – neu überdacht werden sollte. Gerade im Hinblick auf computervermittelte Kommunikation mit medienkonvergenten Erscheinungsformen (Schriftlichkeit + Audiovisualität + Intertextualität) wäre ein komplexes Darstellungsmodell vonnöten (vgl. hierzu Dürscheid $^{4}$2012, 23–62). Es sollte beachtet werden, dass sich je nach Medium und Grad der Elaboriertheit des Gesagten oder Geschriebenen unterschiedliche Wertigkeiten (Wirkungen) von Lexemen ergeben können. So sind folgende Adjektive an sich schon mit einer gewissen Markiertheit ausgestattet, die sich aber in Abhängigkeit von den genannten Faktoren noch merklich nach oben oder unten verändern kann. Kombinieren wir also Kriterium 4 (Medialität) mit Kriterium 6 (Formalität):

| | **Phonisches Medium** | | **Graphisches Medium** | |
|---|---|---|---|---|
| | ←→ | | ←→ | |
| | (1) | (2) | (3) | (4) |
| **betont informell** | *vachement bon* | *formidable* | *vachement bon* | *formidable* |
| **(eher) informell** | *formidable* | *génial* | *formidable* | *génial* |
| **neutral** | *génial* | *excellent* | *Génial* | *excellent* |
| **(eher) formell** | *excellent* | *délicat* | *excellent* | *délicat* |
| **betont formell** | *Délicat* | *délectable* | *Délicat* | *délectable* |

Abb. 35: Formalitätsgrad je nach Medium und Grad der Spontaneität und Elaboriertheit im phonischen und graphischen Medium – exemplifiziert an möglichen Adjektiven für den Satz *C'est un plat X.*

Legende: (1) maximale Spontaneität, (2) minimale Spontaneität, (3) geringe Elaboriertheit, (4) höchste Elaboriertheit

Spontaneität ist gekoppelt an Mündlichkeit (immer phonisch) (1), die jedoch auch bis zu einem gewissen Grad, wenn wir den vorgelesenen Text einer Rede einmal außer Acht lassen, durch Wortschatz und Strukturen elaborierter Sprache gekennzeichnet sein kann (2) (z.B. Sprechen in formellen Situationen). Im graphischen Bereich kann geringere Elaboriertheit etwa in Internetkommunikation vorliegen (3), während ein journalistischer, wissenschaftlicher Text oder gar administrativer oder juristischer Text hohe bis höchste Elaboriertheit aufweist (4). Abb. 35 gibt den Versuch wieder, das Kriterium Medium (Phonie/Graphie), das Kontinuum zwischen maximaler Spontaneität und höchster Elaboriertheit sowie den Formalitätsgrad miteinander in Verbindung zu bringen – das alles exemplifiziert an der Äußerung *C'est/C'était un plat ADJ.* Zur Auswahl stehen die Adjektive *délectable*, *délicieux*, *exquis*, *raffiné*, *succulent*, *savoureux*, *très bon*, *excellent*, *super*, *génial*, *formidable* und *vachement bon*, von denen nur einige in Abb. 35 dargestellt werden können. Abgesehen davon, dass außer den informellen kaum eines dieser Lexeme eine Markierung in französischen Wörterbüchern erfährt, spielt es keine geringe Rolle, in welchem Medium und in welcher der Gesprächskonstellationen (1) bis (4) etwas geäußert wurde.

## 3.5 Sprachgebrauchshinweise und Abbildungen in der Makrostruktur

Der lexikographische Service in englischen Lernerwörterbüchern sucht bekanntlich seinesgleichen. Ein Beispiel dafür, zusammengefasst mit dem Terminus *usage notes*, sind Kästen und Tabellen innerhalb der Makrostruktur, also nicht in Außentexten (Kap. 2.1). Solche **Sprachgebrauchshinweise**, in denen Wortfeldnachbarn semantisch und kotextuell gegeneinander abgegrenzt, Routineformeln situationsbezogen erklärt oder grammatikalische Phänomene synoptisch erläutert werden, wären auch in der französische Lexikographie – nicht nur in der pädagogischen – möglich und wünschenswert. Eine Gegenüberstellung der Funktionen und des Gebrauchs von *pouvoir* und *savoir* etwa, oder von *avoir besoin de*, *falloir*, *nécessiter*, *exiger*, *réclamer* u.a., wäre eine lohnende Innovation in französischen Wörterbüchern.

Spärlich sind auch die **Abbildungen** in einsprachigen Wörterbüchern des Französischen. In den Robert-Wörterbüchern MR, PR, GR und im TLF(i) sind sie gar nicht vorhanden, die Larousse-Wörterbücher hingegen machen davon Gebrauch (etwa PLi, DFCill). Sie haben dort stark enzyklopädischen Charakter und könnten eigentlich genauso gut in einer Enzyklopädie oder, was den *Petit Larousse illustré* betrifft, im zweiten (enzyklopädischen) Teil des Wörterbuchs stehen. Die Qualität der Zeichnungen und Photos ist inzwischen hochwertig und durchaus illustrativ und nützlich. Die Domänen, zu denen Abbildungen gegeben werden, sind sehr vielfältig: Flora, Fauna, Naturwissenschaften, Technik, Geschichte, Musik, Mode, Sport etc. Viele Abbildungen erfüllen die Funktion der Sichtbarmachung analogischer Bezüge (meist Meronymie und Kohyponymie), z.B. zum Artikel *hêtre* ('Buche'): die Darstellung des Baums, der Blätter und Frucht (*faine* ('Buchecker')), männlicher und weiblicher Blüten. Immer häufiger eingesetzt werden auf Hochglanzpapier gedruckte zusammenhängende Seiten (*planches*), die unter einem bestimmten Motto stehen und irgendwo im Inneren des Wörterbuchs platziert werden, so wie im PLi 2011 die zehnseitige Farbdokumentation auf schwarzem Hintergrund mit dem Titel *Les nouvelles planches du Petit Larousse*. Darin finden sich Gewürze, fleischfressende Pflanzen, Korallen, bedrohte Tiere, die Fußballweltmeisterschaft (mit einem Bild von Lionel Messi, Argentinien), Südafrika, Friedensnobelpreisträger, traditionelle Habitate und weltbekannte Brücken. Gegebenenfalls zusätzlich zur lexikographischen Beschreibung eines Lemmas oder auch komplementär zu dieser kann eine Illustration nicht nur erklärungsstützende Funktion haben, sondern auch der überlegene Informationsträger sein:

> Ein Bild enthält eine Menge an Information in kondensierter Form, was durch die simultane und zweidimensionale Präsenz aller seiner Teile bedingt ist. Dies gilt um so mehr bei komplexen Illustrationen wie strukturellen, funktionalen, nomenklatorischen oder szenischen Darstellungen und Funktionsschemata. Der Betrachter kann aus dem eher synthetischen Bild – die Definition wird dagegen als analytisch bezeichnet – je nach Interesse mehr oder weniger Information entnehmen, während eine Definition erst einmal ganz gelesen werden muß. Die Informationsaufnahme über das Bild erfolgt wegen der analogen und vielleicht räumlichen

> Speicherung im Gedächtnis im allgemeinen rascher und führt auf sichererem Wege zu dem intendierten Verständnis (Hupka 1989, 246).

Wie aus diesem Zitat deutlich wird, sind Abbildungen keineswegs nur schmückendes und werbewirksames Beiwerk, sondern, dort wo sie die Wirklichkeit darstellen können, semiotisch und kognitiv bedeutsame Komponenten in Wörterbüchern, seien diese rein sprachlicher oder enzyklopädischer Natur.

Aufgaben

1. Stellen Sie möglichst viele Mitglieder des Wortfeldes 'regarder' zusammen. Benutzen Sie hierfür den TLFi. Stellen Sie unter *Recherche assistée* bei 2a) *verbe*, bei 5a) *Définition* und bei *Contenu 1/Oui*: *regarder* ein.
2. Worum handelt es sich lexikologisch gesprochen bei den fettgedruckten analogischen Verweisen im Artikel *réprimander* des PR? Und wie sind die danach folgenden Verbindungen in Klammern (*remettre à sa place* etc.) zu bewerten?
3. Gelingt es Ihnen, den Unterschied zwischen *provocant* und *provocateur* gemäß PR (oder GR) und TLFi herauszufinden? Worauf müssen Sie besonders achten?
4. Falls Sie Zugang zu Frantext (www.frantext.fr) haben, versuchen Sie Näheres über den Gebrauch von *provocant* und *provocateur* in Erfahrung zu bringen. Benutzen Sie hierfür die Funktion *Étude du voisinage d'un mot*.
5. Versuchen Sie, in einem Wörterbuch Ihrer Wahl die semantischen und kotextuellen Unterschiede zwischen den (Quasi-)Synonymen *utiliser*, *employer*, *se servir de*, *user* und *user de* zu eruieren.
6. Untersuchen Sie folgende Lexeme nach den Methoden der strukturalistischen Merkmalsanalyse (Seme, Semem, Archisemem, Archilexem): *bicyclette*, *autobus*, *camion*, *moto*, *taxi* und *voiture* (*automobile*). Ist das Wörterbuch (PR, TLFi) eine Hilfe?
7. Welche Erwartungen würden Sie mit einem Frame 'Seminar an der Universität' verknüpfen? Versuchen Sie, diese mit (deutschen oder französischen) Lexemen zu bezeichnen. Können Sie versuchen, eine Struktur innerhalb dieses Frames zu zeichnen und die Lexeme in diese Struktur einfügen? (Sie dürfen auch gerne auf die analogischen Bezüge des PR oder GR zurückgreifen).

# 4. Typologie einsprachiger Wörterbücher

Man kann sich mehrere Kriterien vorstellen, nach denen Wörterbücher klassifiziert werden können, die Frage ist nur, wie weit einen die eine oder andere Einteilung bringt. Ein rein formales Kriterium etwa wie 'einbändige vs. mehrbändige Wörterbücher' müsste weitere Feindifferenzierungen erfahren (doch welche?), ebenso eine Unterscheidung nach den beteiligten Sprachen ('einsprachig vs. zwei- oder mehrsprachig') oder nach der Größe (Taschen-, Hand-, Großwörterbuch). Es wurden bereits viele Versuche unternommen, lexikographische Werke zu klassifizieren (vgl. Hausmann 1989d, Herbst/Klotz 2003, Engelberg/Lemnitzer $^{4}$2009, Svensén 2009), die hier nicht im Einzelnen zur Sprache kommen können. Stattdessen sollen einige Grundprobleme der Typologisierung angesprochen und die Entscheidung für die Auswahl in diesem Buch vorgestellt und begründet werden.[77]

Eine Möglichkeit der Typologie basiert auf dem Kriterium der *Benutzungsfunktion*, richtet sich also nach dem Zweck eines Wörterbuchs. Die beiden Hauptfunktionen sind demnach das Nachschlagen und das Lesen, letztere zur „Erbauung und Belehrung" oder zur „Spracherlernung" (Engelberg/Lemnitzer $^{4}$2009, 20). Erstere von beiden, die weitaus häufigere Funktion, besteht darin, ein Wörterbuch zu *konsultieren*, und zwar zur:

a) Kompetenzkontrolle (z.B. für die Rechtschreibung), b) Textrezeption (um etwas sprachlich oder sachlich besser zu verstehen), c) Textproduktion (etwa um Synonyme zu suchen), d) Übersetzung (allgemein- oder fachsprachlicher Natur) oder e) zu Forschungszwecken. Jede dieser Funktionen ließe sich weiter nach Wörterbuchtypen (z.B. Enzyklopädie für b) aufschlüsseln und jedem Zweck ließe sich ein typischer Personenkreis zuordnen, der von (a) allgemein schreibenden Personen, Schülern und Sekretärinnen und (b) „Sprachgebildeten" (ib.) über (c) Redner, Werbetexter, Journalisten, Schriftsteller, Studenten u.a. zu (d) Schülern, Studenten, Übersetzern und (e) Wissenschaftlern reicht.

Vermutlich ist diese Sicht auf Wörterbücher aus der Perspektive der Nutzer und Käufer die einzig wahre, denn schließlich will man ein solches Buch punktuell, effizient und schnell nutzen und es nicht zum Zeitvertreib mit an den Strand nehmen (diese Möglichkeit besteht jedoch inzwischen auch durch Apps auf dem Smartphone). Außerdem ist nicht gesagt, dass sich mit einem Wörterbuch nicht mehrere Funktionen gleichzeitig erfüllen lassen, was diese Klassifikation etwas verwässern würde. Eine andere Sicht auf lexikographische Hilfsmittel hat mit der Frage zu tun, durch welche *Strukturen* und *Informationstypen* diese gekennzeichnet sind, auch damit, wie viel Information zu finden ist. Ohne auf die verschiedenen Klassifizierungsversuche einzugehen, sei zunächst (Abb. 36) eine eigene Typologie und sodann (Abb. 37) eine Auswahl an Wörterbuchtypen

[77] Basierend auf Hausmann (1989d) und Engelberg/Lemnitzer ($^{4}$2009).

vorgeschlagen, die im Zusammenhang mit der französischen Lexikographie von besonderem Belang sind.

Zuerst muss jedoch zwischen drei grundlegenden Kategorien unterschieden werden, wobei (textbezogene) Nachschlagewerke wie Glossare und Konkordanzen außer Acht gelassen werden: zwischen Wörterbüchern, enzyklopädischen Wörterbüchern und Enzyklopädien (s. bereits Kap. 1.4). Die weitere Subklassifikation betrifft der Einfachheit halber nur noch die Wörterbücher, wobei die überwiegende Anzahl an Untertypen *Spezialwörterbücher* sind. Allerdings ist es wichtig, *Definitionswörterbücher*, die auch als Gebrauchs- oder Gesamtwörterbücher in Erscheinung treten können (s. Kap. 4.3), und *historische Wörterbücher* (s. Kap. 4.2) als eigene Typen auszugliedern:

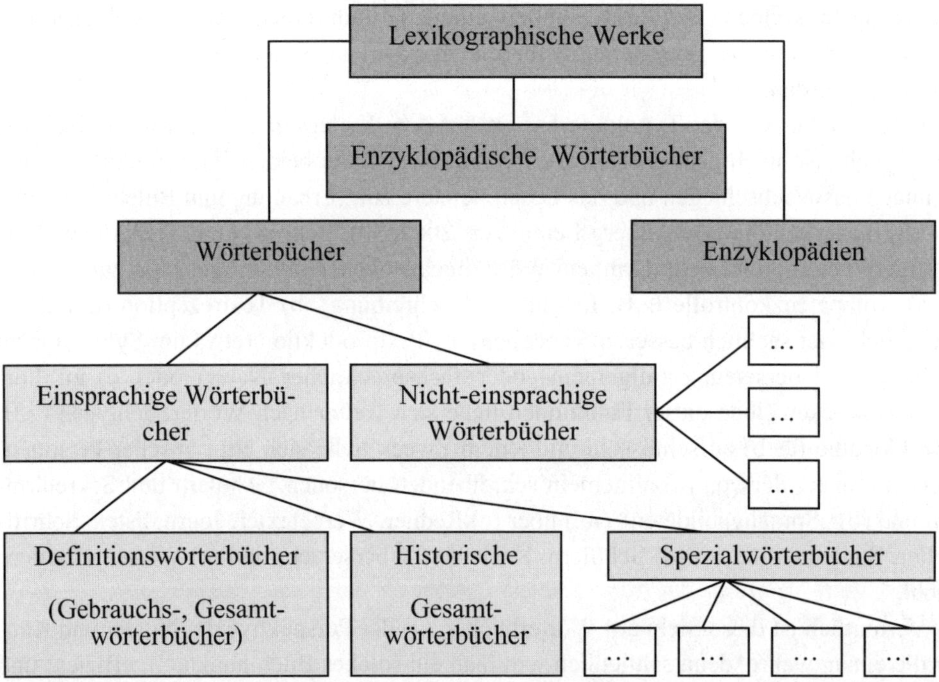


Abb. 36: Typologie lexikographischer Werke

Die Klassifikation, der wir hier folgen werden, ist jedoch nicht im Sinne einer stringenten, sich verzweigenden Taxonomie, wie in Abb. 36 darzustellen versucht wurde, zu verstehen, sondern in Form von Wörterbuchbegriffspaaren, die die Struktur von Kap. 4 und den Inhalt von Kapitel 6, 7 und 8 bestimmen (Enzyklopädien werden in Kap. 7 behandelt):

| Wörterbuchtyp (einsprachig) | In der Literatur übliche lexikographische Grundzuordnung | Kap. |
|---|---|---|
| semasiologische/onomasiologische Wb. | Allgemein- oder Spezialwörterbuch | 4.1 |
| synchronische/diachronische Wb. | Allgemein- oder Spezialwörterbuch | 4.2 |
| Definitions-/enzyklopädische Wb. | Allgemeinwörterbuch | 4.3, 5 |
| normative Wb. | Allgemein- oder Spezialwörterbuch | 4.4 |
| pädagogische Wb. | Spezialwb. (informationstyporientiert) | 4.5 |
| syntagmatische Wb. | Spezialwb. (informationstyporientiert) | 4.6 |
| paradigmatische Wb. | Spezialwb. (informationstyporientiert) | 4.7 |
| Wb. des Argot, der Jugend- und Umgangssprache | Spezialwb. (sprachvarietätenorientiert) | 4.8 |
| Wb. zu Varietäten des Frz. | Allgemein- oder Spezialwörterbuch | 6 |
| **Wörterbuchtyp (nicht einsprachig)** | **Lexikographische Grundzuordnung** | **Kap.** |
| zwei- und gemischtsprachige Wb. | Allgemein- oder Spezialwörterbuch | 8 |

Abb. 37: Wörterbuchtypen, die in diesem Band näher besprochen werden

Die meisten Typologisierungen unterscheiden zuerst primär in einsprachige und nicht-einsprachige Wörterbücher und innerhalb der ersten Kategorie in allgemeine und Spezialwörterbücher. Abgesehen davon, dass inzwischen auch rein digitale sowie retrodigitalisierte Wörterbücher von Nur- und Auch-Printwörterbüchern zu unterscheiden wären (hier in Kap. 5, 7–8), ist es keineswegs immer klar, ob ein Wörterbuch allgemeiner[78] oder spezieller Natur ist (z.B. im Falle des Typus 'normatives' Wörterbuch oder der Wörterbücher anderer frankophoner Sprachgemeinschaften). Tragfähiger scheint mir die Differenzierung der **Spezialwörterbücher** nach lemmaorientierten, informationstyp-, benutzergruppen- und varietätenorientierten Wörterbüchern zu sein, wie Engelberg/Lemnitzer ($^4$2009, 22) sie vorschlagen, jedoch ist sie für unsere Zwecke in ihrer Gänze nicht umsetzbar.

Die hier getroffene Präsentation von Wörterbüchern ist somit unmittelbar an Geschichte und Gegenwart der *französischen* Lexikographie ausgerichtet.

## 4.1 Semasiologische und onomasiologische Wörterbücher

Semasiologie und Onomasiologie sind zum einen zwei diametral entgegengesetzte Perspektiven auf die beiden Seiten des sprachlichen Zeichens, zum anderen zwei unter-

[78] Als *Allgemeinwörterbücher* können wir mit Engelberg/Lemnitzer ($^4$2009, 25) diejenigen Wörterbücher bezeichnen, „die sich an der Standardsprache orientieren, die Lemmata alphabetisch anordnen und im Wesentlichen das volle Informationsprogramm für die verschiedenen Typen von Lemmazeichen bieten". Die Autoren untergliedern diese Kategorie in allgemeine einsprachige Wörterbücher (oder *Definitionswörterbücher*), *enzyklopädische* und *historische Wörterbücher*. Man müsste wohl auch noch die Extensivität der Makrostruktur als Kriterium hinzufügen (s. Kap. 2.1).

schiedliche Methoden der Sprachwissenschaft, die aus diesen Blickwinkeln resultieren. Zuerst trat der Terminus *Semasiologie* im Sinne von 'Bedeutungslehre' Ende des 19. Jahrhunderts auf und eine Zeit lang, vor allem in Frankreich, in Konkurrenz zum Ausdruck *Semantik*. Der TLFi erläutert die bis heute geltende Lesart von *sémasiologie* treffend wie folgt:

> Quand on part *d'un mot donné* pour grouper dans un ordre logique les différentes significations de ce mot, on fait de la **sémasiologie** (TLFi).

Die Perspektive ist also diejenige vom *signifiant* auf den *signifié* bzw., da meist Polysemie vorliegt, auf die *signifiés*, von der Ausdrucks- zur Inhaltsseite. Nach den Bedeutungen eines Lexems, ausgehend von seiner Form, zu fragen, ist in der Tat eine genuin semantische Fragestellung – deshalb auch die anfängliche begriffliche Konvergenz der beiden Termini. Erläutern wir Semasiologie an einem konkreten Beispiel:

> **argent** n. m. **1** Métal blanc […] **2** Monnaie métallique à base du métal argent […] **3** Moyen de paiement, monnaie […] (GR).

Vom Lemma – hier genauer: der Lemmazeichenform – *argent* auszugehen und sich zu fragen, welche Bedeutungen dieser Form zugeordnet werden können, ist eine semasiologische Vorgehensweise. Damit ist klar, dass diejenige Sparte der Lexikographie, die ihre Makrostruktur alphabetisch organisiert, semasiologisch arbeitet. Eine weitere Paradedomäne der Semasiologie ist die strukturelle Lexikologie.

Die Onomasiologie ist zunächst ebenso eine Perspektive:

> quand on part *d'une idée donnée* pour grouper les différents mots qui servent à exprimer cette idée, on fait de l'*onomasiologie* (TLF).

Der Ausgangspunkt ist hier also der Begriff, und die Fragestellung lautet: Welche *signifiants* gibt es, die diesen *signifié* bezeichnen bzw. ihm zugeordnet werden können? Illustrieren wir dies am Begriff 'Geld'. Die naheliegende Bezeichnung dafür ist *argent* selbst, darüber hinaus aber auch Synonyme für *argent*, die das gleiche Denotat haben:

> *pécune* (vx), (fam. ou argot) *aubert, blé,* 2. *braise, cig* (ou *sig*) [vx], *ferraille, flouss* (*flouze*), *fraîche, fric, galette, oseille, pépètes, pèse* (*pèze*), *pognon, quibus* (vx) (GR).

Ihren wissenschaftlichen Ursprung hatte die Onomasiologie Anfang des 20. Jahrhunderts in der deutschen Romanistik, als Arbeiten entstanden, die Lexeme zusammenfassten, die ein bestimmtes Konzept oder benachbarte Konzepte repräsentieren, wie z.B. die romanischen Bezeichnungen der Körperteile. Diese Studien waren praktisch die Vorläufer der Wortfeldbeschreibungen in der strukturellen Semantik. In der Folgezeit wurde versucht, ganzheitliche Begriffssysteme zu entwerfen, mit denen die Gesamtheit der Begriffe einer oder mehrerer Sprachen erfasst werden sollte. Das bekannteste Beispiel in der Romanistik ist das 1952 ($^2$1963) erschienene *Begriffssystem als Grundlage für die Lexikographie* von Rudolf Hallig und Walther von Wartburg – außer dem Titel, der Vorrede und der Einführung, die zweisprachig sind, ist das Werk vollständig auf Französisch verfasst –, das aufgrund zahlreicher Widersprüche[79] vor allem eines aufzeigte: Wie schwierig es ist, die Welt in Begriffe zu gliedern, die zudem übereinzelsprachliche Gültigkeit haben sollen (nach Glessgen $^{2}$2012, 283). Die Vorarbeiten zu diesem Begriffssystem stammen aus der ursprünglichen Konzeption des *Französischen Etymologischen Wörterbuchs* (FEW), zu dem inzwischen ein (alphabetisch sortierter) onomasiologischer Index erstellt wurde (abrufbar auf den Seiten des ATILF). So wird vom Begriff 'embrasser' verwiesen auf neun verschiedene Lexeme, darunter ADORARE, BAJULARE, BASIARE und BECCHUS.

Die Einteilung in Begriffe ist sodann in der Sprachgeographie auf fruchtbaren Boden gefallen, so dass Sprachkarten ein Beispiel *par excellence* für eine genuin onomasiologische Sprachwissenschaft darstellen: Welcher Ausdruck wird in welcher Gegend für diesen oder jenen Begriff (z.B. für die Sense) verwendet? In der Lexikographie ist die Onomasiologie ebenfalls weithin präsent, sei es in Form von begrifflich oder nach Sachgruppen gegliederten Wortschatzsammlungen, ferner in Form sogenannter *ideologischer Wörterbücher*, die die inhaltliche und assoziative Struktur des Wortschatzes abbilden wollen (z.B. das genannte *Begriffssystem* oder auch der Wörterbuchtypus des *Thesaurus*),[80] als Bildwörterbücher und schließlich in Gestalt von *analogischen Wörterbüchern* (wie den Werken aus dem Verlag Le Robert), genauer gesagt ihrer analogischen Komponenten.[81]

In diesem Buch ist die überwiegende Anzahl der besprochenen Wörterbücher semasiologischer Natur, repräsentiert durch die alphabetischen Makrostrukturen, z.B. des TLF. Eine onomasiologische Makrostruktur weist das Phrasemwörterbuch von Bárdosi/Ettinger/Stölting ($^{3}$2003) auf (s. Kap. 4.8); eine starke onomasiologische, genauer gesagt analogische Ausrichtung enthalten die makrostrukturell jedoch alphabetisch gegliederten Wörterbücher *Micro Robert*, *Petit Robert*, *Grand Robert* sowie der *Robert méthodique* (Rméth) und seine Nachfolger (NRméth und RBrio) (s. Kap. 3.3.1.4 und 5). Es gibt allerdings nur wenige semasiologische Wörterbücher, die überhaupt keine onomasiologische Komponente haben, denn bereits Synonymangaben sind im Prinzip eine solche – vgl. z.B. den Reichtum an diesbezüglicher Information im *Dictionnaire de*

---

[79] Die begrifflichen Gruppen sind nicht in erkennbarer Weise hierarchisch organisiert. Viele Querverweise bei einzelnen Begriffen auf andere Kategorien deuten auf die Unausgegorenheit der Struktur und letztlich Unmachbarkeit des Vorhabens hin (z.B. *abeille* bei INSECTES und L'HOMME AU TRAVAIL).

[80] Ein *Thesaurus* hat laut Engelberg/Lemnitzer ($^{4}$2009, 36) eine „ideologische Zugriffsstruktur", d.h. „ein meist hierarchisches System von Begriffen, das Entitäten und Relationen der Wirklichkeit darstellt. Mit diesen Begriffen werden Lexeme zugeordnet, mit denen sie ausgedrückt werden oder mit deren Hilfe sich der durch den Begriff erfasste Wirklichkeitsausschnitt sprachlich erschließen lässt" (ib.). Berühmte Beispiele für *Thesauri* sind etwa der *Deutsche Wortschatz nach Sachgruppen* ($^{7}$1970) von Franz Dornseiff und *Roget's Thesaurus of English Words and Phrases* (1852, $^{10}$1991).

[81] Näheres zu den onomasiologischen Wörterbüchern findet man bei Rey-Debove (1989) und Reichmann (1990).

*français Larousse en ligne* (DdfLAR), oder in Spezialwörterbüchern wie dem *Dictionnaire des combinaisons de mots* (Dcm) (s. Kap. 4.6) oder Synonymwörterbüchern (s. Kap. 4.7), vorausgesetzt, der Ausgangspunkt sind (außersprachlich verankerte) Begriffe, und nicht Lexeme (was nicht immer leicht nachzuweisen ist). Es lassen sich also unterscheiden:

**Semasiologische Wörterbücher**:
- ~ ohne onomasiologische Komponente;
- ~ mit minimaler onomasiologischer Komponente (Synonym-, Antonymangaben);
- ~ mit ausgebauter onomasiologischer Komponente (analogische Bezüge).

**Onomasiologische Wörterbücher**:
- ~ mit begrifflich gegliederter Makrostruktur (Begriffssystem, Thesaurus, Wortschatz nach Sachgruppen u.ä.);
- ~ als Bildwörterbücher (sofern nicht die Bilder *definiens* sind – sonst würde es sich um eine semasiologische (ostensive) Definition handeln (s. Kap. 3.1.2 und 3.3.1.3));
- ~ Synonym- und Antonymwörterbücher (mit Einschränkungen – es müsste die begriffliche (und nicht lexematische) Basis erkennbar sein (s. Reichmann 1990, 1058)).

**Bildwörterbücher** sind durch eine onomasiologische Zugriffsstruktur gekennzeichnet – die Welt wird also begrifflich gegliedert – und können nur sichtbare Bereiche abbilden, also Substantive, die Konkreta bezeichnen (vgl. Gavira 2005, *Duden français*). Da sie ausschließlich die „referentielle, rein denotative Bedeutung der Lemmata“ erfassen, und nicht etwa weitere sprachliche Bedeutung (z.B. von *Vogel*), und auch sonst nur sehr wenige sprachliche Informationen enthalten, „könnte gefragt werden, ob Bildwörterbücher überhaupt zu den Sprachwörterbüchern zu rechnen sind oder vielmehr eine engere Beziehung zu den Enzyklopädien aufweisen“ (Hupka 1989b, 43). Letztlich stehen sie den begrifflich gliedernden Wörterbüchern aber doch näher, da außer dem Bild ja keine weiteren „Sachinformationen“ vermittelt werden. Die grundsätzliche Frage, ob Bildwörterbücher onomasiologisch oder semasiologisch benutzt werden (s. oben), lässt sich pauschal nicht klären. Das *Große Themenwörterbuch Französisch* (*GThF*) gliedert nach Sachgebieten wie z.B. *Au restaurant*, *Les professions*, *La religion* und nutzt dabei Photos und andere Abbildungen in geschickter Weise verstehensunterstützend und damit semasiologisch.

Im Grunde sind **zweisprachige Wörterbücher** inhärent semasiologisch und onomasiologisch zugleich, denn der vom Lexem der Ausgangssprache (A) zum Lexem der Zielsprache (B) verlaufende Weg ist kognitiv gesehen zuerst semasiologisch (von der $\text{Form}_A$ zum $\text{Inhalt}_A$), dann onomasiologisch (vom $\text{Inhalt}_{A/B}$ zur $\text{Form}_B$), wobei der translatorische Prozess darin besteht, den Inhalt des Lexems der einen auf den Inhalt des

Lexems der anderen Sprache zu übertragen, um dann einen zielsprachenadäquaten Ausdruck dafür zu finden:

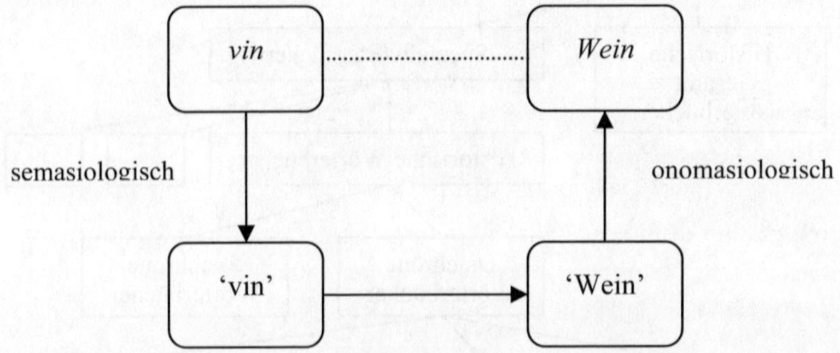


Abb. 38: Semasiologische und onomasiologische Relationen im zweisprachigen Wörterbuch

## 4.2 Synchronische und diachronische Wörterbücher

Entsprechend der Saussureschen Unterscheidung zweier grundlegender Arten von Sprachwissenschaft (CLG 2013, 192) können auch zwei fundamentale lexikographische Perspektiven angesetzt werden (vgl. Abb. 39) – eine synchronische und eine diachronische:

> De même synchronie et diachronie désigneront respectivement un état de langue et une phase d'évolution (ib.).

Ein synchronisches Wörterbuch ist demnach ein Werk, welches das Sprachsystem, hier bezogen auf den Wortschatz, zu einem bestimmten Zeitpunkt beschreibt. Dies kann die Gegenwart sein (der weitaus häufigste Fall), es kann aber auch eine vergangene Epoche sein, wie das Altfranzösische (s. Tobler/Lommatzsch 1925–1936) oder das 16. Jahrhundert (s. Abb. 40 und 41). In solchen Fällen spricht man von synchronen historischen Wörterbüchern, die auch *Sprachstadienwörterbücher* genannt werden (vgl. Hausmann 1985, 379). Diachrone historische Wörterbücher hingegen sind meist etymologische Wörterbücher (Abb. 43), seltener epochenübergreifende (Abb. 41) oder chronologische Wörterbücher. Letztere, wie z.B. der *Dictionnaire chronologique du vocabulaire français* zum 16. Jahrhundert (Kesselring 1981), weisen eine chronologische Zugriffsstruktur auf, innerhalb derer Lexeme und Erstbelege alphabetisch geordnet sind (vgl. Wiegand et al. 2010, eds., 746).

Abb. 39 fasst die historischen Wörterbücher in einer Graphik zusammen:

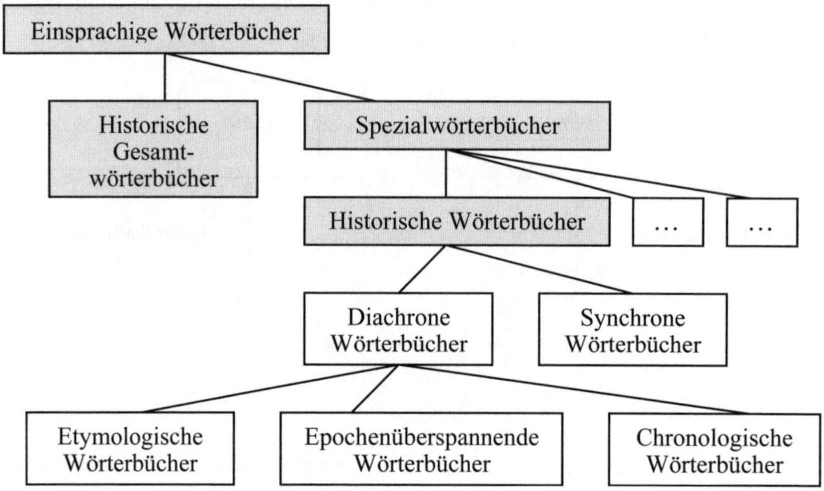


Abb. 39: Typologie historischer Wörterbücher

Betrachten wir ein Beispiel für ein Sprachstadienwörterbuch:

**Foi** [Renvoi de: Foy, Foyblet, Foye]. *A la bonne foy*. Facilement, de bon gré. – Les vices qui ont pris pied ne s'en vont point (comme on dit) à la bonne foy. Il faut les pousser dehors. LA NOUE, *Disc. polit. et milit.*, IV, p. 124.

A la légère, de confiance.

– Ils jugent trop à la bonne foy, s'arrestant plustost à considerer la beauté de certaines choses exterieures que la verité des interieures. LA NOUE, *Disc. polit. et milit.*, VI, p. 162.

*En foy et hommage*

– (Jeu de mots sur *tenir*.) Tout ce que je vous ay ci-dessus discouru, je le tiens en foy et hommage de M. de Pisany. E. PASQUIER, *Lettres*, XIII, 18.

*Foi de gentilhomme*. Sorte de poignard.

– Ye n'estois pas sur mes armes: ye n'abois qu'une petite foi de gentilhomme. AUBIGNÉ, *Faeneste*, II, 13.

Abb. 40: Artikel *Foi* aus dem *Dictionnaire de la langue française du 16e siècle* (Huguet)

Bei diesem *online* frei zugänglichen Dokument handelt es sich um ein synchronisches Wörterbuch des 16. Jahrhunderts, genauer gesagt *zum* 16. Jahrhundert, dargestellt in rund 100 000 Artikeln und basierend auf einem Korpus aus literarischen Texten (vgl. Matoré 1968, 185f.). Sprachstadienwörterbücher sind den Spezialwörterbüchern zuzurechnen, da sie ja nur einen Ausschnitt des französischen Wortschatzes behandeln und – wie im Falle des Huguet – vergleichsweise wenig Sprachinformation bieten. Ein weiteres Beispiel – im Portal des CNRTL ebenfalls frei zugänglich – ist der *Dictionnaire du Moyen Français (1330–1500)* von Robert Martin, welcher zwar deutlich mehr Angaben zu Semantik und Kontext bietet, aber dennoch einen zeitlich begrenzten Abschnitt behandelt, der als relativ homogen betrachtet wird – sonst würde es sich eher um ein diachronisches Wörterbuch handeln:

| | |
|---|---|
| **FOI[1], subst. fém.** | |
| [TL, GDC : *foi* ; FEW III, 503a : *fides* ; TLF VIII, 1014a : *foi*] | |
| **A. -** | RELIG. [et langue courante] |
| **1.** | „Adhésion aux vérités de la religion (une des trois vertus théologales), croyance religieuse“ |
| **2.** | P. méton. |
| **3.** | [Dans des formules assertives ou délocutives : on invoque sa foi pour garantir la vérité de ce que l'on dit, la sincérité de ce que l'on promet (en mettant en cause jusqu'à l'adhésion à la croyance et à la religion)] |
| **B. -** | „Engagement que l'on prend, assurance que l'on donne de respecter un engagement“ |
| **1.** | DR. FÉOD. [Dans la relation du vassal au suzerain] „Engagement de fidélité d'un vassal à son suzerain“ |
| **2.** | [Dans le mariage] |
| **3.** | P. ext. „Parole donnée, engagement, serment“ |
| **C. -** | P. méton. |
| **1.** | „Fidélité à l'engagement pris ; p. ext. fidélité ou soumission“ |
| **2.** | „Confiance que l'on met en qqn (qui s'engage, qui parle, qui agit) ; p. ext. confiance en qqn ou en qqc. ; confiance qu'inspire qqc. “ |
| **3.** | „Loyauté, sincérité, franchise, bonne foi de celui qui s'engage ; p. ext. loyauté, sincérité, franchise ; garantie que l'on offre“ |

Abb. 41: Struktur des Artikels *foi* aus dem *Dictionnaire du Moyen Français (1330–1500)*

Ein diachrones Wörterbuch ist hingegen der *Dictionnaire de l'ancienne langue française* von Godefroy, ebenfalls digital verfügbar. Die Printversion enthält zehn Bände, von denen die ersten sieben im Wesentlichen die mittelalterlichen Belege enthalten, die letzten drei, zusammengefasst unter der Bezeichnung *Complément*, vor allem Textstellen aus dem 15. und 16. Jahrhundert. Abb. 42 verdeutlicht, dass es sich um einen Zeitraum von mehreren Jahrhunderten handelt – vom Rolandslied, entstanden um 1090 bis zu Rabelais (1542) – weshalb dieser Typ *epochenüberspannendes* diachrones Wörterbuch genannt werden soll:

FOI, s.f. [Compl.]
croyance aux vérités de la religion, confiance; parole donnée; loyauté, fidélité:
Serai ses hom par amur et par *feid*. (*Rol.*, 86.)
Por quei trespassai ge la *fei* Que ge plevis a mon seignor? (*Eneas*, 1988.) […]
Par ma *fy*, commere, je ne peuz entrer en bette. (RAB., *Garg.*, ch. V, éd. 1542.)
Mais qui est celuy qui vient droit a nous? Il me semble vostre amoureux. Ma *fy*, aussi est ce. (LARIV., *le Laq.*, III, 4.)

| |
|---|
| Si nous considerons ces passages a la bonne *foi* et franchement. (F. DE SAL., *Aut. de S. P.*, ms. Chigi, f° 106ª.) |

Abb. 42: Auszug aus dem Artikel *foi* des *Dictionn. de l'ancienne langue française* (Godefroy)

Da jedoch das Wörterbuch von Godefroy nur eine spärliche Mikrostruktur enthält und einen zwar das Alt- und Mittelfranzösische umfassenden, aber dennoch begrenzten Zeitraum abbildet, ist es als (diachrones) Spezialwörterbuch einzustufen, ebenso wie andere diachronische Wörterbücher, von denen vor allem die **etymologischen Wörterbücher** genannt werden müssen. Ihre Makrostruktur ist selektiv, das Hauptaugenmerk liegt auf der Dokumentation des Ursprungs und der formalen wie semantischen Entwicklung der Lexeme. Grundsätzlich gibt es zwei Methoden: ausgehend vom Neufranzösischen (wie z.B. Bloch/Wartburg [6]1975 (BW), Gamillscheg [2]1969, Picoche 2009, DMD [2]2011), oder von den Etyma, die für das Französische in erster Linie aus dem Lateinischen, daneben aus dem Griechischen, Gallischen, Germanischen, Arabischen und anderen Sprachen stammen. Das *Französische Etymologische Wörterbuch* (FEW) stellt für den gesamten galloromanischen Sprachraum (samt Dialekten) eine exhaustive Dokumentation, ausgehend vom jeweiligen Ursprungslexem (*Etymon*), für alle Sprachstufen zur Verfügung. Die Benutzung des FEW ist bekanntlich nicht einfach. Es empfiehlt sich, das Etymon in einem Definitionswörterbuch wie dem PR oder Lexis zu ermitteln (z.B. GAUDIA zu *joie*), um dann im passenden Band des FEW, hier demjenigen zu den Buchstaben GHI, entweder über den Index aller belegten Formen (darunter ist nfr. *joie*) oder direkt in der Makrostruktur unter *gaudium* (FEW IV, 80–82) nachzuschlagen. Für die alphabetisch geordneten Lemmata des FEW, von denen diejenigen zum Buchstaben B online bei ATILF frei zugänglich sind, ist auch eine begrifflich geordnete Zugriffsstruktur erarbeitet worden, die dem Wörterbuch eine onomasiologische Komponente verleiht (s. Kap. 4.1).[82] Die Artikel sind so umfangreich, dass hier nur ein kleiner Ausschnitt präsentiert werden kann (die Abkürzungen in Abb. 43 beziehen sich auf Sprachstufen und Quellen):

| |
|---|
| **bālāre** bêler.**I. 1.** « **Beler** ». [...]<br>I.1.a. Afr. mfr. *baler* v. n. « pousser des bêlements (d'un animal, principalement un ovin) » (1164, CommPsIA2G ; BibbW, TL ; GlDouai 174 ; GlPar 797 ; Bérinus), apr. *balar* (GirBorn var. [ms. 1er q. 14e s.], DAOSuppl 1339). Avec segmentation de la voyelle radicale : Afr. mfr. *bahaler* v. n. « pousser des bêlements (d'un animal, principalement un ovin) » (fin 12e s., SBernAn1F, GdfC), *baeler* (agn. déb. 13e s., BibleDécEN v. 6622 = AND2), *basler* Palsgr 1530. [...] |

Abb. 43: Auszug aus dem Artikel *balare* des *Französischen Etymolgischen Wörterbuchs*

[82] Ein digitales onomasiologisches etymologisches Wörterbuch zu den Körperteilen in den romanischen Sprachen ist im Tübinger Forschungsprojekt DECOLAR intendiert. Bisher befinden sich die Einträge *langue*, *luette*, *main* und *pied* im Netz (1.10.2013), zu denen die assoziativen Beziehungen nachvollzogen werden können, die *langue* und *lécher*, ausgehend vom Lateinischen (LINGUA/LING(U)ERE), miteinander verbindet. Die Datenbank ist vielfältig abfragbar.

Und dennoch hat das FEW nicht den Charakter eines historischen Gesamtwörterbuchs, auch weil es etymologisch und nicht lexikographisch ausgerichtet ist – ebenso wie das Werk von Bloch/Wartburg (BW). Nichtsdestotrotz ist BW, dem Glessgen (22102, 322) die Eigenschaften „bref, dense et fiable“ zuspricht, ein qualitativ gelungenes Werk, das überdies bestens dafür geeignet ist, die französischen Formen im FEW schnell zu finden.

Bei einem **historischen Gesamtwörterbuch** hingegen handelt es sich um einen Typ Wörterbuch, der zu den umfangreichsten lexikographischen Dokumentationen gehört und keineswegs für jede Sprache realisiert ist. Mit der extensiven Makrostruktur eines Definitions- bzw. Gesamtwörterbuchs übertrifft es Letzteres jedoch noch darin, dass nicht nur umfangreiche Mikrostrukturen enthalten sind, sondern auch noch die Geschichte von Lexemen mit zahlreichen Belegen dokumentiert wird. Für das Englische haben wir mit dem 20-bändigen *Oxford English Dictionary* (OED) ein solches Mammutprojekt vorliegen, Battaglias 21-bändiges Werk ist ein historisches Gesamtwörterbuch des Italienischen. Für das Deutsche nimmt diese Position das 16-bändige *Deutsche Wörterbuch* der Gebrüder Grimm (Grimm, Grimm-dig) ein (vgl. Engelberg/Lemnitzer [4]2009, 26f.). Für das Französische wäre, was die Bandzahl betrifft, eigentlich der TLF zu nennen, er ist allerdings trotz des ausführlichen etymologischen Kommentars in jeder Mikrostruktur (s. Kap 5.3.4) nicht als historisches Gesamtwörterbuch konzipiert und zudem in seiner lexikographischen Feinausarbeitung „begrenzt“ auf den Zeitraum ab 1789. Am ehesten verdient der dreibändige *Dictionnaire historique de la langue française* (DicHist), 1998 und 2012 bei Robert erschienen, das Prädikat eines historischen Gesamtwörterbuchs (mehr als 50 000 Lemmata). Abb. 44 zeigt den Artikel *bougie* aus dem DicHist:

**BOUGIE** n. f. est l’emploi comme nom commun (1300) de *Bougie,* nom d’une ville d’Algérie (en arabe *Bugaya)* qui fournissait au moyen âge de grandes quantités de cire pour la fabrication des chandelles.
♦ Le mot a désigné la cire fine de *Bougie* dont on faisait des chandelles, des cierges. Par métonymie, il a pris son sens moderne (1493), sans se confondre avec *cierge* (spécialisé dans l’usage religieux) ni avec *chandelle.* À lire Furetière (1690), il apparaît que *chandelle* [...] se disait du mode d’éclairage populaire et bourgeois tandis que *bougie* désignait le mode d’éclairage aristocratique et royal à la cire fine et non au suif. Ainsi s’explique que le mot fertile en locutions a été *chandelle* et non *bougie,* alors que *bougie* a survécu à *chandelle,* employé seulement par allusion au passé. ♦ Par analogie de forme, *bougie* se dit aussi d’un instrument de chirurgie que l’on introduit dans un canal pour l’explorer et le dilater (1690); [...] ♦ Le sens argotique puis familier de «visage» (1890), de nos jours vieilli, s’explique probablement d’après une locution comparative du type *(être) pâle comme de la bougie.*
▶ **BOUGEOIR** n. m., d’abord noté *boujoué* (1514) puis *bougeoir* (1534), désigne un support de bougie; historiquement, il renvoie au rôle de «porte-bougie» que le roi faisait tenir à l’un de ses courtisans à son coucher. ♦ **BOUGIER** v. tr. (1596), «passer de la cire fondue sur le bord d’une étoffe pour éviter qu’elle ne s’effiloche», est un terme de couture.

Abb. 44: Artikel *bougie* des *Dictionnaire historique de la langue française* (DicHist)

Die Autoren des DicHist, dessen historischer und etymologischer Teil zu großen Teilen auf dem TLF beruht (vgl. Glessgen $^{2}$2012, 322), haben, wie man am Beispiel *bougie* sieht, sozusagen die Geschichte der Lexeme in kondensierter Form niedergeschrieben, einschließlich verstehensrelevanter sachlicher und unter Einbezug morphosemantischer Beziehungen (*bougeoir*, *bougier*). Dieses historische Informationsangebot leistet weder ein etymologisches Wörterbuch, welches jedoch an anderer Stelle (bei den historischen Belegen) genauer ist, noch ein Definitionswörterbuch, das allerdings das Lemma auch noch hinsichtlich seiner syntagmatischen und paradigmatischen Beziehungen verortet.

## 4.3 Definitionswörterbücher und enzyklopädische Wörterbücher

Die Flaggschiffe und meist auch Verkaufsschlager nationaler Lexikographien sind jedoch die **Definitionswörterbücher**, die sich durch folgende Merkmale auszeichnen:

a) eine extensive Makrostruktur (mindestens 50 000 Lemmata) und b) einer möglichst hohen Anzahl an Einzelbedeutungen (mindestens 200 000) und c) einer klaren Orientierung an der Gegenwartssprache, sowohl bei der Lemmaauswahl als auch bei der semantischen Beschreibung. Meist sind Definitionswörterbücher einbändig und umfassen zwischen 60 000 und 100 000 Stichwörter (PR 60 000 [300 000 Bedeutungsangaben], DUE knapp 92 000). Manche Verlage rechnen auch die Sublemmata mit hinzu, so dass sich ein höherer Wert für die Makrostruktur ergeben kann (z.B. 143 000 für den *Zingarelli*). Die jeweils umfangreichsten Definitionswörterbücher einer Sprache sind in der Regel mehrbändig und weisen auch den mit Abstand höchsten Lemmabestand auf (TLF 100 000, GR über 100 000, GRADIT 270 000 Lemmata) – sie können ***Gesamtwörterbücher*** genannt werden (nach Hausmann 1989a). Erzielt ein (einbändiges) Definitionswörterbuch eine hohe Auflagenzahl und zählt es zu den stark nachgefragten lexikographischen Produkten, so kann man es als ***Gebrauchswörterbuch*** bezeichnen. Die Strukturen und das Informationsangebot eines Definitionswörterbuchs wurden bereits ausführlich in Kap. 3 beschrieben. Die maßgeblichen Vertreter dieses Wörterbuchtyps werden in Kap. 5 behandelt. Nicht zu den Definitionswörterbüchern werden die pädagogischen Wörterbücher gezählt, und dies nicht nur aufgrund ihrer klar unter 50 000 Stichwörtern liegenden Mikrostruktur (z.B. MR3 und Ddf je 35 000), sondern auch wegen ihrer nicht gesamtsprachlich-, sondern benutzergruppenorientierten Ausarbeitung der Mikrostruktur.

Was die Larousse-Produkte betrifft, so war das Definitionswörterbuch *Lexis*, erstmals 1975 erschienen, mit seinen damals 70 000 Lemmata das umfangreichste seiner Art. Es ist auch heute noch – der *Lexis* von 2009 weist eine Makrostruktur von 76 000 Stichwörtern auf – das Definitionswörterbuch mit der größten Makrostruktur. Sein Untertitel, *Dictionnaire érudit*, bezieht sich auf die Fokussierung auf ein „vocabulaire courant, littéraire, specialisé“. Das *online*-Wörterbuch *Dictionnaire de français Larousse en ligne* (DdfLAR) kann mit seinen laut Homepage „90 000 mots et abréviations“ – die

Angabe ist bezüglich des Lemmabestandes etwas unklar – zu den Definitionswörterbüchern gezählt werden, nicht unbedingt jedoch, wenn man die relativ niedrige Zahl von 135 000 Einzelbedeutungen als Argument anführt. Dies gilt auch für den *Petit Larousse illustré* (PLi) bzw. seinen ersten Teil, für den 178 000 Definitionen angegeben werden.

An dieser Stelle sei ein kurzer Exkurs gestattet, der den Konkurrenzkampf zwischen dem ***Petit Robert*** und dem ***Petit Larousse illustré*** skizzieren soll. Bei den Planungen zur Extraktion des *Petit* aus dem *Grand Robert* war von Anfang intendiert, viermal soviel Text zu bieten wie der *Petit Larousse illustré* in seinem sprachlichen Teil (Galarneau 2002, 27). Seitdem die Verkaufszahlen für den *Petit Robert* im Verhältnis zum stets gut verkauften *Petit Larousse* ebenfalls deutlich gestiegen sind, hat sich die Rivalität sichtbar gesteigert: Die Makrostruktur des Larousse-Wörterbuchs war immer schmaler als die des Robert-Pendants, sollte aber zunehmend an die des großen Konkurrenten heranreichen (PR 2011: 60 000 *mots*, 300 000 *sens*, PLi 2011: 59 000 *mots*, 150 000 *sens*) und sie sogar seit jüngster Zeit übertreffen (PR 2014: **60 000** *mots*, 300 000 *sens*, PLi 2011: **62 500** *noms communs*, 178 000 *sens*). Nun sind die Bezeichnungen *mots* und *noms communs* nicht identisch mit *entrées* oder *Lemmata*, man kann also davon ausgehen, dass sehr viele Sublemmata mitgezählt werden (auch beim *Petit Robert*). Trotz dieser hohen Zahl von 62 500 kann der *Petit Larousse illustré* nur bedingt als Definitionswörterbuch betrachtet werden, da die Mikrostrukturen zu selektiv sind, was sich an der Zahl von 178 000 (bisher 150 000) „définitions" im PLi im Vergleich zu den 300 000 „sens" des PR ablesen und sich auch anhand von Stichproben ermitteln lässt. Zwei Seiten aus der Makrostruktur des PLi 2011, die keine Abbildungen enthalten, wurden mit den entsprechenden Ausschnitten aus dem PR 2011 verglichen: Der Abschnitt *autoconsommation* bis *autonome* enthält im PLi 78 Einträge (Lemmata) auf eine dreispaltige Seite verteilt, *biconvexe* bis *bigamie* 79 Einträge ebenfalls auf einer Seite – im PR 2011 78 und 77 Einträge auf 3½ bzw. knapp vier zweispaltigen Seiten verteilt. Relativ zu Seiten und Spalten hat der *Petit Robert* deshalb ca. dreimal soviel Text wie der *Petit Larousse illustré* im sprachlichen Teil zu bieten. Man kann das auch an den Seitenzahlen auszurechnen versuchen: 2 764 zweispaltige Seiten Textumfang im PR 2014 gegenüber (nach Abzug der 150 Seiten *planches*) 1 040 dreispaltigen Seiten im PLi 2014 ergeben ungefähr 1,7 mal soviel Text. Versucht man nun, die vielen Kästen und Abbildungen im PLi in Rechnung zu stellen, ergibt sich eine geschätzte Relation von mindestens 2,5:1 des Umfangs der Mikrostrukturen zwischen PR und PLi. Wie erklärt sich dann die hohe Zahl an Lemmata im *Petit Larousse illustré*? Hier darf nicht vergessen werden, dass der PLi eine deutlich stärkere Tendenz zur **Homonymisierung** aufweist als der PR, was die Zahl der Stichwörter in die Höhe schnellen lässt: Wo der PR 2011 jeweils einen Eintrag vorsieht, werden im PLi 2014 bei *automatique* drei, bei *automobile* zwei, bei *automoteur* zwei und bei *bienheureux* drei Lemmata angesetzt. Außerdem sind die Mikrostrukturen des PLi im Vergleich zum PR meist ziemlich dürftig.

Das Hauptaugenmerk des Verlags Larousse scheint beim PLI jedoch mehr auf der lexikographisch wie technisch ansprechenden Gestaltung des zweiten Teils zu liegen (s. Kap. 5.3.2). Es ist bereits mehrfach darauf hingewiesen worden, dass der *Petit Larousse illustré* den Typus des **enzyklopädischen Wörterbuchs** repräsentiert, den wir in unserer Typologie (Abb. 36) neben den Enzyklopädien und Wörterbüchern als eigene Kategorie ausgegliedert haben und dessen Geschichte sich zurückverfolgen lässt bis zu dem 1690 in Den Haag und Rotterdam erschienenen *Dictionnaire universel* von Antoine Furetière.

Das Traditionswörterbuch aus dem Hause Larousse, welches erstmals 1905 unter diesem Titel figuriert, hat seine Vorläufer im *Nouveau Dictionnaire de la langue française* von 1856 und im 15-bändigen *Grand dictionnaire universel du XIX^e^ siècle* (1866–1876) von Pierre Larousse (heute als GLarUniv auf dem Markt), den Hupka (1989b, 127f.) klar als enzyklopädisches Wörterbuch identifizieren kann. Der *Nouveau Dictionnaire* enthält bereits seit seinem erstmaligen Erscheinen die berühmten *pages roses*,[83] seit 1860 ist ein zweiter Teil als eigener „dictionnaire des mots historiques, géographiques et mythologiques" (zitiert nach Hupka, 128) fest etabliert. Eine Neubearbeitung erschien 1878 als *Dictionnaire complet de la langue française*, dessen zweiter Teil erst 1903 (als 126. Auflage!) Illustrationen enthielt (ib.).

Die Bezeichnung *enzyklopädisches Wörterbuch* ergibt sich dabei nicht nur aus der Aufteilung in einen Sprach- und Eigennamenteil (derzeit im PLi 5 500 Abbildungen, 28 000 Eigennamen), sondern auch aus den Sachinformationen im Sprachteil (vgl. den in Kap. 3.5 beschriebenen Artikel *hêtre*). Im *Petit Larousse illustré 1905 en ligne* (PLi 1905) – die Jahreszahl bezieht sich auf das Erscheinungsjahr – sind die 44 819 Einträge und 2 343 Abbildungen des Sprachteils zugänglich. Hier ein Beispiel:

> ABEILLE (bè, ll mll.) n. f. (lat. apis). Insecte hyménoptère porte-aiguillon, produisant le miel et la cire : l'abeille est l'emblème de l'activité et du travail. L'apiculture est l'art d'élever les abeilles. — Les abeilles ont un corps velu, d'un brun fauve, six pattes et quatre ailes, un aiguillon très acéré à l'extrémité de l'abdomen ; leur bouche est munie d'une trompe qui leur sert à puiser le *suc* des fleurs avec lequel elles fabriquent la *cire* dont elles font leurs cellules ou *alvéoles,* disposées en *rayons*, et le *miel* qu'elles y déposent. Chaque groupe ou *essaim* vit en société dans une ruche, sous l'autorité d'une reine.

Abb. 45: Artikel *abeille* im *Petit Larousse illustré 1905 en ligne*

Dem Artikel von 1905 ist zudem eine einfache Abbildung zugeordnet, auf der die Zeichnungen einer Arbeiterin, einer Drohne und einer Königin zu sehen sind. Sieht man sich die Illustration im *Petit Larousse 2014* (PLi) an, so enthält diese, inzwischen in Farbe, wesentlich mehr Informationen, der dezidiert enzyklopädische Charakter des Eintrags selbst ist jedoch der gleiche geblieben:

> **ABEILLE** […] Insecte social vivant dans une ruche et produisant le miel et la cire […]. ▪ Dans une ruche on trouve trois sortes d'individus: la *reine*, femelle féconde, qui pond 2 500 œufs par jour, pendant plusieurs années; quelques centaines de mâles, ou *faux bourdons*; plusieurs dizaines de milliers d'*ouvrières*, femelles stériles, dont la vie active ne dépasse pas quelques semaines; ces dernières construisent les alvéoles de *cire*, nourrissent la colonie de *pollen* et de *nectar* butinés sur les fleurs et la défendent grâce à l'aiguillon venimeux terminant leur abdomen.

Abb. 46: Artikel *abeille* im *Petit Larousse illustré 2014* (PLi)

---

83 Die rosa Seiten des *Petit Larousse illustré* in der Mitte des Bandes enthalten traditionellerweise lateinische, griechische und anderssprachige Wendungen und Sentenzen, französische Sprichwörter und Bonmots bzw. Zitate.

Sachwissen wird in einem enzyklopädischen Wörterbuch also nicht nur durch die Zweigegliedertheit der Makrostruktur, sondern auch durch den betont sachbezogenen sprachlichen Teil erreicht. Es sollte ferner darauf hingewiesen werden, dass ein solches Wörterbuch keineswegs zwei getrennte Teile enthalten muss, wie der *Grand dictionnaire universel du XIX<sup>e</sup> siècle* bzw. der *Grand Larousse universel* des 20. Jahrhunderts und mehrere italienische (enzyklopädische) Wörterbücher der Treccani-Reihe zeigen (vgl. Schafroth 2011a), sondern dass eher sprachlich und eher sachlich ausgerichtete Artikel in ein und derselben Makrostruktur bzw. beide Komponenten in ein und derselben Mikrostruktur stehen (Kap. 5.2) können. Für das Französische ist hier etwa der *Dictionnaire Hachette* (DH 2014) mit 58 000 „mots de la langue" und 25 000 Eigennamen zu nennen. Frankreich kann auf eine große Tradition ein- und mehrbändiger enzyklopädischer Wörterbüchern zurückblicken, die insbesondere von Larousse und Hachette verlegt wurden – eine eingehende Betrachtung würde hier aber zu weit führen (vgl. deshalb Hupka 1989a, 995f.). Halten wir jedoch fest, dass viele Sprachwörterbücher in ihren Bedeutungsparaphrasen enzyklopädische Elemente enthalten, so dass wir eher von einem Kontinuum zwischen eher sprachlich und eher sachlich orientierten Bedeutungsparaphrasen ausgehen sollten und auch damit rechnen müssen, dass in ein und demselben Wörterbuch die Schwerpunkte – je nach Artikel – unterschiedlich gesetzt werden. Die Kategorie 'enzyklopädisches Wörterbuch' steht alles in allem phänomenologisch auf tönernen Füßen.

## 4.4 Normative Wörterbücher

Unter *normativen Wörterbüchern* sollen diejenigen verstanden werden, die in unmittelbarer oder mittelbarer Weise Einfluss nehmen auf die Inventarisierung und dadurch Verbreitung eines soziolinguistisch oder soziokulturell elitären Sprachmodells, d.h. der präskriptiven Norm oder Standardvarietät einer Sprache. Bei einer weiten Auslegung dieser Definition wären alle Wörterbücher bereits insofern normativ, als von den Kinderwörterbüchern bis zu den Gesamtwörterbüchern bei der Erstellung der Makrostruktur immer eine *Auswahl* aus der virtuellen Menge der sprachüblichen und textbelegten Lexeme getroffen wird – von der Ausarbeitung der Mikrostrukturen (Bedeutungsparaphrasen, Anwendungsbeispiele) ganz zu schweigen. Um einen Eindruck von der selektiven Behandlung umgangs- und jugendsprachlichen Sprachmaterials sowie englischen Lehnguts oder frankophoner Sprachvarietäten zu gewinnen, genügt es, Gebrauchswörterbücher des Französischen daraufhin zu überprüfen.

Etwas enger gefasst, sind verschiedene Arten der Einflussnahme möglich, die von einer programmatischen bzw. offenen normativen Konzeption, über eine verdeckte zu einer sporadischen Normativität gehen können (vgl. Ripfel 1989). Die Autoren eines einsprachigen Wörterbuchs werden, zumindest heutzutage, von ihrem Werk nun kaum behaupten, es sei normativ. Eher schon dürften sie beteuern, den aktuellen Sprachgebrauch (*usage*) und das kulturelle Erbe (*patrimoine culturel*) abzubilden. Wörterbücher werden dann vorschnell *deskriptiv* genannt, obwohl sie ja keineswegs auf objektiven Sprachbelegen basieren, sieht man einmal von der langen Tradition des philologischen bzw. auktorialen Prinzips ab (s. Kap. 5), das zu den literarischen Zitaten geführt hat. Es gibt genügend Filter, die die Objektivität der Sprachbeschreibung, falls es diese überhaupt gibt, brechen können – angefangen vom Lexikographen und einer bestimmten Verlagstradition bis zu zufälligen Prozessen und Ergebnissen.

Wenn man sich die Sprachgeschichte des Französischen vor Augen führt, so weiß man, dass das 17. Jahrhundert einschneidend für die Kodifizierung der französischen Sprache war. Der politische Absolutismus in Frankreich hatte massive Auswirkungen auf die Gesellschaft, insbesondere auf das Leben am Hofe, die Literatur und den Sprachdiskurs, der schnell zu einem reinen Sprachnormierungsdiskurs wurde. Institutionen (die Académie française) und Gelehrte (z.B. Vaugelas) wurden damit beauftragt, das Sprachmodell einer gesellschaftlichen Elite zu inventarisieren und in geeigneten Publikationsformen (in *Remarques* oder *Observations*, aber auch in einem Wörterbuch) festzuhalten. Es ist deshalb sicher kein Zufall, dass die französische Lexikographie im letzten Viertel des *Grand Siècle* die ersten drei großen Werke hervorbrachte, von denen zwei (Richelet 1680, *Dictionnaire de l'Académie française* [DAF] 1694) puristischer Natur waren und das dritte (Furetière 1690) eine gegensätzliche Philosophie an den Tag legte, also in der Wortschatzaufnahme nach allen Seiten „offen" war. Doch was heißt ***puristisch***? Auf die damalige Epoche bezogen bedeutet es, dass Wortschatz, der gesellschaftlich oder ideologisch „unziemlich" war, nicht oder nur spärlich berücksichtigt wurde und dass die inventarisierten Formen zu einer sozialen Werteskala in Beziehung gesetzt wurden, die sich lexikographisch in den Beschreibungskategorien *bon* und *mauvais usage* niederschlug.[84] Zu den lexikalischen Unschicklichkeiten gehörten damals Archaismen, aber auch das Gegenteil, Neologismen, volkssprachlich markierte Elemente, Fachwortschatz und natürlich Ausdrücke, die gemäß dem Zeitgeist der *bienséance* und des Preziösentums als indezent empfunden wurden („les honestes gens évitent de les employer" (DAF, 1. Aufl. 1694, Préface)). Wörterbücher wie Richelet und DAF sind also puristisch – gleichzeitig aber auch ***normativ***, da sie einen Sprachgebrauch, den der *honnêtes gens* und der *bons auteurs*, zum absoluten Maßstab erheben. Sollte es unumgänglich sein, „niederen" Wortschatz aufzunehmen, z.B. weil er große Verbreitung gefunden hat oder Wörter, „qui se sont avilis dans la bouche du menu Peuple" (ib.), in einem figurativen Sinne gebraucht werden, so gab es bereits in den ersten einsprachigen Wörterbüchern des Französischen Markierungssysteme, die keinen Zweifel an der Wertigkeit eines Lexems ließen: †* steht bei Richelet für „figurément, mais [...] dans le stile

---

84 Vgl. hierzu Popelar (1976), die in der 1. Auflage des DAF etliche Lemmata und Verwendungen ausfindig machen konnte, die als provinziell, veraltet, volkssprachlich oder *bas* markiert wurden, darunter „realistischer Wortschatz mit vulgärer Tendenz" und „vulgärer Wortschatz". Dies führt die Autorin unter anderem auf „grobe Nachlässigkeit bei der Redaktion des ersten Wörterbuchs" (220) zurück. Genaue Infomationen über den damaligen *usage* eines Wortes seien im DAF von 1694 deshalb nicht zu erwarten.

le plus simple“ (3). In den Artikeln wird der diaphasische Marker etwa wie folgt eingesetzt:

> †* ENGEIN, s. m. Prononcez *angain.* Mot libre & burlesque qui ne se dit qu'en parlant un peu trop crument dans la conversation, ou dans le stile comique, & satirique. [...] Les Latins l'appellent *mentula, verpa, veretrum, penis* (35).

Abb. 47: Auszug aus dem Artikel *engein* des Wörterbuchs von Richelet (1680)

Klare Aussagen zum Gebrauch eines Lemmas verdeutlichen den normativen Anspruch:

> EXTRORDINAIRE, EXTRAORDINAIRE, s. m. On écrit l'un & l'autre, mais on prononce toujours *extraordinaire* [...] (Richelet 1680, 39).

Dieser Anspruch war seitens der französischen Sprachakademie noch nie so deutlich formuliert worden wie im Vorwort der 9. Auflage des DAF von 1992, von der 2011 der dritte Band (*Maquereau* bis *Quotité*) erschienen ist. Das Akademie-Wörterbuch hat sich seit jeher als Referenzwerk schlechthin für die französische Sprache verstanden, in der neuesten Auflage soll aber offenbar auf die Übermächtigkeit des angelsächsischen Einflusses und auf die Folgen der *crise de la langue* reagiert werden:

> La présence de remarques normatives, déconseillant l'emploi de certains termes, notamment les anglicismes, ou signalant des constructions fautives, constitue une nouveauté de cette neuvième édition et souligne cette attention sans cesse renouvelée portée au bon usage de notre langue. Ces remarques visent bien sûr moins à proscrire et condamner qu'à montrer et expliquer le bon usage (www.academie-francaise.fr).

Hier hat die Académie française sichtlich einen Schritt in Richtung Sprachpurismus getan, der heutzutage nicht nur die Durchsetzung eines bestimmten sprachlichen Modells im Sinn hat, sondern auch gesellschaftliche Implikationen beinhaltet (sprachlicher Protektionismus, Globalisierung von Sprache, Mono- vs. Plurizentrismus). Dieser Eindruck wird durch die Rubrik *Dire, Ne pas dire* auf ihrer Internetplattform noch bestätigt, auch wenn dort andererseits eine Plattform eingerichtet ist, in der, in Anlehnung an die italienische Sprachakademie, Fragen von Internetbenutzern zu sprachlichen Belangen beantwortet werden. Über die Seiten von ATILF lässt sich die aktuelle (9.) Auflage bis zum Lemma *recez* digital durchsuchen.

Wir können, anknüpfend an das eingangs in diesem Kapitel Gesagte, folgende Grundtypen normativer Wörterbücher unterscheiden:

**1) Programmatisch normative Wörterbücher**: Das sind solche, deren Grundkonzeption es ist, die jeweils gültige präskriptive Norm der französischen Sprache zu propagieren und zu verteidigen.

Hierzu gehören neben den genannten Werken des 17. Jahrhunderts (Richelet, DAF) weitere vier Auflagen des Akademiewörterbuchs (2. Aufl. 1718,[85] 3. Aufl. 1740, 4. Aufl. 1762). Allen gemeinsam ist die ideologische und, bezogen auf den DAF, auch die finanzielle Abhängigkeit von einem sozial elitären System innerhalb einer Sprachgemeinschaft, in der nur noch die Aufnahme unverfänglichen Wortschatzes möglich war. Die nach der Französischen Revolution und nach Erscheinen der *Enyclopédie* (!) entstandenen Auflagen des DAF (5. Aufl. 1798, [86] 6. Aufl. 1835, 7. Aufl. 1878, 8. Aufl. 1932–1935, 9. Aufl. seit 1992) bleiben selbstverständlich ihrer Verpflichtung treu, *das* maßgebliche Referenzwerk in sprachlichen Fragen zu sein, können sich aber zunehmend auf ihre Rolle konzentrieren, den (guten) Sprachgebrauch in der (gebildeten) Gesellschaft zu inventarisieren (*usage* und *langue commune* werden zu Hochwertwörtern im postrevolutionären Akademiediskurs).

Ebenfalls in die Kategorie programmatisch normativer Wörterbücher gehört die Gattung der Zweifelsfälle und Schwierigkeiten sowie die Sprachratgeber (*Dites/Ne dites pas!*) und Werke, die ihre Zielrichtung bereits *expressis verbis* im Titel anklingen lassen, wie die dreibändige *Encyclopédie du bon français dans l'usage contemporain* von Paul Dupré aus dem Jahre 1972.

Beginnen wir mit dem zuletzt genannten Werk. Duprés „Enzyklopädie" ist ein Repertorium metasprachlicher Kommentare zu teilweise seit Jahrhunderten bestehenden sprachlichen Zweifelsfällen und Varianten im Französischen, die auf ca. 10 000 Artikel und drei Bände verteilt sind. Diese können durch herkömmliche Lemmata kenntlich gemacht sein (z.B. *advenir*, *aller (en), s'en aller*), oder, ebenfalls in Form eines eigenen Eintrags, das grammatikalische Problem direkt ansprechen: z.B. *adverbe (emploi abusif de l')*. Die Dokumentation der Äußerungen ist systematisch ausgearbeitet und enthält in einem ersten Teil Zitate aus fünf Wörterbüchern (8. Auflage des DAF, Littré, *Dictionnaire général*, *Grand Robert 1*, *Grand Larousse Encyclopédique*) sowie aus einer 76 Titel umfassenden Sammlung an Werken von Grammatikern, Linguisten und Puristen insbesondere des 20. Jahrhunderts. In einem zweiten Teil werden sodann Kommentare von Sprachgelehrten, Schriftstellern, Grammatikern, Lexikographen und Sprachwissenschaftlern aus dem 17. bis 20. Jahrhundert gegeben (z.B. Guez de Balzac, Bouhours, Vaugelas und die Académie française). Da das Werk auch Problemfälle der Grammatik enthält, geht es in der Tat weit über ein Wörterbuch hinaus. Auch wenn deskriptive

---

[85] Man muss bei der Reihenfolge der Auflagen des DAF unterscheiden zwischen der *deuxième édition* (1718) und der *seconde édition* (1695), auch *fausse édition* genannt. Diese hat nicht in die offizielle Bandzählung Eingang gefunden. Es handelt sich dabei um die erst ein Jahr nach Erscheinen der ersten Auflage in Umlauf gebrachte Neuauflage, in der die Makrostruktur striktalphabetisch, und nicht nach Wortfamilien gegliedert war.

[86] Die 5. Auflage ist nur in den Außentexten (Vorwort, Supplement) durch den Zeitgeist der Revolution gekennzeichnet. Das Wörterbuch selbst, das von 1762 bis 1789 erstellt wurde, ist vom politischen Umsturz weitgehend unberührt geblieben (vgl. Chrétien et al. 2001). Allerdings ist es, beeinflusst durch die Aufklärung und die *Encyclopédie*, wesentlich offener gegenüber Neologismen und natur- und kunstwissenschaftlichen Termini.

Kommentare nicht ausgespart wurden, so ist die *Encyclopédie du bon français* doch klar normativ geprägt, denn schließlich sollen möglichst viele „difficultés, subtilités, complexités [et] singularités de la langue française“ (XVII) erschöpfend behandelt werden, diejenigen Neologismen angezeigt werden, die akzeptabel sind und auf die Anglizismen und Germanismen (!) hingewiesen werden, die ‘zu verbannen’ sind (ib.). An manchen Stellen ist jedoch nicht recht klar, ob Dupré zitiert oder seine eigene Meinung wiedergibt:

> XIII. **aller**, synonyme de « tenir ». L. DURRIEU […] signale qu'*aller* remplace parfois abusivement *tenir*. Ne disons donc pas: *tout ce vin n'ira pas dans cette barrique*, mais: *tout ce vin ne tiendra pas dans cette barrique* […].

Abb. 48: Auszug aus dem Artikel XIII. *aller* der *Encyclopédie du bon français dans l'usage contemporain*, Bd. 1 (Dupré)

Wie die meisten normativen Werke weisen sie das Etikett der Normativität jedoch weit von sich (XIV) und rekurrieren auf die Nützlichkeit des Buchs – für Frankophone wie für Ausländer (beide Zielgruppen sind übrigens schon 1680 bei Richelet und 1694 im DAF erwähnt!).

Es gibt eine lange Tradition von Büchern in der französischen Lexikographie, die sich den Tücken der französischen Sprache widmen – bei Dupré (1972) findet sich bereits eine umfangreiche Bibliographie. Die Titel enthalten meist Signalwörter wie *pièges*, *doutes* und *difficultés* (z.B. Colin 1993, Girodet 2007, Hanse/Blampain $^{6}$2012); jeder Verlag „qui se respecte“ hat aktuell mindestens ein solches Wörterbuch im Programm. Da die Varianten einer Sprache ja nicht nur den Wortschatz betreffen, haben diese Publikationen meist *passe-partout*-Charakter und sind sozusagen Wörterbuch und Grammatik in einem. Am bekanntesten dürfte wohl das Werk von Joseph Hanse (und inzwischen Daniel Blampain) sein, dessen erste Auflage bereits 1949 erschien. Seit der vierten Auflage im Jahre 2000 liegt auch eine CD-ROM vor, in der die Makrostruktur von 5 000 Lemmata der Printversion auf 11 000 der elektronischen Version erhöht werden konnte. Betrachten wir den argumentativen Duktus dieser beliebten lexikographischen Kategorie, illustriert am Gebrauch von *se rappeler* mit der Präposition *de*:

> (1) **RAPPELER**, v.tr.dir. **SE RAPPELER** […] *On se rappelle* ***qqn, qqch.*** et non [*de qqn, de qqch.*] comme après *se souvenir* […]. Devant un infinitif, *se rappeler* peut encore être suivi par *de*, le tour peut cependant paraître vieilli et l'on dit plutôt: *Il se rappelle l'avoir encontré* […]. Ne pas remplacer *que je sache* […] par *que je me rappelle. Se rappeler* ne peut se dire avec *me*, *te*, *nous*, *vous*, on emploie *se souvenir* […] (Hanse/Blampain $^{6}$2012, 556).

> (2) **rappeler** v. t. […] ***Se rappeler quelque chose, quelqu'un.*** **1** À la différence de *se souvenir* […], le verbe *se rappeler* se construit sans *de*. On dira donc: *Je me rappelle ce jour*, et non *Je me rappelle *de ce jour.* **2** On écrira: *Ce jour était un jeudi, je me le rappelle* (et non **je m'en rappelle*) […] (Girodet 2007, 794).

> (3) **RAPPELER constr.** Le tour **se rappeler de quelque chose* est considéré comme incorrect par la plupart des grammairiens […]. Cependant, la construction avec *de* n'est pas incor-

recte, d'après Littré, quand le complément de **se rappeler** est un infinitif. De nombreux écrivains se laissent entraîner à suivre l'usage courant, et des linguistes tels que Vendryès estiment que ce tour *est dans la tendance naturelle de la langue* [...]. Quant aux tours « incorrects »: **Je me rappelle de cette histoire*, **il s'en rappelle*, etc., ils sont si nombreux dans la presse et dans la conversation courante qu'il paraît inutile d'en donner des exemples [...] (Colin 1997, 471).

Abb. 49: Auszüge aus den Artikeln *rappeler* in drei *dictionnaires des difficultés du français*

Häufig wird der Asterisk eingesetzt, in (3) um eine nicht korrekte Form, in (2) um einen Barbarismus[87] (z.B. **mairerie* für *mairie*) oder eine syntaktisch falsche Konstruktion (*solécisme*) zu signalisieren. Bemerkenswert sind die Stellungnahmen in den Vorworten zur Frage des Purismus: „notre tendance quelque peu ‚puriste'", „nous évitons toujours l'attitude, si fréquente chez les ‚puristes', qui consiste à condamner un tour ou un emploi fautif sans proposer un substantif correct" (Girodet, 5); „nous avons essayé d'atténuer autant que faire se pouvait l'aspect excessivement normatif de certaines positions que nous avions prises, et que l'histoire des mots a, depuis, nettement infirmées" (Colin, V).

**2) Verdeckt normative Werke**: Das sind Wörterbücher, die den normativen Geist erst im Vorwort und dann natürlich in der gesamten lexikographischen Ausarbeitung offenbaren, wie z.B. der frankokanadische *Multidictionnaire* (Multi), dessen „position normative", so Jean-Claude Corbeil in seinem Vorwort zu diesem äußerst erfolgreichen Quebecer Wörterbuch, „est nuancée" (XII). 'Soziale Varianten' würden zu einem „français standard, [...], noyau dur de la langue française" in Beziehung gesetzt, vor allem diejenigen, „qui correspondent à des circonstances particulières de communication" (ib.). Im Wörterbuch selbst wird dann aber schnell klar, dass es weniger um Varianten als um die Kategorien *richtig/falsch* geht: „[...] les formes fautives – toujours accompagnées des formes correctes correspondantes – ont été classées par ordre alphabétique et présentées à la fin des articles afin de faciliter leur repérage" (XVI). In der Praxis sieht das wie folgt aus:

**HEURE** n. f. [...] FORMES FAUTIVES *aux (deux, trois, quatre...) heures. Construction fautive pour ***toutes les (deux, trois, quatre...) heures***. *aux petites heures du matin. Calque de *«in the small hours of the morning»* pour ***au petit matin***. *heures d'affaires. Calque de *«business hours»* pour ***heures d'ouverture***.

Abb. 50: Auszug aus dem Artikel *heure* des *Multidictionnaire de la langue française* (Multi)[88]

---

[87] Laut Dubois et al. ($^2$2007, 62) ist ein *barbarisme* eine „forme d'un mot qui n'est pas conforme aux règles de la langue et, en particulier, aux règles morphophonologiques [...]; les barbarismes sont des formes agrammaticales".

[88] Der Asterisk signalisiert die Fehlerhaftigkeit einer Form. Als Typen von *formes fautives* werden demnach neben *calques* und *impropriétés* (pauschal) auch *anglicismes* angeführt (XVIII).

**3) Deskriptive Werke mit normativen Elementen** – hierzu können wir wohl die meisten Definitionswörterbücher wie den PR, GR oder TLF, aber auch Spezialwörterbücher wie den Dcm zählen (s. 4.6). Das Aufblitzen expliziter Normativität bezieht sich dabei in erster Linie auf Bemerkungen, die eingeleitet werden durch *emploi critiqué*, *fautif* und *recommandation officielle* (PR, TLFi) oder *critiqué* (TLFi). Insgesamt sind die Anmerkungen im PR häufiger als im TLF. Vor allem die Aufnahme der offiziellen Empfehlungen (der Académie française) scheint erst in den letzten 10 Jahren zugenommen zu haben, wie folgende Tabelle der (unbereinigten) Trefferzahlen einer digitalen Recherche suggerieren:

| Recherche avancée | PR 2011 | PR 2014 | GR (basierend auf der Aufl. von 2001) |
|---|---|---|---|
| „Emploi critiqué“ | 59 | 63 | 69 |
| „Recommandation officielle“ | 481 | 521 | 8 |

Abb. 51: Ergebnisse einer Recherche in den digit. Versionen des PR 2011/2014 sowie des GR

Die Tatsache, dass die Zahl der Treffer für *recommandation officielle* in den PR-Wörterbüchern in etwa halbiert werden muss, da für ein und dieselbe Empfehlung in der Trefferliste sowohl das kritisierte als auch das empfohlene Lexem angegeben werden, kann hier vernachlässigt werden, da es nur um die Zahlenrelationen geht, aus denen zwei Erkenntnisse gewonnen werden können: a) Offizielle Empfehlungen auszusprechen ist beliebter als den Gebrauch einer Form zu kritisieren, b) die *recommandations officielles* haben in den letzten zehn Jahren drastisch zugenommen, Tendenz steigend. Bei den Empfehlungen geht es meist um Anglizismen wie *airbag*, *cookie* oder *wifi*, für die die von den Terminologiekommissionen erarbeiteten und von der Académie française offiziell empfohlenen Ersatzwörter – ohne weiteren Kommentar – genannt werden: *sac gonflable*, *coussin gonflable*, *coussin de sécurité* – *accès sans fil à l'internet* – *témoin de connexion*. In der Kategorie *emploi critiqué* sind neben Anglizismen auch (soziolinguistisch niedrig markierte Varianten des Französischen vertreten, wie *repousser* 'remettre à plus tard', *autrement plus* 'plus' oder *contacter* 'prendre contact avec (qqn)'. Die einzige offizielle Empfehlung, der sich der TLFi anschließt, ist *aquaplanage* für *aquaplaning*, die Verweise auf kritisierten Sprachgebrauch betreffen zum Teil die gleichen Fälle wie im PR und GR (z.B. *avoir très faim*, *trop faim*), zum Teil aber auch andere, die von den Robert-Wörterbüchern nicht (bzw. nicht mehr) angesprochen werden, wie z.B. *miraculeusement* 'admirablement' oder die feminine Form *partisane*.

Die Markierung *fautif* wird im PR neunmal verwendet und kennzeichnet einen Sprachgebrauch, der meist gleichzeitig als *populaire* eingestuft wird (*combien qu'ils sont? combientième*, *comment que*, *demander à ce que*, *looser* (eine im Englischen falsche Graphie), *mironton*, *moult* (als Adjektiv), *profiter que*). Im folgenden Fall wird normativ klar Stellung bezogen:

> L'emploi fautif *un espèce* et nom masculin pour *une espèce* est très répandu (depuis le début du XVIII$^{e}$ s.): *un espèce d'idiot*“.

Ein Vergleich zwischen deutschen und französischen Wörterbüchern bezüglich solcher normativen Kommentare vor allem zu Anglizismen ergibt bekanntlich frappierende Unterschiede, die hier nicht erörtert werden können. Dass jedoch im Jahre 2013 *spot* (*publicitaire*) und *réaliser* 'se rendre compte avec précision de, se faire une idée nette de' im PR immer noch gebrandmarkt werden – denn eine andere Wirkung hat dieser Zusatz *emploi critiqué* letztlich nicht – mutet allerdings etwas merkwürdig an.

Ein Aspekt sollte in diesem Zusammenhang auch noch zur Sprache kommen: das Verhältnis französischer Wörterbuchverlage zu frankophonen Varianten. Während sich erst in der 1980er Jahren in den Verlagshäusern Larousse und Robert ein – zuerst wohl nur merkantil gesteuertes – Bewusstsein dafür entwickelt hat, Helvetismen, Belgizismen und Kanadismen aufzunehmen, anfangs allerdings nur in Außentexten (!), wie im *Petit Larousse illustré 1980*, wurde diese Komponente im Zuge sprachpolitischer Diskussionen innerhalb der Frankophonie, vor allem was die Rolle Frankreichs betrifft, eine zunehmend feste Größe. Im neunbändigen *Grand Robert 2* von 1985 beispielsweise wurden ca. 240 Besonderheiten der Suisse romande lemmatisiert – in dem auf der Ausgabe von 2001 basierenden digitalen *Grand Robert* (GR) sind es 620 schweizerfranzösische Spezifika (sowie 644 Kanadismen und 468 Belgizismen).[89] Allerdings werden diese Zugeständnisse vor allem von Quebecer Seite als unzureichend und undifferenziert kritisiert, da 1. die Auswahl der Lemmata und Bedeutungen oft willkürlich sei, 2. nicht zwischen Kanada und Quebec differenziert werde und 3. sich nach wie vor oft der (veraltete) Zusatz *régional* neben dem Marker *Canada* befinde. Diese Missstände haben den Frankokanadier Jean-Claude Boulanger neben anderen Gründen dazu bewogen, in seinem Wörterbuch, dem *Dictionnaire québécois d'aujourd'hui* (DQA), eine ganz andere Perspektive einzunehmen, die wiederum Frankreich nicht gefallen konnte (s. Kap. 6).

Fazit: *Rein deskriptiv* können Wörterbücher genau genommen gar nicht sein, das träfe nur auf Konkordanzen und Wortlisten auf der Basis von Korpora zu. Sobald Lexikographen sich des Materials annehmen, wird es einem Auswahl-, Formalisierungs- und Interpretationsprozess unterzogen – mit mehr oder weniger expliziten Anzeichen einer normativen Haltung.

## 4.5 Pädagogische Wörterbücher[90]

Pädagogische Wörterbücher sind benutzergruppenorientiert und wenden sich an Lerner des Französischen, seien sie frankophone Muttersprachler (4.5.1) oder L2- oder LE-

89 Zur Berücksichtigung des kanadischen Französisch in der jüngeren französischen Lexikographie s. Reutner (2007).

90 Eine substantielle Bestandsaufnahme pädagogischer Wörterbücher des Französischen als Mutter-, Fremd- oder Zweitsprache bieten Pruvost (2001), Lehmann (2002), Heinz (2009, ed.), Leroyer/Binon/Verlinde (2009), zu Lernerwörterbüchern des Typs LE s. auch Bogaards (1998); zu Dfcoll und RobJun s. Béjoint/Corbin (2008, eds.).

Lerner (L2: Französisch als Zweitsprache, LE [*langue étrangère*]: Französisch als Fremdsprache) (4.5.2). Terminologisch ist dieser Bereich der Lexikographie uneinheitlich: Als Oberbegriff – und synonym zu *pädagogischen Wörterbüchern* – ist von *didaktischen Wörterbüchern* (Engelberg/Lemnitzer [4]2009, 22), „*learners'* [or *pedagogical*] *dictionaries*" (Svensén 2009, 29) oder *didaktischen Spezialwörterbüchern* (auf Fr. *dictionnaires pédagogiques*) (Hausmann et al. 1989–1991, eds.) die Rede. Herbst/Klotz (2003) führen keine generische Kategorie an, sondern differenzieren unmittelbar zwischen *Lernerwörterbüchern* (für Ausländer) und *Wörterbüchern für Kinder* (Muttersprachler). In Frankreich wird gelegentlich der Terminus *dictionnaire d'apprentissage* verwendet, allerdings mit zum Teil völlig unterschiedlichem Zielpublikum (vgl. MR und DAFA), und oft nur auf pädagogische Wörterbücher für Muttersprachler bezogen (s. Pruvost 2001). Larousse verwendet als Oberbegriff *dictionnaires pédagogiques*, Robert *dictionnaires scolaires*.

### 4.5.1 Pädagogische Wörterbücher für Muttersprachler

Bis kurz vor der Jahrtausendwende war kein echtes Lernerwörterbuch des Französischen (für Fremdsprachenlerner) mehr auf dem Markt, da der DFC nicht mehr aufgelegt wurde. Was die Wörterbücher für Kinder und Jugendliche betrifft, explodierte der Markt jedoch förmlich und bietet eine breite Palette von Produkten, die nur noch schwer zu überschauen ist.[91] Allein für den Bereich der Sprachwörterbücher – enzyklopädische Werke nicht mitgezählt – können derzeit bei Larousse und Robert folgende Titel erworben werden:

| **Larousse** | Alter | **Robert** | Alter |
|---|---|---|---|
| Dict. Larousse des maternelles<br>[2 000 mots] | 4–6 | – | – |
| Dict. Larousse des débutants – CP/CE 6–8 ans<br>[7 500 mots et sens] | 6–8 | Le Robert benjamin<br>[8 000 mots] | 5–8 |
| Larousse Maxi débutants<br>[20 000 mots] | 7–10 | Le Robert junior illustré<br>[20 000 mots] | 8–11 |
| Dict. Larousse junior 7/11 ans<br>[20 000 noms communs] | 7–11 | Le Robert junior poche<br>[20 000 mots] | 8–11 |
| Larousse junior poche<br>[20 000 mots] | 7–11 | Le Robert junior poche plus<br>[20 000 mots] | 8–11 |
| Dictionnaire du collège (Larousse du collège)<br>[42 000 noms communs] | 11–15 | Le Robert Collège<br>[75 000 définitions] | 11–<br>15 |

Abb. 52: Verkaufsangebot für pädagogische Wörterbücher des Französischen bei Larousse und Robert

[91] Ein kurzer Vergleich zwischen den *Collège*-Ausgaben von Larousse, Robert und Hachette findet sich in Kap. 5.3.1.

Der Markt ist schnelllebig und unübersichtlich. Ständig bringen die Verlage neue oder leicht geänderte Titel auf den Markt. Der *Petit Robert des enfants* von 1988 wurde 1991 umbenannt in *Robert des jeunes* (nach Lehmann 2002) – beide Titel sind jedoch nicht mehr auf den Verlagsseiten zu finden. Zudem überbieten sich die Verlage mit neuen Ideen und Raffinessen. Die meisten bauen drucktechnisch aufwändig gestaltete enzyklopädische Teile mit ein, der *Larousse junior* (LarJun) hat sogar einen 1 000 Wörter umfassenden *lexique d'anglais* mitintegriert. Der *Robert Junior Poche* (RobJunp) enthält zudem *regroupements* und analogische Verweise.

Es versteht sich von selbst, dass sich Kinder- und Schulwörterbücher makro- und mikrostrukturell sowie typographisch – als Print- wie auch als elektronische Fassung – merklich von Wörterbüchern für erwachsene Muttersprachler unterscheiden müssen.[92] Zuallererst sind sie didaktische Hilfsmittel (*dictionnaires d'apprentissage*), die bestimmten Anforderungen gerecht werden müssen: Förderung der Lesefertigkeit und der Sprachproduktion, systematische Integration redundanter Informationen, Anregungen zu metasprachlichen Reflexionen unter Vermeidung einer zu schwierigen Metasprache, Bereitstellung von Lexemen zur Bezeichnung der außersprachlichen Wirklichkeit und – sehr wichtig – Einbezug ansprechender und sinnvoller Illustrationen (nach Lehmann 2002, 75), der im Falle des *Robert benjamin* als besonders geglückt bezeichnet werden kann.[93]

Bedeutungsparaphrasen sollen demnach also nicht ökonomisch und sprachlich verdichtet, sondern verständlich und möglichst redundant sein. Für Kinderwörterbücher bieten sich hierfür zwei Möglichkeiten an: (a) der Verzicht auf die Bedeutungsparaphrase unter Einsatz eines selbsterklärenden oder eines *glossierten* (erklärten) *Beispielsatzes* (fr. *phrase-exemple glosée*), (b) die Einbettung der Paraphrase in einen ganzen Satz (im Stile der *full sentence definitions* (s. 3.1.2)).

(a) **abeille** nom f. • *Les **abeilles** sont les insectes qui font le miel et la cire; on les élève dans des ruches.* ★ Chercher aussi: apiculture, essaim (DHjs).

**chausser v.** (conjug. 1) **1.** *Alex chausse du 35*, il porte des chaussures de taille 35. **2.** *se chausser*, c'est mettre des chaussures. *La petite fille s'est chaussée toute seule* (RobJun).

**kidnapper** verbe. Deux hommes ont kidnappé le petit Armand, ils l'ont emmené de force avec eux et ils l'ont gardé, ils le rendront à ses parents contre de l'argent (RobBen 1997).

Abb. 53: Beispiele für den Verzicht auf Bedeutungsparaphrasen zugunsten von Beispielsätzen (glossiertes Beispiel)

---

[92] Auf inhaltliche Aspekte kann hier nicht näher eingegangen werden. Wie Beispielsätze in französischen und Quebecer Kinderwörterbüchern über die Wahl der Vornamen ideologisch „angereichert" werden, legen Cormier/Ouimet/Boulanger (2001) offen: „Tout est pensé et réalisé pour que les enfants en phase de scolarisation adhèrent à une vision idéalisée du monde" (160).

[93] Das Wörterbuch sei, so Hausmann (2003, 256), selbsterklärend (kein Wort der Mikrostruktur, das nicht als Lemma in der Makrostruktur zu finden wäre).

Der Vorteil dieser von Marcel Cohen in seinem *Dictionnaire du français vivant* (Dfv) in Frankreich erstmals praktizierten Einbettung des Lemmas in seinen typischen Kotext unter Berücksichtigung framerelevanter Begriffe ist der Gebrauchstheorie Wittgensteins geschuldet (s. 3.3.1.1). Im Dvf, wo diese Technik keineswegs immer angewandt wurde (nicht z.B. bei *abeille*), findet man:

(b) **chausser** […] *v. tr. d.* […] **1** *La grande sœur chaussait des petits frères* = leur mettait leurs chaussures. […] **3** *Je chausse du 40* = les chaussures qui vont à mon pied sont de la pointure 40 **4** *Ces souliers vous chaussent bien* = conviennent à votre pied […] (Dfv).

Abb. 54: Auszug aus dem Artikel *chausser* des *Dictionnaire du français vivant* (Dfv)

Diese Methode wird allerdings immer weniger angewandt (nicht mehr z.B. im DHben und LarJun). Die Variante (b), im Französischen auch *définition phrastique* genannt (Lehmann 2002, 79), bringt ein ökonomisches Problem mit sich, denn Paraphrasen wie die folgenden sind aufwändiger als herkömmliche Semantisierungen:

**clémentine** nom féminin. Une clémentine, c'est un petit fruit orange souvent sans pépin, moins gros qu'une mandarine. *Tatiana donne un quartier de clémentine à son frère* (RobBen 1997).

**manque** nom masculin Le **manque** d'une chose, c'est une quantité insuffisante. *Dans certains pays, les gens souffrent du* ***manque*** *de nourriture* (LarDéb).

Effizienter wäre es zudem, eine Konstruktion mit flektiertem Verb zu wählen, weil sich damit auch syntaktische Relationen sowie die semantische Kategorie der Aktanten illustrieren ließen. Also statt

**s'excuser**, c'est présenter ses excuses (LarDéb)

besser

**apologize** […] When you **apologize** to someone, you say that you are sorry that you have hurt or upset them or caused trouble for them (COBUILD1).

Das Erstaunliche ist, dass diese satzwertigen Paraphrasen ein ehrwürdiges Alter haben und bereits bei Furetière (1690) und in der ersten Auflage des DAF zu finden waren:

**Chausser** […] On dit aussi, *Chaussez vos lunettes*, pour dire, Regardez de plus prés. On dit, qu'*Un bas,* qu'*un soulier chausse bien,* pour dire, qu'Il va bien sur la jambe, sur le pied. […] (DAF 1694).

Diese Semantisierungstechnik wäre auch für den zweiten Typ pädagogischer Wörterbücher, um den es im Folgenden gehen wird, in gewinnbringender Weise anwendbar.

### 4.5.2 Pädagogische Wörterbücher für fremdsprachige Lerner

Bezüglich der Terminologie gibt es inzwischen in der deutschsprachigen Metalexikographie Konsens darüber, dass *Lernerwörterbücher* „für fortgeschrittene Fremdsprachenlerner“ (Engelberg/Lemnitzer $^{4}$2009, 27) konzipierte Werke im Sinne des britischen Vorbilds der *learners' dictionaries* sind (vgl. auch Jehle 1990, Zöfgen 1994, Schafroth 1995, Herbst/Klotz 2003, Tarp 2009). In Frankreich tut man sich mit der Zuordnung zu einer solchen Kategorie bis heute schwer. Das einzige einsprachige (Print-)Wörterbuch, das das Attribut *dictionnaire d'apprentissage* im Untertitel führt (MR), ist gerade kein veritables Lernerwörterbuch, und das einzige aktuelle pädagogische Wörterbuch, das dieses Prädikat verdient hätte, nennt sich einfach nur *Dictionnaire du français*. Der DFC verzichtete ebenfalls auf ein solches Label, verdeutlichte aber im Vorwort, dass es *auch* für ausländische Studierende erstellt wurde. Weitere Beispiele, die in die Nähe von echten Lernerwörterbüchern des Französischen kommen, waren der *Dictionnaire du français langue étrangère* (DFLE, 1978/1979, $^{2}$1983)[94] – für Hausmann (1990b) der Beginn der französischen Lernerlexikographie. Der *Dictionnaire du français usuel* (DFusuel, 2002) bezeichnet sich selbst als „dictionnaire d'apprentissage plutôt qu'un dictionnaire de consultation“ (7) und enthält „15 000 mots, en 442 articles“, die nach dem Kriterium der Häufigkeit ermittelt wurden; er sieht seine Besonderheit darin, dass

> trop de francophones souffrent d'une certaine insécurité linguistique et que les apprenants de français éprouvent une sorte de vertige devant l'immensité du lexique et ressentent le besoin de l'étudier de façon systématique (DFusuel).

Sieht man sich die umfangreichen Artikel, die vom Aufbau und Formalismus her an Mel'čuks Arbeiten (DEC, LAF) erinnern, an (4.6.1, 4.6.4), so bleibt als Argument für eine L2- oder LE-Klientel dieses ungewöhnlichen und qualitativ zum Teil hochwertigen, aber schwierig zu benutzenden und physisch sperrigen Wörterbuchs, dessen Artikel häufig durch zwei analogische Begriffe (Synonyme, Antonyme) wie z.B. *charmer/enchanter*, *chaud/froid* eingeleitet werden, nur noch das Kriterium der Frequenzorientiertheit übrig. Mit einem *learners' dictionary* hat es jedoch nichts zu tun.[95]

Über den *Dictionnaire du français contemporain* (DFC) von 1966 (!) – letztmals 1982 als Lizenzausgabe von Langenscheidt aufgelegt – ist schon viel geschrieben worden in diesem Buch, so dass jetzt andere Anwärter auf die Bezeichnung *Lernerwörter-*

---

94 Die Makrostruktur des DFLE wurde nach Häufigkeits- und Disponibilitätskriterien, basierend vor allem auf dem *Français fondamental 1* und *2*, festgelegt und nach Lernerniveaus gestaffelt (2 581 Lemmata in Bd. 1, 5 000 in Bd. 2). Die Mikrostruktur zeichnet sich aus durch fehlende Bedeutungsparaphrasen (stattdessen selbsterklärende Anwendungsbeispiele), explizite Valenzpatterns und „erläuterte Bedeutungen“ in einem Annotationsteil, einer Art *usage notes*, der auch zahlreiche Kollokationen enthält.

95 Die frankophone Fachwelt scheint sich nicht einig zu sein. Von den einen wird das Fehlen klarer und einfacher „Definitionen“ und passender Beispielsätze bemängelt, von den anderen die didaktische Dynamik gelobt (vgl. Leroyer/Binon/Verlinde 2009, 122).

*buch* zu Wort kommen sollen (abgesehen davon, dass Hausmann 1990b ihn gar nicht dazu zählt). Er wird ein weiteres Mal in Kap. 5.3.2 thematisiert werden – halten wir jedoch zumindest drei Merkmale stichpunktartig fest: 1. strikt synchronisch, 2. radikal homonymisierend (*dégroupement*) und 3. radikal morphosemantisch (*regroupement*).

Bevor wir das derzeit einzige einsprachige Lernerwörterbuch des Französischen vorstellen, den *Dictionnaire du français* (DicDF),[96] müssen zuerst die Kriterien genannt werden, die ein Lernerwörterbuch ausmachen.

Oberstes Gebot ist es, ein Lernerwörterbuch so zu gestalten, dass die Benutzer für die *Sprachproduktion* (Enkodierung) einen möglichst großen Nutzen daraus ziehen können. Es soll dabei behilflich sein, sich besser und sicherer in der Fremdsprache ausdrücken zu können. Der Aspekt der Sprachrezeption (Dekodierung), der im Wesentlichen über Bedeutungsparaphrasen, Anwendungsbeispiele und Illustrationen gesteuert wird, darf natürlich nicht vernachlässigt werden, aber er ist nicht gleichermaßen bedeutsam für den Lerner, da das Verstehen eines Lexems oder einer Verbindung auch über Definitionswörterbücher oder, was die Realität am ehesten widerspiegeln dürfte, durch ein zwei- und mehrsprachiges elektronisches Wörterbuch erreicht werden könnte.

Ein **Lernerwörterbuch** (des Französischen) sollte:

1) in der Auswahl der Lemmata und Bedeutungen strikt synchronisch und frequenzorientiert sein;

2) eine konsequente Homonymisierung (*dégroupement*) der Lemmata anstreben, wenn verschiedene Bedeutungen eines *signifiant* synchron als nicht mehr zusammengehörig empfunden werden (s. 3.1.5);

3) lexikalisch und syntaktisch einfache, jedoch explizite Bedeutungsparaphrasen enthalten, durchaus auch als satzwertige Konstruktionen (*définitions phrastiques*), die zudem prototypische und nicht enzyklopädische Merkmale enthalten und sich im Idealfall immer auf einen konkreten sprachlichen Kontext beziehen, so dass abstrakt-generische Formulierungen entbehrlich sind; ein begrenzter Definitionswortschatz wäre ferner wünschenswert, ebenso der Einbezug typischer Satellitenbegriffe des zum Lemma gehörigen Frames sowie die semantische Spezifizierung der Aktanten (BELEBT/UNBELEBT z.B.);

4) eine stark syntagmatische Ausrichtung haben (viele Kollokationen, sinnvoll angeordnet und unter der *Basis* registriert (s. 3.2.2); explizite Valenzpatterns bei Verben, Adjektiven und Substantiven (3.2.1); illustrative und sinnvolle Beispielsätze (3.2.4), bestehend aus konstruierten Beispielen und Korpusbelegen);

5) Synonyme und Antonyme nur kotextbezogen angeben;

6) wichtiges grammatikalisches Wissen vermitteln, durch Angaben z.B. zur Stellung des Adjektivs (vor oder nach dem Substantiv), zum obligatorischen Gebrauch des bestimmten Artikels (*montrer l'exemple*) oder Nullartikels (*prendre exemple sur*), zur pluralischen Verwendung (*entrer dans les détails*, *faire ses achats*), zum bevorzugten Gebrauch des Possessivpronomens (*faire ses achats*, *prendre sa retraite*) oder des Pas-

---

[96] Vgl. jedoch die Kategorie der „gemischtsprachigen“ Lernerwörterbücher in Kap. 8.5.

sivs (*ambition* in Verbindung mit *guider*, *sentiment* mit *animer*, *porter*, *pousser*) oder zur morphologischen Unveränderlichkeit eines Lexems (z.B. *super*);

7) morphosemantische Bezüge innerhalb eines Artikels deutlich machen (durchaus nestalphabetisch (*boire – boisson – buvable – imbuvable*), allerdings nur unter Beachtung der synchronischen Transparenz (Bedeutung muss erhalten bleiben);

8) nicht vom Infinitiv ableitbare Flexionsformen von Verben lemmatisieren und auf den Haupteintrag (den Infinitiv) verweisen (z.B. *boive*, *bu* mit Verweis auf *boire*), idealiter auch Femininformen, sofern sie in der Makrostruktur nicht unmittelbar auf das Maskulinum folgen würden (z.B. *directrice*, aber nicht *vendeuse*);

9) Adverbien wie *moyennement*, *sincèrement* oder *vachement* lemmatisieren anstatt sie als Sublemmata zum jeweiligen Adjektiv zu behandeln oder gar nicht aufzuführen; ebenso Lexemkürzungen (z.B. *manif*) und Akronyme inklusive Ausspracheangabe (z.B. *C.A.C.* [kak], *H.L.M.* ['aʃɛlɛm]);

10) analogische Bezüge (z.B. von *ordinateur* auf *logiciel* und *matériel*);

11) Angaben zu Besonderheiten des Sprachgebrauchs oder zu semantisch nahen, aber dennoch ko(n)textuell verschiedenen Lexemen wie *autoriser/permettre*, *interdire/défendre*, *route/rue*, oder zu kulturellen Besonderheiten des Landes (z.B. *bises*, *bizutage*, *concierge*); auch als Kästen in der Makrostruktur denkbar (z.B. nuancierte Darstellung eines Wortfeldes oder grammatikalischer Kategorien wie Tempora oder Pronomina) (s. 3.5);

12) möglichst viele Markierungsangaben, die vor allem die Angemessenheit des Wortschatzes in bestimmten Situationen in Betracht ziehen sollten (eventuell mit einem Ausrufezeichen zu markieren);

13) eine adäquate lexikographische Beschreibung von Phrasemen anstreben, die sich insbesondere in digitalen Wörterbüchern realisieren ließe; Phraseme müssen wie Sublemmata behandelt und über mehrere typische Anwendungsbeispiele ko(n)textuell semantisiert werden; auch ihr pragmatischer Wert (in welcher Situation mit welcher Absicht wird ein Idiom oder eine Routineformel typischerweise verwendet? (s. 3.2.3)) sollte deutlich werden;

14) auch Phraseoschablonen (3.2.3) berücksichtigen und sie ausreichend illustrieren;

15) den kommunikativen und pragmatischen Wert von Gesprächswörtern für die gesprochene Sprache klar beschreiben (*alors*, *quoi* etc.);

16) möglichst große Explizitheit in der Mikrostruktur anstreben, also möglichst wenige Abkürzungen, möglichst viele ausformulierte Angaben (z.B. bei Markern) und keine Abkürzung des Lemmas oder Ersetzung durch ein Symbol;

17) durchaus auch Eigennamen und Ethnika (von Eigennamen abgeleitete Adjektive und Substantive) mit aufnehmen, wenn es sinnvoll erscheint, z.B. weil diese unentbehrlich für das kulturelle Wissen (hier: zu Frankreich) sind (z.B. *Montmartre*, *bordelais*);

18) eine ansprechende typographische Gestaltung haben, die zur eindeutigen informationsstrukturellen Binnendifferenzierung des Artikels beiträgt (die Benutzer sollen das Gesuchte schnell finden);

19) sinnvolle und medial den Erfordernissen der Zeit entsprechende Illustrationen enthalten;

20) Hinweise auf andere (vor allem romanische) Sprachen einbeziehen, um lexikalische Analogien anzudeuten oder, bezogen auf maximale eine oder zwei Sprachen, vor *faux amis* zu warnen.

Der Umfang der Makrostruktur entscheidet nicht darüber, ob ein Werk als Lernerwörterbuch gelten kann oder nicht, dennoch empfiehlt es sich, zwischen solchen zu unterscheiden, die eine stark selektive (bis 10 000 Lemmata), selektive (bis 35 000), ausgebaute (bis 50 000) oder extensive Makrostruktur (ab 50 000 Stichwörter) haben. Letztere Größenordnung wird etwa durch das LDOCE5 (56 000 Lemmata) erreicht.

Der *Dictionnaire du français* (DicDF) ist das erste Wörterbuch des Französischen, das den Bezug auf das fremdsprachige Publikum nicht nur als Lippenbekenntnis im Vorwort stehen hat (wie der MR), sondern von Grund auf so konzipiert ist:

> Le *Dictionnaire du français* est destiné aux apprenants ou adultes. C'est un dictionnaire pour les personnes dont la langue maternelle n'est pas le français et qui ont des savoirs exprimés dans une autre langue. Pour eux, le français est une langue étrangère. Ils ne possèdent aucun des automatismes des francophones qui dès leur plus jeune âge ont assimilé la spécificité du français comme une évidence, faute de comparer avec le fonctionnement d'une autre langue (DicDF, VII).

Zu den Prinzipien des DicDF (22 000 Stichwörter) gehören „une grande simplicité" und „une redondance pédagogique nécessaire à la mémorisation et l'attrait du langage vivant de la vie quotidienne" (ib.). Dies soll erreicht werden durch eine hohe Anzahl von Beispielsätzen bei gleichzeitiger Reduktion der lexikalischen und syntaktischen Komplexität von Bedeutungsparaphrasen „dont la lecture est toujours difficile et peu stimulante" (ib.). Die grammatikalische Terminologie wurde aufs Nötigste begrenzt (bei den Verben außer *verbe pronominal* nur *verbe*). Eine systematische Überprüfung der 20 Kriterien kann hier nicht durchgeführt werden, bis auf ein konsequentes *dégroupement* (2), die Sichtbarmachung morphosemantischer Beziehungen in der Mikrostruktur (8), eine adäquate Behandlung von Phrasemen (13) und Phraseoschablonen (14) und der Einbezug von Illustrationen (19) sind alle Kriterien voll oder sogar übererfüllt (z.B. 6, 8, 9), einige jedoch nur teilweise erfüllt, vor allem die Behandlung der Kollokationen, die, falls sie erfasst werden, ausschließlich in Beispielsätzen in Erscheinung treten. Die folgende Auswahl an Artikeln soll einen Eindruck davon geben, welche Art von Lexikographie im DicDF umgesetzt wurde (Konstruktionen, also Valenzpatterns, Phraseme in Beispielsätzen und definit/indefinite Verwendungen des Lemmas (*un*/*le*) sind in diesem Wörterbuch in Kapitälchen gesetzt):

(a) **CHAUVE-SOURIS** […] n. f. ▪ *UNE CHAUVE-SOURIS*: petit animal nocturne qui ressemble à une souris et qui a des ailes. *La chauve-souris vole.* PLURIEL: *les CHAUVES-SOURIS dorment le jour, suspendues la tête en bas.*

(b) **BICYCLETTE** [...] n. f. ▪ *UNE BICYCLETTE*: véhicule à deux roues, avec un guidon et deux pédales. *Nous sommes venus A BICYCLETTE.* Les *enfants font de la bicyclette dans le jardin.* → **vélo.**

(c) **EXEMPT** [...], **EXEMPTE** [...] adj. (après le nom) ▪ *EXEMPT DE*: qui n'est pas soumis à. [...].

(d) **DECIDER** [...] [conjugaison 1a] **1.** (qqn) Prendre une décision. → **arrêter, fixer.** *Nous n'avons encore rien décidé. C'est elle qui décide*, qui prend les décisions. – *Elle A DECIDE QU'elle ferait un voyage cet été.* **2.** *DECIDER QQN A faire qqch.*, le pousser, l'inciter à le faire. *J'ai décidé ma fille à l'accompagner à la piscine.* **3.** *DECIDER DE faire qqch.*: prendre la décision, faire le choix de le faire. *Il a décidé d'apprendre à conduire.* **4.** verbe pronominal *SE DECIDER*: prendre une décision. *« Que veux-tu comme dessert, un fruit ou une glace? Décide-toi! » Après quelques hésitations, elle s'est enfin décidée. – Nos voisins SE SONT DECIDES A vendre leur maison*, ils ont fait le choix, ils ont pris la décision de la vendre. → se **résoudre.** *Elle s'est finalement décidée pour la robe bleue, à choisir la robe bleue.*

(e) **PILULE** [...] n. f. **1.** *UNE PILULE*: médicament en forme de petite boule que l'on avale. *Il prend une pilule matin, midi et soir.* → **comprimé.** (figuré) *La pilule est difficile à avaler*: la chose est difficile à supporter. *Il lui A DORE LA PILULE pour qu'elle accepte*, il lui a présenté une chose désagréable avec des paroles trompeuses. **2.** *LA PILULE*: médicament que les femmes avalent pour ne pas avoir d'enfant. *Elle prend la pilule depuis cinq ans. Elle est SOUS PILULE.*

Abb. 55: Ausgewählte Artikel (zum Teil gekürzt und typographisch modifiziert) aus dem DicDF

Die Warnungen vor *faux amis* in 15 Sprachen (z.B. zu fr. *ajouter* rum. *a ajuta* 'helfen' oder zu fr. *ajuster* it. *aggiustare* 'reparieren') sind allerdings ein Fass ohne Boden. Besser wäre es, (stimmige) Analogien z.B. zum Englischen oder Spanischen anzugeben, zumindest zu Elementen des Grundwortschatzes.

Es sei den Lesern dieses Buches selbst überlassen, die einzelnen Vorzüge, die oftmals im Detail liegen, nachzuvollziehen.[97]

Ein Wort noch zum *Micro Robert* (s. auch Kap. 5.3.3). Dieses Wörterbuch, das 1971 erstmals erschien (MR1) und damals 30 000 Lemmata umfasste, hat sich in der zweiten Auflage (MR2, 1988, 30 000 Lemmata) den Untertitel *Dictionnaire d'apprentissage* zugelegt, der auch noch in der jüngsten Neuausgabe (MR3, 2012, 36 000 Stichwörter) verwendet wird. Es hatte sich von Anfang an auf die Fahnen geschrieben, auch ausländische Benutzer erreichen zu wollen:

> [...] à l'intention des « enseignés », élèves des classes françaises et francophones ou étudiants étrangers (MR1, IX)

[97] Nicht nachvollzogen werden kann die harsche Kritik von Leroyer/Binon/Verlinde (2009, 121f.) am DicDF, die sich auf eine Rezension von Bogaards [2001] stützt. Dort heißt es, dass dieses Wörterbuch sich in nichts von den (im Vergleich zu den englischen und deutschen Pendants) ohnehin mangelhaften französischen LE- und L2-Lernerwörterbüchern abhebe. Hauptkritikpunkte sind die mangelnde Objektivität bei der Wortschatzauswahl, das Fehlen eines zugrunde liegenden Korpus und der Verzicht auf Illustrationen.

> […] nécessaire aux élèves des classes francophones, aux non-francophones étudiants de français et aux adultes désireux de compléter leur connaissance de la langue (MR2, IX; MR3, VII).

Ob der MR, der ebenfalls ein *dictionnaire alphabétique et analogique* ist (s. 4.1), deshalb als echtes Lernerwörterbuch gelten kann, bleibt umstritten. Einerseits scheint der Vorwurf nicht unberechtigt zu sein, der *Micro* sei im Wesentlichen eine gekürzte Fassung des *Petit Robert* – die folgenden Beispiele von Bedeutungsparaphrasen aus den beiden Werken lassen sogar Schlimmeres vermuten (von mir kursiv gesetzte Stellen markieren die Unterschiede zwischen MR und PR):

**amour**: Inclination envers une personne, le plus souvent à caractère passionnel, fondée sur l'instinct sexuel, mais entraînant des comportements variés (MR1–MR3)

**amour**: Inclination envers une personne, le plus souvent à caractère passionnel, fondée sur l'instinct sexuel, mais entraînant des comportements variés (PR)

**bourdon**: Insecte hyménoptère au corps lourd et velu, *qui butine comme* l'abeille (MR1–MR3)

**bourdon**: Insecte *de l'ordre des* hyménoptères, au corps lourd et velu, *apparenté à* l'abeille (PR)

**singe**: Mammifère (primate) caractérisé par une face nue, un cerveau développé, des membres *inférieurs plus petits que les membres supérieurs, et des mains*. → **simiens** (MR1–MR3)

**singe**: Mammifère primate caractérisé par une face nue, un cerveau développé, des membres *préhensiles à cinq doigts*. → **simiens** (PR).

Andererseits ist durch die Aufnahme des morphosemantischen Prinzips in Form einer nischenalphabetischen Anordnung (z.B. s.v. *expédier*: *éxpediteur*, *trice*, *expédition*, *expéditionnaire*) ein eigenständiger Charakter des MR unverkennbar. Allerdings hätte der Verlag innerhalb von mehr als 40 Jahren auf die Kritik der Lexikographen reagieren und die Valenzangaben überarbeiten und die Anzahl der Kollokationen erhöhen können.

Inzwischen hat sich der Typus 'Lernerwörterbücher' weiter ausdifferenziert. Die britische Lexikographie hat *enzyklopädische Lernerwörterbücher* (Herbst/Klotz 2003, 242ff.) hervorgebracht – im Ansatz ist dies auch im DicDF verwirklicht –, des Weiteren gibt es *zweisprachige* und *gemischtsprachige* (bi- bzw. multilingualisierte) Lernerwörterbücher (s. Kap. 8.5).

Der Markt für einsprachige Lernerwörterbücher des Französischen ist im Unterschied zu demjenigen für Wörterbücher, die sich an muttersprachliche Kinder und Jugendliche wenden, nach wie vor überschaubar. Nachdem gute Werke wie der DFC oder DELE keine Rolle mehr spielen, die Nachfolger des DFC (Ddf, Dfcoll) nicht mit ihrem Vorläufer Schritt halten konnten und der MR nie den Status eines echten *learners' dictionary* erreichen konnte, wäre es ein Einfaches für einen innovativen Verlag und eine gut informierte Redaktion, ein solches Lernerwörterbuch auch für das Französische zu erstellen. Dies scheint mit dem *Dictionnaire du français* alles in allem gelungen zu sein. Allerdings muss man sich um die Zukunft dieses Wörterbuchtyps, zumindest im Printformat, generell ernsthafte Sorgen machen, da einsprachige Wörterbücher im Fremdsprachenunterricht europäischer Gymnasien kaum mehr eine Rolle spielen und die digitalen zweisprachigen für junge Leute das Gebot der Stunde zu sein scheinen (s. 8.1).

## 4.6 Syntagmatische Wörterbücher

Die Linearität des sprachlichen Zeichens und die sich daraus ergebenden Verfestigungen stellen einen Phänomenbereich dar, den man gar nicht so einfach in einzelne Zuständigkeiten aufteilen kann. Wir haben gesehen, dass sich Kollokationen mitunter schwer von Phrasemen trennen lassen und dass Valenzen Bestandteil sowohl der einen als auch der anderen Kategorie sind. In dem Satz *La discussion a porté sur ce sujet* (PR) gibt es die Bindung zwischen *porter* und *sur* nur deswegen, weil die thematischen Rollen oder Aktanten (Subjekt, Objekt) mit lexikalisch kompatiblen Lexemen besetzt sind. Es ist eigentlich gar nicht im Sinne der Sprachwissenschaft, diese drei Bereiche zu trennen. Die Lexikographie hat sich dies jedoch bisher zur Aufgabe gemacht, auch wenn, wie wir sehen werden, andere – viele Ebenen umfassende – Modelle vorgeschlagen wurden.

### 4.6.1 Kollokations- und Kontextwörterbücher

Analog zu den in Kap. 3.2.2 aufgezeigten theoretischen Schwierigkeiten, Kollokationen von sogenannten freien Syntagmen auf der einen und Phrasemen auf der anderen Seite abzugrenzen – vom Umgang mit lexikalisierten Komposita ganz zu schweigen –, ist die praktische Umsetzung in Form von Spezialwörterbüchern zu sehen, von denen einige im Folgenden vorgestellt werden (weitere Anregungen in Hausmann 1989b, Tutin 2005, Blumenthal 2008, Zöfgen 2008).[98] Trotz der in der französischen Kollokationslexikographie lange Zeit verpönten Berücksichtigung quantitativer Kriterien scheinen in jüngerer Zeit, nicht zuletzt durch den Erfolg der Korpuslinguistik, statistisch signifikante Kookkurrenzberechnungsverfahren (etwa die *log likelihood*) bei der Erstellung von Kollokationsinventaren einzufließen. So etwa im *Dictionnaire des combinaisons de mots* (Ddm) oder auch im künftigen *Dictionnaire des collocations*, einem gemeinsamen Forschungsprojekt der Universitäten Köln und Nancy (vgl. Blumenthal 2004). Grundsätzlich wird es darum gehen, den Begriff der Affinität genauer zu fassen (s. die Unterscheidung in semantische und lexikalische Affinität in 3.2.2) sowie Kollokationen hinsichtlich semantischer und syntaktischer Restriktionen methodisch adäquat zu beschreiben.

Mit *Langenscheidts Kontextwörterbuch Französisch-Deutsch* (LKon) aus dem Jahre 1989 wurde ein vor allem bei Studierenden erfolgreiches Lern- und Nachschlagewerk

98 Da nicht alle diese Werke Kollokationen im engeren Sinne erfassen, empfiehlt es sich, gegebenenfalls auf den weiteren Begriff des ‘Kontextwörterbuchs’ auszuweichen.

auf den Markt gebracht, das 20 000 Kollokationen zu 3 500 der wichtigsten Substantive des Französischen (mit deutschen Äquivalenten und Beispielsätzen) enthält. Da es vom Verlag nie wieder neu aufgelegt wurde, erübrigt es sich, im Rahmen dieses Arbeitsheftes weiter darauf einzugehen.

In jüngerer Zeit sind – endlich, muss man sagen – in Frankreich entstandene Kontextwörterbücher[99] des Französischen erschienen, von denen die wichtigsten (Dcf, Ddm, LAF und DiCouèbe) hier vorgestellt werden sollen.

Zur Sprache kommen aber zunächst zwei andere Werke, ein *online*-Wörterbuch (DicDC) sowie ein in Quebec erschienenes Buch (Ddc), das chronologisch an erster Stelle steht und mit dem deshalb auch begonnen werden soll.

Der ungefähr 4 200 Einträge umfassende *Dictionnaire des cooccurrences* (Ddc) wurde von Jacques Beauchesne, einem Literaturwissenschaftler, Terminologen und Übersetzer aus Montreal 2001 veröffentlicht. Das Werk ist linguistisch nicht besonders fundiert,[100] die Quellen sind neben eigenen Beständen namhafte Autoren der französischen Literatur seit dem 19. Jahrhundert sowie Presseerzeugnisse aller Art – ein Bezug zu Quebec ist nicht erkennbar. Die Makrostruktur setzt sich mehrheitlich aus Substantiven und einigen Adjektiven zusammen, deren Auswahl nicht begründet wird (angesichts von Lemmata wie *disproportion*, *docilité*, *hémorragie*, *vulgarité* scheidet das Frequenzkriterium aus). Die Kollokatoren werden als *adjectifts qualificatifs* oder als *verbes* bezeichnet, Erstere erscheinen recte, Zweitere kursiv – beide sind jeweils alphabetisch sortiert. Bei polysemen und homonymen Lexemen (z.B. *vol*) werden innerhalb eines Eintrags Bedeutungsdifferenzierungen durch ein Synonym vorgenommen. Lemmaangaben (Genus, Numerus etc.) gibt es keine. Das Buch ist vor allem ein reichhaltiger Fundus an Kontexten, von dem aus man weiter recherchieren kann. Da die Lemmata nicht analogisch aufeinander abgestimmt sind, erscheinen zu Lexemen aus ein und demselben Begriffsfeld (z.B. *examen*, *doctorat*, *licence*, *maîtrise*) immer die gleichen Kollokatoren (*avoir*, *faire*, *passer* usw.). Mit dem Ddc kann man weder übersetzen noch Wortschatz lernen, man kann es aber als Ausgangsbasis für weitere Untersuchungen heranziehen. Die Anzahl der Kollokatoren, vorausgesetzt es handelt sich in jedem Fall um solche, ist extrem hoch und erreicht Größenordnungen von über 300 (wie z.B. bei *voix*).

Der *Dictionnaire des collocations* (DicDC) ist ein (linguistisch eher laienhaftes) *online*-Wörterbuch, in dem sich zu 3 205 substantivischen Basen verbale und adjektivische Kollokatoren und – in der Rubrik „Segments récurrents" – weitere (teilweise phraseolo-

---

[99] Es empfiehlt sich, hier besser von *Kontext-* als von *Kollokationswörterbüchern* zu sprechen, da zum einen der Terminus *collocation* von frankophoner Seite außer in den Publikationen Mel'čuks (und seiner Mitarbeiter) praktisch nicht verwendet wird und zum anderen der Objektbereich, d.h. die Arten von Lexemverbindungen selbst, nicht identisch mit dem der Kollokationen im Hausmannschen Sinne ist, wenngleich die Überschneidungen groß sind. Dass *cooccurrences*, *combinaisons* und vor allem *figements* nicht deckungsgleich mit *Kollokationen* sind, verdeutlicht Blumenthal (2008).

[100] Vgl. allerdings die positive Beurteilung durch Tutin (2005).

gische) Verbindungen sowie „Analogies“ (begrifflich verwandte Ausdrücke, darunter Synonyme und Antonyme) suchen lassen. Von knapp 600 Verben aus können Informationen verschiedener Art, z.B. Nominalderivate (*accélérer → accélération*) oder „Compléments“, die jedoch nur in den wenigsten Fällen Komplemente im valenztheoretischen Sinn sind, sondern Kollokatoren, abgefragt werden. Zu 115 Adjektiven können schließlich einige wenige substantivische Basen ermittelt werden. Einige der Übungen sind für universitäre Seminare brauchbar.

Schwer einzuordnen ist der *Dictionnaire combinatoire du français* (Dcf), da durch seine Konzeption als Kontextwörterbuch sowohl Kollokationen als auch Valenzangaben und Phraseme aller Art erfasst werden. Die Beschreibungseinheit wird als *unité phraséologique* angegeben, worunter „tout groupement de mots récurrents (*expression*, *locution* ou *construction* au sens large“ (iii)) verstanden wird. Seine Makrostruktur umfasst 8 200 Lemmata (in der CD-ROM-Version 11 700), die 34 000 Verbindungen (65 000 digital) werden grundsätzlich – zumindest kurz – semantisiert. Das Wörterbuch ist als Inventar von Konstruktionen (durchaus im Sinne der Konstruktionsgrammatik) sogar zu empfehlen, allerdings fehlt ihm eine linguistisch fundierte Ordnung. Außerdem ist es im Vergleich zu großen einsprachigen Wörterbüchern und zu den jeweiligen Spezialwörterbüchern (zu Kollokationen, Phrasemen und Valenzen) lückenhaft. Ein erstes Manko ist die strikte alphabetische Ordnung der *unités phraséologiques*, wodurch die drei genannten syntagmatischen Verbindungen nicht differenziert werden: Im Eintrag *dormir* steht *aller dormir* vor *dormir à poings fermés* und *dormir au coffre*; die Kollokation *dormir profondément* ist nicht explizit genannt, sondern nur in den Bedeutungsparaphrasen vorhanden, das Valenzpattern *dormir sur qqch* ist erfasst, jedoch nicht *dormir avec qqn*. Angaben zur grammatikalischen Konstruktion sind durchaus präsent, alphabetisch sortiert zwischen anderen Verbindungen, allerdings nicht ausführlich genug, um dem Dcf das Prädikat ‘Valenzwörterbuch’ verleihen zu können. Im Artikel *jouer* sind immerhin (allerdings alphabetisch getrennt) *jouer à <inf>*, *jouer à <n_déf>*, *jouer de la <nf_instrument>*, *jouer du <nm_instrument>*, *jouer du <np>*, *jouer qqch* und *jouer sur qqch* inventarisiert, was aller Ehren wert ist, jedoch fehlt die konzeptionelle Zuordnung (und eine zugrundeliegende Theorie). Nicht ausreichend bestückt ist der Dcf in kollokationeller Hinsicht: Der TLFi enthält im Artikel *salade* allein bei den Verb-Substantiv-Kollokationen Verbindungen wie *faire une salade*, *assaisonner*, *préparer*, *remuer* und *fatiguer la salade*, die im Dcf bis auf *assaisonner la salade* (allerdings im Artikel *assaisonner*) nicht vorhanden sind.

Viel Aufsehen hat in der Fachwelt der *Dictionnaire des combinaisons de mots* (Dcm) unter der Leitung von Dominique Le Fur erregt.[101] Das Wörterbuch, 2007 bei Robert in

---

[101] Blumenthal (2008) beginnt seine Besprechung des Dcm mit einem Superlativ („neue lexikographische Maßstäbe“) und beendet sie mit dem Wunsch nach einer in mehreren Punkten überarbeiteten Neuauflage. Vor allem oft nichtssagende Beispielsätze werden kritisiert, die Zöfgen (2008) zur Hälfte als überflüssig betrachtet. Moniert werden des Weiteren: die Aus-

der Reihe *Collection Les Usuels* erschienen (2 600 Stichwörter, 160 000 „combinaisons“, 26 000 Beispiele), trägt den Untertitel *Les synonymes en contexte*, der jedoch insofern irreführend ist, als die Klassifikation innerhalb polysemer (und auch homonymer) Lexeme auf der ersten Ebene nicht nach Bedeutungen (und deren Synonyme), sondern nach syntaktischen Gesichtspunkten erfolgt: 1. Wortart (Lemma + Adjektiv, Verb, Nomen), 2. Reihenfolge der Konstituenten, die bei den Verben dem Rektionstyp entspricht. Angaben wie + *art. déf.*, + *nom,* + *possessif* (suivi d'un article défini, d'un nom, d'un adjectif possessif), *plur.* (Subjekt oder Objekt im Plural) oder *souvent passif* gehen, was den Umfang an grammatikalischen Informationen angeht, weit über vergleichbare Wörterbücher und über den Kollokationsteil einsprachiger Wörterbücher hinaus, auch weil besonders affine Lexeme – mit einem *indice de figement* – eigens gekennzeichnet (°) sind und kollokatorenbezogene Registerangaben (z.B. zum Lemma (= zur Basis) *amende* die Kollokatoren *salée*$^{\text{fam}}$ und *écoper de*$^{\text{fam}}$) gesondert vermerkt werden. Der Gedanke der (ko(n)textuellen) Synonymie muss auf die Kollokatoren bezogen werden, was eine Feinuntergliederung der Mikrostrukturen streng genommen nicht nach Unterbedeutungen, sondern nach Verwendungsrahmen und Kontexttypen zeitigt, innerhalb derer dann Synonymie angezeigt wird. Dabei setzt das Autorenteam um Le Fur universelle Begriffskategorien an wie 'Intensität' (nachvollziehbar bei *appétit gros, d'ogre, pantagruélique*, weniger bei *aiguiser, stimuler l'appétit*) und 'Abschwächung' (z.B. *appétit d'oiseau, l'appétit s'émousse*) und gelangt so zu einer stark differenzierten Struktur, die durch entsprechende Symbole (•) auch noch innerhalb der Kontexttypen (▪) unterteilt ist. Sehen wir uns ein Beispiel an:

**prudence** *nom fém.*
~ **prudence** + ADJECTIF
▪ diplomatique, financière, tactique, verbale
▪ élémentaire […] • justifiée, légitime […] nécessaire
▪ absolue, accrue, de loup°, de Sioux°: *il s'est imposé une prudence de Sioux pendant la négociation du contrat*, exemplaire, extrême, grande$^{\text{+ nom}}$, infinie: *elle retira l'épine avec une prudence infinie* • coutumière, habituelle, légendaire […] ~ VERBE + **prudence**
▪ appeler à, conseiller, inciter à, inviter à, préconiser, prôner, recommander: on *vous recommande la plus grande prudence sur les routes ce week-end* • imposer
▪ demander, exiger, requérir: cette *enquête délicate requiert patience et prudence* […]

Abb. 58: Auszüge aus dem Artikel *prudence* im *Dictionnaire des combinaisons de mots* (Dcm) (Wiedergabe des Artikels typographisch vereinfacht)

---

wahl der Lemmata (zu wenige Konkreta), das Fehlen einiger typischer (im PR jedoch verzeichneten) Kollokationen wie *assouvir/calmer la faim*, die Aufnahme (scheinbar banaler) freier Syntagmen wie *acheter/se procurer un dictionnaire*. Gelobt wird u.a. („der umsichtige Umgang mit semantischen Problemen im Bereich von Basiswörtern und Kollokatoren“) (Blumenthal 2008, 24). Eine intensive Besprechung des Dcm (zum Teil im Vergleich zum Ddc und LAF) findet sich in Zöfgen (2008).

Die im Dcm verzeichneten Lexemkombinationen – von häufigen freien Syntagmen bis zu teilidiomatisierten Kollokationen – sind das Ergebnis von Auswertungen zahlreicher (nicht näher aufgeschlüsselter) journalistischer und literarischer Texte des zeitgenössischen Französisch und legitimieren sich, so das Vorwort, durch signifikante Häufigkeit. Die Tücken dieser Vorgehensweise liegen natürlich im Detail. Zum einen sind die Synonymreihungen ja nicht unproblematisch, da *absolu* und *accru* zwar beides Quantoren sind, jedoch mit unterschiedlicher Intensität – der Benutzer muss also wissen oder verstehen, dass Synonymie hier bestenfalls *kategoriell* im Sinne eines abstrakten Archisemems gemeint sein kann, welches jedoch nicht genannt wird, da bis auf wenige Ausnahmen (meist in Form semantischer Glossen wie in „*contrat*: lancer [pour tuer qqn]" (Zöfgen 2008, 119)) ja keine Bedeutungsparaphrasen gegeben werden – außer bei homonymen Lemmata, z.B. $^{1}$*progrès* 'amélioration' und $^{2}$*progrès* 'évolution de l'humanité'. Dann sind die in einer Reihe stehenden Lexeme wie *diplomatique*, *financière*, *tactique*, *verbale* auch eher als Kohyponyme zu einem nicht ausgedrückten Hyperonym (hier eventuell RELATIF À DES NÉGOCIATIONS) zu verstehen; ähnlich im Eintrag *fleur*, wo *d'automne*, *de printemps*, *de saison*, *d'été* und *annuelle* eine Reihe bilden – hier wäre das Merkmal RELATIF AU TEMPS anzusetzen. Des Weiteren werden zu teilidiomatisierten Kollokationen, z.B. *sourire (en) banane*, das weder im PR noch im GR und TLFi verzeichnet ist (!), keine Bedeutungserklärungen (im Sinne eines *syntagme défini* des TLfi) gegeben. Lässt man sich auf die genannten Kompromisse ein, kann das Wörterbuch aber durchaus mit großem Gewinn verwendet werden – es trägt nur den falschen Untertitel. Die Fülle an metasprachlichen Informationen und die Ähnlichkeit mit den verstehensrelevanten Angaben, wie wir sie im *PhraseoFrame* kennengelernt haben (Kap. 3.2.3), sind jedenfalls beeindruckend und suchen ihresgleichen, auch unter den einsprachigen Wörterbüchern. Der Ddm versteht sich zudem als Ratgeber in Sachen Sprachnorm, indem er ausreichend textbelegte, aber aus normativer oder sprachlogischer Sicht inkorrekte oder stilistisch auffällige bzw. nicht-usuelle Verbindungen am Ende eines Artikels explizit thematisiert:

**ego** […] REM. On rencontre parfois „ego personnel". Évitez cette expression pléonastique.

**connaissance** […] REM. On rencontre parfois „nouer, tisser des connaissances". Évitez cette expression maladroite et préférez „se faire des connaissances".

**risque** […] REM. On rencontre parfois „encourir un risque". Or, on encourt une peine ou une sanction, mais pas une éventualité. Préférez „courir un risque, s'exposer à un risque".

Für fortgeschrittene fremdsprachige Benutzer ist der Dcm sicherlich ebenfalls ein Gewinn. Man sollte stets aber ein einsprachiges Wörterbuch parallel dazu geöffnet haben.

Die beiden folgenden Wörterbücher, der *Lexique actif du français* (LAF) und der DiCouèbe, das eine als Buch, das andere digital erschienen, gehen zurück auf den lexikalisch-semantischen Ansatz des russisch-kanadischen Linguisten Igor Mel'čuk (DEC = Mel'čuk 1984/1988/1992/1998). Ohne hier ins Detail gehen zu können, sollen die Prämissen seiner *Sens-Texte*-Theorie dennoch kurz vorgestellt werden (Näheres s. Kap.

4.6.4), da sie allgemein von Lexikologen und Lexikographen mit viel Anerkennung bedacht werden, wenngleich die praktische Nutzbarmachung aufgrund des starken Formalismus immer wieder kritisiert wurde. Dreh- und Angelpunkt ist das Verständnis von syntagmatischen und paradigmatischen Verbindungen, die zu 539 lexikalischen Einheiten ('Lexien'), meist Substantiven (aber auch einigen Präpositionalsyntagmen und Verben), korpusbasiert untersucht werden (im LAF sind nur 386 enthalten). Die syntagmatischen Relationen werden *collocations*, bestehend aus *base* und *collocatif*, genannt (z.B. *grosse tempête*, *dormir profondément*, *pleuvoir des cordes*), die paradigmatischen Beziehungen umfassen nicht nur Synonyme und morphosemantische Ableitungen (*fumeur* zu *fumer* oder *noircir* zu *noir*), sondern auch 'semantische Ableitungen', die assoziativ durch Bedeutungsverwandtschaft zur lemmatisierten lexikalischen Einheit bestehen: Das Lexem *couteau* 'Messer' etwa definiert sich über *couper* 'schneiden', da ein Messer ein 'Gegenstand' ist, 'mit dem man etwas schneidet'; *couteau* ist eine semantische Ableitung von *couper*. (In den Wörterbüchern der Robert-Reihe wären diese Beziehungen die analogische Komponente des Wortschatzes). Das wirklich Bemerkenswerte ist jedoch, dass begriffliche Analogien und Kollokationen mit demselben Prinzip miteinander verbunden werden: Ein Sprecher verknüpft eine lexikalische Basis mit einer bestimmten Ausdrucksabsicht, einer 'lexikalischen Funktion', die ihn sozusagen zum entsprechenden Kollokator oder zum entsprechenden Synonym bringt, z.B. **Syn**(*réfrigérateur*) = *frigidaire*, fam. *frigo*, zu lesen als: Ausgehend von *réfrigérateur* suche ich nach Synonymen zu diesem Lexem. Oder: **Magn**(*féliciter*) = *chaleureusement*, *vivement*, zu lesen als: Ich möchte das Verb *féliciter* größer machen (es verstärken). Insgesamt gebe es 65 solcher *fonctions lexicales standard* (DEC), die in allen natürlichen Sprachen vorhanden, also universell seien.[102] Auf diese Weise wird ein Beschreibungsapparat ermöglicht, welcher jedes Lexem bzw. jede lexikalische Einheit (die ersten Basen der Nomenklatur sind präpositionale Syntagmen: *à bord*, *à cœur joie*, *à l'arrière-plan*, *à tout casser* (1), *à tout casser* (2)) einer morphologischen, morphosemantischen, semantischen, begrifflich-analogischen, lexikalischen und syntaktischen Analyse unterzieht – ein systematisches Raster.

Es empfiehlt sich, wenn mit dem DiCouèbe gearbeitet wird, zuerst nur folgende Funktionen (im *Mode expert*) durch Anklicken des jeweiligen Kästchens zu aktivieren: *nom vocable*, *fonction lexicale* und *valeur* – später kann zur Illustration der Valenzen noch *régime valeur* und *marque d'usage* hinzugenommen werden. Ein Beispiel: Zum Lexem *aversion* (= *nom vocable*) werden die möglichen Ausdrucksabsichten (= *fonctions lexicales*) und das daraus resultierende Lexem (= *valeur*) gewählt. So gelangt man

---

[102] Lässt man sich im DiCouèbe *alle* lexikalischen Funktionen, einschließlich aller möglichen Kombinationen anzeigen, ergibt sich eine Zahl von 3 369.

von der Ausgangs- zur Ziellexie. Bei dieser Einstellung ergeben sich 45 solcher Korrelationen, von denen nur einige hier dargestellt werden können:[103]

| **lexie** (vocable) | **formule FL** (fonction lexicale) | **lexie** (valeur) |
|---|---|---|
| AVERSION | QSyn | répugnance |
| AVERSION | QSyn | répulsion [...] |
| AVERSION | Gener | sentiment |
| AVERSION | QAnti | Amour [...] |
| AVERSION | Magn | Grande |
| AVERSION | Magn | profonde [...] |
| AVERSION | Qu'on ne peut pas s'empêcher d'éprouver | spontanée |
| AVERSION | Qu'on ne peut pas s'empêcher d'éprouver | incontrôlable [...] |
| AVERSION | Oper21 | Causer |
| AVERSION | Oper21 | inspirer [...] |
| AVERSION | NonPerm1Fact0 | contrôler |
| AVERSION | NonPerm1Fact0 | surmonter [...] |
| AVERSION | NonPerm1Manif | Cacher |
| AVERSION | NonPerm1Manif | dissimuler |

Abb. 59: Auszug aus dem Lexikoneintrag *aversion* im DiCouèbe (2 Informationstypen, 14 von 45 Korrelationen dargestellt)

Legende: QSyn = Quasi-Synonym; Gener = Hyperonym; QAnti = Quasi-Antonym; Magn = Intensifier; Oper = semantisch leeres Verb (*verbe support*) zur Bildung von Funktionsverbgefügen, wobei das Nomen immer direktes Objekt ist; NonPerm1Fact0 = nicht zulassen, dass das Gefühl vorhanden ist; NonPerm1Manif = nicht zulassen, dass Andere das Gefühl bemerken.

Eine didaktisierte Variante des DEC und des DiCouèbe ist der *Lexique actif du français* (LAF), 2007 erschienen. Getreu dem ganzheitlichen Ansatz, alle möglichen syntagmatischen und paradigmatischen Beziehungen zu einem Lexem anzugeben, werden Musterartikel zu 386 überwiegend nominalen Basen gegeben. Eine ausführliche Einführung in Theorie, Methode und Symbole ist sicher geeignet, sich der Materie Schritt für Schritt zu nähern, die Wörterbuchartikel im zweiten Teil sind im Vergleich zu den anderen Publikationen Mel'čuks zudem deutlich einfacher zu lesen, auch weil die Kategorie der lexikalischen Funktionen praktisch beiseite gelassen wird. Dennoch erscheinen die Einträge überfrachtet und immer noch mit einem beträchtlichen Annotationsapparat ausgestattet, der für linguistisch weniger Geschulte ein Problem sein könnte. Sehen wir uns den Artikel *aversion* an:

---

[103] Man kann natürlich auch gezielt mit Hilfe einer bestimmten lexikalischen Funktion suchen. So gibt man als *nom vocable* etwa *cigarette* ein, aktiviert *valeur* und *fonction lexicale* und erhält (bei *Syn*) *cibiche*, *clope*, *tige*, *sèche*.

**AVERSION**, nom, fém

SENTIMENT NEGATIF

Aversion de l'individu X [= *de* N, $A_{poss}$] envers Y [= $Prép_{envers}$

N | $Prép_{envers}$ = *à l'égard de, envers, pour, vis-à-vis de*]

☞ répugnance1, répulsionI; dégoût; horreur; antipathie

**Génér.** sentiment [d'~] **Ant.** amour, attirance, attrait, goûtIII, passion; désir2 **Intense** grande | antépos, profonde, violente, vive < totale; insurmontable, irrépressible; immodéré | postpos, excessive **Qu'on ne peut pas s'empêcher d'éprouver** spontanée | postpos, incontrôlable, instinctive, viscérale; irraisonnée | postpos **[X] éprouver de l'A.** avoir, concevoir, éprouver, nourrir, ressentir [ART ~ $Prép_{envers}$ $N_Y$]; avoir, tenir [$N_Y$ en ~] **[X] commencer à éprouver de l'A.** se prendre [d'~ pour $N_Y$]; prendre [$N_Y$ en ~] **[Y] être l'objet d'une A.** causer, inspirer [ART ~ à $N_X$]; **[X] ne pas se laisser influencer par son A.** contrôler, surmonter, vaincre [ART ~] **[X] laisser son A. se manifester** afficher, manifester, montrer [ART ~ $Prép_{envers}$ $N_Y$] **[X] ne pas laisser son A. se manifester** cacher, dissimuler [ART ~]

*Sa passion pour le hockey est aussi irrationnelle que son aversion pour l'opéra*

Abb. 60: Artikel *aversion* des *Lexique actif du français* (LAF)

### 4.6.2 Wörterbücher zu Phrasemen

Das Angebot an Wörterbüchern und Sammlungen zu Redewendungen, geflügelten Worten, *locutions* und *expressions* (*figurées*, *figées* oder *idiomatiques*), zusammenfassbar mit dem Terminus ***Phraseographie***, ist äußerst reichhaltig und kann hier nicht im Entferntesten exhaustiv aufgearbeitet werden – Sprichwort- und Zitatsammlungen müssen zudem unerwähnt bleiben. Was den Objektbereich betrifft, so spiegeln sich die unterschiedlichen Auffassungen darüber, was alles als „phraseologisch" oder „idiomatisch" zu gelten hat (vgl. Kap. 3.2.3), in der Konzeption dieses Wörterbuchtyps wider. Eine Möglichkeit, dieses Dilemma zu umgehen, ist in der Anwendung eines erweiterten Kontextbegriffs zu sehen, wie er sich in Bezeichnungen wie *combinatoire* (DEC, Dcf) oder *combinaisons* (Dcm) bemerkbar macht. Wir haben also mit hybriden Konzeptionen zu rechnen, die auch Verbindungen enthalten, die einer genaueren linguistischen Prüfung als Phraseme nicht standhalten. Der durchschnittliche Benutzer bemerkt das aber wohl nicht. Ihm geht es darum, möglichst viele Idiome und dergleichen zu finden, am besten mit einer illustrativen Geschichte zu deren Ursprung und klaren Anweisungen zu ihrem Gebrauch.

Der Charakter der Hybridität liegt aber sozusagen in der Natur der Sache. So dürften im Dcm entsprechend dem Vorwort keine *locutions figées* zu finden sein, „combinaisons […] plus idiomatiques" (vi) jedoch schon. Doch wo ist die Grenze? Kann *nuit blanche* noch als teilidiomatisierte Kollokation betrachtet werden, so fällt dies bei *faire ses nuits*

‘<Babys> durchschlafen’ schon schwerer, im Grunde auch bei *petit jour*, das im Hinblick auf beide Bedeutungen (‘en pleine lumière’ und ‘au milieu de la journée’) nichtkompositionell und somit idiosynkratisch, also idiomatisch ist. Umgekehrt würde man dem Autor vorwerfen, unter *jour* zwar *grand jour* und *plein jour*, aber nicht *petit jour* aufgenommen zu haben.

Der folgende kurze Streifzug durch phraseologische Wörterbücher ist deshalb auch nicht darauf bedacht, Grenzüberschreitungen in die eine oder andere Richtung aufzuspüren – sie sind unvermeidlich –, sondern weitaus interessanteren Fragestellungen nachzugehen: 1. Wie ist die Makrostruktur der Phraseme organisiert? und 2. Sind die lexikographischen Beschreibungen so gut, dass den Benutzern das nötige Wissen zur Verfügung gestellt wird, um die Verbindungen zu verstehen und auch aktiv anwenden zu können? Denn wo, wenn nicht in Spezialwörterbüchern, könnte das geleistet werden? Beginnen wir mit der ersten Frage. Hier geht es nicht darum zu überprüfen, unter welcher Nennform Idiome und dergleichen erfasst sind – das ist wohl zu banal –, sondern darum, welches Ordnungsprinzip gewählt wurde: **semasiologisch**, also vom *signifiant*, oder **onomasiologisch**, vom *signifié* ausgehend (s. 4.1). Für den ersten Fall kommt eine alphabetisch geordnete Nomenklatur in Frage, für den zweiten eine nach Begriffen organisierte Struktur. Der Vorteil einer onomasiologischen Vorgehensweise liegt auf der Hand: Begrifflich Zusammengehöriges bleibt zusammen und wird nicht durch ein formales Ordnungsprinzip auseinandergerissen. Onomasiologische Wörterbücher sind aber auch die größere Herausforderung, denn es stellt sich die Frage, welche Begriffskategorien angesetzt und wie diese hierarchisiert werden sollen – aber nicht nur das:

> Ein Problem besteht darin, den Inhalt der phraseologischen Einheit auf einen möglichst präzisen Begriff zu reduzieren, dessen Abstraktionsgrad aber noch für den Benutzer verständlich bleiben sollte. Zu „abstruse“ Reduktionen sind für den Benutzer kaum brauchbar. Als negative Beispiele zitiert HAUSMANN 1985: 107 /ANSPRUCHSMINDERUNG/, /BESTANDSVERWEIGERUNG/ für das Deutsche und /IRRÉVOCABILITÉ/ und /FOURVOIEMENT/ für das Französische (Bárdosi/Ettinger/Stölting $^{3}$2003, XII).

In dem zitierten *Thematischen Wörter- und Übungsbuch* (*Redewendungen Französisch/Deutsch* [ca. 1 000]) werden insgesamt 25 begriffliche Leitkategorien unterschieden, von L’HOMME DANS SON ASPECT PHYSIQUE bis L’HOMME ET L’UNIVERS-3, wobei innerhalb der ersten die Begriffe *Ressemblance – Beauté – Laideur*, *Taille*, *poids – Défauts physiques* und innerhalb der letzten *Identité – Différence*, *Facilité – Simplicité* und *Qualité* (*bonne – mauvaise*) differenziert werden. Das Idiom *mettre la puce à l’oreille à qn* wird in der Begriffskategorie LES RAPPORTS HUMAINS-2/*Importunité* wie folgt wiedergegeben: „éveiller les soupçons, les doutes de qn, bei jmdm. Argwohn oder Zweifel erwecken; jmdn. misstrauisch machen; jmdn. hellhörig machen“. Die Phraseme sind über den alphabetischen zweisprachigen Index zu finden, so dass auch vom Deutschen ausgehend gesucht werden kann: *jmdm. ist eine Laus über die Leber gelaufen* (ugs.) wird einem französischen „*être de mauvais poil* (fam.)" zugeordnet.[104]

Onomasiologische Gliederungen scheinen in der Phraseographie in Mode zu sein. Auch *La puce à l'oreille* von Claude Duneton und das *Grand livre des expressions* von Cosimo Campa, in Wirklichkeit eher ein kleines Buch mit 600 Phrasemen, gliedern thematisch – Duneton nur nach drei Leitbegriffen (LES PLAISIRS, LES INSTITUTIONS, LA VIE ET LES JOURS) und entsprechenden Unterbegriffen (z.B. *L'amour*, *La table*, *Les jeux*, *Les jeux de langage*, *La chasse*, *Bestiaire* unter LES PLAISIRS), Campa nach 23 (alphabetisch geordneten) Begriffskategorien (von APPARENCES und ARGENT bis zu TRISTESSE und VIE ET SOCIÉTÉ). Letztlich sucht man die Phraseme aber doch in den alphabetischen Indizes. Abgesehen davon, dass die inventarisierten Ausdrücke phraseologisch gesehen ziemlich heterogen sind und nicht nur Idiome umfassen (vgl. z.B. *être foutu* in Duneton, *c'est chouette* in Campa), halten sie meist nicht das, was sie versprechen (Campa: „savoir les utiliser"), was man am folgenden Beispiel sehen kann:

> **Avoir pignon sur rue**: Posséder une maison ou un commerce de ville donnant sur la rue et bénéficier ainsi d'une certaine notoriété (Campa 2012, 215).

Der Referenzbereich dieses Idioms ist, wie wir weiter unten sehen werden, viel größer und umfasst auch unbelebte Subjekte, außerdem ist die Bedeutung weiter gefasst und nicht mehr unbedingt auf den konkreten Besitz bezogen. Dunetons Sammlung ist mehr ein Lesebuch mit vielen originellen und amüsanten, aber auch historisch unterfütterten und mit langen Zitaten angereicherten Geschichten rund um die beschriebene Konstruktion. Die Zahl der erfassten Wendungen wird nicht genannt, sie dürfte sich auf ca. 700 belaufen. Die ausführliche Beschreibung einzelner Idiome wie *avoir la puce à l'oreille* (S. 60 bis 66) geht zu Lasten des Umfangs der Makrostruktur: *avoir pignon sur rue* und *avoir voix au chapitre* fehlen beispielsweise. Dafür werden die Phraseme im Allgemeinen gut beschrieben (man sollte aber nicht in der Erklärung eines Phrasems ein anderes, hier *soupçonner anguille sous roche*, verwenden:

> *avoir* ou *mettre la puce à l'oreille*: éveiller, alerter l'attention d'une personne par un détail en apparence anodin, par une confidence qui trouble sa sérénité en laissant soupçonner anguille sous roche, et permet de prévoir un danger (Duneton 2001, 60).

Über typische Kotexte (äußere Syntax, bevorzugtes Tempus etc. (s. 3.2.3)) ist damit allerdings noch nichts gesagt. Sehen wir uns ein weiteres Phrasemwörterbuch an, den *Dictionnaire des expressions et locutions* von Alain Rey und Sophie Chantreau in seiner Neuauflage von 2007. Es enthält laut eigenen Angaben „plus de 10 000 manières de dire", die historisch-etymologisch erläutert und mit Zitaten ausgeschmückt werden.

---

104 Weitere phraseologische Wörterbücher zum Sprachenpaar Französisch/Deutsch sind etwa Kösters-Roth (1990, ed.) und Kunz (2005), zu Französisch/Spanisch Bárdosi/González Rey (2012), zu Portugiesisch/Deutsch Ettinger/Nunes (2006).

Unterziehen wir die Idiome *avoir pignon sur rue* und *avoir voix au chapitre* einer näheren Betrachtung:

> **Avoir pignon sur rue** « être propriétaire d'une maison, d'un fonds de commerce dans une ville; par ext. « être honorablement connu dans un domaine d'activité », « faire partie de la classe possédante et socialement supérieure, dans une communauté ». La figure prend la partie (*pignon*) pour le tout (*maison*); il s'agit de la partie la plus visible des biens, le « sommet » de la « façade » et cette double valeur superlative explique l'élargissement symbolique : « posséder immeubles et biens » (depuis 1584), « être un riche commerçant » (Balzac), etc.
>
> Aucun de nous ne vient en son nom personnel; nous ne nous présentons pas non plus de la part d'un comité reconnu, d'une association républicaine ayant pignon sur rue. J. Vallès, *L'insurgé*, p. 106.
>
> Ah! On ne cachait pas son jeu, en ce temps-là! On avait du coffre, on disait: « Voilà, j'ai pignon sur rue, je trafique des esclaves, je vends de la chair noire. » Vous imaginez quelqu'un, aujourd'hui, faisant connaître publiquement que tel est son métier? Quel scandale! A. Camus, *La Chute*, p 53.
>
> **Avoir voix au chapitre** « être consulté, avoir le droit d'exprimer une opinion » (XVI^e^ s. Cholières). Il est très vraisemblable que les nombreux utilisateurs modernes de cette locution la comprennent comme « avoir le droit de parler sur tel ou tel chapitre ou sujet » alors qu'il s'agit à l'origine d'avoir une voix aux délibérations d'un chapitre (d'une assemblée de moines ou de chanoines).
>
> Et puis, il y a encore une chose: elle est là, avec sa chaleur vivante, et elle a voix au chapitre, elle a le droit de son idée, elle a le droit de dire: « À mon idée, on doit faire comme ça. » C'est plus moi seul, maintenant, tout compte. J. Giono, *Un de Baumugnes*, p. 171.
>
> Minet-Chérie, je te fais juge: est-ce que vous m'avez jamais, toi et les frères, entendue rabâcher autour de l'amour comme ces gens font dans les livres? Et pourtant réclamer voix au chapitre, je pense; j'ai eu deux maris et quatre enfants! Colette, *La Maison de Claudine*, p. 47.

Beide Idiome sind historisch gut erläutert, die Zitate kontextualisieren sie, so dass man auch als Nichtmuttersprachler versteht, was sie bedeuten. In Bárdosi/Ettinger/Stölting ($^3$2003) ist nur das zweite enthalten und wird dort mit 'bei einer Entscheidung mitzubestimmen haben; ein Mitspracherecht haben' übersetzt. Es wäre interessant zu wissen, wie man *avoir voix au chapitre* nicht nur semantisch, sondern auch pragmatisch abgrenzt von dt. *ein Wörtchen mitzureden haben*. In Schemann/Raymond (2011), *Idiomatik Deutsch-Französisch*, finden wir nur die Paraphrase *qn a aussi un mot/quelque chose à dire dans cette affaire*. Suchen wir das erste Idiom in pons.eu, erhalten wir vier Übersetzungsmöglichkeiten: *ein angesehener Geschäftsmann sein*; *ein gut gehendes Geschäft haben*; *gut betucht sein*; *sich ungeniert ausbreiten*. Wenn wir jedoch auf einen Beleg stoßen wie

> Le vélo a aujourd'hui pignon sur rue: tout néo, tout beau, revoilà le vélo dans les couloirs aménagés, des contresens voulus, des espaces privilégiés,[105]

dann passt keine der Übersetzungen; auch die Paraphrase 'être honorablement connu dans un domaine d'activité' von Rey/Chantreau hilft hier nicht weiter. Es müsste wohl eher heißen 'etwas darstellen' oder 'etwas hermachen'.

---

105 http://www.catholique-vosges.fr/pignon-sur-rue-exposition-photos,4853 (1.10.2013).

Damit haben wir den Finger auf die Wunde der Phraseographie gelegt: Phraseme sind kommunikativ viel zu komplex, um sie durch Eins-zu-Eins-Entsprechungen wiedergeben zu können. Dass sie historisch ausgeleuchtet werden, wie im *Dictionnaire des expressions et locutions*, ist verdienstvoll und interessiert Muttersprachler zweifelsohne. Um zu einem verstehensrelevanten Wissen zu gelangen, bedarf es jedoch einer deutlich breiteren und differenzierteren Beschreibungsgrundlage, die wir in Kap. 3.2.3 in Form des *PhraseoFrame* angedeutet haben.

### 4.6.3 Valenzwörterbücher

Es ist keineswegs so, dass das Thema Valenzen nicht im Fokus der französischen Sprachwissenschaft stünde (vgl. z.B. Blumenthal 2006), jedoch gibt es kein linguistisch fundiertes und makro- und/oder mikrostrukturell extensives Valenzwörterbuch zur französischen Sprache, das etwa mit dem *Valency Dictionary of English* (VDE), dem *Elektronischen Valenzwörterbuch deutscher Verben* (E-VALBU) oder dem Werk von Blumenthal/Rovere (1998) zum Italienischen vergleichbar wäre.[106]

Ausdrücklich hervorzuheben ist allerdings die Qualität des *Dictionnaire des verbes du français actuel* (Dvfa) von 2010, welches die Valenzpatterns samt Beispielsätzen und kontextuellen Synonymen und/oder Bedeutungsparaphrasen zu 2 500 Verben in konzeptionell klarer und typographisch ansprechender Art und Weise präsentiert. Der letzte Schritt zu einem linguistisch ausgereiften Valenzwörterbuch wie dem VDE, in dem z.B. systematisch die Rektionstypen (mono- bis tetravalent) differenziert sowie die Fakultativität der Argumente (sogar in Aktiv- und Passivsätzen), die Häufigkeit einer Konstruktion und die semantische Spezifikation der Aktanten – das Ganze mit authentischen Korpusbelegen – vermerkt werden, kann in dem 270 Seiten umfassenden Taschenbuch freilich nicht erwartet werden. Betrachten wir den Eintrag *accuser*, der um der Vergleichbarkeit willen auch in anderen Werken einer näheren Untersuchung unterzogen werden wird (*SN = syntagme nominal*):

> **Accuser** [akyzer], /avoir/
> **V + SN** ▪ *~ qqn* ► charger; dénoncer ▪ *Son visage accuse la fatigue* ► laisser paraître; trahir ▪ *La lumière accuse les contrastes* ► accentuer; souligner ▪ *La Bourse accuse une forte baisse* ► afficher; marquer.
> **V + SN *de* SN** ▪ *~ qqn d'un crime* ► poursuivre en justice qqn **pour** ▪ *~ le monde de tous ses malheurs* ► rendre responsable.
> **V + SN de N** ▪ *~ qqn de négligence* ► taxer.
> **V + SN *de* Inf** ▪ *Il accuse Paul de lui avoir caché la vérité* ► faire grief **à**.

---

[106] Nicht besprochen wird das Wörterbuch zu den Verben des gesprochenen Französisch von Mauriac/Ebneter ([2]1990). Dies geschieht nicht etwa aufgrund mangelnder Qualität, sondern weil das Werk nicht mehr neu aufgelegt wurde. Damit ist jedoch nicht gesagt, dass es in einem Seminar über Valenz im Französischen nicht konsultiert werden sollte.

**se V de N** ▪ *Paul s'accuse de négligence* ► s'avouer coupable.
**se V de Inf** ▪ *Il s'accuse d'avoir oublié* ► se reprocher.

Abb. 61: Der Artikel *accuser* im *Dictionnaire des verbes du français actuel* (Dvfa)

Ohne dem Befund zu den noch zu besprechenden Wörterbüchern vorgreifen zu wollen, liegt mit dem Dvfa zweifellos ein Valenzwörterbuch der französischen Verben vor, das in einem Romanistikstudium eingesetzt werden sollte.

Der im Netz zugängliche DICOVALENCE, zitiert in der Bibliographie des soeben vorgestellten Wörterbuchs –, ist Ergebnis eines an der Universität Löwen angesiedelten Forschungsprojekts zur Valenz von 3 700 französischer Verben, dessen letzter Stand (von 2010) in Form von Datensätzen auf einer Webseite präsentiert wird. Die theoretische Ausrichtung ist diejenige der *approche pronominale* im Dunstkreis von Claire Blanche-Benveniste. Dabei stehen die Valenzbindungen der Verben mit den pronominalisierten Aktanten und einigen Adverbien wie *là*, *alors*, *quand*, *comment*, *pourquoi* etc. im Sinne einer *référence minimale* im Mittelpunkt der Betrachtung. Da es sich um ein geschlossenes Inventar an Funktionswörtern handelt, eignet sich diese Valenztheorie gut für eine systematische Analyse und Darstellung, die jedoch, wie in Abb. 62 zu sehen ist, durch einen chiffrierten Formalismus und eine schwer zugängliche Metasprache gekennzeichnet ist und somit als nicht benutzerfreundlich betrachtet werden muss, obwohl der wissenschaftliche Gehalt sicher beachtlich ist.

```
VAL$      accuser: P0 P1 (P3)
VTYPE$    predicator simple
VERB$     ACCUSER/accuser
NUM$      1720
EG$       il a été accusé de vol et de meurtre
TR_DU$    beschuldigen, aanklagen, ten laste leggen, aansprakelijk stellen, de schuld geven
          (van)
TR_EN$    accuse
FRAME$    subj:pron|n:[hum], obj:pron|n:[hum], ?objde:pron|n|de_inf:[abs]
P0$       (que), qui, je, nous, elle, il, ils, on, (ça), celui-ci, ceux-ci
P1$       qui, te, vous, la, le, les, se réfl., se réc., en Q, celui-ci, ceux-ci, l'un l'autre
P3$       0, quoi, en, ça, celui-ci, ceux-ci, en(de_inf), ça(de_inf)
RP$       passif être, se faire passif
PIVOT$    P1/P0 [below de_inf in P3]
AUX$      avoir
```

Abb. 62: Artikel *accuser* des DICOVALENCE

P0 ist als Subjekt, P1 als direktes Objekt und P3 als (mit *de* oder *à* eingeleitetes) Präpositionalobjekt zu verstehen. Die in Frage kommenden Pronominalisierungen der Aktanten sind explizit angegeben (z.B. bei P3 *quoi*, *en*, *ça*). Das Wörterbuch müsste jedoch, um in einem Französischstudium verwendbar zu sein, entweder als digitales Werk mit differenzierten Recherchemöglichkeiten oder als Printwörterbuch erscheinen.

### 4.6.4 Exkurs: Alles in einem – *FrameNet* und *Sens-Texte*-Theorie

Auf den ersten Blick nicht zum Thema 'Französische Lexikographie' gehört der folgende Exkurs. Er bezieht sich auf zwei linguistische Projekte, die ein Maximum an linguistischer Beschreibung semantischer und syntaktischer Eigenschaften von Lexemen bereitstellen – eigentlich genau das, was wir bisher vermisst haben. Das erste Projekt, *FrameNet*, von Charles Fillmore (in Berkeley) initiiert, geht dabei freilich von kognitiven Prämissen aus und hat letztlich eine erkenntnistheoretische Zielsetzung.

> I entertain the common image that each lexical item carries with it instructions on how it fits into a larger semantic-syntactic structure, or, alternatively, on how semantic-syntactic structures are to be built around it (Fillmore 2008, 49).

Eine Semantik im Fillmoreschen Sinne soll in der Lage sein, Wissen über all das bereitzustellen, was man über ein Wort, einen Satz oder eine Sprache wissen kann bzw. muss. Damit hat der Ansatz eine epistemologische (und letztlich auch kulturwissenschaftliche) Komponente (vgl. Busse 2012, 441) und geht von den **Frames** aus, die als kognitive Schemata verstanden werden, die den Bedeutungen eines Lexems (*lexical units*) zugrunde liegen, wobei die Lexeme die Frames evozieren. Wird ein Frame, z.B derjenige des Beurteilens (einer Sache oder einer Person), im sprachlichen Wissen der Sprecher aktiviert, werden gleichzeitig bestimmte Erwartungen über inhaltliche Komponenten evoziert, die üblicherweise Bestandteile dieses Frames sind und in den Texten erscheinen und somit analysierbar sind: in erster Linie **thematische Rollen** (*frame elements*), also valenztheoretisch gesehen Aktanten oder Argumente (also Komplemente) wie Agens, Patiens, aber auch Zirkumstanten (also Adjunkte/Angaben) wie Grund, Zeit, Art und Weise, Häufigkeit u.a., sowie bestimmte Lexeme (Verben und, als Verb-Derivate, auch Substantive und Adjektive), die mit einem Frame assoziiert werden. Die sprachliche, d.h. in erster Linie syntaktische Realisierung dieser Frame-Elemente (zwischen drei und acht pro Frame) auf der sprachlichen Oberfläche (z.B. durch Präpositionen, *-ing*-Komplemente, Infinitivanschlüsse) ist Gegenstand des Annotationsapparats, der aus Beispielsätzen besteht, die zu jedem syntaktischen Typ eines Frame-Elements angegeben werden. In diesen werden die relevanten Lexeme in verschiedenen Farben (als *target words*) und die thematischen Rollen in ihren entsprechenden grammatikalischen Positionen identifiziert. Alle Informationen zusammen erscheinen dann als eine Art Wörterbucheintrag. Wichtig ist, dass der Frame-Begriff Fillmores nicht mit der in der kognitiven Semantik sonst üblichen Auffassung von Frames identisch ist. Frames sind im *FrameNet* „zuerst und vor allem Satz-Frames" (Busse 2012, 442) und damit „prädikative Strukturen im satzsemantischen Sinne", denn von Interesse sind „nur Verben oder Verbbedeutungen semantisch inkorporierender Lexeme" (ib.), wie z.B. *deprecation* (Subst.), *deprecative* (Adj.), abgeleitet vom Verb *deprecate*.

Die *Sens-Texte*-Theorie von Igor Mel'čuk, wissenschaftlich beheimatet im Observatoire linguistique Sens-Texte (OLST) in Montréal, versteht sich als Erweiterung der Zeichentheorie Saussures zu einer Theorie des „*syntactique* du signe linguistique" (Polguère [2]2008, 40) – insofern als die beschränkte Kombinierbarkeit des sprachlichen Zeichens im Mittelpunkt des Interesses steht:

> La **combinatoire restreinte** d'un signe linguistique est l'ensemble des contraintes propres à ce signe qui limitent sa capacité de se combiner avec d'autres signes linguistiques et qui ne peuvent être déduites ni de son signifié ni de son signifiant (ib.).

Die Ergebnisse dieses Ansatzes wurden in Form einer Datenbank (DiCo, nur über DiCouèbe zugänglich) festgehalten und auszugsweise in mehreren Bänden des *Dictionnaire explicatif et combinatoire du français contemporain* (DEC) konventionell publiziert, bevor dann Internetschnittstellen wie DiCouèbe und DicoPop und eine didaktische Printversion (LAF) für eine größere Verbreitung und praktische Anwendung sorgen sollten (Näheres s. Kap. 3.2.2).

Warum die beiden Ansätze hier zusammen erscheinen, hat einen einfachen Grund: Die Theorien Fillmores und Mel'čuks zeigen, wie Lexeme (im *FrameNet* primär Verben, im OLST *auch* Verben, aber überwiegend Substantive, von dessen syntaktischer Rolle ausgegangen wird) in einem ganzheitlichen Sinne linguistisch beschrieben werden (vgl. auch den Ansatz von Ziem 2008). Auch wenn beide Projekte ganz Unterschiedliches wollen – im *FrameNet* geht es darum, ausgehend von Satz-Frames die Bedeutung von Verben in Sätzen möglichst umfassend zu beschreiben, bei Mel'čuk soll die Gesamtheit lexikalischer (syntagmatischer und paradigmatischer Relationen) polysemer Lexeme erfasst werden –, beide liefern jedoch Modelle, wie semantische und syntaktische Parameter, die für ein Lexem relevant sein können, systematisch dargestellt werden können. Fillmore kommt es dabei mehr darauf an, alle Elemente miteinzubeziehen, also auch die „Realisationen von typischen Elementen von alltagsweltlichem Wissen“ (Busse 2012, 40), die uns befähigen, die Bedeutungen von Verben in Sätzen, die wiederum in bestimmten *scenes* auftreten, zu verstehen. Die *Sens-Texte*-Theorie hingegen hat sich zum Ziel gesetzt, „la description des liens lexicaux paradigmatiques et syntagmatiques contrôlés par les lexies“ (Jousse/Polguère 2005, 6) umzusetzen. Beide Modelle arbeiten mit Deskriptoren aus der Valenztheorie, beide mit Aktanten (bzw. thematischen Rollen), lexikalischen Bindungen wie Kollokatoren, nur die Terminologien sind gänzlich anders und auch der Objektbereich syntaktisch-semantischer Kategorien ist unterschiedlich geschnitten: z.B. *frame elements* wie *degree*, *experiencer*, *manner*, *result*, *stimulus*, lexikalische Funktionen (LF) wie **Conv** (paradigmatische LF), welche die Relation der Konversivität zwischen zwei Lexemen anzeigt (z.B. $\mathbf{Conv}_{321}$(*vendre*) = *acheter*, wobei die Zahlen die beteiligten Aktanten anzeigen), oder intensivierendes **Magn** (syntagmatische LF), z.B. **Magn**(*féliciter*) = *chaleureusement*, *vivement*, womit Kollokatoren zur Basis *féliciter*, welche verstärkend wirken, angezeigt werden.[107]

[107] Im DiCouèbe sind 539 lexikalische Basen (davon 395 komplett annotiert) mit insgesamt 1 129 Unterbedeutungen (1 014 vollständig annotiert), und 26 112 *liens lexicaux* erfasst, im *FrameNet* über 12 700 *lexical entries* (davon 8 180 vollständig annotiert), 1 164 hierarchisch geord-

Es würde zu weit führen, auf beide Theorien noch ausführlicher einzugehen. Geben wir stattdessen jeweils ein (stark gekürztes) Beispiel: die Verben e. *accuse* und fr. *accuser*:

| | |
|---|---|
| Lexical Entry: | accuse.v |
| Frame: | Judgment_communication |
| Definition: | to claim that someone has done something wrong or illegal |
| Semantic Type: | Negative_judgment |

**Frame Elements and Their Syntactic Realizations** (insgesamt 7 *frame elements*)

| *Frame Element* | *Number Annotated* | *Realization(s)* |
|---|---|---|
| z.B. | | |
| Reason | (66) | PPing[with].Dep (1) […] |
| Time | (2) | PP[in].Dep (1) |
| | | PP[throughout].Dep (1) |

**Valence Patterns**: These frame elements occur in the following syntactic patterns (2 von 22):

| Number annotated | **Patterns** | | | |
|---|---|---|---|---|
| 2 TOTAL | Communicator | Evaluee | Reason | Time |
| (1) | CNI | NP | PP(of) | PP(in) |
| | --- | Ext | Dep | Dep |
| (1) | NP | NP | PP(of) | PP(throughout) |
| | Ext | Obj | Dep | Dep |

(A) In August 1989, Iran was ACCUSED *of trying to purchase strains of Fusarium spp. from Canada and the Netherlands, which could be used to develop T-2 mycotoxin* .**CNI**

(B) Throughout the 1980s, **the United States** ACCUSED Germany *of selling dual - use materials and technology to Iran.*

Abb. 63: Lexikoneintrag in *FrameNet* zum Verb *accuse* im Frame Judgment_communication

Lexeme werden in Abhängigkeit der Art ihrer Aktanten und Zirkumstanten (hier (beides): thematischen Rollen) und deren syntaktischen Anbindungen, exemplifiziert an Sätzen, beschrieben. Das Gesamtdesign der im Frame JUDGMENT_COMMUNICATION beteiligten Elemente trifft auf mehrere Lexeme zu (insgesamt 82) – neben *accuse* sind etwa Verben wie *acclaim*, *censure*, *deride*, *mock* enthalten. In den beiden Sätze A und B, die jeweils eines (von 22) Valenzpatterns illustrieren, sind die beteiligten Komplemente und Adjunkte im Original farblich differenziert, hier typographisch markiert. Zu nennen sind: eine Zeitangabe, ein evaluee (in etwa: der/das Beurteilte), die Angabe des *Grundes* sowie desjenigen, der die Handlung ausführt bzw. darüber berichtet (fett).

Auch wenn das Verb nicht im Zentrum der *Sens-Texte*-Theorie steht, sondern das Substantiv, und auch die theoretischen Prämissen gänzlich verschieden sind, so sind die

nete Frames, die an knapp 168 000 annotierten Beispielsätzen exemplifiziert werden (https://framenet.icsi.berkeley.edu/fndrupal/current_status; 4.8.2013).

Ergebnisse doch in mancher Hinsicht vergleichbar, da das Profil der möglichen syntagmatischen und paradigmatischen (Ver-)Bindungen die gesamte Kombinatorik einer lexikalischen Einheit – lexikalisch, semantisch, grammatikalisch – umfasst. Zwar liegt der Schwerpunkt auf der lexikalischen Ebene, dennoch sind auch in der Datenbank des DEC Valenzpatterns und Aktantenspezifikationen zu finden. Insgesamt lassen sich (im *Mode expert*) zu einer lexikalischen Basis (*nom vocable*) 37 verschiedene Informationstypen recherchieren, die sich auf die Rubriken *Lexie*, *Liens de fonctions lexicales*, *Actants sémantiques*, *Actants syntaxiques*, *Locutions construites avec le mot-clé* und *Exemples d'emploi du mot-clé* verteilen.
Für unsere (wiederum stark gekürzte) Fallstudie zum Verb *accuser* werden vier Informationstypen eingestellt: *caractéristiques grammaticales* (lexie:cgs), *étiquettes sémantiques* (lexie:formuleEtiquette [= formEtiq]), *structure actancielle* (lexie:formePropositionnelle) und *régime valeur* (FL:regime):

| **lexie vocable** | **lexie cgs** | **lexie formEtiq** | **lexie formePropositionnelle** | **FL regime** |
|---|---|---|---|---|
| ACCUSER | v^i | dire qqch. | LA personne X ~ LA personne Y DU fait Z | |
| ACCUSER | v^i | dire qqch. | LA personne X ~ LA personne Y DU fait Z | [de N=X] |
| ACCUSER | v^ii | accomplir un acte juridique | LA personne X ~ L'individu Y D'AVOIR COMMIS L'action Z(Y) pourqu'il soit jugé par L'autorité judiciaire W | |
| ACCUSER | v^ii | accomplir un acte juridique | LA personne X ~ L'individu Y D'AVOIR COMMIS L'action Z(Y) pourqu'il soit jugé par L'autorité judiciaire W | [N=Y] |
| ACCUSER | v^iii | avoir une certaine opinion | LA personne X ~ LE fait Y D'ÊTRE LA CAUSE DU fait Z | |
| ACCUSER | v^iii | indiquer | LE fait X ~ L'individu Y [QUI SEMBLE ÊTRE RESPONSABLE DU fait Z] | |

Abb. 64: Auszug aus dem Lexikoneintrag *accuser* im DiCouèbe (4 von 37 möglichen Informationstypen)

Legende: v^i = verbe, peut être employé performativement; v^ii = verbe, surtout au passif; v^iii = verbe, pas de passif.

Komplexe Datenbanken in der Art von *FrameNet* oder DiCouèbe zu generieren und netzfähig darzustellen, ist ohne einen spezifischen Formalismus gewiss nicht möglich. Die einsprachige Lexikographie sollte sich davon jedoch nicht abschrecken, sondern inspirieren lassen, denn in der Sache sind diese Sammlungen annotierter Daten so reichhaltig wie keine andere lexikologisch-lexikographische Quelle. Sie sind Synonym-, Antonym-, Begriffs-, Wortfamilien-, Valenz-, Kollokations-, Phraseologismen- und (mit Abstrichen) Definitionswörterbuch in einem.

## 4.7 Paradigmatische Wörterbücher (Synonym- und Antonymwörterbücher)

Synonym- und Antonymwörterbücher können *inhaltsparadigmatisch* genannt werden, da sie zwei Typen *semantischer* Relationen, die zwischen Lexemen bestehen können, zu beschreiben versuchen. *Ausdrucksparadigmatische* (Spezial-)Wörterbücher, die wir hier nicht behandeln, wären etwa rückläufige Wörterbücher, Reim-, Homonymen-, Homographen-, Homophonen- oder Wortfamilienwörterbücher (s. Engelberg/Lemnitzer [4]2009, 22).

Die Anforderungen, die an ein gutes Synonym- und entsprechend auch Antonymwörterbuch gestellt werden sollten, ergeben sich aus den Ausführungen zu Synonymie und Antonymie in Kap. 3.3.1. Es ist kaum zu erwarten, dass die verschiedenen Arten von Gegensatzbeziehungen (Antonymie, komplementäre und direktionale Opposition, Konversivität und Heteronymie) in einem oft an Laien gerichteten und an Verkaufszahlen orientierten Wörterbuch systematisch auseinandergehalten werden. Schon eher wäre es möglich, die Bedeutungsähnlichkeiten zwischen Lexemen dahingehend zu differenzieren, ob sie rein denotativer oder ko(n)textueller Natur sind. Da begriffliche Synonymie (*mobile/portable*, *accoucheuse/sage-femme/matrone*, *amygdalite/inflammation des amygdales*) im Grunde problemlos ist – es geht ja nur um einen diasystematischen Unterschied, stellt die kotextuell gebundene Synonymie eine weitaus größere Herausforderung dar. So wird ein gutes Synonymwörterbuch nicht umhin kommen, nicht nur semantische Kongruenzen zwischen Basen, sondern auch zwischen Basen in Verbindung mit den jeweiligen Kollokatoren aufzuzeigen, denn sie sind es, die den semantischen Unterschied innerhalb eines polysemen sprachlichen Zeichens ausmachen (s. 3.2.2). Wir haben auch noch weitere Kriterien für den besten Vertreter eines (Quasi-)Synonyms aufgestellt, zu denen auch der syntaktische Konstruktionsrahmen, das Sprachregister und die Art der morphosemantischen Beziehungen gehören. Am wichtigsten ist jedoch die Austauschbarkeit eines Lexems durch ein anderes, wenn beide Kollokatoren ein und derselben Basis sind:

**douleur** + VERBE
▪ **éclater** ~ <u>se faire sentir</u>
▪ **siéger** (*la douleur siège dans l'oreille*) • **assaillir** ~ envahir ~ frapper (*une grande douleur frappe notre communauté*) ~ <u>s'emparer de</u>
▪ **irradier** ~ rayonner • **se répandre** ~ se raviver ~ se réveiller ~ s'exacerber
▪ **s'apaiser** ~ s'assoupir ~ s'atténuer ~ se calmer ~ se dissiper ~ s'émousser ~ s'estomper • **cesser** ~ disparaître ~ passer.

Abb. 65: Typographisch modifizierter Auszug aus dem Artikel *douleur* im *Dictionnaire des combinaisons de mots* (Dcm)

Der Dcm zeigt uns, wie man Bedeutungen über kollokative Beziehungen differenziert (angezeigt durch das Symbol ▪ und innerhalb einer Bedeutungsunterteilung mit weiterer semantischer Nuancierung, ausgedrückt durch •). Die fett markierten Lexeme seien der Ausgangspunkt einer jeweiligen kollokationellen Bedeutung für synonyme Kollokatoren. Befindet sich in dieser Reihe eine unterstrichene Form, so ist diese syntaktisch gesehen weniger gut austauschbar, da sie eine andere Rektion aufweist.

Abgesehen von Finessen wie diesen wäre die Umsetzung der kollokationellen Synonymie in Synonymwörterbüchern eine durchaus berechtigte Erwartung. Wenn jedoch wie in Boussinots Wörterbuch *Synonymes, analogies et antonymes* zu *douleur* einfach eine Liste von 22 Synonymen (und sechs Antonymen) gegeben wird, ist der Nutzen bestenfalls noch als Stilwörterbuch für geübte Schreiber zu rechtfertigen. An der syntagmatischen Gebundenheit von Lexemen geht so eine Darstellung jedenfalls komplett vorbei, denn, um ein Beispiel herauszugreifen, man sagt im Französischen *causer*, *éveiller*, *provoquer*, *susciter* und *infliger douleur*, *causer* und *faire du mal* sowie *apporter*, *infliger*, *causer*, *créer*, *engendrer*, *occasionner* und *provoquer souffrance*, aber man kann die Kollokatoren nicht beliebig gegeneinander austauschen.

Im Folgenden sollen drei weitere Synonym- und Antonymwörterbücher miteinander verglichen werden: 1. der *Dictionnaire de synonymes, mots de sens voisin et contraires* (DicSyn), der als einziger 'synonymes' und 'mots de sens voisin' differenziert, 2. der *Grand Dictionnaire des synonymes & des contraires* (SynContr) und 3. der *Dictionnaire des synonymes, nuances et contraires* (Dsnc), bei Robert erschienen. Exemplifiziert werden sollen die Unterschiede zwischen den drei Werken am Beispiel des stark kollokativen Adjektivs *raide*, das uns schon in Kap. 3.2.2 begegnet ist:

(1) **RAIDE** ○ ***adj.*** • droit, empesé, ferme, inflexible, rigide, roide (vx), sec, tendu • affecté, ankylosé, contracté, engourdi, guindé, solennel • ➤ **escarpé** • ➤ **rude** • ➤ **excessif** • ➤ **libre** • ***fam.*** ➤ **ivre** • ***arg.*** ➤ **malade** *et* ➤ **mort** ○ ***n.m. arg.*** **ou** ***fam.*** • ➤ **argent** • ➤ **alcool** | ≠➤ **souple** ➤ **courbe** (DicSyn).

(2) **raide** *adjectif*
- Qui est sans souplesse. **SYN.** dur, rigide – FAMILIER: souple comme un verre de lampe. **CONTR.** *élastique, flexible, mou, pliable, souple.*
- Qui manque de naturel. **SYN.** affecté, compassé, droit, guindé, pincé – FAMILIER: coincé. **CONTR.** *affaissé, avachi, décontracté, détendu, flasque* – FAMILIER: *relax, relaxe.*
- Qui présente une forte déclivité. **SYN.** à pic, abrupt, escarpé, montant – LITTERAIRE: ardu. **CONTR.** *plan, plat.*
- LITTERAIRE. Qui est intransigeant. **SYN.** austère, autoritaire, brusque, dur, implacable, inflexible, intraitable, intransigeant, rigide, rigoureux, sévère, strict. **CONTR.** *accommodant, conciliant, coulant, flexible, indulgent, large, libéral, relâché, tolérant* – FAMILIER: *élastique.* [...]
- POPULAIRE. Démuni d'argent. **SYN.** gêné, pauvre. – FAMILIER: à sec, déargenté, fauché, sans-le-sou – LITTERAIRE: impécunieux. **CONTR.** *fortuné, riche* – FAMILIER: *argenté* (SynContr).

(3) **raide** *adj.* **1** – **rigide** • dur • tendre • ferme • **2** – **ankylosé** • engourdi • **3** – **abrupt** • à pic • droit • escarpé • **4** – **affecté** • collet monté • compassé • contraint • empesé • empoté • engoncé • guindé • gourmé littér. • **5** – **austère** • autoritaire • grave • inflexible • intraitable • intransigeant • rigide • solennel • sévère • strict • **6** – [fam.] **pauvre** • ruiné • desargenté fam. • sans le

sou [fam.] • fauché [fam.] • à fond de cale [fam.] • à sec [fam.] • 7 – [fam.] **licencieux** • cru • grivois • osé • salé ♦ **très raide** raide comme un piquet

CONTR. élastique | flexible | mou | souple – doux | plat – aisé | libre | naturel | simple (Dsnc)

Abb. 66: Auszüge aus dem Artikel *raide* in drei Synonym- und Antonymwörterbüchern des Französischen (zum Teil gekürzt und typographisch verändert)

Die drei Werke gliedern nach Unterbedeutungen, zum Teil mit semantischen Feindifferenzierungen, die sich de facto natürlich jeweils auf ein Substantiv beziehen. Das Adjektiv *raide* ist also in allen Fällen synsemantischer Kollokator, zu dem jedoch in keinem der Wörterbücher die dazugehörige Basis angegeben wird. Die Synonymreihung in (1) ist somit als Kette von Lexemen zu verstehen, die austauschbar zu sein scheinen, was natürlich nicht der Fall ist. Die analogischen Verweise ( ➤) auf andere Artikel sind wenig hilfreich. (2) gibt Kurzdefinitionen, die die Orientierung erleichtern; auch hier wäre jedoch eine lexikalische Basis wie <un tissu> zur Bedeutung 'qui est sans souplesse' von Vorteil. Unklar ist, ob sich die Markierungen *littéraire* und *populaire* nur auf *raide* (in der jeweiligen spezifischen Bedeutung) beziehen oder auf alle danach genannten Lexeme. Hervorzuheben ist der Versuch, Antonyme kotextsensitiv, also bezogen auf jede durch den sprachlichen Kontext determinierte Unterbedeutung, anzugeben – eine Vorgehensweise, die sich bei den anderen beiden nicht findet. Den Autor, besser gesagt Redaktionsleiter, von (3), Dominique Le Fur, haben wir schon bei den Kollokationswörterbüchern kennengelernt, allerdings fehlt hier im Unterschied zum *Dictionnaire des combinaisons de mots* (Dcm), dessen Untertitel ja *Les synonymes en contexte* ist, die Anbindung an die lexikalischen Basen. Jede Unterbedeutung in (3) wird eingeleitet durch ein fettgedrucktes Lexem, welches der für diesen Kontext typische Ausdruck zu sein scheint. Die Angabe markierter Formen ist lobenswert, die Behandlung der Antonyme weniger.

Als „Stilwörterbücher“ für französische Muttersprachler, die die Synonyme sozusagen auf Abruf in ihrem mentalen Lexikon gespeichert haben und nur noch den Stimulus zur Aktivierung dieses Wissens benötigen, mögen diese Wörterbücher geeignet sein – für alle weiteren Zielgruppen jedoch weniger bis gar nicht.

Ein ideales Synonym- und Antonymwörterbuch scheint mir durch die im Dcm praktizierte Methode der kollokationellen Synonymie zu liegen. Allerdings müsste es deutlich mehr als 2 600 Stichwörter enthalten und auch Verben und Adjektive lemmatisieren, auch wenn diese ja gerade die Kollokatoren sind. Eine gewisse Redundanz an Informationen wäre somit unvermeidbar.

## 4.8 Wörterbücher des Argot, der Jugend- und Umgangssprache

Da das Lexem *argot* im heutigen Französisch auf mehrere Objektbereiche bezogen werden kann, von denen der älteste derjenige der seit dem Spätmittelalter literarisch bezeugten Geheimsprache der Bettler und Gauner ist und der vermutlich jüngste derjenige der modernen Jugendsprache sein dürfte, ist es auch für die Lexikographie schwierig festzulegen, was in ein Argotwörterbuch aufgenommen werden soll und was nicht. Hinzu kommt, dass „[e]twa seit 1968 [...] ein großer Teil des Argot französisches Allgemeingut geworden und mit der Sprechsprache allgemein verschmolzen [ist]" (Hausmann 1990a, 1185). Tatsache ist, dass sich der Referenzbereich des Wörtchens *argot* im Laufe der Jahrhunderte beträchtlich erweitert hat: von der Sprechweise der sozial Marginalisierten und des kriminellen Milieus, die in der Literatur der französischen Realisten und Naturalisten (allen voran Victor Hugo) zur Geltung kam, über die Geheimsprache ambulanter Händler und den Fachjargon einer jeden Berufsdisziplin bis zu einem niederen Sprachregister und zur Sprache sozialer Gruppen mit starker Emblematik (wie die Jugendsprache). *Argot* bezeichnet also mehrere verschiedene diastratische und diaphasische Varietäten (vgl. Schafroth 2005). Da die Jugendsprache als vergleichsweise junges Phänomen durch ähnliche Grundmerkmale charakterisiert ist wie die historischen *argots* (*emblematisch*, d.h. eine starke Identifizierung mit der sozialen Gruppe zeigend, *ludisch*, also spielerisch, und gegebenenfalls *kryptisch*, d.h. mit geheimhaltender Funktion) und die gesprochene Sprache seit den Studentenbewegungen des 20. Jahrhunderts gleichzeitig extrem durchlässig für diastratisch niedere und damit auch *argot*-Phänomene geworden ist, scheint alles, was unterhalb einer neutralen Sprache und durch Informalität gekennzeichnet ist, zu konvergieren.[108]

► *Umgangssprache* soll deshalb als kollektiver Terminus für typisch sprechsprachliche und diaphasisch niedrige Phänomene verwendet werden, *Jugendsprache* sehen wir als ein Kontinuum von diaphasischen und diastratischen Varianten und *argot* soll hier verstanden werden als historisches Phänomen, das seine Kontinuität in der Milieusprache (Rotlichtszene, kriminelles und Drogenmilieu etc.) hat, informelle Register einer Fachsprache können als *Jargons* bezeichnet werden.

Doch die Lexikographie nimmt keine solchen trennscharfen Begriffsunterscheidungen vor. Wir haben es deshalb heute auf dem Sektor der varietätenorientierten Speziallexikographie mit der Beschreibung konvergenter Phänomene zu tun, die vom Weiterleben historischer Argotausdrücke über ein *français relâché* bis zur Sprache in den *banlieues* reicht. Auf die lange und auch für die einsprachige Lexikographie bedeutende Tradition der Argotwörterbücher in Frankreich kann hier nicht mehr eingegangen werden (s. hierzu Hausmann 1990a und die Bibliographie in Cellard/Rey $^{2}$1991). Die Berücksichtigung

---

108 Exzellente Sachartikel zum Argot finden sich im *Grand Larousse de la langue française*, *Dictionnaire historique de la langue française* und *Dictionnaire culturel en langue française*.

von *argot*-Wortschatz in den großen Wörterbüchern des Französischen, *Grand Robert* und *Trésor de la langue française*, kann mit Hilfe ihrer digitalen Versionen ermittelt werden – in Abb. 67 sehen wir die Zahl der Lemmata bzw. Bedeutungen, die auf die jeweils abgefragten Markierungen zutreffen:

| Markierungen[109] | GR | TLFi |
|---|---|---|
| littéraire | 6 845 | 4 336 |
| familier | 7 729 | 6 914 |
| populaire | 781 | 2 993 |
| vulgaire | 207 | 120 |
| **argot** | **1 506** | **3 401** |

Abb. 67: Anzahl der mit *argot* und anderen Gebrauchsangaben markierten Lemmata und Bedeutungen im GR und im TLFi

In beiden Wörterbüchern gibt es deutlich mehr Argotwortschatz als *populaire*-markierte Elemente. Gemeint sind sowohl Spezifika der alten (in literarischen Quellen belegten) *argots* als auch solche, die in das *français commun* Eingang gefunden haben. Für andere Lexeme wie *frangin*/*frangine* 'Bruder/Schwester' und *godasses* 'Schuhe' gibt es den Hinweis auf ihre argotische Herkunft nur noch im etymologischen Kommentar – sie sind längst umgangssprachlich (*familier*) geworden bzw. als diastratisch markiert (*populaire* [*godasse* im TLFi]) eingestuft, wobei der wesentliche Unterschied zwischen *argot* und *populaire* darin besteht, dass Populärwortschatz in der ganzen Sprachgemeinschaft bekannt ist, Argotwortschatz jedoch auf bestimmte soziale Gruppen begrenzt bleibt.

Wie gehen die Spezialwörterbücher mit dieser Gemengelage um? Einen ersten Unterschied, den man zwischen den zahlreichen zu diesem Bereich erschienenen Wörterbüchern machen muss, ist derjenige zwischen philologisch fundierten und (eher) populärwissenschaftlich ausgerichteten Werken, obwohl Letztere durchaus auch von Sprachwissenschaftlern erstellt worden sein können. Zur ersten Gruppe gehört zweifelsohne das Werk von Cellard/Rey ($^{2}$1991), das hier aber ebenso wenig wie andere, noch früher erschienene Werke besprochen werden soll. Aber auch der *Dictionnaire de l'argot et de ses origines* (Darg) und der *Dictionnaire de l'argot* (Doillon) gehören zur Kategorie historisch vertiefter Werke, wobei Letzteres auf einer ersten Ebene onomasiologisch und innerhalb dieser alphabetisch geordnet ist. Es ist deshalb auch von besonderem Interesse, weil die typischen Begriffsdomänen des Argot als Leitkategorien angesetzt werden: Geld, Sexualität, Sport und Gesundheit. Für jede dieser Sparten konnte Doillon mehr als 300 Seiten füllen, allein zum Begriffsfeld 'Geld' mehr als 3 000 Stichwörter, wobei aber auch jedes Phrasem einzeln lemmatisiert wird. Der zeitliche Rahmen des inventarisierten Wortschatzes erstreckt sich von der frühesten Dokumentation bis in die heutige Zeit,

[109] Im GR erscheinen einige Markierungen sowohl als ausgeschriebenes Wort (*familier*, *populaire*, *vulgaire*) als auch abgekürzt (*fam.*, *pop.*, *vulg.*). Die Zahlen stellen für diese Marker also die Summen aus beiden Angaben dar.

was auch die Aufnahme von Anglizismen und jugendsprachlichen Elementen erklärt. Einige (kurze) Beispiele:

> [ARGENT] **CUIT**. – adj. Perdu, ruiné, « rousti »; populaire, avant 1600. Furetière 1690 donne ETRE CUIT, FRIT, FRICASSE, résumant la déchéance totale. AVOIR SON PAIN CUIT: *voir* PAIN.
>
> [ARGENT] **CRAVACHE (à la)**. – loc. adv. En employant ses dernières ressources financières; milieux mondains, 1887 (Esnault).
>
> [SEXE] **BAFFROY (être logé à)**. – loc. verb. Être impuissant (sexuellement); populaire plaisant, Oudin 1640. Équivoque onomasiologique sur « Baffroy », nom de localité et « bas froid ».
>
> [SEXE] **FEUME** ou **FEUMEU**. – n. f. « Veul » (verlan de verlan) de « meuf », femme; jeunes des cités qui recherchent l'originalité à tout prix, in *N.O.*, 15-10-1998.
>
> [VIOLENCE] **SHOOTER (se faire)**. – synt. verb. Se faire taper dessus à coups de poing et de pied, être rossé; jargon de jeunes, *cf.* *VSD*, 8-6-1995.

Abb. 68: Artikel aus dem thematisch geordneten Argot-Wörterbuch von Doillon (2010)

Jenseits des verdienstvollen dokumentatorischen Werts dieses lexikalischen Fundus bleibt jedoch die Frage offen, welchen Stellenwert diese Ausdrücke im heutigen gesprochenen Französisch haben und ob alle Belege (s. z.B. *feume*) auch wirklich zu den strukturell vorgegebenen Begriffsfeldern passen.

Zur Gruppe der sprachinteressierten Schriftsteller zählt Pierre Merle, der sich in Frankreich mit einer Reihe erfolgreicher Publikationen zur französischen Umgangssprache einen Namen gemacht hat. Der *Dictionnaire du français qui se cause* inventarisiert lexikalische Phänomene „quelque part entre argot, verlan, tchatche en tout genre, français branché, politiquement correct et langage des jeunes" und nimmt damit genau die oben angesprochene sprachliche Heterogenität im informellen Spektrum des heutigen Französisch ins Visier:

> **Foncedar** Défoncé (drogue) ou ivre. *Voir* À l'ouest. On dit aussi foncedaré. « Les junkies* étaient tous foncedarés comme des bêtes ».
>
> **Latinos** (prononcer le «s » final, même au singulier). Depuis les années 1980, ce mot désigne les peuples ibériques ou sud-américains.

Abb. 69: Artikel aus dem *Dictionnaire du français qui se cause* (Merle 2004)

Der Unterschied zu Doillon (2010) ist frappierend. Nicht nur, dass die Angabe der Wortart fehlt (ist *fondecar* ein Partizip?), auch kommunikative Funktion und diasystematische Wertigkeit der Elemente können den Erläuterungen nicht entnommen werden – von einer philologischen Aufarbeitung der Lexeme ganz zu schweigen.

Stellvertretend für Wörterbücher zur Jugendsprache sei *Comment tu tchatches!* von Jean-Pierre Goudaillier, Linguist an der Université Paris 5, genannt. Das Buch hat innerhalb von vier Jahren drei Auflagen erfahren. Es verkörpert den neuen Typ des durch

Feldforschung (in Pariser Banlieues) angereicherten Wörterbuchs mit sprachwissenschaftlicher Einführung, das sich gut als Grundlage für Seminare zur französischen Jugendsprache eignet. Die Dokumentation der Belege speist sich aus sehr unterschiedlichen Quellen, zu denen herkömmliche Argotliteratur, aber auch Kriminalromane, Zeitungen, Zeitschriften, Fernsehsendungen, Rapsongs, Comics und eigene Umfragen zählen. Je nach Lemma wird eine große Zahl an Synonymen gegeben, die zum Teil durch Korpusbeispiele illustriert werden. Sehen wir uns das soeben aus Merle zitierte Lemma *foncedé* an:

> **fonc(e)dé** (prononcer [fɔ̃sde])
> a) soûl; b) drogué; c) fou
> *adj.*
> *étym./morph.*: verlan de *défoncé*: [defɔ̃se] > [fɔ̃sede] > [fɔ̃sde]
> *syn.*: a) *chiredé, cramé, fracass, fracassé, quécla*; b) *cramé, fracass, fracassé*; c) *barge, chtarbé, cramé, foncedé, foulek, guedin, maboul, mécra, msrot, ouf, shooté, zinzin*
> *ex.*: a) **je suis *fonsdé chanmé*, la 8.6 m'a *camé*** […] je suis complètement saoul, la bière m'a enviré *c'te p'tite mousse m'a rétamé, j'suis beurré comme un p'tit Lu*
> b) **j'étais fonsdé *chiredé* influencé par l'alcool** […] c) **…l'était complètement *shooté*, foncedé par la came** […] d) **plus foncedé, plus *guedin* qu'lui, tu trouves pas!**

Abb. 70: Artikel *fonc(e)dé* (typographisch vereinfacht) aus Goudaillier ([3]2001, 145)

Abgesehen von der typographisch etwas chaotischen Gestaltung stellt sich die Frage, wie die Beispielsätze zu lesen sind und die Tatsache zu erklären ist, dass *foncedé* unter c) als Synonym zu sich selbst angegeben wird. Der in den Beispielsätzen verwendete Wortschatz (z.B. *camé, came*) sollte in der Makrostruktur des Wörterbuchs enthalten sein.

Weitere Werke, die zu diesem Thema konsultiert werden können, sind: Bernet/Rézeau (2008), Colin/Mével/Leclère (Darg, 2001), Gordienne (2004).

Das Angebot an Wörterbüchern zu diesem varietätenlinguistischen Bereich ist riesig. Das Interesse ist auch auf die Faszination der Phänomene Jugendsprache und Argot zurückzuführen, die gerade im sprachlich zentralistischen Frankreich, in dem Abweichungen von der präskriptiven Norm ernsthafte Sanktionen nach sich ziehen können, eine gewisse Neugierde erwecken und auch von den Medien gerne thematisiert werden. Die Nachfrage erklärt das vielfältige Angebot, das sich zusammensetzt aus philologisch-wissenschaftlichen Werken, Laienerzeugnissen und eher populärwissenschaftlichen Publikationen. *Chacun ses goûts.*

Aufgaben

1. Gelingt es Ihnen, anhand des *Petit Robert* einen „Reise-Frame", ausgehend von *voyage*, zu erstellen? In welcher Beziehung stehen die Begriffe, auf die verwiesen wird, zum jeweiligen Lemma?

2. Sind fr. *épinard* und dt. *Spargel* sowie fr. *persil* und dt. *Petersilie* etymologisch verwandt? Suchen Sie die Antwort im historischen Kommentar der jeweiligen Lemmata im TLFi und DUW.
3. Vergleichen Sie die Artikel *démanger* und *cheval* in einem *Petit Larousse illustré* und einem *Micro* oder *Petit Robert*. Beschreiben Sie fundamentale Unterschiede zwischen den beiden Wörterbüchern.
4. Suchen Sie im (digitalen) PR über *Recherche avancée* und „recommandation officielle“ die Lexeme, für die das Wörterbuch andere Lösungen vorschlägt. Kommentieren Sie einige der Vorschläge.
5. Äußern Sie sich zu den im PR vorgeschlagenen Ersatzlexemen für *e-learning*, *e-book*, *émoticone*, *rétro*, *smartphone*.
6. Diskutieren Sie die möglichen Gründe für die grundsätzlich normativere Einstellung französischer Wörterbücher gegenüber Anglizismen im Vergleich zu Deutschland.
7. Blättern Sie eines der unter 4.5.1 genannten pädagogischen Wörterbücher für französische Kinder oder Jugendliche durch und versuchen Sie zu beurteilen, ob es Ihnen für Ihre Zwecke von Nutzen sein könnte. Begründen Sie Ihr jeweiliges Urteil.
8. Wären Sie bereit, ein einsprachiges Wörterbuch des Französischen, das die in 4.5.2 beschriebenen 20 Kriterien erfüllt, zu benutzen oder gar zu kaufen? Diskutieren Sie diese Frage mit Ihrem/Ihrer Seminarleiter(in).
9. Surfen Sie im DiCouèbe und im *FrameNet*. Könnte man als Fremdsprachenstudent(in) daraus irgendeinen Nutzen ziehen?
10. Führen Sie im DiCouèbe folgende Recherchen im *Mode expert* durch und interpretieren Sie die Ergebnisse: a*) nom vocable*: *ami*; *fonction lexicale*; *valeur*, b) *nom vocable*: *compliment*; *fonction lexicale*; *valeur; régime valeur.*
11. Vergleichen Sie die Leistungsfähigkeit eines einsprachigen Wörterbuchs Ihrer Wahl und je eines unter 4.6.2 und 4.7 genannten Spezialwörterbuchs in Bezug auf einige von Ihnen gewählte Phrasemen bzw. Lexeme, deren Synonyme und Antonyme Sie prüfen (s. auch Kap. 3.3.1).
12. Vergleichen Sie die Artikel *exprimer* und *mériter* hinsichtlich der Valenzangaben im MR oder PR und im *Dictionnaire des verbes du français actuel* (Dvfa) und beschreiben Sie die Unterschiede.
13. Leihen Sie sich ein Wörterbuch zur deutschen oder französischen Jugend- oder Umgangssprache aus und beurteilen Sie die lexikographische Qualität der Artikel nach den Kriterien: Semantisierung, Markierungspraxis, Synonymangaben, Belegdokumentation.

# 5. Große Werke und Verlage der französischen Lexikographie

Wenn man sich den hohen gesellschaftlichen Stellenwert von Wörterbüchern in Frankreich vor Augen führt, ist man geneigt, in Anlehnung an Rivarols berühmtes Zitat von 1784 („Ce qui n'est pas clair n'est pas français", zit. nach Bossong 1990, 257), zu sagen „Ce qui n'est pas dans le dictionnaire n'est pas français". Den Markt teilen sich heute die großen Verlagshäuser Le Robert und Hachette – ein dritter berühmter Name, Larousse, produziert nach wie vor zahlreiche Wörterbücher, ist aber 2003 von der Firmengruppe Hachette Livre übernommen worden. Daneben gibt es weitere klingende Namen wie Bordas, Gallimard, Didier oder (De Boeck) Duculot, von denen einige Werke in diesem Buch auch zur Sprache kommen. Die drei erstgenannten Verlage stehen für eine lange lexikographische Tradition und eine Vielzahl von Wörterbüchern, die in ihrer Gesamtheit in diesem Rahmen nicht erfasst werden können. Sie werden den Kern dieses Kapitels, ergänzt durch das staatliche Prestigeprojekt des *Trésor de la langue française*, ausmachen. Zuvor wird jedoch der historische Rahmen abgesteckt, innerhalb dessen die jüngere Geschichte der französischen Lexikographie ihren Anfang genommen hat.[110]

## 5.1 Das Akademie-Wörterbuch

Obwohl das Wörterbuch der Académie française nie die Bevölkerung, die es nur vom Hörensagen kennt, erreicht hat, sondern immer nur einer Minderheit zugänglich war (den *honnêtes gens*, den gebildeten *citoyens*, Wissenschaftlern und Gelehrten), ist ein Aspekt fest im Bewusstsein der Bürger Frankreichs verankert: dass die Akademie in sprachlichen Fragen das letzte Wort hat. Auch die namhaften Definitionswörterbücher, die sich selbst als deskriptiv bezeichnen, sehen keinen Anlass, auf die offiziellen Empfehlungen der Akademie zu verzichten (4.4). Selbst wenn die Interventionen der *immortels* nicht immer von Erfolg gekrönt sind – wie bei dem Versuch, im Disput um die Feminisierung von Berufsbezeichnungen am generischen Maskulinum festzuhalten –, so wird der Stimme der *académiciens* seitens der Politik und Gesellschaft stets Gehör geschenkt und bleibt die symbolische Aufgabe der 1635 von Kardinal Richelieu gegründeten Institution unbestritten. Daher bekennt sie sich auch heute noch zu ihrer vor fast 380 Jahren festgelegten Mission:

> La principale fonction de l'Académie sera de travailler, avec tout le soin et toute la diligence possibles, à donner des règles certaines à notre langue et à la rendre pure, éloquente et capable de traiter les arts et les sciences (Statuts et Règlements de la Compagnie, Article XXIV, zit. nach URL-AF).

---

[110] Zur Geschichte der französischen Lexikographie s. Quemada (1967), Matoré (1968), Rey (1982, 1990), Bray (1990), Bierbach (1997) und Dotoli (2012).

Wenngleich sich die gesellschaftlichen Vorzeichen geändert haben und bereits in der 4. Auflage von 1762 neuer Wortschatz aufgenommen wurde, sich insbesondere aber mit der 5. Auflage 1798 durch den Einfluss der *Encyclopédie* eine Öffnung gegenüber Neologismen und Fachwortschatz aus Naturwissenschaften und Kunst abzuzeichnen begann, ist es für die Académie française weiter von größter Bedeutung, festzulegen, was guter Sprachgebrauch ist und was nicht:

> Il y a, il est vrai, un bon et un mauvais usage: c'est un fait que personne ne conteste. Les uns parlent et écrivent bien, les autres écrivent et parlent mal. [...] En réalité, le bon usage est l'usage véritable puisque le mauvais n'est que la corruption de celui qui est bon. C'est donc au bon usage que s'arrête l'Académie (DAF, 7. Aufl. 1878, Préface, URL-AF).

Während die als puristisch geltende 6. Auflage von 1835 im Vorwort noch vom Französischen als einer „langue fixée" sprach, rückte die (nicht weniger puristische) 7. Auflage erstaunlicherweise davon ab:

> Il [Le DAF] n'a pas, il est vrai, fixé la langue; fixer une langue, c'est impossible! Il l'a contenue, modérée, réglée dans ses changements (DAF, 7. Aufl. 1878, Préface, URL-AF).

Die Hauptaufgabe der Akademie bestand und besteht jedoch nach eigenem Bekunden darin, aus dem Sprachgebrauch auszuwählen, was, wie wir in Kap. 4.4 gesehen haben, an sich bereits ein normativer Akt ist. In den folgenden Zitaten aus dem Vorwort der aktuellen, noch nicht vollendeten 9. Auflage, 1992 vom damaligen Secrétaire perpétuel Maurice Druon verfasst, werden die puristischen Zügel noch einmal merklich angezogen:

> Le *Dictionnaire* de l'Académie est celui de l'usage, simplement et suprêmement, le *Dictionnaire* du bon usage, qui par là sert, ou devrait servir, de référence à tous les autres. Telle est l'ambition, mesurée mais persévérante, qui guide les académiciens français (DAF, 9. Aufl., Préface, 1992, URL-AF).

Ein selektiver Purismus zahlt sich aber letztlich aus:

> Si, traversant la crise contemporaine des langues maternelles, crise universelle dont tous les vieux peuples gémissent, le français est peut-être la langue qui en aura éprouvé le moins de dommages, c'est à l'attention portée à l'*usage* que l'on en est redevable (ib.).

Die 9. Auflage wird im Vergleich zur Auflage davor 10 000 neue Lemmata enthalten, die selbstredend mit Bedacht ausgewählt wurden, denn es gelten nach wie vor folgende Regeln:

- Fachwortschatz wird nur aufgenommen, wenn er auch in der Allgemeinsprache üblich geworden ist;
- Fremdwortschatz wird nur berücksichtigt, wenn er bereits fester Bestandteil des Sprachgebrauchs ist *und* wenn nicht bereits „un honnête mot français" existiert, um die gleiche Sache oder den gleichen Begriff zu bezeichnen;

– Neologismen gegenüber wird eine besondere Strenge an den Tag gelegt, da viele von ihnen ja nur deshalb vorhanden seien, weil die „bons termes“, die es seit langem in der Sprache gebe, vergessen worden oder unbekannt seien (ib.).

Die folgenden Zitate verdeutlichen noch einmal, dass die klassischen Sprachbewertungskriterien vergangener Jahrhunderte – *génie, clarté* und *universalité* – auch in der neuesten Auflage des *Dictionnaire de l'Académie française* fröhliche Urständ feiern (Kursiv E.Sch.):

> la langue française, *analytique* et d'une *richesse* syntaxique incomparable, mérite de demeurer *langue de référence* pour tout ce qui exige, à commencer par les traités internationaux, une impérieuse *précision de la pensée,* si, pour tout dire, elle a pu conserver *santé* et *qualité*, cela est l'effet de la surveillance continue qu'exerce sur elle l'Académie depuis trois siècles et demi (ib.).
>
> nous sommes généralement impitoyables s'ils sont formés d'une manière qui insulte au *génie* de la langue (ib.).

In den Addenda des aktuellen Akademie-Wörterbuchs sind diejenigen Lemmata zusammengefasst, die seit Erscheinen der drei Bände (1992, 2000, 2011) nachträglich als aufnahmewürdig betrachtet wurden, die meisten davon Fachtermini und französisierte Anglizismen:

***BOGUE** n. m. XX^e^ siècle. Francisation de l'anglais *bug,* « insecte nuisible », puis « défaut », en informatique.
INFORM. Défaut dans la conception d'un programme, se manifestant par des anomalies de fonctionnement. Par ext. Désigne, dans la langue courante, tout dysfonctionnement informatique.

***CONNOTATIF, -IVE** adj. XIX^e^ siècle. Emprunté du latin scolastique *connotativus,* « qui comprend, qui inclut », lui-même dérivé de *connotare,* « comprendre, inclure ».
LINGUIST. Relatif à la connotation, par opposition à *Dénotatif. Le contexte d'emploi d'un mot fait varier sa valeur connotative.*

***COURRIEL** n. m. XX^e^ siècle. Mot québécois, composé à partir de *courrier* et d'*électronique.*
Document informatisé qu'un utilisateur saisit, envoie ou consulte en différé par l'intermédiaire d'un ordinateur connecté à un réseau (on dit aussi *Message électronique*). *Recevoir des courriels professionnels, personnels.*
Par ext. Service permettant de saisir, d'envoyer ou de consulter un tel document (on dit aussi *Messagerie électronique* ou *Courrier électronique*). *Envoyer un curriculum vitae par courriel.*
**Doit être préféré à l'anglais *Electronic mail* et à son abréviation *e-mail.***

Abb. 71: Drei Artikel aus den Addenda der 9. Auflage des DAF (URL-AF)

Es ist bisher vor allem von der normativen Ausrichtung des DAF die Rede gewesen. Selbstverständlich beschreibt das Akademie-Wörterbuch auch und in erster Linie die Sprache selbst. Eine Stichprobe zu den unter dem Lemma *barbe* verzeichneten Kollokationen (inkl. Subst-de-Subst-Verbindungen) ergibt folgendes Ergebnis (*porter la barbe longue* wird als Tripelkollokation gewertet, vgl. 3.2.2); im Anschluss daran werden die im TLFi aufgelisteten Kollokationen gezeigt:

> **BARBE.** n. f. Poil du menton et des joues. *Barbe noire, blonde, rousse, grise, blanche. Porter la barbe longue. Laisser croître sa barbe. Faire la barbe à quelqu'un. Se faire la barbe. Faire sa barbe. Couper sa barbe. Raser sa barbe. La barbe lui vient. Ce jeune homme n'a point encore de barbe. Il n'a pas un poil de barbe. Se teindre la barbe. Se mettre une fausse barbe pour se déguiser. Un plat à barbe* (DAF, 9. Aufl., URL-AF).
>
> **BARBE**[1], subst. fém. […] **SYNT.** *Barbe blanche, clairsemée, fournie, grise, soignée; barbe romantique, vénérable; collier de barbe, port de barbe; couper sa barbe, laisser croître, pousser sa barbe, porter la barbe longue; faire, couper la barbe; se raser la barbe* (TLFi).

Abb. 72: Kollokationen zum Lemma *barbe* im DAF (9. Aufl.) und im TLFi

Es ist also keineswegs so, dass der DAF, abgesehen von den zahlreichen Beispielsätzen, für die er seit jeher bekannt ist, grundsätzlich durch eine magere Mikrostruktur gekennzeichnet wäre. Im Falle von *barbe* hat er sogar eine Kollokation mehr (18) als der TLFi, er kann aber freilich nicht mit dem GR konkurrieren, bei dem wir 70 typische lexikalische Verbindungen im Artikel *barbe* vorfinden.

Die heutzutage verfügbaren digitalen Ressourcen erlauben einen einfachen und schnellen Zugang zu Wörterbüchern aus früheren Jahrhunderten. Zu nennen ist hier vor allem das ARTFL Project, das aus der Zusammenarbeit zwischen der Universität Chicago und der Forschungsabteilung ATILF (Analyse et Traitement Informatique de la Langue Française) in Nancy, die zur französischen Forschungsgemeinschaft CNRS gehört und bei der auch der TLFi beheimatet ist, entstanden ist. Auf den Netzseiten des ARTFL (URL-ARTL) können unter anderem die retrodigitalisierten Versionen des Wörterbuchs von Littré (Kap. 5.2) und sechs Auflagen des DAF (1, 3. bis 6., 8. und 9.) konsultiert und durchsucht werden. Eine Analyse des Kollokationsinventars im Artikel *barbe* hat ergeben, dass bereits in der 1. Auflage 14 Kollokationen aufgelistet waren, von denen neun auch noch in der aktuellen Auflage inventarisiert sind. Ein solcher diachronischer Streifzug eignet sich durchaus auch, um Sprachwandelphänomenen nachzugehen: Bis zur 6. Auflage (1835) sagte man offenbar noch se *peindre la barbe*, ab der 7. (1878) *se teindre la barbe*.

## 5.2 Die lexikographischen Meilensteine des 19. Jahrhunderts

Der puristische und enge Geist der 6. Auflage des DAF, die 1835 vollendet war, fand seinen Ausdruck auch darin, dass die von der Akademie praktizierte Lexikographie keinerlei Spielraum für Neues zuließ, sei es im Hinblick auf die zu beschreibende Sprache, sei es in methodischer Hinsicht. Die Initiativen zweier großer Lexikographen des 19. Jahrhunderts, Émile Littré und Pierre Larousse, sind deshalb auch als Reaktion auf diesen Zustand zu bewerten. Littré begann bereits 1847, nachdem er seinen Freund und

Kommilitonen Louis Hachette, Chef des gleichnamigen Verlags, von seinem Projekt überzeugt hatte, mit seinen Arbeiten am *Dictionnaire de la langue française*, welches zwischen 1863 und 1873 in vier Bänden erschien (Supplement 1877).

Littré, der von Hause aus Mediziner war, sich aber auch als Philosoph, Journalist und Lexikograph verdingte, war stark vom Positivismus des Philosophen Auguste Comte geprägt und sah die Aufgabe eines Wörterbuchs, das er in seinem eigenen Werk als „Recueil des mots d'une langue, des termes d'une science, d'un art, rangés par ordre alphabétique ou autre, avec leur signification" (Bd. 2) paraphrasierte, in der Notwendigkeit, die Sprache der Naturwissenschaften in die „science des mots" (Préface, v) einfließen zu lassen. *Positivistisch* beeinflusst ist Littrés Werk deshalb, weil es, wie es in den Naturwissenschaften der Fall ist, ein festes Ordnungsprinzip anstrebt, das sich in der Lexikographie durch eine chronologische Anordnung der Bedeutungen und – am Ende eines Artikels, in der Rubrik *Historique* – der Belegstellen aus Literatur, Wörterbüchern, Sprachtraktaten etc. ausdrücken soll. Der positivistische „turn" Littrés besteht des Weiteren darin, Sprache nicht durch Kausalität und Vernunft erklären zu wollen, sondern durch die Interpretation „positiver" Befunde, die durch Beobachtung aufeinanderfolgender Phänomene gewonnen werden – mit anderen Worten darin, „de répertorier les faits passés et de les rattacher aux faits observables à l'époque présente" (Bierbach/Pellat 2003, 233).

Das Besondere an Littrés Wörterbuch ist deshalb seine einerseits **historische** und andererseits **philologische** Konzeption, von der sich maßgebliche Vertreter der französischen Lexikographie des folgenden Jahrhunderts haben beeinflussen lassen. Es ist beides zugleich, weil es

> la collection des exemples depuis les temps les plus anciens de la langue jusqu'au seizième siècle inclusivement, exemples non plus rangés suivant les sens, mais rangés suivant l'ordre chronologique (Préface, vi)

enthält. *Philologisch* (oder *auktorial*) ist es deshalb, weil alle Einzelbedeutungen und Verwendungen eines Lemmas systematisch mit Zitaten belegt werden – eine Technik, die der DAF mit seinen selbstgemachten Beispielen ja nie praktiziert hat; und *historisch*, weil die Perspektive der Sprachbeschreibung die frühesten Belege der französischen Sprache mit einschließt:

> Littré n'est en aucun cas le premier à présenter des attestations historiques […], mais […] il est le premier qui, pour ce faire, part d'un programme clair et actuel (Bierbach/Pellat 2003, 234).

Der *Dictionnaire de la langue française* weist eine beachtliche Makrostruktur auf (77 786 Einträge, s. Quemada 1967, 268), weil Littré den gesamten Wortschatz des Akademie-Wörterbuchs von 1835 („il n'est aucun mot donné par l'Académie qui ne se trouve à son rang" (Préface, vii)) einschließlich Archaismen, ferner Neologismen („de nouveaux termes et de nouvelles locutions" (viii)), „termes de métiers" und „termes scientifiques" (viii) erfasste. Zwischen den letzten beiden Wortschatztypen macht der

Autor einen wichtigen Unterschied, der erklärt, warum er auch volkstümliches Wortgut aufnimmt:

> [L]a langue des métiers est toujours populaire, souvent archaïque, et tirée des entrailles mêmes de notre idiome, la langue scientifique est presque toute grecque, artificielle et systématique (Préface, viii).

Sieht man sich die Definition eines Eintrags, hier *abeille*, an, fallen zwei Dinge auf:

> **ABEILLE**
> *(a-bè-ll' ; ll mouillées)* ***s. f.*** Insecte qui produit le miel et la cire, et qui appartient au genre des insectes hyménoptères. Un essaim d'abeilles se compose d'une femelle, de mâles et de neutres ou ouvrières ; les femelles et les neutres sont armés d'un aiguillon long d'environ deux lignes. L'aiguillon de l'abeille reste presque toujours dans la piqûre, si l'insecte a été chassé brusquement. L'abeille recueille le miel dans les fleurs.

Abb. 73: Bedeutungsparaphrase zum Lemma *abeille* im Wörterbuch von Littré

Zum einen ist die Art der Paraphrase zu erwähnen, die bis auf den Fachterminus *hyménoptère* klar sprachlicher (vorwissenschaftlicher) Natur ist – sie enthält übrigens 66 Wörter gegenüber 6 955 in derjenigen der *Encyclopédie* (!) –, aber auch eine Tendenz, an einem früheren Sprachgebrauch festzuhalten. Diese drückt sich in der Angabe der Aussprache von <ll> als mouilliertes *l*, also als [ʎ] wie in it. *figlia*, aus, die jedoch bereits seit Ende des 17. Jahrhunderts zu [j] gelockert wurde (Wolf/Hupka 1981, §142) und Mitte des 19. Jahrhunderts auch von den gebildeten Schichten kaum noch realisiert worden sein dürfte (vgl. Wartburg [10]1971, 229).

Das Urteil der Zeitgenossen, vor allem der schreibenden Zunft, über den *Dictionnaire* muss jedenfalls euphorisch gewesen sein. Zola, der Angestellter bei Hachette war und miterleben konnte, wie das Projekt vom Erscheinen der ersten Faszikel an fortlaufend Fortschritte machte, widmete Littré drei größere Artikel, dessen Werk er als Triumph der positivistischen Methode und als „livre monument, une œuvre austère, bâtie à chaux et à sable et dont les fondements sont largements assis" lobte (nach Dotoli 2012, 291).

Eine Kritik an Littrés Wörterbuch lässt sich indirekt in einem zeitgleich erschienenen noch monumentaleren Werk ablesen, dem *Grand dictionnaire universel du XIX^e^ siècle* (GDU) von Pierre Larousse. „Indirekt" deshalb, weil Larousse ja Littrés *Dictionnaire* nicht kennen konnte, das dort Gesagte traf jedoch voll und ganz zu: die einseitige Ausrichtung an der Vergangenheit und die Nichtberücksichtigung der Gegenwart. Was sich am mouillierten *l* in *abeille* andeutungsweise erkennen lässt, ist im großen Stil im Werke Littrés umgesetzt: Es wird kein Werk zitiert, das nach 1820 erschienen ist (vgl. Pruvost 2002a, 40f.). Ganz anders ging Larousse in seinem GDU vor und räumte auch zeitgenössischen Autoren wie Hugo, Lamartine, Musset, Gautier, G. Sand und Dumas einen gebührenden Platz ein. Mit einem Seitenhieb auf seine Vorgänger fragt er im Vorwort: „Pourquoi donc, comme presque tous nos devanciers l'ont fait, bannir ces écrivains d'un domaine qu'ils ont si heureusement contribué à cultiver et à fertiliser?" (GDU, Préface, LXVI).

Der *Grand dictionnaire universel* befriedigte auch noch ein anderes Bedürfnis seiner Zeit: die Vermittlung von Sachwissen. Wie wir aber bereits in Kap. 4.3 gesehen haben, handelt es sich bei diesem Werk – 15-bändig, 24 036 vierspaltige Seiten umfassend, zwischen 1866 und 1876 (Supplementbände 1878, 1888) erschienen – um keine Enzyklopädie, sondern um ein *enzyklopädisches Wörterbuch* (Kap. 4.3, 7.3). Sprachliche Bedeutungsbeschreibungen und betont sachlich ausgerichtete Informationsvermittlung sind, vorausgesetzt, das behandelte Lemma gibt beide Perspektiven her, in ein und dieselbe Mikrostruktur integriert: So wird bei *aigle*, *ail*, *argent* oder *argot* zuerst alles vermittelt, was man über das Lexem wissen muss (von der Aussprache und der Etymologie, Konjugation und Semantisierung bis zu den Komposita und Sprichwörtern), sodann, eingeleitet durch die Abkürzung *Encycl.*, alles, was aus der Perspektive einer Wissenschaft oder einer technischen Disziplin zu diesem Begriff zu sagen ist. Dies ist natürlich nur sinnvoll, wenn ein Lemma überhaupt eine sachliche Komponente haben kann. Sachbeschreibungen fehlen oft bei Adjektiven und Verben, z.B. *aigre*, *aimable* oder *aimer*, andererseits jedoch findet man *aigu* und *amer*, die einen Sachwissenskontext haben können (Medizin: stechender Schmerz, Botanik: Bitterstoffe). Die zweite Methode, enzyklopädisches Wissen einzubringen, besteht darin, Eigennamen in die Makrostruktur aufzunehmen, z.B. *Agrippa*, *Ain*, *Alpes*, *Artémis*, *Angers*. Auch wenn die Anteile im GDU, die sich auf Sprachwissen, und diejenigen, die sich auf Sachwissen beziehen, eine Verteilung von 30% zu 70% ausmachen, sei das Werk, so der Autor Larousse, in erster Linie ein *dictionnaire de langue* (Préface, LXV).

Das dritte große Wörterbuch des 19. Jahrhunderts ist der *Dictionnaire général de la langue française du commencement du XVIIe siècle à nos jours* (DG) der drei romanistischen Sprachwissenschaftler Hatzfeld, Darmesteter und Thomas, in zwei Bänden zwischen 1889 und 1900 erschienen. Der letzte Teil des Titels ist irreführend, da im DG, genauso wie im „Littré", der Wortschatz der damaligen Zeit (zwischen 1860 und 1890) ausgespart bleibt. Der *Dictionnaire général* hat jedoch seine Meriten auf anderem Gebiet. Nachdem die beiden vorangegangenen Werke ein Beispiel überbordender Lexikographie waren, ist der DG wesentlich kürzer und konziser – in den Bedeutungsparaphrasen, die als klar, scharf differenziert und hierarchisch geordnet gelten, aber auch in den Mikrostrukturen an sich. Es enthält zwar auch Zitate und ist von daher auch ein philologisches Wörterbuch, aber dies in gemäßigter und gut gewählter Weise. Es ist ein reines Sprachwörterbuch, dessen Hauptklientel Professoren und Studenten sein sollten, und es ist ein historisches Wörterbuch – die drei Autoren sind Sprachhistoriker und der Entstehungszeitraum spiegelt die intensive Phase der historischen Sprachwissenschaft wider. Bemerkenswert ist die fast 300-seitige Einführung in die historische romanische Sprachwissenschaft, die dem Wörterbuch selbst (in Band 1) vorgeschaltet ist: Lexikologie, Wortbildung, Phonetik, Grammatik.

Matoré (1968,156) hält den DG jedoch schon zum Zeitpunkt seines Erscheinens für veraltet, sowohl was die Nomenklatur als auch was einzelne Bedeutungen betrifft – von der lückenhaften Makrostruktur ganz zu schweigen. Bei allen positiven Seiten des Wörterbuchs war ein Nachdruck (1964) aus den genannten Gründen seiner Meinung nach nicht angezeigt; ebenso wenig war es Matoré zufolge sinnvoll, das Wörterbuch von Littré als gekürzte einbändige Fassung erneut aufzulegen – die Qualität des *Petit Littré* (1874) (PLit) und seiner Neuauflage von 1963 unter dem Titel des großen Littré wurde von der Fachwelt als unzulänglich beurteilt (vgl. Hausmann 1977, 26). Danach folgten weitere Auflagen (5-bändig, 7-bändig) sowie der einbändige *Nouveau Littré* ($^{2}$2005) (NLit) mit stark gekürzten Originalmikrostrukturen, einer reduzierten Nomenklatur, jedoch 20 000 zusätzlich aufgenommenen Lemmata aus dem 20. und 21. Jahrhundert. Damit sei, so die Herausgeber, all denen ein Dienst erwiesen worden, die sich wie der intellektuelle Fernsehjournalist Bernard Pivot (*100 mots à sauver*) für den Erhalt veraltender Wörter einsetzen, nach dem Motto: „ne rien perdre de leur patrimoine" (NL $^{2}$2005, 7). Vergessen wir ferner nicht, dass der erste Verlag, den Paul Robert gründete, *Société du Nouveau Littré* hieß. Eine weitere Hommage.

## 5.3 Traditionen der französischen Lexikographie

Es ist bezeichnend für die beiden Verlagshäuser Larousse und Le Robert, dass ihnen zu Ehren zwei Sammelbände mit dem Titel „Les dictionnaires …: genèse et évolution" herausgegeben wurden (Cormier/Francœur/Boulanger 2003, eds.; Cormier/Francœur 2005, eds.). Wenn man telegrammstilartig die Frage beantworten sollte, wofür die Wörterbücher des einen und die des anderen Verlags stehen, könnte man sagen: Larousse – *dégroupement*, *regroupement* und enzyklopädisches Wörterbuch, Robert – philologisches Wörterbuch, analogisches Prinzip. Im Folgenden sollen diese Charakteristika etwas näher ausgeführt und auch auf die Werke von Hachette und den TLF eingegangen werden.

Nicht näher zur Sprache kommen werden die beiden Werke von Jean Girodet (DLF, Logos), bei Bordas erschienen, jedoch kein weiteres Mal aufgelegt, von denen das erstgenannte, der zweibändige *Dictionnaire de la langue française* von 1985, in der lexikographischen Ausarbeitung durchaus mit manchen etablierten Definitionswörterbüchern Schritt halten könnte. Es umfasst ungefähr 60 000 Stichwörter, zum Teil stark enzyklopädisch ausgerichtete Bedeutungsphrasen, verzichtet jedoch auf Fachwortschatz, veraltete und regional markierte Lexeme sowie Argotismen, was ihm einen etwas puristischen Anstrich verleiht. Die Mikrostrukturen enthalten nest- und nischenalphabetisch angeordnete morphosemantische Sublemmata.

### 5.3.1 Die Wörterbücher des Verlags Hachette

Das älteste der drei Verlagshäuser hat seinen Ursprung im Jahre 1826, als Louis Hachette, Absolvent der Pädagogik der École normale supérieure, die Buchhandlung Brédif gründete, an die ein Verlag angeschlossenen war, in dem vor allem pädagogische Werke der Volksbildung (ABC-Fibeln z.B.) veröffentlicht wurden. 1848 wurde dann die Gesellschaft L. Hachette et Compagnie ins Leben gerufen, die bald zum größten Verlag des Landes werden sollte. Hachette war also im Unterschied zu Larousse und Robert kein Lexikograph. Dennoch sind dort eine Reihe wichtiger Wörterbücher erschienen, von denen im 19. Jahrhundert der *Dictionnaire de la langue française* seines Freundes Émile Littré das bedeutendste war.

Wörterbücher aus dem 20. und 21. Jahrhundert wurden für die üblichen Sparten erstellt: Kinder, Schüler, Studium, viele enzyklopädische und einige reine Sprachwörterbücher. Es ist alles andere als einfach, eine genaue Abfolge der Auflagen zu ermitteln, da nicht nur die Titel wechselten (der *Dictionnare Hachette juniors* wurde zu *Dictionnaire Hachette junior* z.B.), sondern auch die Herausgeber und Redaktionsleiter. Die Filiationen zwischen den einzelnen Titeln werden nicht offengelegt (z.B. zwischen *Dictionnaire Hachette de la langue française* und *Dictionnaire Hachette*), so dass die folgende kurze Übersicht keinen Anspruch auf Vollständigkeit erheben kann (chronologisch, nur Erstauflagen):

*Pädagogische Wörterbücher*:
Dictionnaire Hachette juniors (1980) (DHjs)
Dictionnaire Hachette benjamin (1996) (DHben)
Dictionnaire Hachette junior de poche (1999) (DHjp)
Dictionnaire Hachette junior (1998; 2002) (DHj1; DHj2)
Dictionnaire Hachette benjamin de poche (2001) (DHbenp)
Dictionnaire Hachette collège (2008) (DHcoll)

*Einsprachige (enzyklopädische) Wörterbücher*:
Dictionnaire Hachette de la langue française (1980) (DHLF)
Dictionnaire Hachette. Langue. Encyclopédie. Noms propres (1980) (DHLEN)
Dictionnaire du français (1987) (DF)
Dictionnaire pratique du français (1987) (DPF)
Le dictionnaire de notre temps (1988) (Dnt)
Dictionnaire encyclopédique de la langue française (1992) (DencLF)
Dictionnaire Hachette encyclopédique (1993) (DHE)
Grand Dictionnaire Hachette encyclopédique illustré (1993) (GDHE)
Dictionnaire Hachette encyclopédique illustré (1994) (DHEill)
Dictionnaire Hachette encyclopédique de poche (1998) (DHencp)
Dictionnaire Hachette (2002) (DH)

Hachette-Wörterbücher sind bis auf wenige Ausnahmen (etwa den *Dictionnaire pratique du français*) enzyklopädische Wörterbücher – entweder in Form einer „gemischten" Makrostruktur (z.B. DH) oder als zweiteiliges Wörterbuch (DHcoll). Beide sollen kurz zur Sprache kommen. Ein Wörterbuch wie der *Dictionnaire Hachette*, aktuell als *Édition 2014* verkauft, ist direkter Konkurrent zum *Petit Larousse illustré*. Mit 58 000 „mots", 125 000 „définitions", 25 000 Eigennamen und 3 000 Illustrationen ist der DH dem PLi zwar in allen Belangen unterlegen (62 500 „noms communs", 178 000 „définitions",

28 000 Eigennamen, 5 300 Abbildungen und 150 ganzseitige Abbildungen (*planches*)), aber die Strukturen sind eben unterschiedlich, auch das Serviceangebot, denn im DH befindet sich am Ende ein eigenes Büchlein eingebunden, der *Livret des Savoirs*, in dem Sachwissen zu Geographie, Geschichte, Mathematik, Physik und Chemie auf 64 Seiten zusammengefasst ist. Die Mikrostrukturen zu den Lemmata, die Lexeme abbilden (z.B. *bicyclette*), sind freilich recht selektiv, gemessen an der Visualisierung einiger Begriffe jedoch wiederum im Vorteil, was die „Satellitenlexeme" betrifft (z.B. *guidon*, *selle*, *pompe à air*, *haubans*):

**bicyclette** *nf* Cycle à deux roues, dont la roue avant est directrice et dont la roue arrière est mise en mouvement par un pédalier. *Aller, monter à bicyclette* (DH) [zusätzlich: detaillierte Farbabbildung].

**bicyclette** n.f. Engin de locomotion formé d'un cadre portant à l'avant une roue directrice commandée par un guidon et, à l'arrière, une roue motrice entraînée par un pédalier. SYN.: *vélo* (PLi) [ohne Abbildung]

**bicyclette** [bisiklɛt] n. f. Véhicule à deux roues mû par un système de pédalier qui entraîne la roue arrière, *Le cadre, le guidon, la selle, le garde-boue, le porte-bagages de la bicyclette.* → **vélo**; fam. **bécane**. *Bicyclette à moteur.* → **cyclomoteur**, **vélomoteur**. *Une course de bicyclette* (→ **cyclisme**). *Aller à bicyclette*, et fam. *en bicyclette* (Robprat) [ohne Abbildung].

Abb. 74: Artikel *bicyclette* im *Dictionnaire Hachette 2014* (DH), *Petit Larousse illustré 2014* (PLi) und *Robert pratique* (2013) (Robprat)

Man sieht, dass sich der DH, sowohl was die sprachlichen Informationen als auch was die Verständlichkeit der Bedeutungsparaphrase betrifft, keineswegs vor dem PLi „verstecken" muss, wenngleich er natürlich mit einem reinen Sprachwörterbuch wie dem Robprat, der ja dem *Micro Robert* entspricht (5.3.3), diesbezüglich nicht konkurrieren kann, obwohl die Abbildung im DH einige Satellitenlexeme, die im Robprat verbalisiert sind, sprachlich-bildlich darstellt.

Hachette bemüht sich mit dem *Dictionnaire Hachette collège* (DHcoll) seit einigen Jahren auch um die Zielgruppe der 10- bis 15-Jährigen und tritt damit in Konkurrenz zum *Larousse du collège* und *Robert Collège*. Auch hier gilt wiederum, dass das Hachette-Produkt eine deutlich geringere Makro- und Mikrostruktur im Vergleich zu den beiden anderen Werken aufweist – 33 000 „définitions" gegenüber 80 000 (LarColl) und 75 000 (RobColl):

**bouder** (verbe) conj. 3 Faire une mine renfrognée et se taire pour bien montrer qu'on est fâché. ★ Famille du mot: boud**erie**, boud**eur** (DHcoll).

**bouder** [bude] v.i. (d'un rad. onomat. *bod* exprimant le gonflement [ici, de la lèvre du boudeur]): Marquer du dépit, de la mauvaise humeur par une attitude renfrognée: *Bouder dans son coin* (= faire la tête). ♦ v.i. Montrer son mécontentement, son indifférence à l'égard de qqn, de qqch, en l'évitant: *Bouder un spectacle* (LarColl).

**BOUDER** [bude] v. (conjug. 1) **1.** v. intr. Montrer du mécontentement par une attitude renfrognée, maussade. *Un enfant qui boude.* • loc. *Bouder contre son ventre :* refuser de manger, alors qu'on a faim. **2.** v. tr. Montrer de l'hostilité à (qqn) par cette attitude. *J'ai l'impression*

*qu'elle me boude.* ♦ FAM. Éviter (qqch.). *Le public a boudé son dernier film.* → **ignorer.**
ETYM. probablt de l'onomat. *bod-* (gonflement, moue) (RobColl 2008).

Abb. 75: Artikel *bouder* im *Dictionnaire Hachette collège* (DHcoll), *Larousse du Collège* (LarColl) und *Robert du collège* (RobColl 2008).

Die Stärken des DHcoll dürften kaum in der lexikographischen Sprachbeschreibung liegen, auch wenn mit der Angabe *famille du mot* morphosemantische Informationen gegeben werden, die jedoch nicht im Artikel selbst (als Sublemmata) behandelt werden. In der Mikrostruktur von *estimer* wird unter dieser Rubrik verwiesen auf *estim**able***, *estim**ation***, ***in**estim**able***, ***més**estimer*, ***sous**-estimer*, ***sur**estimer*, wobei die beteiligten Wortbildungselemente im Fettdruck erscheinen. Der DHcoll hat einen getrennten Eigennamenteil (3 000 gegenüber 7 800 im LarColl) am Ende, ist also kein gemischtes enzyklopädisches Wörterbuch. Für Schüler sicherlich von Vorteil sind die vielfältigen *aide-mémoires* zwischen Sprach- und Namenteil, die in sehr ansprechender Weise zum Französischen (Konjugationen, Grammatik), zur Mathematik, Geschichte, Geographie, zu den Naturwissenschaften und zum Englischen Auskunft geben.

### 5.3.2 Die Wörterbücher des Verlags Larousse

Im Jahre 1856 veröffentlichte Pierre Larousse – Grundschullehrer, Autor didaktischer Werke zum Französischen, Repetitor und ab 1952 Verleger – sein *Nouveau Dictionnaire de la langue française* (NDLF), ein Büchlein im Format 9 x 14 cm, das sich glänzend verkaufte. Es enthielt einen sprachlichen Teil und die später durch den *Petit Larousse illustré* bekannt gewordenen rosafarbenen Seiten (*pages roses*), auf denen lateinische Sentenzen und Zitate abgedruckt waren. Ab 1860 kam ein zweiter Teil hinzu, der den Eigennamen gewidmet war („dictionnaire des noms historiques, géographiques et mythologiques"). Eine Neubearbeitung erschien 1869 unter dem Titel *Dictionnaire complet de la langue française* (Dcompl), die 1879 erstmals eine ganz wesentliche Komponente der enzyklopädischen Larousse-Wörterbücher enthielt, nämlich **Abbildungen** (ca. 1 500), deren Funktion von Anfang an der Unterstützung des sprachlichen Dekodierungsprozesses zugedacht war: „complétant et précisant le sens des mots définis, en donnant une idée de la forme des objets et des êtres qu'ils représentent" (zit. nach Hupka 1989b, 128). Aus der Erweiterung dieses Wörterbuchs und der Reduktion eines weiteren (7-bändigen) enzyklopädischen Wörterbuchs mit dem Titel *Nouveau Larousse illustré* (NLar) entstand der ***Petit Larousse illustré***, der erstmals 1905 erschien, aber die Jahreszahl 1906 im Titel trug (*online* zugänglich [PLi 1905]) – eine Zählung, die bis zum heutigen Tag beibehalten wurde: Der PLi 2014 ist also 2013 erschienen. Das Motto des *Petit Larousse* lautete: „à la fois le plus complet, le mieux informé et le plus attrayant des dictionnaires manuels" (PLi 2011, Préface). Der *Petit Larousse illustré* ist ein Phänomen – ein bei den Franzosen ungemein beliebtes obendrein: 1999 verkaufte er sich mehr als eine Million Mal. Auch wenn er als Sprachwörterbuch einem Vergleich mit dem *Petit Robert* nicht Stand halten kann (s. 4.3), hat er genügend prominente Fürsprecher (auch in der linguistischen Disziplin) und ist eifrig bemüht, auch als *dictionnaire* zu punkten, z.B. durch die werbewirksame Aufnahme (in die Ausgabe von 2013) von Neologismen wie *cyberdéfense*, *se désinscrire*, *googliser*, *hashtag*, *post* n.m., *textoter*, oder von Afrikanismen (*billetage*, *double-flux*), Belgizismen (*frigolite* u.a.), Helvetismen (*bouèbe* u.a.) und Quebezismen (*chialeux*, *déneigeur*, *peser sur* 'appuyer sur' u.a.). Sein Alleinstellungsmerkmal sind jedoch die inzwischen fast durchgängig farbigen Abbildungen auch im sprachlichen Teil, die im wahrsten Sinne des Wortes illustrativ und darüber hinaus ästhetisch ansprechend sind: 5 350 „dessins, schémas, photographies, drapeaux et cartes" (PLi) und, nicht zu vergessen, mehr als 150 farbige *planches* (ganzseitige themenbezogene Abbildungen, z.B. zu Schmetterlingen, bedrohten Tieren oder zum menschlichen Gehirn).

Die Geschichte des großen Lexikographen Pierre Larousse begann jedoch schon vor dem *Nouveau Dictionnaire*, nämlich 1863, mit Erscheinen der ersten Faszikel des *Grand Dictionnaire universel*, der 1876 abgeschlossen war (5.2.). 1869 trennte sich Larousse von seinem Kompagnon Boyer und ging eigene Wege. Der *Petit Larousse illustré* wurde nach dem Tode des Verlegers unter der Leitung von Claude Augé herausgegeben und weitergeführt, heute (2013) von Isabelle Jeuge-Maynart.

Weitere einsprachige Wörterbücher aus dem Hause Larousse (in chronologischer Reihenfolge ihres Ersterscheinungsjahres) sind:

*Pädagogische Wörterbücher*:
Dictionnaire du français contemporain (1966) (DFC)
Dictionnaire du français langue étrangère (1978/1979), 2 Bde (DFLE)
Dictionnaire du français au collège (1986) (DFcoll)
Larousse Maxi débutants (1986) (LarMaxDéb)
Dictionnaire de français (1989) (Ddf)
Larousse des débutants (2000) (LarDéb)
Larousse des maternelles (2002) (LarMat)
Larousse du collège (2003) (LarColl)

*Einsprachige Wörterbücher*:
Lexis (1975)
Grand Larousse de la langue française (1971–1978), 7 Bde (GLLF)
Dictionnaire de français Larousse en ligne (2009–) (DdfLAR)

Wer die revolutionären Innovationen und vielgeschätzten Vorzüge des DFC auch in der französischen Lexikographie von heute nicht missen möchte, dem sei der *Lexis* empfohlen: *dégroupement* und *regroupement* sind erhalten geblieben, die rein synchronische Ausrichtung allerdings nicht. Zwar werden Bedeutungen meist nicht etymologisierend angeordnet (z.B. nicht bei *muer*, jedoch schon bei *fief*), dennoch wird früherer Sprachgebrauch abgebildet, allerdings als eigene Rubrik CLASS. et LITT. am Ende einer Mikrostruktur. Hinzu kommen Zitate, die die Beispielsätze des DFC ergänzen. Synoptische

Tableaus zu Regeln und Strukturen der Sprache sind – im Stile des GLLF (s. unten) – alphabetisch in die Makrostruktur eingebaut (z.B. *Conjugaison, Féminin, Sujet*).

Es wurde bereits mehrfach angesprochen (bes. 3.3.2), dass der *Dictionnaire du français contemporain* (DFC) (25 000 Lemmata) die französische Lexikographie methodologisch erneuerte. Dabei war das Wörterbuch mehr ein Versuchsballon von Larousse und ein Zugeständnis an Jean Dubois, dem es mit seiner Equipe gelang, ein neuartiges Lernerwörterbuch zu konzipieren, das zudem auch noch sehr erfolgreich war (1971 erschien eine neue Ausgabe mit dem Vermerk *Spécial Enseignement*). Es wurde ebenso bereits darauf hingewiesen, dass die Nachfolger – der *Dictionnaire du français au collège* (DFcoll) (35 000 Stichwörter) und der bei Larousse und Cornelsen erschienene *Dictionnaire de français* (Ddf) (40 000 Einträge) – lexikographisch wieder „zurückruderten". Denn keiner von beiden hatte mehr:

a) die morphosemantische Struktur der Artikel (*regroupement*). Während der DFC z.B. unter dem Stichwort *été* die nestalphabetisch (also nicht striktalphabetisch) angeordneten Sublemmata *estival* und *estivant* oder unter *douter* die stammgleichen Derivate *doute* und *douteux* sowie die gelehrten Formen *dubitatif* und *indubitable* integriert hat, verzichtet der Ddf völlig auf die Sichtbarmachung morphosemantischer Beziehungen und beschränkt sich der DFcoll auf kleingedruckte Verweise am Ende der Artikel (z.B. von *douteux* auf *dubitatif* und *indubitable*);

b) die radikale Hononymisierung der Makrostruktur (*dégroupement*), die wohl auch manchem Kritiker des DFC ein Dorn im Auge war. Den sechs Einträgen für *touche* und sieben für *tour* stehen in DFcoll und Ddf ein bzw. drei Stichwörter gegenüber.

Beide Nachfolger haben hingegen das Prinzip beibehalten, Beispielsätze für das Aufzeigen kotextueller Synonymie und Antonymie zu verwenden, wenngleich die Beispiele im DFC letztlich zahlreicher sind (s.v. *bourbeux*):

> **chercher** […] **5.** Fam. […] Je ne lui ai pas mâché mes mots: il me cherchait depuis trop longtemps (syn. HARCELER, PROVOQUER; fam. RELANCER) (DFcoll).

Auch die im DFC gelegentlich eingesetzten Pfeile zur Markierung eines semantisch intensiveren bzw. schwächeren Synonyms wurden weitergeführt:

> **coulée** […] **1.** […] *Une coulée de lave au flanc du cratère* (SYN. ↑ torrent) (Ddf).

Beide Wörterbücher (DFcoll, Ddf) haben für jede Stammform einen etymologischen Kommentar eingefügt (z.B. für *éviter*, nicht mehr jedoch für *évitable*), was L2- und LE-Lerner nicht sehr interessieren dürfte.

Insgesamt steht der DFcoll dem DFC in einigen Details noch ein wenig näher als der Ddf.

Das *online*-Wörterbuch von Larousse, der *Dictionnaire de français en ligne* (DdfLAR), ist hinsichtlich seiner Entstehung schwer zu fassen und auch in Bezug auf seine Qualität nicht einfach zu beurteilen. Die lexikographische Grundsubstanz stammt aus dem *Grand Larousse en 5 volumes* (GL5) (s. 7.4), allerdings wurden die Mikrostrukturen aufgespalten in unterschiedliche Rubriken wie *définitions* (Grundeinstellung bei

Aufruf eines Artikels), *expressions* (Phraseme, zum Teil auch Kollokationen), *synonymes* (einschließlich Antonyme), *homonymes*, *citations* und *difficultés*. In der letzten Kategorie, die jedoch keinesfalls immer vorhanden ist, werden gute Angaben zur Konstruktion von Verben (Rektion, Valenz), einschließlich Besonderheiten und ggf. Empfehlungen zum (korrekten) Gebrauch (z.B. *rappeler*) gegeben. Die Valenzpatterns scheinen nach dem Vorbild der pädagogischen Wörterbüchern DFC und DFcoll erstellt zu sein (s.v. *décider*, *excuser*), bei anderen Verben fehlen sie jedoch völlig (z.B. *jouer*). *Regroupement* und *dégroupement* wurden nicht berücksichtigt. Der große Schwachpunkt sind die wenigen bis völlig fehlenden Kollokationen (s.v. *barbe*: *porter la barbe*, *faire la barbe*, s.v. *bicyclette*: keine Kollokation).

Was den *Grand Larousse de la langue française* (GLLF) betrifft, ist den Urteilen von Franz Josef Hausmann und Jean Pruvost nur noch hinzufügen, dass dieses – nicht wieder aufgelegte – Wörterbuch erstklassige Sachartikel in Form von Kästen in der Makrostruktur zu Themen der Grammatik (z.B. *phrase*, *pronom*) und Linguistik (z.B. zu *argot*, *palatalisation*) zu bieten hat:

> An Definitionen und Synonymen/Antonymen reiches, aber syntagmatisch armes Wörterbuch des klassischen und heutigen Französisch mit einer Planung auf sechs Bde und 70 000 Einträge. […] Dem ersten Bd geht eine Wortbildungslehre des Französischen voraus (Hausmann 1977, 24).

> Pourtant, lorsque paraîtra en 1971 le *Grand Larousse de la langue française*, assurément de très grande qualité et rédigé par des linguistes de talent, il ne pourra déjà plus concurrencer le *Grand Robert*. La raison première en est le quasi-anonymat de l'ouvrage par rapport à l'immense notoriété acquise par Paul Robert, qui a su personnaliser son œuvre (Pruvost 2003, 67).

### 5.3.3 Die Wörterbücher des Verlags Le Robert

Paul Robert ist es zu verdanken, dass wir heute eine etablierte Tradition einsprachiger Wörterbücher haben, die innerhalb ihrer alphabetischen Ordnung eine begriffliche Struktur aufweisen. In seinem großen Werk, dem sechsbändigen *Dictionnaire alphabétique et analogique*, nach 18 Jahren Arbeit 1964 erschienen (Band 7: Supplément, 1969), konnte der gelernte Jurist und Ökonom Robert eine Methode verwirklichen, die ihn, angeregt durch bereits bestehende analogische Wörterbücher, vor allem Boissière (1862, $^{9}$1900) bzw. Maquet (1936), und durch die intensive Auseinandersetzung mit der englischen Lexikographie, von Anfang an faszinierte: von einem Begriff ausgehend, assoziativ zu anderen mit diesem in Beziehung stehenden Begriffen zu gelangen, um somit ein ganzes begriffliches Feld – im Grunde einen Frame – *analogisch* zu erschließen. Auf diese Weise kann ein Wörterbuch nicht nur zum Nachschlagen verwendet werden (semasiologische Richtung), sondern auch zur Sprachproduktion, vom bekannten Konzept zu anderen Konzepten, die wiederum durch Lexeme repräsentiert werden (onomasiologische Perspektive). Ein Beispiel: ausgehend vom Begriff 'abeille' zu verwandten Begriffen – und von diesen aus zu den Lexemen *butineuse*, *ouvrière*, *reine*, *essaim*, *ruche* und *apiculture*. Auf diese Weise werden Begriffs- und letztlich Wortschatznetze geschaffen, die das wieder zusammenführen, was das Alphabet getrennt hat.

Der Erfolg des Robertschen Wörterbuchs erklärt sich aber nicht nur aus dem Moment der Innovation, sondern auch aus der Weiterführung der Tradition des *philologischen* Wörterbuchs die darin besteht, den Bedeutungsparaphrasen durch eine Vielzahl von Zitaten zusätzliches Gewicht zu verleihen. Hier schließt Robert methodisch an Littrés *Dictionnaire de la langue française* an, berücksichtigt aber nicht nur Autoren vergangener Epochen, sondern auch zeitgenössische Schriftsteller, gleichgültig, ob diese politisch engagiert waren oder nicht. Weitere lexikographische Quellen des Robertschen Erstlingswerks waren der *Nouveau Larousse illustré* und der *Larousse du XX^e^ siècle* (s. 4.3, 7.3).

Auf der Basis des genannten Wörterbuchs, welches erst viel später als *Grand Robert 1* bezeichnet wurde und 1985 unter Ägide von Alain Rey eine zweite und 2001 eine weitere Auflage erfuhr, entstanden, unter Beibehaltung des zweifachen Prinzips der alphabetischen und begrifflichen Struktur, das einbändige Werk *Petit Robert* (1967, seit 2002 jährlich aufgelegt)[111] und dessen gekürzte Fassung, der *Micro-Robert* (1971), damals noch mit dem Untertitel *Dictionnaire du français primordial*. Der MR stand in unmittelbarer Konkurrenz zum DFC aus dem Hause Larousse und sollte, anders als seine „lexikographischen Vorfahren", als *dictionnaire d'apprentissage* denjenigen nützlich sein,

> n'ayant qu'une connaissance élémentaire du français, en l'occurrence les élèves des écoles, des collèges, et les adultes qui cherchent un complément à l'instruction qu'ils ont reçue, ainsi qu'aux étrangers désireux de saisir rapidement l'essentiel de la langue française (Galarneau 2002, 29).

Weitere Werke des Verlages Le Robert, der als Société du Nouveau Littré 1951 gegründet wurde, ergaben sich vor allem durch die persönlichen Initiativen des zweifelsohne berühmtesten Lexikographenehepaars Alain Rey (*Dictionnaire des expressions et locutions figurées*, *Dictionnaire historique de la langue française*, *Dictionnaire québécois d'aujourd'hui* [Autor: Jean-Claude Boulanger], *Dictionnaire culturel en langue française* u.a.) und Josette Rey-Debove (*Dictionnaire des anglicismes*, *Robert méthodique*, *Le Petit Robert des enfants*, *Dictionnaire du français*, *Le Robert quotidien* u.a.).[112] Die Vielzahl der einsprachigen Werke lässt sich auf drei Kategorien aufteilen:

---

[111] Vgl. den ausschließlich dem *Petit Robert* gewidmeten Sammelband von Pruvost (2008, ed.). Für Rey (2008, 129ff.) sind die maßgeblichen Ausgaben des *Petit Robert* diejenigen von 1967, 1977, 1993 und 2007.

[112] Wörterbücher des Verlags Le Robert werden auch in anderen Kapiteln, insbesondere in 4.2 bis 4.4 behandelt.

1) dictionnaires de langue
2) encyclopédies (s. Kap. 7)
3) dictionnaires thématiques (viele in der Reihe *Les usuels du Robert* erschienen).

Die Tatsache, dass Paul Robert der geistige Vater praktisch aller Allgemeinwörterbücher seines Verlags ist, die Redaktion dieser Werke von Beginn an jedoch von Alain Rey, teilweise zusammen mit Josette Rey-Debove, geleitet wurde, verkompliziert die Zitierweise dieser Werke etwas. Die Ausführlichkeit, mit der Galarneau (2002, 35) diese vornimmt, wird in den Bibliographien der Sekundärliteratur meist nicht praktiziert:

*Dictionnaire alphabétique & analogique de la langue française. Les mots et les associations d'idées*, sous la direction de Paul Robert, rédaction dirigée par Alain Rey et Josette Rey-Debove. Paris: Société du Nouveau Littré, 1959–1964, 6 vol. [Supplément, 1970].

*Le Petit Robert. Dictionnaire alphabétique & analogique de la langue française*, sous la direction de Paul Robert, Secrétaire général de la rédaction: Alain Rey. Paris: Société du Nouveau Littré, 1967, xxxii + 1971. [*Petit Robert 1*, dès 1974].

*Le Nouveau Petit Robert*, sous la direction de Josette Rey-Debove et Alain Rey. Paris: Dictionnaires Le Robert, 1993, xxxv + 2467.

*Micro-Robert. Dictionnaire du français primordial*, sous la direction de Paul Robert, avec la collaboration d'Alain Rey, Josette Rey-Debove, Henri Cottez, Yvette Lafite, Liliane Léotard et Geneviève Penchenat. Paris: Dictionnaires Le Robert, 1971, xix + 1207.

Was die Robert-Wörterbücher so originell macht, ist die auf vielfältige Weise verwirklichte Idee, „verdeckte" Beziehungen zwischen Lexemen aufzudecken und systematisch zu erfassen – so geschehen im:

a) *Grand Robert*, *Petit Robert*, *Micro Robert* (u.a.): analogische Bezüge;

b) *Robert méthodique* (Robméth) und seinen Nachfolgern (NRobméth, RobBrio): analogische Bezüge und Beziehungen zwischen Lexemen, die zur gleichen Wortfamilie gehören oder durch gemeinsame etymologische Wurzeln als zusammengehörig empfunden werden (sollen) (z.B. ÉV- 'âge' in *médi**év**al* und *longévité*; s. Kap. 3.3.2);

c) *Robert Oral-Écrit* (Roboral): Bezüge zwischen Phonie und Graphie (mit zusätzlichen Angaben zu fakultativen Liaisons und *e instables* sowie zu regionalen Aussprachen).

Es können nicht alle Wörterbücher aus dem Hause Le Robert in dieses Kurzprofil einbezogen werden. Es soll stattdessen eine Stichprobe (am Beispiel des Lemmas *bougie*) genommen werden, mit dem Ziel, die Genealogie zwischen den Robert-Wörterbüchern anhand einer wichtigen mikrostrukturellen Komponente, der Bedeutungsparaphrase, nachzuvollziehen. Betrachten wir hierfür folgende Zusammenstellung:

| | **bougie** n.f. |
|---|---|
| GR | *Appareil d'éclairage formé d'une mèche tressée enveloppée de cire,* de paraffine **ou de stéarine** |
| PR | *Appareil formé d'une mèche tressée enveloppée de cire* **ou de stéarine dont la combustion fournit une flamme éclairante** |

| | |
|---|---|
| MR | *Appareil d'éclairage formé d'une mèche tressée enveloppée de cire* |
| Robtous | *Appareil d'éclairage formé d'une mèche tressée enveloppée de cire* |
| Robquot | Bâtonnet *formé d'une mèche tressée enveloppée de cire* **ou de stéarine dont la combustion fournit une flamme éclairante** |
| RobBrio | *Mèche tressée enveloppée de cire* **ou de stéarine** que l'on fait brûler pour éclairer, décorer |
| RobColl 2008 | *Appareil d'éclairage formé d'une mèche tressée enveloppée de cire* |
| RobJun | Bâton de cire ou de paraffine contenant une mèche, que l'on fait brûler |

Abb. 76: Bedeutung 1 des Lemmas *bougie* in sieben Robert-Wörterbüchern

Legende: Kursiv, fett gesetzte sowie umrahmte Teile sind jeweils identische Bausteine

Wer schon einmal an einem Wörterbuch mitgearbeitet hat, weiß nur zu gut, wie schwer es ist, sich von den Bedeutungsparaphrasen anderer Wörterbücher zu lösen. Es versteht sich von selbst, dass zur Semantisierung von *Kerze* die Lexeme *Docht*, *Wachs*, *Flamme* oder *brennen* gehören – und sich auch nicht vermeiden lassen. Und es ist auch klar, dass Verlage ökonomisch, markt- und profitorientiert arbeiten müssen, um konkurrenzfähig zu bleiben. Deshalb werden aus ein und derselben „Wörterbuchsubstanz" mehrere Werke gezimmert, die, was gar nicht so einfach ist, alle ein eigenes Profil und ein eigenes Publikum haben sollen:

| | **Umfang** | **analogische Verweise** | **Charakteristika / Besonderheit(en)** |
|---|---|---|---|
| MR | 36 000 entrées | ja | • aux besoins de l'apprentissage et de la classe de français |
| Robtous | 40 000 mots | ja | • toucher tous les publics<br>• abréger, mais innover<br>• initiation aux grands dictionnaires de ce nom et à leur méthode<br>• étymologie et citations |
| Robquot | 50 000 mots | ja | • complet, précis, pratique, conçu pour tous les besoins d'information sur le français écrit et oral<br>• vocabulaire nécessaire à un adulte pour comprendre ce qui se dit actuellement […]<br>• informations historiques<br>• 6 000 explications encadrées (*usage notes*) |
| RobBrio | 33 000 mots | ja | • 1 856 radicaux (etymologisches Prinzip, s. 3.3.2) |
| RobColl | 75 000 déf. | nein | • 11–15 ans |
| RobJun | 20 000 mots | nein | • 8–11 ans |

Abb. 77: Charakteristika und Besonderheiten von sechs Robert-Wörterbüchern

Ohne ins Detail gehen zu können, lässt sich Folgendes sagen:

1) Alle Wörterbuchverlage koppeln laufend Formate mit neuen (klingenden) Titeln aus, die notgedrungen und legitimerweise auf eine gemeinsame Wörterbuchsubstanz zurückgreifen.[113]

2) Diese Substanz ist so aufbereitet, dass sie Varianten (z.B. bei den Bedeutungsparaphrasen) enthält, die ebenfalls weiterverwendet werden.

3) Die einzelnen Formate unterscheiden sich oft nicht so sehr voneinander (in Abb. 77 sind nur die pädagogischen Wörterbücher und RobBrio durch echte distinktive Merkmale gekennzeichnet).

4) Der „durchschnittliche" Benutzer kann Übereinstimmungen zwischen Wörterbüchern im Allgemeinen nicht bemerken, da er in der Regel ja nur eines (von ein und demselben Verlag) besitzt.

Zu guter Letzt sei noch einmal betont, dass das Prinzip der Kürzung von Makro- und Mikrostruktur ja gerade Programm der alphabetisch-analogischen Robert-Wörterbücher war: vertikal vom GR zum PR und vom PR zum MR – horizontal vom MR zum Robauj und anderen Wörterbüchern. Dies soll in folgender Graphik dargestellt werden (auf der Basis von Galarneau 2002 und Hausmann 2003):

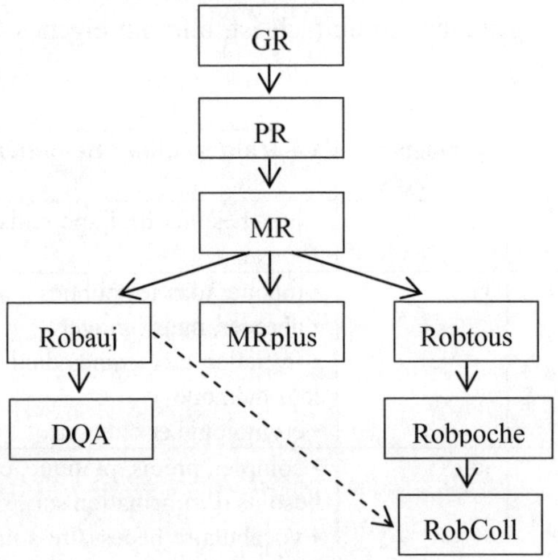


Abb. 78: Die Filiation der Robert-Wörterbücher (Teilstruktur)

113 Die Geschichte der Auflagen des *Micro Robert* ist nicht einfach nachzuvollziehen. Man kann, wie in diesem Buch geschehen, MR1 (1971) bis MR3 (2012) ansetzen – der *Robert pratique* (2013) wäre somit eine Art zweiter Auflage von MR3. Im Robprat wird jedoch anders gezählt: MR3 entspricht MR2 ($^{4}$2012), Robprat wäre dann MR2 ($^{5}$2013); im MR3 selbst wird jedoch klar von einer „nouvelle" und nicht von einer „quatrième édition" gesprochen. Hausmann (2003, 257) bezeichnet wiederum MR2 (1998) als zweite Auflage von MR1.

Ein weiteres Wörterbuch aus dem Hause Le Robert sollte noch gewürdigt werden: der *Dictionnaire culturel en langue française*, dessen Titel bereits eine universelle Dimension suggeriert. Es handelt sich dabei um ein vierbändiges Werk, insgesamt über 9 200 Seiten stark, das man als die Summa des Schaffens von Alain Rey, der es in Zusammenarbeit mit einer Equipe um Danièle Morvan 2005 herausgegeben hat, bezeichnen kann. Es enthält „70 000 mots", zu denen, wie es den Anschein hat, alles, was man aus semantischer (semasiologischer wie onomasiologischer), historischer und kultureller Hinsicht zu diesen „Wörtern" sagen kann, in einem Luxuswörterbuch vereint ist (s. auch Dotoli 2012, 167ff.). Das fast schon poetische Vorwort Alain Reys verortet das Werk in der Tradition der *Encyclopédie* (ou *Dictionnaire raisonné*) (1751–1780) einerseits und des *Dictionnaire historique et critique* von Pierre Bayle (1696) andererseits: „Encore un dictionnaire, dira-t-on? Oui, mais essentiellement *critique*, et passablement *raisonné*" (XI). Der Untertitel erinnert an die Wörterbücher des 17. und 18. Jahrhunderts, ja sogar an Furetières *Dictionnaire Universel* von 1690, der „tous les mots français tant vieux que modernes, et les Termes de toutes les sciences et des arts" erfassen wollte. Der *Dictionnaire culturel* seinerseits steht für:

> plus de 70 000 mots du français classique, moderne et très contemporain, avec leur origine, leurs sens et leurs emplois clairement définis, illustrés de nombreuses citations littéraires, en exemple de bon usage, de beau style, de pensée et de poésie ainsi que plus de 1 300 articles développant l'histoire et l'état présent des idées, des savoirs, des symboles en maints domaines: arts, littératures, religions, économie, politique, sciences, techniques, histoire et anthropologie, vie quotidienne, passions er pulsions [...] (*Dictionnaire culturel*, Innentitel).

Nun wird man einem großen Wörterbuch unter der Leitung von Alain Rey schwerlich unterstellen können, es sei, wie der *Dictionnare universel*, als Sprachwörterbuch *und* Enzyklopädie gleichermaßen konzipiert, aber die Auflistung der Fachdomänen lässt zumindest den Schluss zu, dass die rein linguistische Beschreibung, die zweifelsohne den Gesamtcharakter des Werks mit allem, was dazu gehört (etwa analogische Verweise und viele Zitate) prägt, durch eine – wenn nicht enzyklopädisch zu nennende, dann jedenfalls – kulturelle Dimension erweitert wurde. Dies macht sich ganz besonders in den wie im *Grand Larousse de la langue française* (GLLF) und im *Dictionnaire historique de la langue française* (DicHist) als Kästen in die Makrostruktur eingefügten **Sachartikeln** bemerkbar, so etwa zu *abbés* et *abbayes*, zu *abeille* oder zu *argot*. Hier schließt sich meines Erachtens der Kreis von einem in der Substanz auf dem *Grand Robert* basierenden Wörterbuch zur *Enyclopédie*, die nicht zufällig im Vorwort an prominenter Stelle erwähnt wird, ebenso wie zum *Dictionnaire historique et critique*, einem Vorläufer der *Encyclopédie*, dessen Autor Pierre Bayle von sich selbst sagte, er sei ausschließlich der Wahrheit und sonst niemandem verpflichtet (Matoré 1968, 98). Alain Rey selbst bezeichnet sein *dictionnaire culturel* jedoch als „contre-encyclopédie" (XX), da in einer Enzyklopädie die Wörter lediglich als Mittel zum Zweck, als Etiketten für Wissensinhalte benutzt würden, losgelöst von der kulturellen Dimension einer Einzelsprache. Ob sich allerdings kulturelles und sachliches Wissen einerseits und sprachliches Wissen andererseits wirklich trennen lassen, soll dahingestellt bleiben.

### 5.3.4 Trésor de la langue française

Der *Trésor de la langue française* (TLF), der seit 2002 als retrodigitalisierte Fassung (TLFi) im Internet frei zugänglich ist, umfasst 16 Bände (23 000 Seiten, 100 000 Stichwörter), die zwischen 1971 und 1996 zuerst beim Verlag des Centre National de la Recherche Scientifique (Bd. 1–10), dann bei Gallimard erschienen sind.[114] Es ist das größte Wörterbuch der französischen Sprache und vereinigt in sich mehrere Wörterbuchtypen zugleich (s. Kap. 4): Definitionswörterbuch, Gesamtwörterbuch, Sprachwörterbuch, philologisches und historisches Wörterbuch, aber auch *linguistisches*, d.h. von Linguisten (Paul Imbs, Bernard Quemada und anderen) konzipiertes *Wörterbuch*, das den strukturalistischen Grundgedanken syntagmatischer und paradigmatischer Beziehungen zwischen den Lemmata, die linguistische Terminologie der Metasprache und die theoretisch fundierte semantische und syntaktische Beschreibung lexikographisch umsetzte. Das staatliche Großprojekt sollte anknüpfen an vergleichbare Werke von nationaler Bedeutung in anderen Ländern, z.B. Großbritannien (*Oxford English Dictionary*). Die technologische Besonderheit des Werks ist eine elektronische Datenbank, in der Belege gespeichert wurden, die schwerpunktmäßig aus dem 19. und der ersten Hälfte des 20. Jahrhunderts stammen – der Untertitel des TLF lautet *Dictionnaire de la langue du XIX^e^ et XX^e^ siècle (1789–1960)* –, gemäß den Anforderungen an ein historisches Wörterbuch aber auch frühere Epochen (einschließlich Mittelalter) miteinbeziehen. Die konzeptionellen Anfänge des TLF gehen zurück auf das Jahr 1960, einem Zeitpunkt, als noch kein Konkurrenzprojekt (*Grand Robert*) veröffentlicht war und das Bedürfnis nach einem neuen lexikographischen Denkmal Frankreichs, das dem Wörterbuch von Littré ebenbürtig sein sollte, lauter wurde. Die materielle Grundlage, seit 1985 *Frantext* genannt, wurde seit 1963 erarbeitet, damals noch auf Lochkarten, und umfasst heute 210 Millionen *tokens* (ca. 400 000 *types*), bezogen auf mehr als 4 500 Texte, die eine Zeitspanne von 1180 bis 2013 umfassen. Zwei Vorwürfe, die dem TLF (und damit indirekt *Frantext*, obwohl dieses ja kontinuierlich aktualisiert wird) immer wieder gemacht wurden, sind 1. die Dominanz literarischer und philosophischer Texte (90%) und damit die Unterrepräsentiertheit von Gebrauchstexten und gesprochener Sprache und 2. die mangelnde Aktualität der Texte.

Der TLF zeichnet sich durch eine starke syntagmatische Komponente aus, was sich an der Vielzahl der Beispiele und Zitate und einem in der Regel sorgfältig ausgearbeiteten Bestand an Kollokationen ablesen lässt. Diese sind entweder über die Artikel selbst in der Print- oder digitalen Version zugänglich oder über entsprechende Recherchen im

---

114 Zu vielfältigen Aspekten des TLF(i) s. Pruvost (2002b) und Schafroth (2011b).

TLFi ermittelbar. Die lexikographische Erfassung des überwiegenden Teils der Kollokationen (*syntagmes*) im TLF erfolgte nach dem Kriterium der statistischen Relevanz von Zweierverbindungen, die zudem einer intersubjektiven Überprüfung unterzogen wurden. Allerdings wurde immer wieder kritisiert (z.B. Hausmann 1996), dass viele Kollokationen im TLF nicht auffindbar seien, da sie nicht unter den Basen, sondern unter den Kollokatoren verzeichnet sind (z.B. *serrer le robinet* 'den Wasserhahn zudrehen', *couper le gaz* 'das Gas abstellen', *ne faire pas son âge* 'jünger aussehen'). In der digitalen Version lässt sich dieses Manko allerdings durch eine entsprechende Rechercheeinstellung beheben (s. auch 5.4).

Nicht mit jedem Browser durchführen lässt sich eine weitere Besonderheit des TLFi: die *Hypernavigation*. Mit einem doppelten Mausklick kann jedes beliebige Wort innerhalb einer Mikrostruktur in drei Ausgaben des Akademie-Wörterbuchs (4., 8., 9. Auflage), der *base de connaissance lexicale de l'Atilf*, in Frantext (nur teilweise gratis) und in der *Base Historique du Vocabulaire Français* gesucht werden (über den Buchstaben *H* im grünen Feld beim Lemma).

Mit dem TLF wurde erstmals in der französischen Lexikographie ein korpusbasiertes Gesamtwörterbuch mit sehr hoher Stichwortzahl und extensiver Artikelstruktur erstellt, das nach wie vor konkurrenzlos ist. Das Projekt des *Trésor de la langue française* ist noch nicht zu Ende, zumindest dasjenige seiner digitalen Version. Seit 2005 wird in Nancy an einer (selektiven) Aktualisierung und Verbesserung der etymologischen Kommentare gearbeitet, was auch die Revision von Artikeln aus nationalen Varietäten des Französischen beinhaltet (vgl. TLF-Étym unter CNRTL/Portail lexical).

## 5.4 Digitale Wörterbücher

Dieses Kapitel war eigentlich umfangreicher geplant. Da sich inzwischen aber unter den studentischen Lesern ein immer größeres Know-how im Umgang mit elektronischen Medien voraussetzen lässt und auch die allermeisten Universitätsdozenten kein Problem haben dürften, mit CD-ROMs und Internet umzugehen, können die Ausführungen zu den digitalen französischen Wörterbüchern kürzer ausfallen.[115]

Elektronische Wörterbuchfassungen – seien sie nun retro- oder neu digitalisiert (Kap. 1.4) – dürften über kurz oder lang für alle Formate parallel zu den Printversionen angeboten werden, wobei der Trend klar zu Abonnements der im Internet zugänglichen digitalisierten Werke geht (in diesem Buch PR und GR). Von den neun Auflagen des Akademie-Wörterbuchs sind acht auf einer CD-ROM erhältlich und die meisten im Netz

[115] Angaben zu CD-ROM-Fassungen von Wörterbüchern werden auch in der Bibliographie in der Regel nicht gegeben, da fast jedes Sprachwörterbuch eine solche Version zu bieten hat und dieses Medium ohnehin bald durch Netzversionen abgelöst werden wird. Wer sich für eine Übersicht über Wörterbücher und Lexika des Französischen auf CD-ROM bis zum Jahre 2001 interessiert, dem sei die umgangreiche Bibliographie in Jacquet-Pfau (2002) empfohlen.

zugänglich (5.1); die Académie française stellt sogar die 8. und aktuelle (9.) Auflage *online* (URL-AF). Zur Datenbank DiCo der Mel'čukschen *Sens-Texte*-Theorie (4.6.4) ist das Wörterbuch DiCouèbe als Schnittstelle einem breiten Publikum zugänglich gemacht worden. Der TLF ist als retrodigitalisierte Fassung seit 2002 im WWW gratis abfragbar und Larousse bietet einen kostenlosen *Dictionnaire de français en ligne* an (DdfLAR).

Die Recherchemöglichkeiten beinhalten in der Regel auch die Volltextsuche, so dass auch Markierungsangaben wie *argot*, *euphémisme* oder *péjoratif*, oder auch Elemente innerhalb von Bedeutungsparaphrasen, z.B. um ein Wortfeld zusammenzustellen, abfragbar sind. Die technischen Möglichkeiten im PR und TLF umfassen neben dem Einsatz von Wildcard-Parametern (? oder * für ein bzw. mehrere Zeichen) auch eine von der phonologischen Lexemstruktur ausgehende Suche, z.B. um Homophone zu ermitteln, etwa /to/ → *tau*, *taud*, *taux*, *tôt*. Die **komplexen Recherchen** im **PR** und **GR** (*recherche par critères* bzw. *recherche avancée*) erlauben aber weit mehr, nämlich die Suche nach:

a) Gebersprachen (über *étymologie*): Hier erfährt man zum Beispiel, dass 316 Lemmata des PR-Bestandes aus dem Angloamerikanischen, 2 544 aus dem Englischen, 553 aus dem Deutschen, 416 aus dem Arabischen und 34 aus dem maghrebinischen Arabisch stammen;

b) dem Datum der Erstbelege (einstellbar bis auf ein Jahr genau, also z.B. 1500 bis 1501): Zwischen den Jahren 800 und 1 000 werden 163 Lemmata datiert, zwischen 1000 und 1200 hingegen 3 264; diese Suchoption kann mit einer Gebersprache und/oder einem Wort aus dem etymologischen Kommentar kombiniert werden, z.B.: „Suche das Wort *champ* im etymologischen Kommentar, der sich auf Lemmata bezieht, die zwischen 800 und 1200 erstdatiert sind" – die Antwort ist *acre* und *blé* (beide bedeuteten ursprünglich 'champ');

c) Zitaten, und zwar entweder anhand einer alphabetischen Liste der zitierten Autoren oder auf der Basis eines im Zitat vorkommenden Wortes, z.B. San-Antonio (48 Zitate), *joie* (95 Treffer);

d) Elementen im Gesamttext (Volltextsuche); dieser Suchmodus kann auf einige Bereiche der Mikrostruktur eingeschränkt werden (z.B. Definitionen, Beispiele, Verweise, Markierungsangaben); so kann man etwa herausfinden, ohne die Artikel selbst konsultieren zu müssen, von welchem Lemma aus auf *abeille* verwiesen wird (*insecte*) und auf welche Lemmata *abeille* verweist (*essaim*, *butineuse*, *ouvrière* etc.); aber auch alle Lemmata, die mit *pop.* oder *arg.* markiert sind, lassen sich auf diese Weise finden.

Die Recherchemöglichkeiten im **TLFi** sind noch etwas vielfältiger und können über eine selbsterklärende *recherche assistée* oder eine etwas kompliziertere, aber viele Kombinationen ermöglichende *recherche complexe* durchgeführt werden. Beide Modi gehen über das technische Potenzial des PR und GR hinaus. Zwei Beispiele:

A) Gesucht werden alle im TLFi registrierten Zitate im Roman *Nana* von Émile Zola, die das Wort *amour* enthalten. Die Abfrage führt zu vier Treffern, wenn man sie innerhalb der *recherche assistée* wie folgt gestaltet: 5a) Exemple, 5b) Contenu 1: *amour*, Contenu 2: *Zola*, Contenu 3: *Nana*.

B) Gesucht werden alle Verbindungen aus dem Bereich des Sports, die *jouer* enthalten: 3) Discipline: *Sports* einstellen, 5a) Syntagme, 5b) Contenu 1: *jouer*. Es ergeben sich 25 Treffer.

Die Grenzen der elektronischen Lexikographie aufzuzeigen erscheint angesichts der kontinuierlich verbesserten Standards müßig. Eher schon lohnt es sich, über die Möglichkeiten nachzudenken, ein Wörterbuch mit dem „digitalen Röntgenblick" zu durchleuchten, zum Beispiel im Hinblick auf stereotype Verwendungen von *femme* oder *homme* oder auch *Allemands* oder *Américains* in Beispielsätzen und Zitaten.

Schließlich sei noch auf professionelle Internetseiten und -plattformen hingewiesen, die einen guten Ausgangspunkt für (meta)lexikographische Recherchen bieten. Zu nennen sind hier die Seiten des Centre National de Ressources Textuelles et Lexicales (CNRTL), die *Dictionnaires d'autrefois* (URL-ARTFL) und das *Musée virtuel des dictionnaires*. In den ersten beiden Portalen erhält man Zugang zu mehreren Wörterbüchern früherer Jahrhunderte (5.1), im *Musée* lassen sich chronologische Recherchen von Wörterbüchern durchführen und auch einige Werke in Auszügen (z.T. mit Vorwort) einsehen (z.B. Estienne 1539, Furetière 1690, *Nouveau dictonnaire de la langue française* 1856).

## Aufgaben

1. Spielen Sie *Robert méthodique*! Suchen Sie im PR oder GR in der *recherche avancée* alle Verben die **cevoir* enthalten und vergleichen Sie die Ergebnisse mit dem genannten Wörterbuch oder einem seiner Nachfolger (NRobméth, RobBrio). Sind die Erkenntnisse aufschlussreich?
2. Surfen Sie auf den Seiten des Centre National de Ressources Textuelles et Lexicales, (http://www.cnrtl.fr) und holen Sie sich Anregungen für Ihr Seminar.
3. Suchen Sie im TLFi den Artikel *colère* und markieren Sie die Kollokationen farblich („Peindre les objets suivants": *syntagmes*). Prüfen Sie, ob unter dieser Basis alle Kollokationen erfasst sind, indem Sie eine komplexe Recherche durchführen: Geben Sie bei der Ziffer 1 unter „Type de l'objet" *syntagme défini* sowie unter „Contenu" *colère* ein und prüfen Sie die Ergebnisse. (Die Einstellung *syntagme* statt *syntagme défini* ist auch möglich, ergibt jedoch zu viele Treffer).
4. Kreieren Sie zwei Wortlisten (*liste des mots*) im TLFi: Tippen Sie in das große Feld links untereinander die Wörter *pas*, *jamais*, *plus*, *rien*, *guère*, *point*, nennen Sie die Liste *neg* und sichern Sie sie (Valider 1); die zweite Liste, die Sie *que* nennen, enthält *que* und *qu'*. Führen Sie nun eine komplexe Recherche durch und geben Sie als „Type de l'objet" *exemple* und als „Contenu" folgende Zeichenkette ein: *ne &cpenser &lneg &lque* – statt *&cpenser* können Sie auch *&ccroire* nehmen. Überprüfen Sie die Ergebnisse und erklären Sie, was genau Sie gesucht haben. Versuchen Sie ähnliche Recherchen.
5. Suchen Sie auf den Seiten der *Dictionnaires d'autrefois* (URL-ARTFL) in allen dort verfügbaren Wörterbüchern gleichzeitig: a) in der Volltextsuche nach *populaire* (stellen Sie bei *Refined Search Results* „Line by Line" ein) und interpretieren Sie die Ergebnisse hinsichtlich dessen, was Sie inzwischen über die Akademie-Wörterbücher wissen, b) in der *advanced re-*

*search* (mit *simple headword*) nach *rasibus* und *mafflé* und verfolgen Sie die Markierungen durch die Jahrhunderte hindurch; suchen Sie die beiden Lemmata auch im GR. Was ist nach 320 Jahren aus diesen Lexemen geworden?

## 6. Wörterbücher zu regionalen und nationalen Varietäten des Französischen

Es sind bereits viele Versuche unternommen worden, den Wortschatz der verschiedenen Varietäten des Französischen methodologisch zueinander in Beziehung zu setzen (vgl. Poirier 2005). Bei einer komparatistisch-lexikographischen Betrachtungsweise kommt man nicht umhin, eine konstante Größe festzulegen, auf die alle anderen Varietäten bezogen werden können. Dieser Referenzwert war in der Vergangenheit die französische Standardsprache Frankreichs. Da aber alle anderen frankophonen Varianten dadurch automatisch Abweichungen (*écarts*) von diesem Normwert waren, ist man in den letzten Jahren dazu übergegangen, die Bezugsgröße anders zu definieren. In Anlehnung an statistische und naturwissenschaftliche Messverfahren wird der Referenzwert nun als Schnittmenge gesehen, die gebildet wird aus „l'ensemble des emplois répertoriés dans les grands dictionnaires du français et les grammaires qui font autorité" (ib., 497). Der Name dafür ist ***français de référence***. De facto bleibt es zwar dabei, dass letztlich der französische Standard der Maßstab ist – denn in den Wörterbüchern und Grammatiken wird doch genau dieser beschrieben – aber psychologisch und im Sinne einer politisch korrekten Frankophonie mag dieser Begriff (und Terminus) zeitgemäß sein. Er wäre dann in Gänze operationalisierbar, wenn auch die diasystematisch markierten Varianten des *francais de France* Bestandteil dieser Bezugsgröße wären und nicht nur die unmarkierten. Tatsache bleibt jedoch, dass das Differenzkonzept method(olog)isch weiter gültig ist: Solange diatopische Varietäten nicht **integral** (ganzheitlich) beschrieben werden, d.h. unter Erfassung all dessen, was im Französischen eines bestimmten Landes oder einer bestimmten Region gesagt und geschrieben wird (einschließlich der eigenen Besonderheiten, aber auch aller Elemente eines *français commun*), muss aus einer sprachvergleichenden Perspektive **differentiell** vorgegangen werden. Jede Varietät des Französischen konstituiert sich lexikographisch somit durch die Gesamtheit ihrer Unterschiede zum *français de référence*, das als atopisch definiert ist. Das ist keine besonders elegante Methode, aber eine praktikable. Entsprechend sind die meisten Wörterbücher, die wir hier ansprechen werden, differentieller Natur, nur wenige – in Quebec (s. 6.4) – sind integral. Während eine differentielle Lexikographie insbesondere bei einer frankophonieweiten Perspektive (6.5) zum Tragen kommt bzw. kommen muss, ist sie meistens auch bei den in 6.2 bis 6.4 behandelten Varietäten lexikographisch angewandt worden. Innerhalb der lexikalischen Variation Frankreichs spricht man freilich auch (in unverfänglicher Weise) von *Regionalismen* (6.1) bzw. von einem *français régional*. Dieser Terminus wurde noch in den 1980er Jahren auf alle Varietäten, also z.B. auch auf das *français québécois*, bezogen. Seit einiger Zeit ist jedoch die Bezeichnung *français national* in Umlauf, wenn sich der jeweiligen Varietät ein Staatengebilde oder ein politisches Territorium zuordnen lässt. Unabhängig von dieser innerhalb der *linguistique romane* gültigen Regelung findet man weiterhin die Selbstbezeichnung *français régio-*

*nal*, insbesondere in der französischen Schweiz und in Belgien, nach wie vor auch in der französischen Lexikographie (z.B. *Régional* (*Belgique*)) im GR.

Ein erster Versuch, die gesamte Frankophonie lexikographisch zu erfassen, wurde im *Dictionnaire universel francophone* (DUF) von 1997 unternommen. In ca. 10 000 von 116 000 Bedeutungsparaphrasen und 3 000 Namen werden in diesem enzyklopädischen Wörterbuch (45 000 „mots de la langue", „13 000 noms propres" – beide in der Makrostruktur vermischt) frankophone Varianten erfasst, die auch Regionen umfassen, in denen Französisch Zweit- oder Verkehrssprache ist (z.B. Antillen, Südostasien, Maghreb, Ägypten, Neukaledonien). Selbstverständlich sind auch Belgien, die Schweiz, Quebec oder Louisiana berücksichtigt, allerdings bleiben die Aufnahmekriterien insgesamt unklar, ebenso wie der Stellenwert der Markierung *anglicisme*. Der DUF ist letztlich doch deutlich hexagonal geprägt, was sich auch an der häufigen Semantisierung frankophoner Varianten durch standardfranzösische Synonyme anstelle einer Bedeutungserklärung ablesen lässt (z.B. fr.q. *foyer*, *efface*, *rondelle* gegenüber fr. *cheminée*, *gomme*, *palet*). In anderen Fällen finden sich jedoch auch Paraphrasen:

> **canot** […] 1. Embarcation légère et non pontée […] 2. (Québec) Embarcation de forme allongée et à extrémités relevées, de structure légère, mue à la pagaie […]. 3. (Madag., oc. Indien) V. canote. (DFU)

Der folgende Überblick über aktuelle und lexikographisch bedeutsame Wörterbücher dreier Varietäten des Französischen außerhalb Frankreichs kann nur einen Teilausschnitt aus dem gesamten Spektrum frankophoner Varietäten darstellen (hierzu Pöll 1998). Er rechtfertigt sich nicht nur durch das besondere Verhältnis Frankreichs zu diesen Sprachgemeinschaften (Belgien, Schweiz, Kanada), sondern auch durch die Bedeutung, die diesen Varietäten im Curriculum eines Französischstudiums deutschsprachiger Universitäten beigemessen wird. Es muss ferner darauf hingewiesen werden, dass die lexikographische Dimension innerhalb Frankreichs und der drei Staaten nur exemplarisch dargestellt werden kann (s. für die Frankophonie Bavoux/Beniamino 2008, eds.).

## 6.1 Frankreichs Regionen

Dialekte und *français régionaux* werden in heutigen Seminaren zur französischen Sprachwissenschaft – wenn überhaupt – meist nur noch flüchtig behandelt. Das mag auch an der weitverbreiteten Vorstellung liegen, in Frankreich gebe es keine Dialekte mehr und kaum noch regionale Varianten. Seit *Bienvenue chez les Ch'tis* (2008) dürfte das erste Klischee widerlegt sein, seit Erscheinen des *Dictionnaire des régionalismes de France* (DRF) im Jahre 2001, herausgegeben von Pierre Rézeau, auch das zweite. In dem 1 140 Seiten starken großformatigen Buch sollen die wichtigsten lexikalischen Regionalismen Frankreichs beschrieben werden:

S'appuyant sur 500 enquêtes à travers le pays, il offre des milliers d'exemples glanés au fil des conversations ou puisés dans plus de 150 journaux et périodiques, illustrant plus d'un millier d'articles. Chaque article comporte, après une description sémantique et grammaticale, un commentaire qui situe le mot dans l'espace francophone et dans le temps (DRF, Umschlagrücken).

Das große Verdienst dieses Werks ist es, nicht nur die vielen lexikologischen Monographien, Wörterbücher und Sprachatlanten zu einzelnen Regionen zusammengetragen und die Varianten untereinander abgeglichen zu haben, sondern darüber hinaus die Perspektive zu Varietäten außerhalb Frankreichs und Europas geöffnet zu haben, so dass auch Analogien zu Lexemen in der Suisse romande, Belgien, Afrika und Nordamerika (Quebec, Acadie, Louisiana) deutlich gemacht werden und somit die Geschichte der französischen Regionalismen in Übersee (und anderswo) nachgezeichnet wird. Rézeaus empirische Methode beruht auf einem möglichst hohen 'Bestätigungswert' (*taux de reconnaissance*), bezogen auf die in den Regionen abgefragten Formen (es muss in mindestens einer Region 75% erreicht worden sein). Der DRF ist somit in mehrfacher Hinsicht differentiell (**multidifferentiell**): in Bezug auf alle anderen Regionen Frankreichs (gleiche Bezeichnung/andere Bezeichnung [durch ein regionales Synonym]) und Sprachgemeinschaften außerhalb Frankreichs, aber auch gegenüber dem *français de référence*, welches „par commodité" (17) als *Stand.* (= *Standard*) bezeichnet wird (!). Ein Beispiel:

**DÎNER** v. intr.; n. m.
*Nord, Pas-de-Calais, Picardie, Normandie, Bretagne, Sarthe, Maine-et-Loire. Bourgogne, Champagne, Ardennes, Lorraine, Franche-Comté, Haute-Savoie, Savoie, Ain, Rhône, Loire, Isère, Drôme, Hautes-Alpes. Provence, Languedoc, Ardèche, Haute-Loire, Auvergne* (spor.), *Limousin, Aquitaine*. Souvent VIEILLI ou VIEILLISANT.
**1.** V. intr. **„prendre le repas de midi, le second repas de la journée"**. Stand. *déjeuner*. – *Souvent mon cousin restait dîner* [en note: *déjeuner*] *à la maison* (R. Vincent, *L'Adieu aux champs*, 1989 [1987], 61). […]
**2.** N. m. **„repas de midi, second repas de la journée"**. Stand. *déjeuner*. […]
**REM.** La conscience du caractère non standard de l'emploi a pu entraîner chez certains auteurs l'apparition de syntagmes dans lesquels l'heure du repas est précisée ainsi **dîner de midi un quart** […].
♦♦ Archaïsme; maintien dans plusieurs régions de France d'un emploi général en français jusqu'à la Révolution. […] Parmi les grands centres urbains de l'Hexagone toutefois, seul Lyon semble encore tenir quelque peu à l'usage ancien. Ce dernier a aussi cours en Belgique […], en Afrique […], en Suisse […] et partout en Amérique du Nord francophone […].
ΔΔ **EnqDRF 1994–1996**. Taux de reconnaissance: Ain […] Yonne, 100%; Alpes-Maritimes […] Oise, 80%; Finistère […] Haute-Marne, 75%; Côte-d'Or […] Haute-Vienne, 70% […] Maine-et-Loire, 15%.

Abb. 79: Auszug aus dem Artikel *dîner* des *Dictionnaire des régionalismes de France* (DRF) (stark gekürzt)

Der DRF versucht mit den Probandenbefragungen (zwischen 10 und 35 *témoins* pro Region), zusammengefasst in der Rubrik *EnqDRF 1994–1996* am Ende eines jeden Artikels, auch eine Antwort auf die Frage zu finden, wie vital und verbreitet die Regio-

nalismen noch sind – ein Problem, das die herkömmlichen Regionalismenwörterbücher bestenfalls durch eine Markierungsangabe zu lösen versuchen.
Die regionale Variation innerhalb Frankreichs ist auch Bestandteil der *Base de données lexicographiques panfrancophone* (BDLP) (6.5), allerdings sind die Daten hierzu noch eher spärlich (*dîner* z.B. ist enthalten, es fehlt jedoch jegliche regionale Zuordnung).

## 6.2 Belgien

Über das frankophone Belgien ist bekannt, dass das Verhältnis zum großen Nachbarn Frankreich, was die Sprache betrifft, vielfach durch sprachliche Unsicherheit und Selbstanklage geprägt ist (vgl. Francard/Geron/Wilmet 1994). Dieses offenbar tief verwurzelte kollektive Bewusstsein wird durch die Schule perpetuiert, die die frankobelgische Literatur nicht zur Kenntnis zu nehmen scheint (vgl. Blampain et al. 1997, dirs., 405) und den Schülern das Gefühl vermittelt, ein im Vergleich zu Frankreich schlechteres Französisch zu sprechen. Seit den 1950er Jahren des 20. Jahrhunderts gibt es Organisationen und Institutionen wie das Office du bon langage (1962 gegründet), die sich zum Ziel gesetzt haben, die Sprachqualität des Französischen in Belgien zu verbessern. Aus diesen Initiativen ist eine Reihe bekannter differentieller Wörterbücher entstanden, die alle nicht nur stark normativ, sondern auch dezidiert korrektiv waren: *Chasse aux belgicismes* 1971, *Nouvelle chasse aux belgicismes* 1974, *Belgicismes de bon aloi* 1979 (zit. nach Blampain et al. 1997, 478; s. auch die Bibliographie im Dicbelg).

Vielleicht ist es da kein Zufall, dass der bekannteste frankophone Autor des 20. Jahrhunderts, der sich um die Grammatikschreibung des Französischen verdient gemacht hat, aus Belgien stammte: Maurice Grevisse (*Le Bon Usage*). Bereits angesprochen wurde das normative Werk von Joseph Hanse, ebenfalls Belgier, zu den Schwierigkeiten und Zweifelsfällen der französischen Sprache (Kap. 4.4).

Aufgrund dieser soziolinguistischen Rahmenbedingungen ist es nur allzu verständlich, dass die frankophone Sprachgemeinschaft in Belgien kein Interesse daran hatte, ein integrales Wörterbuch hervorzubringen. Die Orientierung an Frankreich und das Bewusstsein darüber, dass dort die großen Wörterbücher der französischen Sprache beheimatet sind, sowie das in ländlichen Gebieten (zumindest partiell) noch stark präsente dialektale Substrat des Wallonischen konnten nicht dazu beitragen, eine Perspektive zu entwickeln, wie sie in Quebec durch den DFplus und den DQA verwirklicht ist.

Was bleibt, ist also eine lange Tradition differentieller Wörterbücher, von denen hier nur auf eines näher eingegangen werden soll, welches zum einen erst vor wenigen Jahren erschienen, also sehr aktuell ist und zum anderen – ähnlich wie der DRF (6.1) – varietätenübergreifend konzipiert ist: der *Dictionnaire des belgicismes* (Dicbelg).[116]

---

[116] Werke wie Bal et al. (1994) und Lebouc (1998, 2006) können aufgrund ihrer dürftigen Dokumentation und philologischen Schwächen nicht mit dem Dicbelg konkurrieren. Zuverlässige (korpusgestützte) Belege enthält der zweibändige *Dictionnaire de belgicismes* (Massion

Weitere Werke finden sich in der Bibliographie dieses Werks. Erwähnenswert ist ferner die belgische „Sektion" der *Base de données lexicographiques panfrancophone* (BDLP) (6.5), in der knapp 2 300 Besonderheiten des Französischen in Belgien inventarisiert sind. Bezug genommen soll ferner auf den neuesten Band des *Atlas linguistique de la Wallonie* (ALW 17), da die dort erfassten dialektalen Merkmale letztlich die lexikalische Grundlage für die (in der Koiné des Französischen verankerten) Belgizismen sind. Wie fruchtbar es sein kann, wenn die Lexikographie der regionalen Varietäten auf die Ergebnisse der Sprachgeographie zurückgreift, hat der DRF gezeigt (6.1).

Stellen wir noch eine Präzision zum Begriff '**Belgizismus**' voran. Francard (Dicbelg, 11f.) verdeutlicht, dass dieser im Vergleich zu 'Quebezismus' relativ unspezifisch sei, denn nicht jeder Belgizismus werde auch in allen frankophonen Regionen Belgiens verwendet. Daher ist es sinnvoll, zwischen sprachlichen Besonderheiten zu unterscheiden, die Realitäten bezeichnen, die nicht nur in Belgien existieren, dort aber einen von Frankreich (und anderen frankophonen Gegenden) abweichenden *signifiant* haben (*régionalismes linguistiques*), und solchen, die sich auf exklusiv belgische Realia beziehen (*régionalismes encyclopédiques*). So heißt das Kochutensil, für das in Frankreich *faitout* gesagt wird, in Belgien *casserole*; ebenso gibt es in Frankreich einen *maire*, im Nachbarland einen *bourgmestre*. Die zweite Kategorie trifft insbesondere auf kulinarische Besonderheiten wie *cuberdon* und *waterzooi* zu, aber auch auf sogenannte *statalismes* wie *commune à facilités* und *échevin*, die ihre Gültigkeit nur auf belgischem Staatsgebiet haben. Schließlich muss darauf hingewiesen werden, dass Lexeme wie *diesel* und *arboré* ('mit Bäumen bepflanzt'), die man vorschnell als Belgizismen einstufen würde, auch jenseits der belgischen Grenze (in Frankreich) gesagt werden, allerdings mit weitaus geringerer Verbreitung und gegebenenfalls mit einer gewissen Gebrauchsbeschränkung (Markierung). Fälle wie diesen nennt Francard *régionalismes de statut*.

Beginnen wir jedoch mit einem Beispiel, bei dem die dialektale Basis, das Wallonische, am Anfang steht: In der Sprachkarte 59 *embrasser* (ALW 17, 315b) ist der lexikalische Typ *donner une baise* belegt, der auch im *Dictionnaire des belgicismes*, welches 2 000 Belgizismen – differentiell zum *français de référence*, zu anderen Varietäten des Französischen und zu den einzelnen Regionen Belgiens beschreibt, registriert ist:

> **BAISE** [bɛz] n. f. FAM. Baiser (généralement donné sur le front ou sur la joue). *Recevoir une baise. Donner une grosse baise.*
> ► Vitalité moyenne mais décroissante en Wallonie. Moins employé à Bruxelles. – Également enregistré (avec la graphie *baisse*) dans le Nord-Pas-de-Calais (Artois, Flandres, Hainaut).
> ► Équivalent en fr. de référence: *bise*, qui s'impose progressivement en Belgique francophone. – *Baise* est enregistré en fr. de référence avec le sens: 'action de faire l'amour'.

Abb. 80: Artikel *baise* im *Dictionnaire des belgicismes* (Dicbelg)

---

1987), der 1150 Stichwörter umfasst, multidifferentiell ausgerichtet ist und eine ausführliche Diskussion zum Begriff 'Belgizismus' enthält. Bemängelt werden müssen die vielen Schreibfehler.

In der BDLP ist die Kollokation *donner une baise* ebenfalls verzeichnet:

> **baise** (n. f.) […] **Fam.** Baiser (généralement donné sur le front ou sur la joue). *Recevoir une baise. Donner une grosse baise.*

Abb. 81: Artikel *baise* in der *Banque de données lexicographiques panfrancophone* (BDLP)

Zur Ehrenrettung der französischen Lexikographie Frankreichs, bezogen auf die letzte Zeile im Beleg des Dicbelg (Abb. 80), sei gesagt: Abgesehen von der dort zitierten und im GR als vulgär eingestuften (ersten) Bedeutung von *baise*, ist auch eine zweite registriert: „**Régional (Belgique, Nord de la France)**. Petit baiser affectueux“. Der *Grand Robert* (GR) enthält zwar immerhin 469 Belgizismen, die jedoch, gemessen am Bestand der BDLP und an demjenigen eines auch kulturell sehr informativen Spezialwörterbuchs wie dem *Dictionnaire des belgicismes*, nicht ausreichend sind.

Dennoch wurde dieser stark kritisiert (vgl. Goosse 2010), da er zu viele Sprachphänomene als Belgizismen deklariere, die in Wirklichkeit keine seien. Dieser Kritik muss sich Francard wohl stellen, denn aus historisch-dialektologischer Sicht ist es in der Tat so ist, dass zahlreiche lexikalischen Elemente der Galloromania in verschiedenen Arealen Nordfrankreichs, Luxemburgs und Belgiens (mit unterschiedlicher Vitalität) weiterleben, während sie oft in der Ile-de-France untergegangen sind (z.B. *tantôt* in *à tantôt* für *à plus tard*, oder *septante*, *nonante*), ohne dass jedoch für eine Region (z.B. Wallonien) ohne Weiteres behauptet werden kann, sie hätte den Alleinanspruch auf eine solche ererbte Form (= Belgizismus). Andrerseits gibt es in der Tat aber auch Innovationen, die z.B. nur von Wallonien ausgegangen sind. Hier muss wohl noch mit mehr Trennschärfe und unter Einbezug der Sprachatlanten zu allen historisch relevanten Regionen gearbeitet werden.

Sieht man sich abschließend die Entwicklung der differentiellen Wörterbücher zum belgischen Französisch an, stellt man jedenfalls fest, dass die Anzahl der Einträge seit Mitte des 20. Jahrhunderts (ca. 150) bis zum Jahre 2010 (2 000) deutlich gestiegen ist. Ebenso sind die Markierungen und Etiketten, mit denen die frankobelgischen Besonderheiten gekennzeichnet wurden und werden, zunehmend weniger stigmatisierend geworden: von *barbarismes* über *expressions mauvaises* oder *incorrectes* und *particularités* (*lexicales*) bis zu *belgicismes*. Auch die *multidifferentielle* Perspektive – nicht nur vertikal, zu einem *français de référence*, sondern auch horizontal, zu anderen Varietäten innerhalb und außerhalb Frankreichs – hat dazu beigetragen, die eigenen sprachlichen Merkmale immer weniger auf einer normativen Folie zu sehen, sondern sie in lexikographischer, varietätenlinguistischer und historischer Hinsicht so umfassend wie möglich zu beschreiben.

## 6.3 Schweiz

Die ca. 1,75 Millionen Menschen zählende frankophone Sprachgemeinschaft in der Schweiz hat nie ein so belastetes Verhältnis zum Nachbarn Frankreich gehabt wie Belgien. Das Selbstbewusstsein der Suisses romands war jedenfalls in den 1990er Jahren so groß, dass sie den aus Nordamerika (hier: Quebec) nach Europa importierten Diskurs über die Feminisierung von Berufsbezeichnungen bereitwillig – und ohne sich mit Frankreich in dieser doch sensiblen „Problemzone" der französischen Sprache abzustimmen – übernahmen und eigene Richtlinien für die sprachliche Feminisierung ausarbeiteten (Dicfém, Dicfém2, Ndicfém). Bekanntlich haben die von Quebec lancierten Bezeichnungen auf *-eure* (*la professeure* etc.) rasch Eingang in die offiziellen Richtlinien zum Französischen in der Suisse romande gefunden und wurden auch bald von (einem Großteil) der frankophonen Schweizer Presse angewandt. Belgien zeigte sich in dieser Frage wesentlich zurückhaltender und affiner zu Frankreich und akzeptierte zwar die ungewöhnlichen Feminisierungen auf *-eure*, empfahl sie aber nicht (Mfém).

Der differentielle *Dictionnaire suisse romand* (DSR), 1997 in erster und 2004 in zweiter Auflage erschienen – die Ausgabe von 2012 ist lediglich ein unveränderter Neudruck mit neuem Umschlag –, basiert auf einem 120 000 Karteikarten umfassenden Datenbestand, der an der Universität Neuchâtel im Rahmen des Projekts *Trésor des Vocabulaires Francophones* (s. 6.5) seit 1992 erhoben wurde. Ausgewertet wurden sprachliche und metasprachliche Daten, zu denen puristische Wortlisten des 19. ebenso zählen wie die Sprachchroniken des 20. Jahrhunderts, Publikationen von Laien, dialektologische Abhandlungen, die zusammen mit den dialektalen Belegen im *Glossaire des patois de la Suisse romande* des Centre de dialectologie et d'étude du français régional de l'Université de Neuchâtel erfasst bzw. archiviert sind. Die sprachlichen Daten rekrutieren sich aus Zeitungen (vor allem aus der Mitte der 1970er Jahre), literarischen Werken, Kochrezepten, Weinbeschreibungen, Zufallsbelegen und Umfragen, die zwischen 1974 und 1981 vom Centre durchgeführt wurden. Auf der Basis dieses reichhaltigen Fundus hat der Autor André Thibault, viele Jahre in Neuenburg tätig und als Quebecer Linguist besonders sensibel für diatopisch markierte sprachliche Elemente innerhalb der Frankophonie, das einzig Richtige gemacht: Nicht wie die vielen Laien- und semiprofessionellen Glossare und Wörterbücher möglichst viel Wortschatz zu erfassen, was immer eine selektive Mikrostruktur zur Folge hat, sondern weniger Material – ungefähr 1 000 lexikalische Einheiten, verteilt auf Lemmata und Sublemmata (55 zusätzliche in der zweiten Auflage) – zu inventarisieren, diese dann jedoch ausführlich zu beschreiben. Der DSR konnte dabei natürlich auch auf bereits existierende Listen von Helvetismen zurückgreifen, die in die Wörterbücher Frankreichs eingespeist worden waren (338 mit *Suisse* markierte Fälle im GR), deren Mikrostrukturen aber freilich unzureichend sind. Vier Spezifika des Schweizer Französisch sollen im Folgenden illustriert werden, um die Arbeitsweise des DSR zu illustrieren: Auf (1) stößt man, wenn man in Sion, Genf oder Neuchâtel essen geht, (2) dokumentiert die Bedeutung des deutschen (bzw. alemannischen) Adstrats und (3) die frühe Auseinandersetzung mit neuen Femininformen, (4) das dialektale Substrat:

(1) **SERVICE !** loc. excl. ♦ Formule de politesse énoncée à l'adresse d'un interlocuteur qui vient d'exprimer des remerciements. – *Je vous remercie beaucoup, monsieur. – Service !* ⇒ **sans autre**. Rem. Fréquent à l'oral; non attesté à l'écrit au fichier CD. – Correspond au fr. de réf. *de rien / je vous en prie / Il n' a pas de quoi.* Au Québec, dans des contextes semblables, on entend souvent *Bienvenue!* (de l'anglais *you're welcome*) [...]. □ Non attestée à date ancienne en SR. Ellipse de frm. (*je suis*) *à votre service* [...]. L'emploi de la tournure *à votre service* serait surtout répandu en Lorraine et dans certaines régions de Wallonie [...] aussi en Alsace [...] où elle est très courante, dans les mêmes contextes qu'en SR [...].

(2) **POUTZER** [pu'tse] v. tr., tr. abs. (var. graphique **POUTSER**; exc. **PUTZER**) **1.** ♦ Nettoyer (pièce, maison, etc.); balayer, laver (sols); épousseter (tables, étagères, etc.); frotter, astiquer (chausser, argenterie, etc.); (abs.) faire le ménage. *Poutzer ses souliers. Poutzer une assiette en argent ternie. Poutzer son appart'. Poutzer l'escalier. Poutzer la salle de bain, la baignoire. Poutzer les fenêtres, Je vais encore passer tout le week-end à poutzer. Poutzez-moi ça!* ⇒ **poutze**; **à-fonds**; **ordré**; **propre en ordre**; **réduire**. [...] POUTZÉ, ÉE part. passé-adj. Nettoyé [...] Impeccable, sans bavures [...] **2.** ♦ (fig.) Dépouiller ou vider entièrement [...] **3.** ♦ (fig.) Faire disparaître, éliminer, liquider; tout dépenser (argent) [...] **4.** ♦ (t. de jeu de cartes) Marquer une coche sur l'ardoise au jeu de la *poutz** [...] Rem. Tous les emplois du mot sont familiers [...] Du suisse alémanique *putze$^n$*, dont le sens de „frotter, astiquer" se retrouve aussi en allemand standard, mais dont le sens de „balayer, laver, épousseter; faire le ménage" constitue un particularisme du sud du domaine germanique [...]. Germanisme emblématique et conscient, d'un emploi néanmoins très courant et ayant développé plusieurs sens figurés; a également vécu dans les patois. [...] En France voisine, on en relève une attestation dans le Doubs [...].

(3) **ÉCRIVAINE** n. f. ♦ Femme écrivain. *Elle est écrivaine. Les écrivaines romandes.* ⇒ **auteur(e)**. [...] Rem. On rencontre aussi fréquemment en Suisse romande *écrivain* n. m. pour référer à une femme [...], ainsi que *femme écrivain* n. f. [...].
□ Cette forme d'apparition récente en Suisse romande (dp. 1991, DictFemMasc) est attestée très sporadiquement en France depuis le début du XX$^e$ s. (v. GrevisseGoosse[13]), « le plus souvent par plaisanterie » (DHLF); en Belgique, le décret sur la féminisation propose *écrivain* n. f. ou *écrivaine* (FémBelg). Quant au Québec, *écrivaine* y est l'objet d'une recommandation officielle de l'OLF [...].

(4) **CARNOTZET** [kaʀnɔtsɛ], [kaʀnɔdʒɛ] n. m. (plus rarement **CARNOTSET**) ♦ Local intime et accueillant, d'allure rustique, le plus souvent aménagé dans une cave privée ou publique, où l'on se réunit pour boire et manger entre amis, entre membres d'une société, etc. [...] ⇒ **bar à café; bouteiller; pinte**. [...] □ Premières attestations: 1894 [...]. Emprunt du français régional à la forme dialectale *karnòtsè* n. m., qui a en outre les sens de „case, compartiment; recoin, cachette; petit réduit où l'on garde les bouteilles de vin". Ce mot est « probablement dérivé de *carre* [...] » [...]. Il a essaimé au-delà des frontières de la Suisse romande; cf. all. de Suisse *Carnotzet* n. n. „gemütlicher kleiner Kellerraum" [...].

Abb. 82: Auszüge aus vier Artikeln des *Dictionnaire suisse romand* (DSR)

Die Register des DSR sind ebenfalls sehr ergiebig. Sie enthalten (u.a.)

a) eine Liste der verwendeten *Ethnika*, also der Adjektive oder Einwohnerbezeichnungen zu einer Gegend, einem Kanton oder einem Ort (z.B. *Schwytzois* zu Schwytz).

b) einen onomasiologischen Index, der von einem hexagonalfranzösischen, belgischen oder frankokanadischen Lexem auf das schweizerfranzösische „Synonym" bzw. auf den betreffenden Artikel verweist (z.B. *pièce* s.v. *chambre* oder *serveuse* s.v. *sommelière*);

c) einen weiteren onomasiologisch gegliederten Index begrifflicher Hauptkategorien wie TERMES DE POLITESSE, VÊTEMENTS und TERMES DOMESTIQUES, denen die meisten der behandelten Lemmata zugeordnet werden konnten;

d) eine alphabetische Liste aller inventarisierten Helvetismen der Suisse romande mit Angabe derjenigen Gebiete und Länder in der Frankophonie, in denen diese auch belegt sind;

e) ihre Entsprechungen (und ihre Verwendung) in den anderen Sprachgebieten der Schweiz (etwa der Deutschschweiz) sowie

f) eine Liste der aus dem FEW (Kap. 4.2) zitierten Etyma.

Der *Dictionnaire suisse romand* bewegt sich mit seinen extensiven und multidifferentiellen Mikrostrukturen (s. 6.1, 6.2) auf einer Linie mit dem französischen Regionalismenwörterbuch (DRF) und dem *Dictionnaire des belgicismes* (Dicbelg). Folgerichtig ist er auch angebunden an die *Base de données lexicographiques panfrancophone* (BDLP), deren Schweizer Komponente die Arbeit des DSR auf digitaler Basis weiterentwickelt und seinen Lemmabestand auf der Basis des oben beschriebenen Korpus der Universität Neuchâtel erweitert. Aktuell (Okt. 2013) sind 2 602 Helvetismen im BDLP registriert – zum Vergleich: Acadie 420, Belgien 2 293, Frankreich 202, Kamerun 304, Louisiana 898, Marokko 854, Quebec 3 384.

Ein Werk wie der DSR trägt wesentlich zum Sprachausbau des Französischen in der Westschweiz bei. Das Selbstbewusstsein der welschen Schweiz kann dadurch nur gewinnen. Durch die eher geringe Durchschlagskraft der „‚Romandie'-Ideologie" wird „[d]ie Zugehörigkeit zur großen französischen Sprachgemeinschaft" zudem „als Garantie gegen mögliche Minderwertigkeitskomplexe empfunden" (Knecht $^{2}$2000, 175f.).

## 6.4 Kanada[117]

Seit 2013 ist das kostenpflichtige *online*-Wörterbuch *Usito* (der Name ist *kein* bedeutungstragendes Zeichen) freigeschaltet. Es ist die zweite Version des 1996 an der Universität Sheerbrooke (Quebec) ins Leben gerufenen Projekts *Franqus* (***fran****çais* ***qu****ébé-*

---

[117] Zur frankokanadischen Lexikographie s. Farina (2001), Cormier (2002), Cormier/Boulanger (2008, eds.), zur Frage der Normativität in Quebecer Wörterbüchern und zum Problem einer eigenen Standardsprache s. Schafroth (2008, 2009).

*cois et usage standard*), das 2009 unter dem Namen *Dictionnaire de la langue française – Le français vu du Québec* eine digitale Pilotversion hervorbrachte. Das im Wesentlichen aus staatlichen Geldern finanzierte 60 000 „mots traités" umfassende Wörterbuch versteht sich als *dictionnaire général* des Französischen (also als Definitionswörterbuch) mit einer ausgeprägten Quebecer Komponente. Es will mehrere Ziele gleichzeitig verfolgen:

1) Es ist grundsätzlich ein integrales Wörterbuch, welches das lexikalische „patrimoine commun des francophones" inventarisieren möchte. Allerdings ist es gleichzeitig dort differentiell, wo Quebecer und französischer Sprachgebrauch zueinander in Kontrast gesetzt werden bzw. darauf hingewiesen wird, dass eine Form oder Verwendung ausschließlich in Quebec bzw. nur in Frankreich üblich ist.

2) Besonderes Augenmerk wird auf den Sprachgebrauch in Quebec gelegt (10 000 der erfassten 100 000 „emplois" seien spezifisch für die frankophone Provinz).

3) Diatopischen Varianten wird große Beachtung geschenkt – innerhalb Kanadas und Nordamerikas sowie Europas, insbesondere Frankreich (einschließlich einer Liste sprachlicher Besonderheiten für die Acadie, Belgien und die Schweiz).

4) Es versteht sich als *Standard*wörterbuch, verzeichnet also vor allem registerneutrale Lexeme und Verwendungen, aber auch die geläufigsten umgangssprachlichen Elemente.

5) Es ist ein normatives Wörterbuch, und zwar in zweifacher Hinsicht:

a) Es möchte Ratgeber für Zweifelsfälle sein und ist daher konzeptionell so ausgerichtet, dass alles in Bezug zu einer Norm gesetzt wird, „qui se dégage de l'observation du discours public et des écrits québécois associés à une langue de qualité" (interne Norm);

b) *Normativ* bezieht sich aber auch auf eine externe Norm, d.h. diejenige Frankreichs, die auch gleichzeitig die größte internationale Verbreitung hat; sie soll den Benutzern nicht vorenthalten werden, ebenso wenig wie die offiziellen Empfehlungen des Office québécois de la langue française (OQLF) und weiterer Institutionen, die mit Sprachnormierung (vor allem im Bereich der Terminologie) befasst sind.

6) Das anvisierte Zielpublikum sind in erster Linie Studenten und Lehrer, darüber hinaus alle, die auf ihre Sprachqualität achten möchten oder aus beruflichen oder gesellschaftlichen Gründen achten müssen.

Die Frage, ob es sinnvoll oder gar legitim ist, dass die frankophone Sprachgemeinschaft in Quebec eine eigene *Standardsprache* haben kann oder soll, hat vor Ort eine heftige Debatte ausgelöst, die von zwei unversöhnlichen Standpunkten geprägt ist: einer nach innen und einer nach außen gerichteten Perspektive. Die Position der *endogénistes* (Terminus nach Meney 2008, 39) beinhaltet eine radikale Absage an die sprachliche Bindung zu Frankreich; die Meinung der *exogénistes* hingegen basiert auf der Überzeugung, Quebec dürfe sich auf keinen Fall von der internationalen Frankophonie, als deren Zentrum nach wie vor Frankreich gesehen wird, abkoppeln und könne kein Interesse daran haben, einer (oft als schlecht und fehlerhaft apostrophierten) Varietät des Französischen so große Bedeutung beizumessen, dass diese 1:1 in Wörterbüchern beschrieben oder sogar zur Standardsprache ausgerufen werden müsste. Die Befürworter einer sprachlichen Autonomie Quebecs sind jedoch wiederum zweigeteilt in diejenigen, die eine volkstümliche Varietät des *québécois* propagieren und diejenigen, die eine soziokulturell gehobene Form als endogene Norm ansetzen. *Usito* ist der Versuch eines Kompromisses, der jedoch letztlich mehr denjenigen gefallen dürfte, die an einem (exogenen) *français de référence* ausgerichtet sind. Dafür sprechen folgende Gründe:

1) Das Motto des Wörterbuchs lautet „Parce que le français ne s'arrête jamais", womit offen bleibt, welches Französisch genau gemeint ist (vermutlich, unspezifisch, dasjenige der Frankophonie).

2) Der Spruch lässt sich jedoch auch als Parole gegen das Englische bzw. die Anglizismen verstehen, über die es in der Präsentation von *Usito* heißt: „Au Québec [...] les emprunts à l'anglais sont généralement mal perçus socialement. Si certains d'entre eux réussissent à s'intégrer à l'usage standard, ce n'est pas le cas du plus grand nombre dont l'emploi est critiqué" (www.usito.com, Startseite). S. auch Abb. 84.

3) Die Markierung der Besonderheiten der eigenen Varietät, des *français québécois*, zeugt nicht von dem Selbstbewusstsein, das die Wörterbücher DFplus und DQA an den Tag legten (s. unten). Andererseits wird der exklusive Sprachgebrauch Frankreichs markiert, was wiederum die Kompromisshaltung unterstreicht.

4) Die Aussparung von Wortschatz, der diaphasisch unterhalb von *très familier* liegt und diastratisch (stark) markiert ist, wird diejenigen in Quebec nicht zufriedenstellen, die ihre Sprache in der Tradition eines volkstümlichen *usage* (und nicht im Sprachgebrauch einer Elite) sehen.

Die lexikographische Substanz des *Usito* ist angereichert durch Bedeutungsparaphrasen und etymologische Kommentare des TLFi, historische Erläuterungen aus der Datenbank des *Trésor de la langue francaise au Québec* und einige Elemente des *Grand dictionnaire terminologique* (GDT) des Office québécois de la langue française. Von guter Qualität sind die 85 Sachartikel zu kulturspezifischen, historischen und sprachlichen Themen wie *Les Autochtones du Québec*, *La Révolution tranquille*, *Les sacres en français québécois*, *Les emprunts à l'anglais au Québec*.

Was die Makrostruktur betrifft, so sind selbstverständlich diejenigen Lemmata enthalten, die sich auf die Realia Nordamerikas beziehen (Ernährung, Flora, Fauna, Erziehungssystem etc.). Der *ouaouaron* darf hier natürlich genauso wenig fehlen wie der *ouaouaniche*, die *poutine*, der *dépanneur* oder der *sirop d'érable* (dazu einen Sachartikel *L'acériculture*). Aber *Usito* schärft anhand von Lemmata wie *canot* auch den Blick dafür, dass die europäische Sichtweise, wie sie in den Wörterbüchern dokumentiert ist, nicht ausreicht, um die nordamerikanische Realität zu erfassen: Ein *canot* in Quebec ist ein *canoë* in Frankreich; dort bezeichnet *canot* wiederum das, was in Quebec *chaloupe* heißt – *canot* ist folglich nicht einfach *canot*.

Die Mikrostrukturen sind eher selektiv, explizite Valenzangaben finden sich keineswegs bei allen Verben (bei *jouer* und *décider* ja, bei *excuser* nein), Kollokationen werden bis zu einem gewissen Umfang gegeben, der TLFi und der *Grand Robert* enthalten jedoch mehr. Stets wurde darauf geachtet, den Quebecer Sprachgebrauch darzustellen, ohne diesen allerdings immer zu markieren. So lässt sich nur durch einen Wörterbuchvergleich herausfinden, welche syntagmatischen Verbindungen mit *automne* typischerweise in Frankreich und Quebec verwendet werden:

| Frankreich (PR) | Quebec (*Usito*) |
|---|---|
| – | *Les couleurs d'automne* |
| *feuilles d'automne* | *La chute des feuilles à l'automne* |
| *brumes d'automne* | – |
| *Les jours déclinent en automne* | *Les jours raccourcissent en automne* |

Abb. 83: Gegenüberstellung syntagmatischer Verbindung mit dem Lemma *automne* im PR und *Usito*

In anderen Fällen wird jedoch auf Kontrastierung geachtet und mit (a) UQ (*usage québécois*) bzw. UF (b) (*usage français*) markiert:

(a) *limonade*: 'boisson rafraîchissante à base d'eau sucrée additionnée de sirop ou de jus de citron';

(b) *limonade*: 'boisson gazeuse aromatisée au citron';

(a) *beigne* n.m. 'pâtisserie ayant généralement la forme d'un anneau, traditionnellement faite de pâte frite; pâtisserie similaire, non trouée';

(b) *beigne* n.f. fam. 'coup, gifle'.

In der folgenden Abbildung wird die normative Haltung gegenüber Anglizismen mehr als deutlich:

ANGLICISME CRITIQUE

**brainstorming** n.m.

L'emploi de *brainstorming* est critiqué comme synonyme non standard de REMUE-MENINGES. *Une séance de remue-méninges.*

VOIR l'article thématique LES EMPRUNT A L'ANGLAIS AU QUEBEC.

ÉTYMOLOGIE

1958 [in DDL]; de l'anglais nord-américain.

Abb. 84: Der Artikel *brainstorming* im *Usito*

Ruft man einen Artikel im *Usito* auf, wird stets ein Ausschnitt der Makrostruktur mit auf dem Bildschirm angezeigt. Beim Stichwort *brainstorming* befindet sich in dieser Liste das Symbol ⊗ ('emploi critiqué') davor, so dass die Information des kritisierten Sprachgebrauchs (einschließlich der Bemerkung „non standard“) viermal, die der englischen

Herkunft (einschließlich Etymologie und Verweis auf den Sachartikel) dreimal vermittelt wird.

Bedauerlich ist das Fehlen eines Volltextsuchmodus. Man kann sich also im *Usito* nicht zusammenstellen lassen, wie oft und bei welchen Lemmata bzw. Verwendungen *emploi critiqué*, *anglicisme* oder UF verwendet wurde. Die Listen mit Belgizismen (zu 151 Lemmata), Helvetismen (127 Einträge) und Acadismen (167 Stichwörter) in den jeweiligen Sachartikeln sind jedoch positiv hervorzuheben.

Die Warnungen vor Anglizismen und weiteren kritikwürdigen sprachlichen Erscheinungen haben eine lange Tradition in Quebec und sind Ausdruck des unermüdlichen Kampfes um sprachliche und kulturelle Selbstbehauptung, die freilich seit der Loi 101 aus dem Jahre 1977, die Französisch zur alleinigen offiziellen Sprache der kanadischen Provinz Quebec erklärte, große Fortschritte erzielte, letztlich aber immer wieder durch den omnipräsenten und tagtäglichen englischen Einfluss in Frage gestellt wird.

Diese Tradition des Sichabschottens gegenüber dem Englischen sowie die sprachliche Unsicherheit gegenüber Frankreich sind zwei Konstanten in der Geschichte der Frankokanadier, die sich nicht leugnen lassen und die auch nach wie vor Wirklichkeit sind. Vielleicht ist die beste lexikographische Antwort auf beide Probleme ein Wörterbuch wie der *Multidictionnaire de la langue française* (Multi), der es innerhalb von elf Jahren zu fünf Auflagen brachte – darüber hinaus wurde eine Version für Schüler (MultiJ) aufgelegt. Mit klaren Markierungen wie *déconseillé*, *critiqué*, *fautif* können keine Missverständnisse entstehen (s. Kap. 4.4).

Wenn jedoch einmal der umgekehrte Weg gegangen wird, nämlich der eines konsequent **integralen Wörterbuchs**, das das *français commun* nicht aus hexagonaler, sondern aus nordamerikanischer Sicht beschreibt und nicht den eigenen Sprachgebrauch markiert, sondern denjenigen Frankreichs, dann ist das zwar lexikographisch gesehen ein methodischer Fortschritt, der jedoch keinen Rückhalt in der Quebecer Gesellschaft gefunden hat. Dieses Prinzip wurde im *Dictionnaire CEC jeunesse* (CEC jeunesse) für Schüler des Grundschul- und Primarbereichs,[118] und im *Dictionnare québécois d'aujourd'hui* (DQA) verwirklicht – beide Werke sind vom selben Autor, Jean-Claude Boulanger –, ferner im *Dictionnaire du français plus à l'usage des francophones d'Amérique* (DFplus). Bedauerlicherweise spielen die beiden letzten keinerlei Rolle mehr in Quebec, der DQA, eine Adaptation des *Robert d'aujourd'hui* und damit direkter Verwandter des Micro Robert (s. Kap. 5.3.3), wurde seinerzeit (Anfang der 1990er Jahre) sogar aus den Quebecer Schulen verbannt. Die Gründe dafür haben wiederum mit

[118] Es handelt sich um ein pädagogisches Wörterbuch („20 000 mots et locutions") aus der Perspektive der nordamerikanischen Frankophonie, in dem durchgängig die Techniken des glossierten Beispiels (4.5.1) und des *regroupement* (3.3.2) praktiziert werden. Quebezismen (z.B. *maganer*, *placoter*) werden nicht markiert, Französismen (z.B. *lycée*) hingegen schon. Das Wörterbuch wurde im Unterschied zum DQA vom Quebecer Erziehungsministerium zugelassen.

der *sprachlichen Unsicherheit* der Frankokanadier zu tun, die sich in folgenden Erscheinungen des DQA manifestiert:

1) Nichtmarkierung der Besonderheiten des *français québécois* – befürchtete Konsequenzen: Es sei nicht möglich zu überprüfen, ob etwas zum *français commun* gehört oder auf Quebec begrenzt ist, was vor allem für Schüler fatal sei und sich generell negativ auf die Kommunikation innerhalb der Frankophonie auswirken könne.

2) Aufnahme und Nichtstigmatisierung von (zu vielen) Anglizismen, Quebezismen und Flüchen – befürchtete Konsequenzen: eine laxe Einstellung gegenüber dem angloamerikanischen Einfluss und der Eindruck nach außen, das Quebecer Französisch sei voller „peinlicher" Wörter.

Auch wenn der DQA gleich ein Jahr später in zweiter Auflage erschienen ist – mit schärferen Markierungen (insbesondere von Anglizismen und *sacres*) –, konnten zwar die in 2) geäußerten Bedenken etwas abgeschwächt werden, nicht jedoch diejenigen, die gegen die grundsätzliche Konzeption eines integralen Wörterbuchs gerichtet waren.

Ein gänzlich anderes Echo hatte der *Dictionnaire québécois-français* (DQF) von Lionel Meney, Franzose und, wie Boulanger, ehemaliger Linguistikprofessor an der Université Laval in Quebec. Titel wie auch Untertitel seines Buches (*Pour mieux se comprendre entre francophones*) suggerieren eine Art zweisprachiges Wörterbuch, das den Quebecern dabei behilflich sein soll, den eigenen Besonderheiten die französischen Äquivalente gegenüberzustellen und den Franzosen helfen soll, Quebezismen leichter zu verstehen, denn – so wird Meney unterstellt (Poirier zit. nach Béjoint 2008, 242) – „la langue des Québécois est incompréhensible pour les autres francophones du monde".[119] Trotz dieser für die kanadische Seite nicht gerade schmeichelhaften Prämisse hat sich der DQF in Quebec vorzüglich verkauft, was auch die Tatsache unterstreicht, dass er innerhalb von vier Jahren eine zweite Auflage erreicht hat – und dies obwohl er in Frankreich so gut wie unbekannt geblieben ist (ib., 240). Lionels Werk ist kein Definitionswörterbuch im eigentlichen Sinne, da die Mikrostrukturen vor allem aus kurzen Bedeutungserklärungen und vielen hexagonalfranzösischen Synonymen, von denen die meisten auch in Quebec geläufig sein dürften, sowie Kollokationen und Idiomen bestehen. Die diversen Verwendungen werden durch zahlreiche Belege aus schriftlichen Quellen aller Art sowie Fernsehsendungen illustriert – allerdings ohne genaue Angabe; auch bleibt die quantitativ-statistische Seite im Unklaren, so dass von korpuslinguistischen Standards bei diesem Ein-Mann-Projekt keine Rede sein kann. Allerdings muss man als neutraler Beobachter zugestehen, dass nirgends eine so reichhaltige Dokumentation des *français québécois* mit all seinen Facetten – Meney beschreibt vor allem den Substandardbereich – in einem einzigen Band zu finden sein dürfte. Auch alle Arten von Anglizismen wurden erfasst. Von 414 Lemmata des Buchstaben F sind 120 Einträge

---

[119] Im Vorwort der zweiten Auflage heißt es jedoch (ziemlich moderat): „le québécois n'est pas une langue à part, totalement différente du français. [...] En fait, il se distingue du français standard principalement par sa prononciation et une partie (certes importante) de son vocabulaire et de sa phraséologie" (v–vi).

lexikalische Anglizismen, oft morphologisch und/oder phonographematisch an das französische System assimiliert, weitere 75 sind semantische oder strukturelle Anglizismen, die in diversen Mikrostrukturen zu finden sind, z.B. unter *faire* die Verbindung *faire une décision* (im St.fr. *prendre une décision*) oder *faillir un examen* (st.fr. *échouer à un examen*) unter *faillir*.

► **Anglizismen** werden im Allgemeinen danach klassifiziert, ob sie ganzheitlicher oder partieller Natur sind. Im ersten Fall werden beide Seiten des sprachlichen Zeichens, also *signifié* und *signifiant*, als Entlehnung betrachtet, d.h. man sieht es diesen Lexemen an, dass sie aus dem Englischen kommen (z.B. *fake*, *flat*), auch wenn sie meist morphologisch integriert (etwa das Verb *flasher* aus e. *to flash* oder die französierte Derivation *futurité* aus e. *futurity*) oder phonographematisch markiert sind; in letzterem Falle wird versucht, die fremde phonologische Struktur mit einer französischen Graphie wiederzugeben, wobei oft auch eine Anpassung an das französische Phonemsystem vorausgeht: z.B. fr.q. *foulé* < e. *fully*, fr.q. *funké* < e. *funky*, fr.q. *flaille* < e. *fly*, fr.q. *céduler* < e. *to schedule*, fr.q. *focusser* < e. *to focus* (die beiden letzten sind auch morphologisch adaptiert). Solche ganzheitlichen Entlehnungen heißen **lexikalische** oder *integrale* **Anglizismen** – die Terminologie des OQLF ist *anglicismes intégraux* (BDL). Alle anderen Typen sind partiell, weil die Ausdrucksseite französisch bleibt, während entweder die Inhaltsseite oder die syntagmatische Abfolge auf einen englischen Ausdruck oder eine englische Verbindung zurückzuführen ist. Bei einem **semantischen Anglizismus** (fr. *anglicisme sémantique*) erhält ein französisches Lexem eine zusätzliche Bedeutung, die von einem im Englischen *formal ähnlichen* Lexem stammt. Bekannt ist der „Fall" e. *to realize*, der insofern bemerkenswert ist, weil die Bedeutung '(in einem Prozess der Bewusstmachung) erkennen, einsehen, begreifen' (DUW) in viele Sprachen, auch ins Französische Frankreichs, entlehnt wurde, wo es auch im Jahre 2013 noch als *emploi critiqué* apostrophiert wird (PR), während die englische Herkunft im Deutschen schon gar nicht mehr erwähnt wird (zumindest nicht im Duden). Weitere Beispiele für semantische Anglizismen sind *apprécier* 'souhaiter, aimer, désirer' (aus e. to *appreciate*), etwa in einem Satz wie *J'apprécie grandement ce que vous avez fait pour moi* (BDL), oder fr.q. *académique* in der Bedeutung 'relatif aux études de niveau supérieur' (aus e. *academic*), etwa in *année* oder *formation académique* (st.fr. *universitaire*), *ouvrages académiques* (st.fr. *didactiques*). **Strukturelle Anglizismen** (auch *syntaktische Anglizismen*), die – auch in der deutschen Romanistik – ***calques***[120] genannt werden (fr. *anglicismes structuraux* oder *syntaxiques* [auch andere Bezeichnungen]), sind syntagmatische Verbindungen (Komposita, Kollokationen, Idiome und andere Phraseme), die zwar aus französischen Lexemen bestehen, deren Abfolge und – mit dieser – deren Bedeutung dem Englischen entlehnt sind: *prendre une marche* (aus e. *to take a walk*) anstelle von st.fr. *faire une promenade*, *faire du sens* (< e. *to make sense*) für st.fr. *avoir du sens*, *être logique*,

---

120 Die ursprüngliche Bedeutung von *calque* ist 'reproduction exacte d'un dessin, d'un modèle' (PR), also 'Pause' im Sinne von 'Kopie mit Pauspapier'.

*être sensé* (vgl. dt. *Sinn machen*). Auch fr. *lune de miel* und *gratte-ciel* sind strukturell englischen Vorbildern (*honey moon* und *skyscraper*) nachempfunden. Im Grunde liegen bei allen diesen Fällen mehr oder weniger wörtliche Übersetzungen einer englischen Struktur vor, in aller Regel unter Beachtung der üblichen Wortbildungsverfahren und der Determinationsrichtung (**miel lune*, **ciel-gratteur*). In anderen Klassifikationen werden diese Beispiele auch *Lehnübersetzungen* bzw. – wenn nicht alle Elemente „übersetzt" werden – *Lehnübertragungen* (z.B. *Wolkenkratzer*, nicht **Himmelskratzer*) genannt. Der Begriff des *calque* schließt auch Phänomene wie *bienvenue* (aus e. *welcome*) im Sinne von 'De rien!', 'Il n'y a pas de quoi!' mit ein, bei denen kein formal ähnliches Lexem zugrunde liegt, dennoch aber die Bedeutung übertragen wurde. In der Fachliteratur gibt es keinen Konsens über die Zuordnung dieser Erscheinung. Man könnte hier von einem **lexikalischen *calque*** sprechen, syntaktische Anglizismen wären dann **strukturelle *calques***. Glessgen ($^2$2012, 308) ordnet sie ebenfalls den *calques* zu und nennt sie *emprunts de sens* (z.B. *arrière* 'joueur dans la défense' nach e. *back*), wodurch allerdings der Unterschied zu den semantischen Anglizismen verwischt wird. Ferner ließen sich noch **morphologische** und **orthographische** *Anglizismen* unterscheiden. Zur ersten Kategorie gehören Numerusformen, die im Französischen nicht üblich sind, z.B. *argents* im Plural aus e. *moneys* in der Bedeutung 'Gelder' (st.fr. *fonds*, *crédits*, *sommes*, *argent*); zur zweiten zählen Fälle wie *Mars* und *Mardi* statt *mars*/*mardi* (beeinflusst durch die Großschreibung von Monaten und Wochentagen im Englischen) und *Mr.* statt *M.* (für *Monsieur*). Schließlich kann noch die Kategorie der **hybriden Anglizismen** angesetzt werden, die ein englisches Lexem in Kombination mit einem französischen Affix enthalten: das Nomen agentis *frencheur* (aus fr.q. *frencher* < e. *French kiss*) oder das Verb fr.q. *focailler* (auch *fuckailler*) (DQF) mit dem Suffix *-ailler*. Manche Autoren rechnen auch Infinitive wie *focusser* oder *flipper*, die wir als systemadaptierte lexikalische Anglizismen betrachten (s. oben), zu den hybriden Anglizismen (so das OQLF).[121]

Als ***Lehnwörter*** (fr. *emprunts*, *mots empruntés*) werden Lexeme einer Sprache X (*Gebersprache*) bezeichnet, die in einer Sprache Y (*Nehmersprache*) aufgrund von **Sprach**- oder **Kulturkontakt** (fr. *contact de langues*) verwendet werden, wobei sie in unterschiedlichem Maße an das System der Sprache Y adaptiert sind. Besonders im Deutschen wird darüber hinaus der Terminus ***Fremdwort*** (fr. *emprunt*, *mot étranger*) unterschieden, bei dem keinerlei Integration in die Nehmersprache stattgefunden haben soll: z.B. bei lateinischen Elementen. Dies ist jedoch fraglich, weil ein „fremdes" Element phonologisch und prosodisch sofort angepasst wird (vgl. die lateinische Sentenz *Ex nihilo nihil*, die von einem Franzosen anders ausgesprochen (ohne [h]) und anders akzentuiert wird (auf der letzten Silbe betont [= *oxyton*]) als von einem Deutschen. Andererseits ist bei einem Lehnwort (im Unterschied zum *calque*) immer ein „fremdes" Merkmal erkennbar. Ist dieses völlig verschwunden, ist ein Lexem also auf allen Sprachebenen (inkl. Phonologie, Orthographie, Morphologie) integriert (adaptiert), so

121 Das hängt davon ab, ob das Infinitivmorphem (*-er*) als reiner Wortklassenmarker oder als Suffix gesehen wird.

wird es von den Sprechern einer Sprache nicht mehr als Lehnwort wahrgenommen (z.B. fr. *sucre* aus arab. *sukkar*, dt./fr. *Sport*/*sport*). In normativen Diskursen wird ferner zwischen *Bedürfnislehnwörtern* (fr. *emprunts de nécessité*) und *Luxuslehnwörtern* (*emprunts de luxe*) differenziert.[122] Letztere seien überflüssig, da in der Sprache zur Bezeichnung desselben Begriffs bereits Lexeme der eigenen Sprache zur Verfügung stünden (vgl. das Vorwort zur 9. Aufl. des DAF, Kap. 5.1). Bedürfnislehnwörter hingegen seien legitim, da mit dem Wort auch die Sache mit in die Sprache gekommen sei (z.B. fr. *hamburger*, *pizza*). Allerdings sind die Grenzen fließend und werden von sprachpuristischer Seite oft überschritten (vgl. den Versuch, e. *laptop* durch dt. *Klapprechner* zu ersetzen). Außerdem wird vergessen, dass nicht nur stilistische, sondern auch semantische Unterschiede zu beachten sind, z.B. innerhalb des Wortfeldes 'Verabredung' im Deutschen (*Verabredung – Termin – Rendezvous – Stelldichein – Treffen – Date*).

Der Terminus ***Entlehnung*** (fr. *emprunt*) ist weiter gefasst als *Lehnwort* und bezeichnet einerseits den Prozess des Überführens von Wortschatz in eine andere Sprache, andererseits kann er auch auf größere Einheiten als ein Lexem (z.B. syntaktische Konstruktionen) oder auf nicht-lexikalische (z.B. lautliche) Phänomene bezogen werden. ***Lehngut*** schließlich ist eine Sammelbezeichnung für den aus einer anderen Sprache entlehnten Wortschatz („englisches Lehngut im Französischen" z.B.).

Was die Aufnahmefreudigkeit Quebecer Wörterbücher bezüglich Anglizismen betrifft, so hat eine kleine Untersuchung auf der Basis der 48 häufigsten englischen Lehnwörter im gesprochenen *français québécois* (vgl. Schafroth 2008) ergeben, dass der DFQ davon 45 verzeichnet, also fast alle, der DQA 22, der Multi 17 und der DFplus 8. Die häufigsten fünf Anglizismen sind übrigens *fun*, *job*, *chum*, *party* und *gas*.

Am DQF hat sich eine ähnlich heftige Debatte entzündet wie seinerzeit am DQA – im ersten Falle von Sprachwissenschaftlern angestoßen, im zweiten von Journalisten, Schriftstellern und Bildungspolitikern. Die Vorwürfe an Meney beziehen sich sowohl auf das Was als auch auf das Wie – mit anderen Worten: Die Authentizität aufgenommener Formen und Bedeutungen (nicht nur von Anglizismen) wurde ebenso in Frage gestellt wie der ganze Charakter des Wörterbuchs: das „Übersetzen" der Quebezismen oder die Rubrik *Rions un peu...*, die dem *francais québécois* für den Geschmack mancher Kritiker einen folkloristischen Anstrich gebe. Tatsache ist, dass der lexikographisch brillante DQA nach 1993 nicht mehr aufgelegt wurde, während es in der Entscheidung von Autor und Verlag liegt, dem dokumentatorisch zweifelsohne ergiebigen, aber lexikographisch dürftigen DQF weitere Auflagen zukommen zu lassen.

---

[122] Die *recommandations officielles* (4.4.) legitimieren sich ja gerade durch diese Differenzierung: z.B. *accord* statt *deal*, *résumé* für *abstract* oder *sac gonflable* anstelle von *airbag*.

Sehen wir uns nun noch jeweils einen typischen Artikel aus beiden Wörterbüchern an. Das umgangssprachliche Lexem *chialer* gibt es auch in Frankreich, bedeutet dort aber nur 'pleurer'. In Quebec existiert zusätzlich die Bedeutung 'se plaindre, critiquer sans arrêt' (*Usito*). Der DQA verwendet das Prinzip des *regroupement* und der analogischen Verweise, der DQF bringt Synonymreihungen und eine Vielzahl von Belegen. Der Unterschied ist frappierend, sowohl was die lexikographischen Standards (im DQA) als auch was die Reichhaltigkeit der Anwendungsbeispiele (im DQF) betrifft:

> **chialer** [ʃjale] [...] FAM. **1.** Pleurer, brailler. / contr. ① **rire** / **2.** Se plaindre sans cesse, critiquer sans arrêt. ⇒ **rechigner**. *Tu chiales au moindre poblème.* ▶ **chialeur, euse** n. et adj. ▪ FAM. Personne qui chiale [...] ▶ **chialeur, euse** n. et adj. ▪ FAM. Fait de chialer [...] (DQA, [2]1993).

> **chialer, [chiâler]** (v. intrans.) [se plaindre sans arrêt; récriminer]: râler (v. intrans., fam.); rouspéter (v. intrans., fam.); gueuler (v. intrans., fam.); criailler (v. intrans., fam.)
> – **C'est correct, j'vas rester, à soir, mais arrêtez de chiâler, pour l'amour!** (Michel Tremblay) arrêtez de rouspéter [...]
> – **Tu chiales parce que tu travailles une couple de soirée par semaine, mais qu'est-ce que tu fais quand t'as ta soirée libre? Tu vas la perdre au restaurant** (André Major): Tu te plains; Tu râles; Tu rouspètes [...]
> – **chialer sur** [se plaindre de]:
> **Et nous chiâlons souvent sur notre système de santé, mais Dieu sait que nous avons au Québec une médecine extraordinaire** (LJQ): nous rouspétons souvent contre
> [En français standard, le v. « chialer » (fam.) signifie « pleurer » (au sens pr.)] (DQF, [2]2003).

Abb. 85: Der Artikel *chialer* im *Dictionnaire québécois d'aujourd'hui* (DQA) und *Dictionnaire québécois-français* (DQF) (stark gekürzt).

Es ist wohl die „ungeschminkte Wahrheit" des Sprachgebrauchs, wie sie im den Belegen des DQF zum Ausdruck kommt, die in Quebec (aus europäischer Sicht unverständlicherweise) nicht akzeptiert werden kann und die – um es auf einen Nenner zu bringen – in einem Wörterbuch nach Dafürhalten seiner Kritiker nichts verloren hat (s. *Usito*).

Halten wir fest: Lexikographie in Quebec ist ein schwieriges Geschäft... Außer man arbeitet primär historisch – wie der *Dictionnaire historique du français québécois* (DHFQ). Dieses Wörterbuch ist das Produkt eines langen und arbeitsintensiven Projekts des *Trésor de la langue française au Québec* (TLFQ), der in den 1970er Jahren gegründet wurde, um eine Infrastruktur für die lexikographische Erforschung der Geschichte und des aktuellen Gebrauchs des französischen Wortschatzes in Quebec zu schaffen. Der DHFQ, unter der Leitung von Claude Poirier 1998 publiziert, enthält ungefähr 660 umfangreiche Artikel zu denjenigen lexikalischen Besonderheiten des *français québécois*, „qui sont, dans une large proportion, au cœur du lexique québécois et qui ont toujours posé un problème d'évaluation" (xviii). Die Artikel werden aufgrund ihres substantiellen Charakters „monographies" genannt – derjenige zu *indien* z.B. umfasst sieben Seiten – und enthalten fundierte Erklärungen zu den chronologisch angeordneten Bedeutungen mit ausführlichen historischen Kommentaren und zahlreichen Belegen aus Archiven, literarischen Werken, Zeitungen, wissenschaftlichen Abhandlungen, Korpora gesprochener Sprache u.a.m. sowie Kollokationen und Phrasemen. Zusammen mit den ebenfalls detailliert beschriebenen Sublemmata, meist Derivationen und Komposita, werden ca. 3 000 Lexeme lexikographisch erfasst. Das Werk ist *expressis verbis* multidifferentiell konzipiert, und zwar in Bezug auf Frankreich (auch mit historischer Perspektive), aber auch im Verhältnis zu anderen nordamerikanischen Varietäten (Acadie, Louisiana) und in Form einer geographischen Differenzierung innerhalb der Provinz Quebec (z.B. Outaouais, Montréal, Gaspésie). Es werden auch Lexeme englischer Herkunft (z.B. *ketchup*, *kid*, *smatte* (*smart*), *bean* (*bine*, *binne*)) und neuere Bildungen auf französischer Basis (z.B. *beignerie*) inventarisiert. Durch sorgfältige Markierung der Lemmata und Sublemmata sowie ihrer Bedeutungen und syntagmatischen Verbindungen sowie durch eine Art soziolinguistischen Kommentar möchte der DHFQ auch ein „dictionnaire d'usage“ (xxxix) für Quebezismen sein. Das folgende Beispiel soll einen kleinen Einblick geben:

**SLOCHE** ou **SLUSH** [slɔʃ] n. f. sing. Rem. Au sens 1, souvent prononcé [slɔtʃ]; on retrouve la graphie correspondante, *slotche*, depuis les années 1960.

♦ **1.** (Emploi critiqué). Mélange inconsistant de neige et d'eau, imprégné de saletés, qui s'accumule dans les rues, les chemins. *Les rues sont en sloche, pleine de sloche. Piler, marcher, tomber, mettre le pied dans la sloche. Avoir les deux pieds dans la sloche. Il y a de la sloche aujourd'hui.* ⇒ **bouette**, **gadoue**, **gibelotte**. […]. Rem. Malgré certaines condamnations, notamment au profit de *gadoue* ou du néologisme *névasse*, le mot a tout de même été recommandé par quelques observateurs du langage. […]

♦ **2.** (Généralement orthographié *slush*). Rafraîchissement composé de glace granulée arrosée d'un sirop coloré et aromatisé. Rem. Parfois condamné au profit du néologisme *barbotine*, qui ne parvient pas à s'imposer […].

■ HIST. **1.** Depuis 1893 […]. Emprunt de l'anglais […]. **2.** Depuis 1975; emprunt de l'anglais nord-américain […].

Abb. 86: Auszüge aus dem Artikel *sloche* des *Dictionnaire historique du français québécois* (DHFQ)

Die Subtilität der Beschreibung zur normativen Geschichte dieses Lexems ist natürlich nur aufgrund der sehr selektiven Makrostruktur möglich. Aber sie ist wichtig, relativiert sie doch die manchmal rigorose Art der Etikettierung in frankokanadischen Wörterbüchern, z.B. im *Usito*, wo *sloche*$_1$ nur als *anglicisme critiqué* figuriert und zusätzlich den Kommentar (ohne Bedeutungserklärung im Übrigen) „L'emploi de *slush*, ou de sa variante *sloche*, est critiqué comme synonyme non standard de *GADOUE*“ erhält.

Zu den jüngsten Forschungsaktivitäten des *Trésor de la langue française au Québec* (TLFQ), der an der Université Laval angesiedelt ist, zählt die Bearbeitung der Quebecer Komponente der panfrankophonen Datenbank BDLP (Kap. 6.5). Aktuell (Oktober 2013) umfasst die Unterabteilung der Datenbank BDLP-Québec einen Fundus von 3 384 Artikeln und stellt damit einen wesentlichen Beitrag zur lexikographischen Erfassung des französischen Wortschatzes in Kanada dar.

## 6.5 Base de données lexicographiques panfrancophone

Das internationale Projekt der *Base de données lexicographiques panfrancophone* (BDLP), an dem sich bisher 20 frankophone Sprachgemeinschaften beteiligen[123] – bis auf die Acadie handelt es sich bei allen anderen um Länder bzw. Provinzen oder Bundesstaaten –, geht zurück auf die Initiative Bernard Quemadas, eines der Väter des TLF, der in den 1980er Jahren die Vision eines *Trésor des Vocabulaires Francophones* hatte. Seit 2004 ist die Datenbank im Internet zugänglich und wird sukzessive erweitert – es ist geplant, dass sich auch weitere Länder oder Regionen daran beteiligen. Das logistische Zentrum ist der ATILF in Nancy (s. 5.1), wo auch der TLFi angesiedelt ist, für dessen Komplettierung die BDLP ursprünglich eingerichtet wurde. Jede der 20 Sprachgemeinschaften verfügt über eine eigene Equipe (s. 6.2 bis 6.4), die ihren lexikographischen Beitrag leistet und jede Datenbank kann entweder einzeln aufgerufen werden (z.B. BDLP-Cameroun) oder als ganzes (BDLP-Internationale).

Idealerweise müssten sich die Schnittmengen ja aus 20 ganzheitlich (integral) erfassten lexikalischen Inventaren ergeben, was utopisch ist und bisher nur für Frankreich und Quebec realisiert worden ist. Ein solches Projekt wäre gigantisch, denn es müsste sowohl eine umfassende onomasiologische Perspektive beinhalten (etwa „Wie wird der ‘Sonnenuntergang’ in Kamerun, Réunion oder Belgien bezeichnet?“) als auch eine entsprechend breit angelegte semasiologische Erforschung der Lexeme berücksichtigen: *arbre*, *eau*, *ciel* und *fleur* haben sicherlich nicht in allen 20 Gegenden den gleichen Bedeutungsumfang. Das ist jedoch, wie gesagt, nicht zu leisten. Stattdessen wurden alle *differentiell* existierenden *particularités* inventarisiert (Bedeutungen, Komposita, *locutions* etc.) – *differentiell* im Sinne des Unterschieds zu einem *français de référence*, welches letztlich ein *français de France*, genauer gesagt ein *français standard de France* ist. So ist ein Datensatz entstanden, der sich bei geschickter technologischer Aufbereitung – und diese darf dem BDLP zweifelsohne bescheinigt werden – sowohl semasiologisch als auch onomasiologisch abfragen lässt. Beide Perspektiven sollen kurz illustriert und kritisch beurteilt werden:

1) Semasiologische Perspektive (am Beispiel *pain*):

Unter den 81 Treffern in der Gesamtdatenbank finden sich meist Komposita und Kollokationen, vereinzelt auch Phraseme, die das Lexem *pain* beinhalten, z.B.:

*pain d'abbaye* ‘variété de pain de fabrication artisanale, associé à une abbaye’ (Belgique)
*arbre à pain* ‘arbre de la famille des moracées dont une variété [...] donne un fruit volumineux à la pulpe comestible [...]’ (Centrafrique)
*arbre à pain* ‘(Bot.) Arbre au feuillage épais, de la famille des Moracées, produisant un abondant latex et un fruit comestible’ (Madagascar)

---

[123] Die Acadie, Algerien, die Antillen, Belgien, Burundi, die Elfenbeinküste, Frankreich, Kamerun, Kongo-Brazzaville, Louisiana, Madagaskar, Marokko, Mauritius, Neukaledonien, Quebec, Réunion, Ruanda, die Schweiz, Tschad und Zentralafrika.

*beurrer son pain des deux côtés* (loc. verb.) '**Fig.** Ne pas faire de choix, ménager la chèvre et le chou' (Québec)
*pain coupé* (loc. nom.) 'Pain en tartines' (Rwanda)
*pain de sucre* (loc. nom.) [pɛ̃dsyk] 'Pain en tartines' (Louisiana)

Abb. 87: Auszug aus der BDLP-Internationale (*Recherche simple*: *pain*)

Die Daten sind zuallererst als Rohmaterial zu verstehen, denn sie lassen sich keinem gemeinsamen Nenner zuordnen: *pain* ist einmal Determinans, einmal Determinatum, schließlich Teil eines Phrasems. Auffällig ist die Dominanz der Quebecer Belege (52 von 81), die natürlich aufgrund der guten Forschungsbasis des TLFQ zustande gekommen ist. Für Frankreich findet sich kein Eintrag, obwohl im DRF (6.1) einige regionale Besonderheiten rund um den Begriff 'Brot' zu nennen wären (*pain brié*, *pain plié*, *pain de deux/de trois/de quatre/de cinq/de six*, *pain (de) restaurant*, *pain au lait*, *pain-beurre* u.a.m.)

2) Onomasiologische Perspektive (am Beispiel einer *classe conceptuelle*: *Activités physiques* (*mouvements*, *gestes du corps*)):

*abaisser (s' ~)* (v. pron.) '**Fam.** Incliner le corps; se courber (pour des humains)' (Belgique)
*abéquer* (v. trans.) '**Région.** Mettre un objet dans une position élevée et souvent instable, précaire ou difficile d'accès; jucher' (Suisse)
*abrier (s' ~)* (v. pron.) 'Se couvrir' (Acadie)
*affaire (faire l' ~)* (loc. verb.) 'Avoir des relations sexuelles' (Côte d'Ivoire)
*astiquer* (v. intrans.) '**Fam.** Accélérer, se dépêcher, foncer' (Nouvelle-Calédonie)

Abb. 88: Auszug aus der BDLP-Internationale (*Recherche avancée*/*Classe conceptuelle*: *Activités physiques* (*mouvements, gestes du corps*))

Die Heterogenität (und teilweise Unstimmigkeit) der Belege hinsichtlich ihrer Zugehörigkeit zum Begriffsfeld 'Körperliche Aktivitäten (Körperbewegungen, Gesten)' ist vermutlich darauf zurückzuführen, dass bei der Eingabe eines landestypischen Lexems (oder einer Verbindung) bestimmte kategorisierte Kodierungen vorgenommen werden mussten, die dann automatisch zu dieser Zuordnung geführt haben. Hier müssten die Kriterien verfeinert werden.

Die Recherchemöglichkeiten in der BDLP sind jedenfalls beeindruckend: nach Sprachregistern (von *familier* bis *vulgaire*), Konnotationen (*grossier*, *péjoratif*, *plaisant* u.a.), historischen Prozessen (*calque*, *emprunt lexical* etc.), Erstbeleg, Etymon (gemäß FEW) oder „Emplois ayant fait l'objet de critiques" (Ergebnis 218 Belege, davon allein 112 in Quebec). Manches muss methodologisch noch genauer abgestimmt werden, doch dürfen sich die frankophone Lexikologie und Lexikographie glücklich schätzen, eine solche lexikalische Basis, die auch einen starken symbolischen Wert (Stichwort *Frankophonie*!) hat, zur Verfügung zu haben.

Aufgaben

1. Geben Sie in den *Grand dictionnaire terminologique* (GDT) des Office québécois de la langue française (OQLF) die Lexeme *hashtag, ego shooter, wireless access point, toast* und *brainstorming* ein und suchen Sie diese im *Usito*. Diskutieren Sie das Ergebnis dieses Vergleichs sowie die im GDT vorgeschlagenen Französierungen im Seminar.
2. Rufen Sie die Seite der *Banque de dépannage linguistique* (BDL) des OLFQ auf, suchen Sie im *Index thématique* die Rubrik *Les anglicismes* und innerhalb dieser *Anglicismes intégraux* (darin z.B. *chum, cool*) und *Anglicismes sémantiques* (z.B. *apprécier, attractif, effectif*). Vergleichen Sie die Situation des angloamerikanischen Einflusses in Quebec mit demjenigen in Frankreich. Diskutieren Sie die Haltung des OQLF.
3. Suchen Sie in der BDLP a) mittels einer *Recherche simple* die Lemmata *machine* und *achaler*, b) mittels *Recherche avancée* die Markierung *populaire* (*Marques/Registre de langue*) und alle verzeichneten *Emplois ayant fait l'objet de critiques* (*Statut et critique*). Interpretieren Sie a) lexikologisch-semantisch und b) varietätenlinguistisch und im Hinblick auf Sprachnormierungsaspekte.

# 7. Enzyklopädische Werke des Französischen

## 7.1 Zum Begriff 'enzyklopädisch'

Der gelehrte Terminus *Enzyklopädie* ist über fr. *encyclopédie*, das seinerseits auf mittellat. *encyclopaedia* zurückgeht (Erstbeleg der französischen Form 1532 bei Rabelais, der lateinischen in Frankreich 1508 bei Budé), im 18. Jahrhundert ins Deutsche gekommen. Der lateinische Ausdruck – Bedeutung '(Grund)lehre aller Wissenschaften und Künste (die dem Spezialstudium vorausgeht)geht' – ist eine Adaptation des gr. *egkyklopaideia* (aus: *egkýklios* ('rund, im Kreise gehend') und *paideia* 'Lehre, (Aus)bildung'), bei Plutarch belegt. Die moderne Bedeutung ist 'Nachschlagewerk, in dem der gesamte Wissensstoff aller Disziplinen oder nur eines Fachgebiets in alphabetischer oder systematischer Anordnung dargestellt ist' (nach GWDS, DMD, TLFi).

Die Problematik, Sachwissen und Sprachwissen voneinander zu trennen, haben wir bereits in Kap. 1.4 angesprochen. In Kap. 4.3 wurde vor dem Hintergrund dessen, was Sachwissen überhaupt sein soll, der besondere Typ der enzyklopädischen Wörterbücher behandelt. Von diesem wird in diesem Kapitel noch weitere Male die Rede sein.

Zuvor sollte aber geklärt werden, wie sich Namen und Wörter (lassen wir hier bewusst den nichtlinguistischen Ausdruck) unterscheiden. „Wörter" stehen für eine Klasse von Referenten (für einen Begriff) und haben eine Bedeutung: *chat* ist eine Abstraktion aller Referenten, die durch diesen *signifiant* bezeichnet werden und hat eine sprachliche Bedeutung. Anders ein Name wie *Baudelaire*. Er bedeutet nichts und steht auch nicht für eine Klasse von Individuen, sondern er hat Etikettfunktion, er identifiziert ein Objekt der außersprachlichen Wirklichkeit, *einen* Referenten – ebenso wie *La Guerre de Cent Ans*, *Louis XIV*, *Bourgogne*, *Chablis*, *France* oder *Stromae*. Auch ein Vorname wie *Michel* oder *Julie* referiert in eindeutiger Weise auf die gemeinte Person innerhalb eines konkreten Äußerungsaktes – bei Ambiguität können zusätzlich Nachname oder Beschreibungsattribute hinzugezogen werden (*le blond*, *de Toulouse* etc.). Es gibt allerdings Berührungspunkte zwischen „Wort" (Lexem) und Name. Beide teilen sich die grammatikalischen Klasse der Nomina (fr. *noms*) – die Lexeme sind darüber hinaus noch in weiteren Wortarten vertreten, die Namen nicht. Und: Ein Name kann Bedeutung erhalten und ein Lexem kann – in selteneren Fällen – die Funktion eines Namens übernehmen.

► Ein Lexem (allgemeinsprachlich *Wort*) wird auch *Appellativum* oder *Gattungsname* (lat. *nomen communis*, fr. *nom commun*) genannt. Namen (auch *Eigennamen*, lat. *nomen proprium*, fr. *nom propre*) werden im Allgemeinen unterklassifiziert in Anthroponyme (Personennamen, fr. *anthroponymes*) und Toponyme (Name für geographische Objekte, z.B. Orts- oder Gewässernamen, fr. *toponymes*). Eigennamen können (a) die Basis für neue Lexeme bilden – so gehen fr. *poubelle*, *praline* und *guillotine* auf Personennamen, *scotch* ('ruban adhésif') und *kleenex* ('mouchoir de papier jetable') auf Markennamen zurück – oder (b) metaphorisch gebraucht werden (*un nouveau Tchernobyl*, *un Picasso*). Der erste Fall (a) wird *Konversion* (fr. *conversion*) genannt, der zweite *Antonomasie* (fr. *antonomase*). Beide Male wird dem Namen (gr. *onoma*) das Namenhafte genommen, beide Phänomene werden deshalb *Deonyme* (fr. *déonymes*) genannt, der Prozess *Deonymisierung* (fr. *déonymisation*). Eine *deonymische Ableitung* (fr. *dérivation déonymique*) liegt vor, wenn aus einem Eigennamen durch Suffigierung ein Adjektiv (z.B. *Molière → moliéresque*) oder Substantiv (*Sarkozy → sarkozysme*) gebildet wird. Beziehen sich diese Derivate auf Namen von Städten, Regionen, Ländern oder Kontinenten (*Québec → Québécois*, *Paris → parisien*), spricht man von *Ethnika* (Sg. *Ethnikon*, fr. (*mot*) *ethnique*). Die sprachwissenschaftliche Disziplin, die sich mit den genannten Erscheinungen befasst, heißt ***Deonomastik***. Sie arbeitet überwiegend historisch und bedient sich der Methoden der *Onomastik* (Namenkunde) und Lexikologie. Der komplementäre Terminus zu Deonymisierung ist nicht in gleicher Weise etabliert – man könnte von *Eponymisierung* (und *Eponymen*, fr. *éponymes*) sprechen (der Prozess heißt im Fr. aber eher *antonomase inverse*): Ein Lexem wird wie ein Name verwendet (singuläre Referenz). So wird heute noch von Charles de Gaulle als *le général* oder Philippe Pétain als *le maréchal* gesprochen (vgl. it. *il Cavaliere* für Silvio Berlusconi, dt. *der Kaiser* für Franz Beckenbauer). Auch das Prinzip der lateinischen Beinamen (z.B. lat. *augustus* 'der Erhabene') oder, generell, der Spitznamen funktioniert so.

Rey-Debove (2001) hält es aufgrund der offensichtlichen Berührungen zwischen Namen und „mots du lexique“ für fragwürdig, ja sogar für utopisch, diese in der Lexikographie zu trennen. Sie begründet dies damit, dass viele Namen nur aus Lexemen bestünden (z.B. *Arc de Triomphe*, *Hôtel des Invalides*) und dass Deonyme wie *dreyfusard* und Ethnika wie *espagnol* in der lexikographischen Beschreibung nach *Dreyfus* bzw. *Espagne* stehen sollten, was aber nicht der Fall ist. Das würde bedeuten, dass die Trennung in Sprach- und Sachwörterbücher willkürlich ist und vielleicht das enzyklopädische Wörterbuch doch das besser geeignete Instrumentarium ist, um inhaltlich zusammengehörige „Nomina“ einer Sprache auch zusammen zu lassen. Wie künstlich die Trennung zwischen einer sprach- und einer sachbezogenen Beschreibung ist, kann man in einem früheren Brockhaus (BrockEnz) sehen:

(a) **Einreibung**, *Inunctio*, das Einbringen von Arzneimitteln mit flacher Hand in die Haut [...].
(b) **Einrenkung**, **Einrichtung**, das Wiederherstellen der richtigen Stellung ausgerenkter Gelenke und gebrochener Knochen [...].
(c) **einschießen 1.** bei Geschützen und schweren Maschinengewehren [...] **2.** *Drucktechnik* [...] **3.** *Bäckerei* (Backwerk in den geheizten Ofen einführen).
(d) **Einschlafen der Glieder**, Parästhesie, [...].

Abb. 89: Auszüge aus Artikeln der *Brockhaus Enzyklopädie* aus dem Jahre 1966 (BrockEnz)

Anstatt die in der Gebrauchsnorm wesentlich geläufigeren Verben *einreiben*, *einrenken* und *einschlafen* zu lemmatisieren, werden ihre Nominalisierungen inventarisiert, die als enzyklopädisch beschreibbare Einheiten behandelt und somit als „enzyklopädisch genug“ gewertet werden – die zugrunde liegenden Verben wurden offensichtlich als zu „wörterbuchspezifisch“ betrachtet. Im Unterschied dazu wurde das Verb *einschießen* registriert, dem offenbar nur ein fachsprachlicher Status zuerkannt wurde, was die Aufnahme in die Enzyklopädie zu rechtfertigen scheint.

Unabhängig vom methodologischen Problem der Trennung von Gattungs- und Eigennamen ist es unstrittig, dass das Wissen über die Träger von **Namen** in erster Linie enzyklopädischer Natur ist. Es ist daher gerechtfertigt, wenn diese in Enzyklopädien und enzyklopädischen Wörterbüchern behandelt werden und nicht nur Lexeme, die einen Sachwissensgehalt aufweisen wie *arbre*, *écureuil* oder *fugue*. So war es ein Anliegen von **Paul Robert**, zusätzlich zu seinen Sprachwörterbücher auch lexikographische Werke zu erstellen, die historisches, geographisches, kunstgeschichtliches sowie geistes- und naturwissenschaftliches Wissen in sich vereinen. Im Jahre 1974 kamen gleich zwei Werke, mit jeweils mehr al 40 000 Einträgen, auf den Markt: der einbändige *Petit Robert 2* (PR2), als damalige Konkurrenz zum *Petit Larousse illustré* lanciert, und der vierbändige *Dictionnaire universel des noms propres alphabétique et analogique* (DUnpr), der ab 1984 unter dem Namen *Le Grand Robert des noms propres* (GRnpr) in fünf Bänden neu herausgegeben wurde. Paul Robert wäre nicht Paul Robert, hätte er nicht auch hier versucht, systematische Bezüge einzubauen. Dass dies wesentlich schwerer ist als bei den Lexemen, liegt auf der Hand, aber zum Sachwissensframe eines Flussnamens gehören die Namen der Quelle, der Zuflüsse, der Städte, die er durchfließt und der Mündung – alles sachlogische und daher **analogische Beziehungen**. Diese werden in Form eines Asterisks und (in späteren Auflagen) zusätzlich durch einen Pfeil dargestellt. Die Adressierung ist lemmatisch, verweist also auf eigene Einträge in der Makrostruktur, die mit einem Pfeil indizierten Artikel werden als besonders wichtig oder substantiell betrachtet. Ein Beispiel:

> **CATHERINE DE MEDICIS** ♦ (Florence 1519 / Blois 1589). Reine de France. Fille de Laurent II de Médicis*, duc d’Urbino, elle épouse le futur Henri* II (1533). Pendant le règne de son mari, éclipsée par la favorite Diane de Potiers*, elle n’eut qu’un rôle effacé, qui continua sous le court règne de François* II. […] S’efforçant de préserver l’autorité monarchique, elle joua des Guises catholiques et des Bourbons protestants les uns contre les autres. → **Guise, Bourbon.** […].

Abb. 90: Auszüge aus dem Artikel *Catherine de Médicis* im Petit Robert 2 von 2003 (PR2)

Wenn man so möchte, sind die analogischen Verweise die Vorwegnahme der (noch viel radikaleren) hypertextuellen Verlinkung in digitalen Enzyklopädien. Doch sind die beiden Robert-Werke Enzyklopädien? Die Antwort hängt davon ab, welche Art von Sachwissen unter dem Begriff ‘enzyklopädisch’ subsumiert wird. Sprachliches Wissen bilden die Eigennamen jedoch nicht ab. Das wäre nur bei Deonymen, insbesondere bei Antonomasien der Fall, z.B. zu (*La*) *Mecque*: *Paris est la Mecque de la mode*. Die Grenze zu solchen Phänomen wird aber bereits klar vorher gezogen.

## 7.2 Historischer Exkurs: *L'Encyclopédie*

Allein die Tatsache, dass es ***L'Encyclopédie*** heißt – was im Übrigen ein Beispiel für ein Eponym ist (7.1) – deutet auf den herausragenden Stellenwert dieses Werks hin. Diesen in einem kurzen Kapitel eines universitären Studienbuchs auch nur annähernd zu würdigen, ist kein leichtes Unterfangen. Im Vordergrund soll deshalb die Frage stehen, was man als Student(in) einer modernen Philologie über dieses bahnbrechende Projekt unbedingt wissen sollte.[124] Vielleicht ist es aufschlussreich, mit einer überraschenden Parallele in der Selbsteinschätzung zweier großer Lexikographen zu beginnen: Sowohl Pierre Larousse als auch Alain Rey, der seit Paul Roberts Tod den Verlag Le Robert symbolisiert, sahen sich mit ihren größten lexikographischen Leistungen – dem *Grand Dictionnaire universel du XIX^e^ siècle* (GDU) (Kap. 5.2) bzw. dem *Dictionnaire culturel* (Kap. 5.3.3) – in der Tradition zweier berühmter Werke: des frühaufklärerischen *Dictionnaire historique et critique* von Pierre Bayle (1697) und des lexikographischen Symbols der Aufklärung schlechthin, der *Encyclopédie*. Zitieren wir Larousse:

> [C]es deux œuvres immortelles […] sont sorties d'une inspiration dégagée de toute préoccupation mercantile, et ont assis pour jamais, sinon inauguré, le principe d'où devait jaillir l'ère des sociétés modernes (GDU, Préface, LXIV).

Hoinkes (2011, 117) betont vor allem die „Geisteshaltung", mit der die Akteure der französischen Aufklärung „in gemeinsamer Ablehnung der traditionellen Macht- und Wissensstrukturen ihrer Zeit […] ihr Wissen nicht nur einer breiten Öffentlichkeit darzulegen, sondern auch gegenüber den repressivem Machthabern […] zu verteidigen" versuchten. Diese gleichermaßen zutiefst geistige wie politische Haltung drückt sich auch im Artikel *encyclopédie* des gleichnamigen Werks aus:

> L'*Encyclopédie* peut aisément s'améliorer ; elle peut aussi aisément se détériorer. Mais le danger auquel il faudra principalement obvier, & que nous aurons prévû, c'est que le soin des éditions subséquentes ne soit pas abandonné au despotisme d'une société, d'une compagnie, quelle qu'elle puisse être (*Enc*, Artikel *encyclopédie*).

Die *Encyclopédie* war ursprünglich als erweiterte französische Version der zweibändigen *Cyclopaedia* von Ephraim Chambers (London, 1728) konzipiert. Der durch Übersetzungen bekannt gewordene Intellektuelle Denis Diderot und der Mathematiker und Naturwissenschaftler Jean le Rond D'Alembert – beide Brüder im aufklärerischen Geiste und mit dem Enzyklopädieprojekt betraut– entwickelten bald ihre eigene Konzeption eines Monumentalwerks, dessen erster Band 1751 erschien. Die *Encyclopédie ou Dictionnaire raisonné des sciences, des arts et des métiers*, so der ganze Titel, basiert auf der Überzeugung, „dass sich alle menschliche Erkenntnis aus der Sinneswahrnehmung generiert und dass somit der Mensch selbst zum Maßstab seines Wissens wird" (Hoinkes,

---

124 Dies geschieht auf der Basis von Rey (1982), Hupka (1989b), Meschonnic (1991) und Hoinkes (2011). Originalbelege stammen aus der CD-ROM-Version der *Encyclopédie*.

118). Menschliches Wissen basiere also in erster Linie auf Erkenntnis, die durch die Eigenschaft des Verstandes (Imagination, Vernunft, Gedächtnis) ermöglicht werde – und nicht durch Überlieferung, auch nicht durch Glauben (s. den *Discours préliminaire* von D'Alembert und den bereits zitierten Artikel *encyclopédie*).

Zwischen 1751 und 1765 erschienen 17 Bände, ferner vier Supplemente in den Jahren 1776 und 1777 sowie ein analytischer Index (*table analytique*) 1780. Für die damalige Zeit beeindruckend waren die auf elf Bände verteilten ganzseitigen Abbildungen, genannt *planches* ('Tafeln'), hergestellt durch das drucktechnische Verfahren des Kupferstichs, die im Zeitraum zwischen 1762 und 1772 angefertigt wurden (EncRec). Sie zeigten nicht nur auf detaillierte Art und Weise Inhalte der Kunst der Naturwissenschaften, sondern auch der praktischen Wissenschaften und Handwerkskünste, was das Interesse bei den Zeitgenossen, auch des Bürgertums, stark ansteigen ließ. Auch wenn Diderot und D'Alembert zusammen ungefähr 3 000 Artikel selbst schrieben, konnte das Unternehmen nur durch eine beträchtliche Zahl anderer Autoren gelingen (ca. 150). Zu denen berühmtesten Enzyklopädisten (fr. *encyclopédistes*) zählten Voltaire und Rousseau, die 38 bzw. 365 Artikel verfassten:[125] z.B. *esprit*, *français* und *imagination* (Voltaire), *musique* und *opéra* (Rousseau). Auch editorisch gesehen war die *Encyclopédie* eine herausragende Leistung:

> Sie erreichte eine Erstauflagenstärke von weit über 4000 Exemplaren, die fast alle an Subskribenten verteilt wurde [...]. Das Werk umfasste am Ende 17 Textbände mit insgesamt 71 818 Artikeln (Hoinkes 2011, 122f.).

Diderots und D'Alemberts Oeuvre hat mehrere Neuauflagen erfahren, die mit etlichen Veränderungen und Erweiterungen verbunden waren. Am bekanntesten sind die editorischen Aktivitäten des Verlegers Charles-Joseph Panckoucke, „der das Supplement und die sonstigen Ergänzungen der ‚Encyclopédie' seit 1776 herausgab [...] [und] ihre Materialien zu zwei weiteren Publikationen [verwendete]" (Hupka 1989b, 97), von denen die *Encyclopédie méthodique, ou par ordre de matières* (Encméth) die bekanntere war (166 Bände, 1782–1832). Die alphabetisch angeordneten Lemmata der *Encyclopédie* wurden in der *Encyclopédie méthodique* Wissensgebieten und Fächern zugeordnet, also onomasiologisch gegliedert. „Allein in Bezug auf die Seitenzahl übersteigt die *Encyclopédie méthodique* [...] die ursprüngliche *Encyclopédie* damit um das Fünffache" (Hoinkes, 125). Lassen wir zum Schluss noch Alain Rey zu Wort kommen, der 1982 in einem kleinen Band mit dem Titel *Encyclopédies et dictionnaires* das Jahrhundertwerk durchaus kritisch würdigte:

> C'est, malgré sa vocation didactique, un ensemble original, souvent polémique, fréquemment scientifique, parfois esthétiquement remarquable (« littéraire »). C'est un texte pluriel, hétérogène, quelquefois contradictoire, un texte de combat, souvent rusé, et où les passages les plus forts sont camouflés, dévoyés par une répartition arbitraire, à peine balisés par des renvois. C'est dans ce sens, comme le dit Voltaire, un « fatras » (Rey 1982, 97).

---

[125] Ergebnis der Autorenrecherche in der CD-ROM-Version der *Encyclopédie*.

Dieser ideologisch ungezähmte Charakter der *Encyclopédie* und ihre kultur- und geistesgeschichtliche Dimension sind die Merkmale, für die es sich lohnt, den *Dictionnaire raisonné des sciences* auch in heutigen Seminaren eines Französisch-, Germanistik- oder Philosophiestudiums zu lesen. Aber auch ein moderner Blick auf die lexikographische Gestaltung der Artikel und die Repräsentation des damaligen Wissensstandes ist sehr ergiebig. Schließlich ist angesichts der Bedeutung der *Encyclopédie* für nachfolgende enzyklopädische und nicht-enzyklopädische Werke auch eine diachronische Perspektive gewinnbringend.[126]

## 7.3 Die enzyklopädischen Wörterbücher von Larousse – Enzyklopädien oder Wörterbücher?

In Kap. 4.3 wurden Definitionswörterbücher enzyklopädischen Wörterbüchern gegenübergestellt, in 5.3.2 wurde angedeutet, welchen zentralen Stellenwert die „Mischkategorie" der *dictionnaires encyclopédiques* für den Verlag Larousse hat. Zur Wiederholung sei noch einmal gesagt, was diesen Typus ausmacht. **Enzyklopädische Wörterbücher** enthalten 1. in ein und derselben Makrostruktur Gattungs- und Eigennamen (also Lexeme und Namen) und 2. innerhalb einer Mikrostruktur eine sprachbezogene und eine sachbezogene Erklärung. Letzteres ist natürlich nur bei solchen Lemmata möglich, bei denen eine sachwissenbezogene Perspektive überhaupt gegeben ist. Die meisten der Larousse-Wörterbücher sind auf diese Weise konzipiert und folgen damit dem Vorbild ihres Urahnen, dem *Grand dictionnaire universel du XIX^e^ siècle* (GDU):

> **CARDIAQUE** […] adj. et n. Se dit d'une personne atteinte d'une maladie de cœur: *Un* CARDIAQUE. *Une femme* CARDIAQUE.
> […]
> **CARDIFF** (gallois *Caerdydd*), port de Grande Bretagne […]
> […]
> **CARDINAL, E, AUX** adj. […] Qui joue le rôle de gond, sert de pivot. […] *Encycl.* Gramm. Les nombres cardinaux ont servi à former les autres noms numéraux […].
> **CARDINAL** n. m. […] Chacun des soixante-dix prélats électeurs, conseillers, ministres du pape […]. *Encycl.* Le titre de cardinal, porté par certains officiers de la cour impériale […] Le nombre des cardinaux a varié […] Ils ont droit au titre d' « Eminence », et portent des vêtements rouges. […] En France, il y avait dix cardinaux avant la Révolution […] – Hist. *Cardinaux noirs* […].

Abb. 91: Auszüge aus einem Teil der Makrostruktur und aus Artikeln des *Larousse du XX^e^ siècle* (1928) (LarXX^e^)

---

[126] Zur Art der Beschreibung der Einträge in der *Encyclopédie* wurde bereits in Kap. 2.2 Stellung bezogen.

Die Binnenstruktur eines Artikels ist so aufgebaut, dass sachliche Erläuterungen, eingeleitet durch *Encycl.*, auf die sprachlichen folgen. Die Trennung scheint jedoch mitunter nicht einfach gewesen zu sein, was man an Wiederholungen von Informationen ersehen kann (z.B. die *nombres cardinaux* im Artikel des Adjektivs *cardinal*, die in beiden Rubriken erklärt werden). Dieses „doppelte Prinzip“ wird bis auf den *Petit Larousse illustré* – der eine zweite Makrostruktur, bestehend aus Eigennamen, enthält – in allen Larousse-Werken beibehalten (z.B. GLE, GDEncLar, GL5, GLarUniv). Eine (unvollständige) Chronologie enzyklopädischer Wörterbücher aus diesem Verlag umfasst folgende Werke, von denen die fettgedruckten besonders wichtig waren – seit (d) ist der Verlagsname Teil des Titels und ist damit synonym zu *dictionnaire* (und ist somit ein *Deonym*):

(a) **Grand Dictionnaire universel du XIX$^{e}$ siècle** (1864–1876), 15 Bde (GDU)
(b) **Nouveau dictionnaire de la langue française** (1856) (NDLF)
(c) Dictionnaire complet de la langue française (1869, 1878) (Dcompl)
(d) **Nouveau Larousse illustré** (1897–1904), 7 Bde (NLar)
(e) Larousse pour tous (1907–1909), 2 Bde (Larpt)
(f) Larousse universel (1922–1923), 2 Bde (Laruniv)
(g) **Larousse du XX$^{e}$ siècle** (1928–1933, 1948–1950), 6 Bde (LarXX$^{e}$)
(h) Nouveau Larousse universel (1948), 2 Bde (NLaruniv)
(i) **Grand Larousse encyclopédique**, 10 Bde (1960–1964) (GLE)
(j) Larousse trois volumes en couleurs (1965) (Lar3)
(k) Nouveau Larousse universel (1969), 2 Bde (NLaruniv2)
(l) Larousse universel (1982), 2 Bde (Laruniv1982)
(m) Grand Dictionnaire encyclopédique Larousse (1982–1985), 10 Bde (GDEncLar)
(n) Grand Larousse en 5 volumes (1987), 5 Bde (GL5)
(o) Grand Larousse universel (1989), 15 Bde (GLarUniv)
(p) **Petit Larousse illustré** (1905–) (PLi)

Abb. 92: Chronologie der wichtigsten enzyklopädischen Wörterbücher von Larousse[127]

Innerhalb dieser Werke lassen sich folgende Filiationen nachweisen:

(a) → (d) → (g)
(i) → (j) → (m) → (n) → (o)
(b) → (c) → (p)
(e) → (f) → (h) → (k) → (l)

Abb. 93: Filiationen innerhalb der wichtigsten enzyklopädischen Wörterbücher von Larousse

Besondere Bedeutung im 20. Jahrhundert kommt dem *Grand Larousse encyclopédique* in zehn Bänden (GLE) zu, weil mit ihm das Zeitalter der Informatisierung sowie die Rezeption des Strukturalismus Einzug in die Redaktionen von Larousse gehalten haben:

> Ainsi, pour la première fois, on procède à un inventaire systématique et méthodique du vocabulaire usuel, avant même la confection des articles, avec pour objectif le choix des rubriques

---

[127] Nach Hupka (1989b) und Pruvost (2002).

> essentielles et une répartition judicieuse des informations à apporter, sachant que l'ordre alphabétique dispersera ensuite les articles concernant un même domaine. Au total, [...] 1240 rubriques sont retenues, 711 pour les sciences humaines et 529 pour les sciences exactes, chaque rubrique étant traitée par un spécialiste, sous la responsabilité d'un secrétaire de rédaction à la tête de l'une des treize grandes disciplines délimitées (Pruvost 2002, 48).

Damit ist der GLE einer bemerkenswerten (und überfälligen) Professionalisierung und Modernisierung unterzogen worden, sowohl im sprachlichen als auch im enzyklopädischen Bereich. Die Folgen waren vor allem besser strukturierte und entschlackte Mikrostrukturen (s.v. *ballet*, *barcarolle*) im Vergleich zum *Larousse du XX*[e] *siècle*. Diese Neuorientierung war wegweisend für nachfolgende Werke (j, m, n, o).

Angesichts der Dominanz des gemischten Wörterbuchtyps in diesem Segment der Larousse-Produkte – das andere sind reine Sprachwörterbücher (s. 5.3.2) – drängen sich einige Fragen auf:

1) Gibt es Werke dieses Verlags, die sich *encyclopédies* nennen und es auch sind?

2) Worin unterscheiden sich Artikel in Enzyklopädien des Französischen von denen in einem enzyklopädischen Wörterbuch à la Larousse?

3) Wie sieht die Zukunft dieser Larousse-Tradition aus?

Ad 1) An erster Stelle zu erwähnen ist die *Grande Encyclopédie* (GE), die auch *Grande Encyclopédie Larousse* genannt wird. Es handelt sich dabei um ein echtes Sachwörterbuch (in 20 Bänden), nicht um eine hybride Form. Umfangreiche Sachartikel zu ausgewählten Themen mit zahlreichen Illustrationen kennzeichnen das heute völlig veraltete Werk aus den 1970er Jahren: z.B. *Écosse*, *écran*, *écrit/oral* (*codes*), *écriture*, *écrivains*, *auteurs*, *hommes de lettres*, *éczema*, aber z.B. nicht *écureuil*. Die noch recht neuen einbändigen Werke *Mémo Larousse* (ML) sowie der *Nouveau Mémo Larousse* (NML) nennen sich ebenfalls beide *encyclopédies*. Sie sind onomasiologisch nach Sachgebieten wie *L'Univers et la Terre*, *L'Homme et sa santé* und *Les Sports, Les Jeux et les Loisirs* gegliedert, die wiederum zahlreiche Unterabteilungen aufweisen, so z.B. *Le cinéma d'auteur* innerhalb des Sachgebietes *Les Œuvres artistiques et littéraires*. Eine alphabetische Anordnung findet sich nur im allgemeinen Sach- und Namensindex. Die Werke sind durch ihre vielen Abbildungen und Karten sehr ansprechend, die nichtalphabetische Gliederung dieser – zweifelsohne im etymologischen Sinne – Enzyklopädien erschwert jedoch einen schnellen Zugriff auf die Informationen.

Ad 2) Diese Frage ist nicht einfach zu beantworten, denn die großen Enzyklopädien wie die gerade erwähnte *Grande Encyclopédie*, die *Encyclopédie Bordas* (Bordas) oder die von rund 7 000 Autoren erstellte (Luxus-)Enzyklopädie *Encyclopædia Universalis* (in siebter Auflage und 30 Bänden und inzwischen auch *online*) folgen einem Trend der letzten Jahrzehnte: stark selektive Makrostruktur und betont extensive Makrostrukturen. Ein Vergleich mit den Larousse-Wörterbüchern, von denen einige weit über 100 000 Einträge aufweisen, hinkt also. Das Lemma *fugue* ('Fuge') ist in der *Encyclopædia Universalis* allerdings ebenso verzeichnet wie im GDEncLar oder im GLarUniv, im Unterschied zu *écureuil* etwa, das in allen drei Enzyklopädien fehlt. Da die Mikrostrukturen in der *Encyclopædia* allerdings aufgebaut sind wie Handbuchartikel – in diesem Fall zur

Musik – haben wir es hier mit gänzlich anderen Formaten zu tun. Es wäre zu überprüfen, wie viele Informationseinheiten jeweils enthalten sind.

Ad 3) Auf diese Frage wird in 7.4 eine Antwort zu geben versucht.

## 7.4 Digitale Enzyklopädien[128]

Enzyklopädien und die enzyklopädischen Rubriken in den Larousse-Wörterbüchern (oder in einem Werk wie dem *Dictionnaire encyclopédique Quillet*, der hier nicht weiter zur Sprache kommen kann) sind kaum strukturiert. Das ist auch in anderen Enzyklopädien so, z.B. in der *Encyclopédie* oder in der italienischen *Enciclopedia Treccani* (EncI). Wir haben in Kap. 1.4 bereits festgestellt, dass die Einträge von **Wikipédia** (französische Schreibweise), abgesehen von der virtuellen (d.h. nicht sichtbaren) hypertextuellen Grundstruktur, eine Binnenstruktur aufweisen, die einer klassischen Gliederung gleichkommt. Allerdings ist diese keineswegs einheitlich, da es den Autoren obliegt, die Struktur vorzugeben. Sieht man sich einige Artikel zu Singvögeln an, so stößt man bei *merle* (‘Amsel’) auf ein sehr differenzierte Einteilung, bei *mésange* (‘Meise’) und *pinson* (‘Fink’) auf eher magere Inhaltsverzeichnisse. Es wird niemand (mehr) bezweifeln, dass einige Wikipedia-Artikel inhaltlich durchaus akzeptabel sind und sich auch Wissenschaftler Lebensdaten berühmter Figuren, geographische und historische Fakten per Mausklick zeigen lassen, aber, und hier beginnt die Kontroverse: Solange keine *wirklichen* Qualitätszertifizierungsstandards etabliert sind, ist Wikipedia, wie jede andere Enzyklopädie auch, in erster Linie ein Laienforum und sollte in studentischen Haus- und Abschlussarbeiten, geschweige denn in wissenschaftlichen Publikationen nicht für grundlegende Fragestellungen und Begriffsklärungen herangezogen werden. Wenn einer der Autoren dieser Plattform sich berufen fühlt, eine Seite über Anglizismen oder über das *français québécois* ins Netz zu stellen, dann könnte (und sollte) er genauso gut in einem wissenschaftlichen Kontext in Erscheinung treten. Eine Lösung des Problems bestünde darin, dass immer mehr Fachleute, wie es in der *Enciclopedia Treccani,* im *Grand Larousse encyclopédique* oder in der *Encyclopædia Universalis* der Fall war bzw. ist, solche Artikel in Wikipedia schreiben. Bis zum Erreichen dieses Zustands, der vermutlich nie eintreten wird, muss ein verantwortlicher Universitätsdozent jedoch auf jeden Fall auf die vielen Studien- und Handbücher verweisen, die *von* Spezialisten – nicht für Laien, sondern – *für* Fachinteressierte und Fachstudierende gestaltet wurden. Das ist ein kleiner Unterschied…

Wikipedia, „die freie Enzyklopädie“, ist durchaus als aufklärerisch anzusehen, liegt doch eines ihrer Interessen in der Zugänglichmachung von Wissen auch für Sprachen in armen Ländern (Cölfen 2011, 513). Doch sind es vor allem die großen Sprachen, in

[128] Auf *online*-Enzyklopädien des Deutschen (wie der Brockhaus Enzyklopädie (Brockonl)) kann in diesem Rahmen nicht eingegangen werden. Auch kostenpflichtige Enzyklopädien wie die *Encyclopædia Universalis* (Universalis online) können nicht näher besprochen werden.

denen geschrieben wird. Folgende Tabelle zeigt den rasanten Zuwachs des Artikelvolumens:

| Sprache | Anzahl der Artikel | |
|---|---|---|
| | Sept. 2008 | Aug. 2013 |
| Englisch | 1 500 000 | 4 305 465 |
| Deutsch | 820 000 | 1 620 021 |
| Französisch | 129 000 | 1 416 274 |

Abb. 94: Anzahl der Artikel in den Sprachen Englisch, Deutsch und Französisch (Zahlen für 2008 nach Cölfen 2011, für 2013 nach de.wikipedia.org/wiki/wikipedia:Sprachen; 15.9.2013)

Die Zahlen bedürfen keiner weiteren Kommentierung. Natürlich ist Wikipedia (oder Wikipédia) diejenige Enzyklopädie – vorausgesetzt man ist sich darüber einig, dass es eine solche ist (vgl. Cölfen 2011, 518) –, die mit Abstand die meisten Artikel aufzubieten hat. Die Zahl hat sich für das Französische innerhalb von fünf Jahren mehr als verzehnfacht, woran auch die Sprachpolitik Quebecs ihren Anteil haben dürfte. Und natürlich ist es ungemein praktisch, sich durch die Begrifflichkeiten durchzuklicken. Dennoch muss Folgendes bedacht werden:

> Problematisch und zugleich typisch für die *Wikipedia* sind der unterschiedliche Umfang, die unterschiedliche Qualität und die unterschiedliche (Einschätzung der) Relevanz der Artikel (Cölfen 2011, 518).

Qualitätssicherung werde durch die Gemeinschaft der Wikipedia-User – demokratisch und für alle nachvollziehbar – erreicht. Jeder Artikel kann also von jedem kommentiert werden (Diskussionsmodus (fr. *discussion*)), was auch in der Versionsgeschichte (fr. *afficher l'historique*) zum Ausdruck kommt. Das Problem ist nur: Der Leser nimmt zuallererst oder auch ausschließlich das für bare Münze, was nach dem ersten (und oft einzigen) Mausklick des entsprechenden Links auf dem Bildschirm zu sehen ist. Jüngere Menschen, die vielleicht noch nicht gelernt haben, „Wahrheiten" im Internet zu hinterfragen, übernehmen die Inhalte (oft aus Wikipedia) eins zu eins. Ein Blick in die sachlich relativierende Diskussionsansicht wäre geeignet, vorsichtiger zu Werke zu gehen, aber niemand hat die Zeit, sich den Diskussionsverlauf zu einem Artikel durchzulesen.[129] Denn in einem hat sich die Funktion von Enzyklopädien wohl nicht verändert: in der Hoffnung auf die schnelle Befriedigung eines Informationsbedürfnisses. Wer sieht, wie oft schon an einem Artikel „herumgedoktert" wurde, verliert wohl schnell den Glauben an die sachliche Stimmigkeit und Gültigkeit eines Wikipedia-Textes. Zudem darf bezweifelt werden, dass flächendeckend „die wissenschaftlich maßgeblichen Werke sowie seriöse, möglichst aktuelle Einführungen aufgeführt" werden, wie behauptet wird (http://de.wikipedia.org/wiki/Wikipedia:Literatur; 1.10.2013).

---

[129] Zu den 1,416 Millionen französischen Artikeln gab es 96,155 Millionen Bearbeitungen, das bedeutet, jeder Artikel wurde im Durchschnitt fast 68mal bearbeitet, d.h. verändert (!).

Die zufällig ausgewählten Artikel *Kollokation* und *Phraseologie* bestätigen alle bisherigen Bedenken bezüglich des wissenschaftlichen Tiefgangs – dass bei den Quellen die Namen Hausmann und Burger fehlen, spricht für sich. Dies leitet über zu einem nächsten grundsätzlichen (auch epistemologischen) Problem: die Übertragbarkeit von Lemmata (die für Begriffe stehen) auf eine andere Sprache – oft durch Übersetzung! Wenn im französischen Pendant zu *Kollokation* steht, „En linguistique, une *collocation* est une cooccurrence privilégiée", so fehlt hier jeglicher Hinweis darauf, dass dieser Begriff und der Terminus in der französischen Sprachwissenschaft nie Fuß gefasst haben – ein Hinweis, den jedes linguistische Handbuch sofort geben würde (vgl. auch in diesem Buch, Kap. 4.6.1).

Was hat eine ebenfalls gratis zugängliche Enzyklopädie des Französischen, die *Encyclopédie Larousse en ligne* (EncLar) dem entgegenzusetzen? Zum ersten ist es bemerkenswert, dass ein kommerzielles Unternehmen ein Wörterbuch und eine Enzyklopädie gleichzeitig (beide unter www.larousse.fr zu erreichen) und darüber hinaus kostenlos im Netz zur Verfügung stellen. Natürlich handelt es sich dabei um keine neu digitalisierten Werke, sondern um Retrodigitalisierungen (s. 1.4) – aber: wovon? Die *Encyclopédie Larousse en ligne* (EncLar) entspricht wortwörtlich dem *Grand Larousse en 5 volumes* (GL5), der *Dictionnaire de français en ligne* (DdfLAR) ebenso – eine Filiation, auf die natürlich auf den Larousse-Seiten nicht hingewiesen wird. Bei nicht sachbezogenen Lemmata wie *fuir* kommen die sprachlichen Erläuterungen des GL5 zum Einsatz, bei sachbezogenen die enzyklopädischen (wie bei *écureuil*). Auch bei den sprachlichen Beschreibungen von enzyklopädisch relevanten Lemmata wie *écureuil* wurde auf den GL5 zurückgegriffen. Auch wenn Larousse keine näheren Angaben zum Lemmabestand dieser beiden *online*-Nachschlagewerke macht, so kann man doch davon ausgehen, dass die 75 000 *noms communs* („Wörter") des *Grand Larousse en 5 volumes*, einem enzyklopädischen Wörterbuch von 1987, hier verarbeitet wurden – allerdings unter Verzicht auf die 41 000 *noms propres*. Die Antwort auf die in 7.3 gestellte Frage kann also nur für den momentanen Zeitpunkt gegeben werden: Larousse setzt im Internet sozusagen auf „Retro". Damit wird der Verlag aber auf die Dauer nicht genügend (junge) Anhänger gewinnen oder halten können. Hier wären neue Formate wünschenswert, wie sie etwa der italienische Verlag Treccani seit kurzem praktiziert: Dort werden reihenweise enzyklopädische Wörterbücher und Enzyklopädien gratis ins Netz gestellt – zumindest, was anzunehmen ist, temporär (www.treccani.it).

## Aufgaben

1. Suchen Sie in der *online*-Version der *Encyclopédie* (http://encyclopedie.uchicago.edu) mit Hilfe des *Browse*-Modus die Einträge *françois* (*français*) und/oder *langue françoise* und notieren Sie sich ungefähr fünf inhaltliche Punkte, deren sachliche Stimmigkeit Sie aus heutiger Sicht im Seminar diskutieren.

2. Suchen Sie am selben Ort den Artikel *écureuil* und vergleichen Sie ihn mit demjenigen in einem modernen enzyklopädischen Wörterbuch des Französischen (z.B. *Encyclopédie Larousse en ligne*) und in Wikipédia. Äußern Sie sich zu Gemeinsamkeiten und zu Unterschieden hinsichtlich der Gliederung der Mikrostruktur und der Art der lexikographischen Bedeutungserklärung.
3. Konsultieren Sie den Artikel *catalan* in Wikipédia und versuchen Sie in der Diskussionsansicht herauszufinden, ob sich eine Thematisierung dieser Diskussion in einem Seminar zur romanischen Sprachwissenschaft in irgendeiner Weise lohnen könnte.
4. Nehmen Sie eine Dialektkarte Frankreichs zur Hand, wie sie in Ihrer Einführungsvorlesung behandelt wurde oder wie sie in jedem Einführungsbuch zur französischen Sprachwissenschaft zu finden ist und schlagen Sie einige Dialekte des Französischen (z.B. Wallonisch, Picardisch oder Elsässisch) in de.wikipedia.org, sodann in fr.wikipedia.org nach. Was fällt Ihnen a) grundsätzlich im Hinblick auf die Beschreibung dieser Dialekte und b) kontrastiv (deutsch/französisch) auf? Diskutieren Sie diesen Befund im Seminar (falls Ihr/e Seminarleiter/in keine Einwände hat).

# 8. Zwei- und gemischtsprachige Wörterbücher

## 8.1 Vorüberlegungen

Dieses letzte Kapitel könnte – ja müsste vielleicht sogar – sehr lang werden, denn zweisprachige Wörterbücher sind mehr denn je einer der relevanten lexikographischen Bereiche für Schule und Universität. Dies hat mehrere Gründe: 1) Seitdem an fast allen deutschen Gymnasien im Fremdsprachenunterricht – auch der Oberstufe und in den Abiturprüfungen – zusätzlich zu einsprachigen (pädagogischen) Wörterbüchern auch zweisprachige zugelassen sind, werden (fast) nur noch Letztere benutzt (Adieu, einsprachige Lernerlexikographie!). 2) Digitale zweisprachige Wörterbücher traditioneller Qualitätsverlage in Form von *online*-Versionen, CD-ROMs oder mobilen Apps sowie Internetplattformen selbsternannter Wörterbücher werden zunehmend nicht nur von Schülern und Studenten, sondern von allen möglichen Personen, die lexikalische Wissensbedürfnisse in einer Fremdsprache haben, verwendet. Dass dies zu Lasten der Printwörterbücher vonstatten geht, versteht sich von selbst. Damit verschiebt sich aber nur die technische Darstellungsform. Mittelfristig werden die Wörterbuchartikel der Printversionen aber zu komplex für die digitale Repräsentation sein, was Vereinfachungen zur Folge haben wird. 3) Die Geschwindigkeit, mit der sich vor allem junge Menschen Informationen aus digitalen Medien beschaffen, deutet darauf hin, dass künftig noch weniger Zeit bei der Suche nach einem äquivalenten Ausdruck in einer anderen Sprache aufgewandt werden wird. Aus diesen Gründen müssten eigentlich alle hier behandelten zweisprachigen Wörterbücher[130] in ihren digitalen Versionen vorgestellt werden. Gleichzeitig müssen aber auch die Printversionen in ihrer Vielfalt und in ihrer historischen Dimension gewürdigt werden – dies für mehrere Verlage.

Besser (und kürzer) ist es jedoch, auf diese Gesamtschau zu verzichten, auch weil es schwer ist, sich durch das Dickicht der verschiedenen Auflagen, Neuausgaben und Neubearbeitungen von Printwörterbüchern zu kämpfen. Zur Illustration werden einige klingende Namen zweisprachiger Wörterbücher (alphabetisch und ohne Nennung der Verlage) aufgelistet:

> Abitur-Wörterbuch Französisch, Basiswörterbuch Französisch, Bildwörterbuch Französisch, Express Wörterbuch Französisch, Grand dictionnaire allemand, Grand dictionnaire bilingue, Großes Studienwörterbuch Französisch, Großwörterbuch Französisch, Großwörterbuch für Experten und Universität, Klausurwörterbuch Französisch, Kompaktwörterbuch Französisch, Lerner-Wörterbuch Easy Französisch, Power-Wörterbuch Französisch, Praxiswörterbuch Französisch, Professional-Wörterbuch Französisch, Schülerwörterbuch Klausurausgabe Französisch, Schulwörterbuch Französisch, Standardwörterbuch Französisch, Studienwörterbuch Französisch, Taschenwörterbuch Französisch, Wörterbuch Studienausgabe Französisch.

---

[130] Die gemischtsprachigen (Lerner-)Wörterbücher werden in Kap. 8.5 behandelt.

Es sei dem Autor dieses Buchs zugestanden, auf eine kritische Stellungnahme zu allen diesen Titeln, die im Übrigen sprachlich immer „jünger" werden, zu verzichten.

Auch kann bedauerlicherweise nicht auf zweisprachige Fachwörterbücher eingegangen werden, ob sie nun zur Wirtschaft, zur Technik allgemein, zur Kraftfahrzeugtechnik oder zu Technik und angewandten Wissenschaften erstellt worden sind (Rezensionen hierzu z.B. in der Zeitschrift *Lebende Sprachen*).

Was in diesem Studienbuch zu tun bleibt, ist, zuerst einige theoretische Aspekte zur Differenzierung zweisprachiger Wörterbücher anzusprechen (8.2), Grundbegriffe der kontrastiven Lexikologie zu klären (8.3) sowie sodann von einigen konkreten Nachschlagebedürfnissen auszugehen und zu überprüfen, wie sich Wörterbücher verschiedener Verlage und Adressatenkreise damit auseinandersetzen (8.4). In 8.5 werden lernerzentrierte (zwei- und gemischtsprachige) Wörterbücher behandelt, bevor in 8.6 noch ein flüchtiger Blick auf digitale Wörterbücherund lexikographische Plattformen, verbunden mit dem Versuch eines Ausblicks, geworfen wird.

## 8.2 Kriterien zur theoretischen Differenzierung zweisprachiger Wörterbücher

Entscheidend für die methodische Ausarbeitung eines *Äquivalenzwörterbuchs* (hier synonym zum Terminus *zweisprachiges Wörterbuch* verwendet) ist die Frage, in welchem Land es hergestellt wurde und für welchen Benutzerkreis es gedacht ist. Üblicherweise sind in Deutschland entstandene und vertriebene Werke für deutsche Benutzer konzipiert und in Frankreich produzierte für Franzosen. Es gibt aber auch den Fall, dass ein deutscher Verlag die Lizenz für ein französisches Wörterbuch erworben hat. Dann würde ein eigentlich für Franzosen gedachtes zweisprachiges Wörterbuch auch von Deutschen verwendet werden. Wo liegt der Unterschied? Er liegt in der **Funktion** der Wörterbücher.[131] Man unterscheidet (1) die Funktion der *Rezeption* und (2) die der *Produktion*. Ein deutscher Muttersprachler muss französische Texte und Äußerungen anhand eines Äquivalenzwörterbuchs verstehen (1) oder, ausgehend vom Deutschen, französische Texte und Äußerungen produzieren können (2). Für einen Franzosen ist die Sprachenrichtung entsprechend umgekehrt. Hausmann (1977, 56ff.) hatte hieraus die Schlussfolgerungen gezogen, dass der französisch-deutsche Teil – er nennt diesen Teil *Herübersetzungswörterbuch* (lies: *Her-übersetzungs…*) – eines zweisprachigen Wörterbuchs für einen deutschen Muttersprachler eine „möglichst extensive Makrostruktur" benötigt, der deutsch-französische Teil, also das *Hinübersetzungswörterbuch* (*Hin-übersetzungs…*), eine „möglichst intensive Mikrostruktur" (ib., 58). Die Mikrostrukturen des französisch-deutschen Teils seien bei der Rezeption französischer Texte nicht so wichtig, da man ja als Deutscher nicht so viele syntagmatische Informationen benötige;

[131] Zu Funktion, Skopus und Direktionalität zweisprachiger Wörterbücher s. Hausmann/Werner (1991).

die Bedeutungen rasch zu identifizieren, reiche aus. Umgekehrt seien jedoch übersetzte Kollokationen und Beispielsätze sowie Synonyme im deutsch-französischen Teil von besonderer Relevanz. Dies würde bedeuten, dass französische polyseme Lexeme und Kollokationen weniger ausführlich beschrieben sein müssten als die entsprechenden deutschen Elemente und Verbindungen.

Bei Hausmann wird also der Aspekt der Sprachproduktion als derjenige angesehen, der sich lexikographisch in stark ausgebauten Mikrostrukturen des deutsch-französischen Teils niederschlagen muss, während der französisch-deutsche Teil vor allem viele Lemmata enthalten soll und die Artikel selbst vor allem die grundsätzlich kotextbezogenen Bedeutungsdifferenzierungen ermöglichen sollen. Heute würden die Benutzer auch einen möglichst hohen Lemmabestand im deutsch-französischen Teil erwarten und wohl auch über alle syntagmatischen Verbindungen und Synonyme im französisch-deutschen Teil ausführlich Bescheid wissen wollen. Dies mag mit dem Rückgang des Stellenwerts von Übersetzungen an Schule und Universität, mit einer geringeren Kompetenz in der eigenen (deutschen) Sprache zu tun haben, aber auch mit medialen Nutzungsgewohnheiten und einer vielfach nicht hinterfragten Mediengläubigkeit (vgl. 7.4).

Die oben genannten Funktionen der Rezeption und Produktion wurden in Anlehnung an die Benutzerbedürfnisse sodann ergänzt durch die Kriterien ***aktiv*** und ***passiv*** (vgl. Svensén 2009, 14f.). Folgende Zuordnungen beziehen sich auf den Typ eines in Deutschland entstandenen und für deutsche Muttersprachler konzipierten zweisprachigen Wörterbuchs Deutsch/Französisch:

1) Französisch-deutscher Teil fungiert als:
   a) Rezeptionswörterbuch (um französische Texte und Äußerungen zu verstehen);
   b) „passives“ Übersetzungswörterbuch (um französische Texte ins Deutsche zu übersetzen [bei Hausmann 1977 *Herübersetzungswörterbuch*]).
2) Deutsch-französischer Teil dient als:
   a) Produktionswörterbuch (um französische Texte und Äußerungen produzieren zu können);
   b) „aktives“ Übersetzungswörterbuch (um deutsche Texte ins Französische übersetzen zu können [bei Hausmann 1977 *Hinübersetzungswörterbuch*]).

Die an den Begriffen ‘aktiv’ und ‘passiv’ vorgebrachte Kritik (Svensén 2009, 16f.) scheint berechtigt, denn die Übersetzung eines französischen Textes ins Deutsche ist auch für den deutschen Muttersprachler eine aktive Tätigkeit, und das Übersetzen eines deutschen Textes erfordert eine vorgeschaltete passive Lese- und Dekodierungsphase.

Hausmann/Werner (1991, 2742ff.) haben ferner das Begriffspaar ‘monodirektional’/‘bidirektional’ eingeführt: Ein Äquivalenzwörterbuch ist **monodirektional**, wenn beide Teile nur für Muttersprachler einer Sprache konzipiert sind: der deutsch-französische Teil als L1→L2- und der französisch-deutsche Teil als L2→L1-Wörterbuch. Damit fallen Informationen wie Ausspracheangaben, (lemmatisierte) flektierte Formen wie *gesprungen* oder Hinweise zur Trennbarkeit des Präfixes bei Präfixverben (*herausholen*) im deutsch-französischen Teil flach – sie würden sogar als störend empfunden werden. Üblicherweise sind Wörterbücher des Sprachenpaars Deutsch/ Französisch monodirektional – in Deutschland wie in Frankreich (dort mit jeweils umgekehrten Vorzeichen). Dies schließt natürlich nicht aus, dass ein in Frankreich hergestelltes Wörterbuch nicht auch von Deutschen benutzt werden kann; der deutsche Benutzer wird nur bald bemerken, dass er im deutsch-französischen Teil Informationen vorfindet, die er als überflüssig betrachtet. **Bidirektionale** Wörterbücher berücksichtigen systematisch die Bedürfnisse von Muttersprachlern beider Sprachen. Damit wären sie auch in beiden Ländern gleichermaßen effizient verwendbar: Der deutsch-französische Teil ist für den deutschen Benutzer ein L1→L2- und für den französischen ein L2→L1-Wörterbuch – mit allem, was für jeden von beiden dazugehört: Aussprache-, Konjugations- und Auxiliarangaben für den Franzosen und extensive Mikrostrukturen mit kotextuellen Bedeutungsdifferenzierungen und Synonymen im Französischen, übersetzten Kollokationen und Beispielsätzen usw. Entsprechendes gilt umgekehrt für den französisch-deutschen Teil.

Schließlich muss noch die Unterscheidung zwischen **monoskopalen** und **biskopalen** Wörterbüchern geklärt werden, die sich gelegentlich in der Fachliteratur findet (Terminologie auf der Basis von lat. *scopus* 'Ziel'): Monoskopale Äquivalenzwörterbücher verfolgen nur *eine* Sprachenrichtung (also z.B. ein einzelner Band, der die Richtung Deutsch-Französisch behandelt), biskopale Wörterbücher enthalten beide Perspektiven (Deutsch-Französisch, Französisch-Deutsch). Nur Formate wie Hand- oder Großwörterbücher sind heutzutage noch monoskopal, ansonsten sind immer beide Richtungen in einem Buch vereint.

Wir werden einige Wörterbücher auf diesen Sachverhalt hin prüfen. Es ist jedoch davon auszugehen, dass die meisten monodirektional (und biskopal) sind. Auch für diesen Typus muss allerdings Folgendes beachtet werden: Die oben unter a) und b) genannten Funktionen werden in der lexikographischen Praxis der Verlage zwar zusammengefasst, erfordern aber eine entsprechende Strategie: Es müssen ausreichend französische Muttersprachler in den Redaktionen deutscher Verlagshäuser vorhanden sein, die 1. Bedeutungsdimensionen, typische Kotexte und Gebrauchsbeschränkungen der französischen Lexeme erkennen und für den französisch-deutschen Teil lexikographisch erfassen und 2. das von den deutschen Kollegen zusammengestellte analoge Material für den anderen Teil übersetzen bzw. paraphrasieren. Was nicht passieren darf, ist, die für den deutsch-französischen Teil ins Französische übersetzten deutschen Beispielsätze als „Originalbeispiele" im französisch-deutschen Teil heranzuziehen.

Die folgenden Stichproben aus Äquivalenzwörterbüchern zum Sprachenpaar Deutsch/Französisch sollen die Frage der Mono- oder Bidirektionalität in diesen Werken zu klären versuchen. Herangezogen werden möglichst vergleichbare große Formate verschiedener Verlage bzw. Verlagskooperationen:

A) *Langenscheidt Handwörterbuch Französisch* (2010) (LHF)

B) *PONS Wörterbuch Studienausgabe Französisch* (2009) (PWSF)

C) *Hachette/Langenscheidt Grand dictionnaire allemand* (2009) (HLGda)
D) *Larousse Grand Dictionnaire bilingue* (2007) (LarGdb)[132]

Da beide Teile von C Neubearbeitungen einer früheren (nicht identifizierten) Ausgabe von A sind (vermutlich derjenigen von 2001), wäre in A und C entweder spiegelverkehrte Monodirektionalität zu erwarten (für deutsche Muttersprachler in A, für französische in C) oder sogar (in einem von beiden oder in beiden) Bidirektionalität. B und D werden ebenfalls systematisch in die Untersuchung mit einbezogen. Die Untersuchungskriterien sind: a) Angaben zur Aussprache, b) Hinweise zur Verbal- und Nominalflexion, c) zum Auxiliar, d) zur Trennbarkeit von Präfixen und zum Fehlen des *ge*-Morphems im Perfekt und e) die Lemmatisierung flektierter Formen (mit Verweis auf die Nennform). Bis auf d) treffen die Kriterien auf beide Sprachen zu. Die zu a) bis e) überprüften Phänomene bzw. Lemmata sind:

a) IPA-Transkription zum Lemma
b) dt. *schwingen, saufen, Bär, Atlas* – fr. *prendre, valoir, cher, cheval*
c) dt. *schwimmen, liegen* – fr. *courir, venir*
d) dt. *überblenden, übergehen*
e) dt. *schwang, soff* – fr. *cousu, vaut*

| Kriterium | Wb. | deutsch-französischer Teil | französisch-deutscher Teil |
|---|---|---|---|
| (a) | A = C | keine Transkriptionen | durchgängig Transkriptionen |
| | B | keine Transkriptionen | durchgängig Transkriptionen |
| | D | durchgängig Transkriptionen | durchgängig Transkriptionen |
| (b) | A = C | *schwingt, schwang, geschwungen*<br>*säuft, soff, gesoffen*<br>*Bär* <~en; ~en><br>*Atlas* <~ *ou* ~ses; ~se *ou* -lanten> | *je prends, il prend, nous prenons, ils prennent*; *je prenais*; *je pris* [...]<br>*je vaux, il vaut, nous valons*; [...]<br>*cher, chère*; *cheval* <*pl.* aux> |
| | B | *schwang, geschwungen*<br>*säuft, soff, gesoffen*<br>*Bär* <-en; -en><br>*Atlas* (- *o* -ses, Atlanten *o* –se) | *prendre* <13><br>*valoir* <irr><br>*cher, chère*<br>*cheval* <-aux> |
| | D | *schwingen* (a, u)<br>*saufen* (soff, gesoffen)<br>*Bär* (en, en)<br>*Atlas* (ses, se ou Atlanten) | *prendre*: –<br>*valoir*: –<br>*cher, ère*<br>*cheval* (pl. *chevaux*) |
| (c) | A = C | *schwimmen*: sein; *sans indication de direction* h *ou* sein<br>*liegen*: h ou *südd, österr, schweiz* sein | *courir*: –<br>*venir*: être venu |
| | B | *schwimmen*: sein; haben<br>*liegen*: haben *o* SDEUTSCH, A, CH sein | *courir*: –<br>*venir*: être |
| | D | *schwimmen*: Observ. (12 Zeilen; auf Fr.)<br>*liegen*: – | *courir*: –<br>*venir*: – |
| (d) | A = C | *überblenden:* insép, pas de *ge-* | |

[132] In Deutschland auch vom Cornelsen Verlag vertrieben.

| | | | |
|---|---|---|---|
| | | *übergehen*: insép, pas de *ge-* | |
| | B | *überblenden:* nicht vorhanden<br>*übergehen*: – | |
| | D | *überblenden*: insép.<br>*übergehen*: – [*sépar*. wie bei ***übergehen***] | |
| (e) | A = C | *schwang*, *soff*: lemmatisiert | *cousu*, *vaut*: lemmatisiert |
| | B | *schwang*, *soff*: lemmatisiert | *cousu*: lemmatisiert<br>*vaut*: nicht lemmatisiert |
| | D | *schwang*, *soff*: nicht lemmatisiert | *cousu*, *vaut*: nicht lemmatisiert |

Abb. 95: Stichproben in vier Handwörterbüchern zum Sprachenpaar Französisch/Deutsch im Hinblick auf ihre mono- oder bidirektionale Konzeption

Die Stichproben legen folgende Schlussfolgerungen nahe:

1) A und C sind praktisch textidentisch – Unterschiede bestehen nur in den Schrifttypen und in einigen Synopsen, die komplexen Artikeln in C vorgeschaltet sind (z.B. zum Lemma *prendre* die Flexionsformen). Beide Wörterbücher teilen sich somit die gleiche Wörterbuchsubstanz, die aus der Überarbeitung der beiden monoskopalen Langenscheidt Handwörterbücher (vermutlich von 2001) hervorgegangen ist. Dies ist insofern bemerkenswert, als der deutsch-französische Teil vor allem wegen der französischen Metasprache (*ou, sans indication de direction* etc.) als monodirektionales Wörterbuch für Franzosen betrachtet werden muss, während der französisch-deutsche Teil aufgrund der durchgängigen Transkription französischer Lemmata, der Angabe aller Flexionsformen von Verben und der Lemmatisierung von Formen wie *cousu* und *vaut* als monodirektionales Wörterbuch für Deutsche erscheint. Beide sind jedoch in einem Band vereint. Ob für Deutsche oder Franzosen: Jeweils ein Teil ist nicht für sie gemacht.

2) B ist in beiden Teilen ein monodirektionales Wörterbuch für deutsche Muttersprachler. Die Tatsache, dass auch Flexionsformen für deutsche Verben angegeben werden, ist kein Gegenargument, da dies ja auch in der einsprachigen deutschen Lexikographie der Fall ist. Dass aber Kriterium (d) im deutsch-französischen Teil keine Rolle spielt, spricht sehr für einen deutschen Adressatenkreis; ebenso dass im französisch-deutschen Teil Ausspracheangaben und Flexionsformen, zum Teil lemmatisiert, angegeben werden.

3) D ist der deutlichste Fall von Monodirektionalität (für französische Muttersprachler), auch wenn die Lemmata der eigenen Sprache (Französisch) eine durchgängige Transkription erfahren.

Bidirektionale Lexikographie scheint also selten zu sein. Der britische Verlag Collins ist allerdings bekannt für bidirektionale Wörterbücher – in Zusammenarbeit mit Le Robert für das Französische, Langenscheidt für das Deutsche und Sansoni für das Italienische (vgl. Svensén 2009, 18).

## 8.3 Grundbegriffe der kontrastiven Lexikologie[133]

Um die Aufgaben der zweisprachigen Lexikographie besser verstehen zu können, empfiehlt es sich, zuerst einige begriffliche und terminologische Klärungen der kontrastiven Lexikologievorzunehmen. Der Terminus ***Äquivalenz*** (fr. *équivalence*) bedeutet strenggenommen – zurückgehend auf lat. AEQUE 'gleich' und VALERE 'wert sein' – 'den gleichen Wert haben'. Dieser Wert (*valeur*) bestimmt sich aus streng strukturalistischer Sicht aus dem Verhältnis eines sprachlichen Zeichens zu anderen sprachlichen Zeichen, zu denen es in paradigmatischer und syntagmatischer Beziehung steht. Das hieße, *sensu stricto*, dass zwei Sprachen gar nicht vergleichbar wären und es keine Äquivalenzen gäbe. Dies ist wohl auch zutreffend, wenn man alle Aspekte, die die *valeur* eines Lexems ausmachen – wie z.B. *chat* im Französischen und *Katze* im Deutschen –, einander gegenüberstellt. Bezogen auf den außersprachlich determinierten Begriff 'Katze' besteht, so ist wohl anzunehmen, in der Tat Äquivalenz: **begriffliche** (oder denotative) **Äquivalenz**. Das bedeutet aber noch nicht, dass die beiden Lexeme damit im Deutschen und Französischen dasselbe bedeuten. Denn zum einzelsprachlichen Wissen über ein sprachliches Zeichen gehört Wissen über den *signifiant* (z.B. über das Genus, die Phonemstruktur, die Anzahl der Silben oder die Flexionsmorphologie), aber auch über den *signifié* bzw. die *signifiés*, den Bedeutungsumfang also, der wiederum mit kulturellem Wissen, zu dem auch Konnotationen gehören, verbunden ist.[134] Im Deutschen gibt es auch das Semem 'weibliches Tier von Wildkatze, Luchs od. Murmeltier' (DUW), das im Französischen schon aufgrund des maskulinen Genus von *chat* nicht möglich ist, da Genus und Sexus bei Lebewesen in der Regel übereinstimmen, zumindest in der Taxonomie der Biologie. Im Französischen existiert die Bedeutung 'personne qui poursuit les autres (à un jeu)' (PR), die im Deutschen unbekannt ist. Hinzu kommen syntagmatisches Wissen (Kollokationen, Phraseme und Komposita oder Derivationen auf der Basis von *Katze*/*chat*) und paradigmatisches Wissen, welches auch *Katze* zu *Kater* und *chat* zu *chatte* in Beziehung setzt – mit all den begrifflichen Unterschieden (*Katze*/*chat* stehen für die unmarkierte Kategorie aller männlichen und weiblichen Katzen, *chatte*/*Kater* sind die markierten Elemente innerhalb dieser Kategorie). Wir sehen also, dass wir mit der Behauptung, zwei Lexeme seien äquivalent oder ***Äquivalente*** (fr. *équivalents*), vorsichtig sein müssen. Gemessen an diesem Befund und angesichts der Tatsache, dass auch Lexeme letztlich idiosynkratische Konstruktionen (im Sinne der CxG) sind, scheint es fraglich, überhaupt von einer totalen (oder absoluten) Äquivalenz sprechen zu können. Diese scheint allenfalls im terminologischen Bereich gegeben zu sein (s. Rettig 1985, 95f.). Voraussetzung ist, dass der *signifiant*$_a$ einer Sprache A genau dem *signifié* entspricht, der in der Sprache B durch einen *signifiant*$_b$ ausgedrückt wird und der im

133 Zum Themenbereich Wörterbücher und Übersetzen s. Heinz (2012, ed.).

134 Blank (2001, 132f.) unterscheidet 'einzelsprachlich-lexikalisches', 'einzelsprachlich-sememisches' und 'außersprachlich-enzyklopädisches' Wissen, zu dem er auch die Konnotationen zählt. Letzterer Punkt ist strittig.

„Idealfall“ eine ähnliche morphophonologische Struktur wie *signifiant*$_a$ hat – und dass beide *signifiants* genau einen (und nur diesen) *signifié* haben: Dt. *Byte* und fr. *byte* sind totale (begriffliche) Äquivalente (die *signifiants* unterscheiden sich aber phonologisch), ebenso wie dt. *Hypothalamus* und fr. *hypothalamus*. Bei *oxygène* und *Sauerstoff* liegt ebenfalls absolute begriffliche Äquivalenz vor, allerdings existiert das fachsprachliche *Oxygen(ium)* als Konkurrenzwort, was dem deutschen Lexem einen anderen Stellenwert im deutschen Sprachsystem zuweist als *oxygène* im französischen.

Abgesehen vom Sonderfall der terminologischen Äquivalenz sollten wir für den Vergleich von Lexemen zweier Sprachen grundsätzlich von *partieller Äquivalenz* ausgehen, die hier – sozusagen *ex negativo* gedacht – *lexikalische Inkongruenz* genannt werden soll. Sie betrifft beide Seiten des sprachlichen Zeichens, also Ausdrucks- und Inhaltsebene. Lexikalische Inkongruenzen sind von den *semantischen Inkongruenzen* zu unterscheiden, bei denen eine zufällige oder etymologisch erklärbare formale Ähnlichkeit (in einzelnen Fällen auch Kongruenz) vorliegt.

Innerhalb der **lexikalischen Inkongruenzen** lassen sich folgende Erscheinungsformen unterscheiden:

1) *unterschiedlicher Referenzbereich*: Mit einem Lexem werden in einer Sprache zwei außersprachlich gegebene Referenten(klassen) bezeichnet, denen in einer anderen Sprache zwei verschiedene Lexeme entsprechen. Diese sprachlich sichtbaren Unterschiede sind auf verschiedene Konzeptualisierungen der sprachlichen Wirklichkeit, die letztlich auf unterschiedlicher Wahrnehmung basieren, zurückzuführen. In der Allgemeinsprache wird auf der Ebene der *basic level terms* (Basisebene, s. 3.3.1.1) im Deutschen nur von *Schnecke* gesprochen, während das Französische hier zwei Termini zur Verfügung hat. Die durch die beiden Lexeme ausgedrückten Begriffe werden im Deutschen fachsprachlich mit *Nacktschnecke* und *Weinbergschnecke* wiedergegeben, was auch in der Allgemeinsprache möglich ist, wenn ein kommunikatives Bedürfnis vorliegt (auf der untergeordneten Ebene, vgl. Abb. 23):

| | | | | | | | |
|---|---|---|---|---|---|---|---|
| | *limace* | | *rue* | | *Blume* | | *tisane* |
| *Schnecke* | | *Straße* | | *fleur* | | *Tee* | *infusion* |
| | *escargot* | | *route* | | *Blüte* | | *thé* |

Abb. 96: Lexikalische Inkongruenzen zwischen deutschen und französischen Lexemen

Im Französischen werden Straßen unterschiedlich konzeptualisiert (und versprachlicht), je nachdem, ob sie innerhalb (*rue*) oder außerhalb einer Ortschaft (*route*) verlaufen. Blüten als Teil einer Blume werden im Deutschen separat konzeptualisiert und haben daher auch zwei verschiedene Bezeichnungen, die im Französischen einem Lexem entsprechen. Bekannt ist auch der Fall der kategorialen Unterscheidung im Spanischen und Portugiesischen zwischen großen und kleinen Vögeln (sp. *ave*/*pájaro*, p. *ave*/*pássaro*), die es in anderen Sprachen auf der unmarkierten Basisebene nicht gibt (dt. *Vogel*, fr. *oiseau*, e. *bird*). Mit *Tee* bezeichnen wir im Deutschen unspezifisch phänomenologisch drei verschiedene Entitäten, die bei einem entsprechenden kommunikativen Bedürfnis ihre sprachliche Entsprechung zumindest in zwei Termini, *Kräutertee* und *Schwarztee*, finden, wovon einer (*Kräutertee*) aus allgemeinsprachlich-französischer Sicht wiederum zwei Referenten umfasst: einen durch Aufguss entstandenen Kräutertee (*infusion*) und einen durch Aufguss oder andere Methoden (z.B. Mazeration) zubereiteten Kräutertee (*tisane*), bei dem oft auch die Idee der heilenden Wirkung mit involviert ist.

2) *asymmetrische Polysemie*:[135] Gemeint sind Fälle, bei denen ein Lexem der Sprache A mit einem Lexem der Sprache B in einem Semem übereinstimmt, während die anderen Bedeutungen der Lexeme keine Entsprechung haben, weil

a) eines von beiden eine zweite (meist metonymische oder metaphorische) Bedeutung hat, die das Lexem der anderen Sprache nicht aufweist, z.B. dt. *Flasche* (Bedeutung 2 'Versager') und fr. *bouteille*,

b) das Lexem einer Sprache stark polysem ist, das der anderen jedoch nicht (z.B. fr. *temps* vs. dt. *Wetter*), oder

c) beide Lexeme stark polysem sind (fr. *fleur* und dt. *Blume*).

Die semantischen Asymmetrien zwischen zwei kontrastiv in Betracht gezogenen Lexemen bewegen sich also keineswegs nur in einer Größenordnung von 1:2 oder, wie im Falle von *Tee*, von 1:3. Sie sind dann meist deutlich komplexer, wenn alle Bedeutungen der beiden Lexeme berücksichtigt werden. Diese beziehen sich in der Regel auf völlig andere Begriffe: Eine *Blume* kann im Deutschen, abgesehen von dem in Abb. 96 gemeinten Begriff, auch den Schaum eines eingeschenkten Bieres, den Duft eines Weines oder (fachsprachlich) den Schwanz eines Hasen meinen, während *fleur* ebenso weitere durch Metaphern entstandene Bedeutungen aufweist. Wollte man den Bedeutungsumfang beider Lexeme graphisch gegenüberstellen, ergäben sich, abgesehen von *fleur* 'Blume/Blüte', keine weiteren semantischen Entsprechungen, die durch *fleur* und *Blume* versprachlicht wären. Rettig (1985, 95) hat dieses lexikalisch-semantische Beziehungsgeflecht *Multivergenz* genannt und damit die Begriffe von Hausmann (1977, 53ff.), 'Divergenz' und 'Konvergenz', miteinander kombiniert.[136]

Bei **semantischen Inkongruenzen** haben wir es mit formal ähnlichen *signifiants*, aber entweder völlig oder teilweise verschiedenen *signifiés* zu tun. Die formale Ähnlichkeit kann folgende Gründe haben:

a) Sie basiert auf einer zufälligen identischen Ausdrucksseite: fr. (il) *dort* und dt. *dort* oder fr. *fort* und dt. *fort* (hier rein graphische Äquivalenz – Phonemstruktur und Bedeutungen sind verschieden);

---

[135] Bei Heger ($^{2}$1976, 61f.) werden solche Lexempaare, allerdings innereinzelsprachlich, *hybrid* genannt (s. 3.1.5).

[136] Hausmann kombinierte den Unterschied zwischen Ausgangs- und Zielsprache mit dem Phänomen der lexikalischen Inkongruenz: Entsprechen einem ausgangsprachlichen Lexem zwei zielsprachliche Formen (dt. *bedauern* vs. fr. *regretter*/*plaindre*), spricht er von *Divergenz*. Stehen umgekehrt zwei ausgangssprachliche Lexeme einem zielsprachlichen gegenüber (dt. *Blume*/*Blüte* vs. fr. *fleur*), könne von *Konvergenz* gesprochen werden.

b) Sie erklärt sich durch Entlehnung eines deutschen Lexems aus dem Französischen oder umgekehrt. Oft ist die entlehnte Bedeutung in der Gebersprache veraltet oder ganz aus dem Sprachsystem verschwunden, während sie in der Nehmersprache geblieben ist. Dies ist z.B. bei dt. *Figur* und fr. *figure* der Fall – Ersteres ist aus dem Altfranzösischen entlehnt. In manchen Bedeutungen sind die beiden Lexeme bis heute kongruent. Sie waren es bis zum Ende des 18. Jahrhunderts auch in einer weiteren: *Voilà un enfant d'une jolie figure* findet sich als Beispielsatz für die Bedeutung 'forme extérieure de l'homme et des animaux' in der 5. Auflage des DAF von 1798. Heute kann die dt. (*gute*) *Figur* jedoch nur noch durch *taille* oder *silhouette* wiedergegeben werden, fr. *figure* heißt, auf das menschliche Äußere bezogen, 'Gesicht', nicht mehr 'Figur'.

c) Ein Lexem einer dritten Sprache wurde sowohl ins Französische als auch ins Deutsche entlehnt, hat sich in den beiden Sprachen aber semantisch jeweils unterschiedlich entwickelt. Das ist z.B. der Fall bei fr. und dt. *fatal*, beide aus lat. FATALIS 'vom Schicksal bestimmt, Verderben bringend' entlehnt (im 14. bzw. 16. Jh.). Im Französischen bedeutet es heute 'unheilbringend, verhängnisvoll', im Deutschen 'unangenehm, peinlich', aber auch 'verhängnisvoll'. Aus e. to *flip* wurde fr. *flipper* 'être abattu, déprimé [lorsque la drogue a fini son effet]' (PR), dt. *ausflippen* hingegen bedeutet 'sich bewusst außerhalb der gesellschaftlichen Norm stellen' oder 'die Nerven verlieren' (GWDS).

Alle drei Fälle semantischer Inkongruenz werden auch als ***faux amis*** (*falsche Freunde*) bezeichnet.[137] Sie sind entweder zufällig entstanden (wie a) oder durch Interferenz bedingt (wie b und c). Beispiel a) gehört zur Kategorie der **formalen *faux amis***. Diese umfasst graphisch und/oder phonologisch ähnliche oder identische und etymologisch meist nicht verwandte Ausdrucksseiten bei völlig verschiedenen Inhaltsseiten: fr./dt. <dort>, fr./dt. /gro:s/ (fr. *grosse*/dt. *groß*) oder dt. *Ente*/it. *ente* 'Amt'. **Interferenz**, also Beeinflussung eines Lexems durch ein anderes, hat es hier nicht gegeben – im Unterschied zur zweiten Kategorie, den **semantischen *faux amis***. Die Verwechslung resultiert aus einer durch Entlehnungsprozesse entstandenen ähnlichen Form von Lexemen zweier Sprachen, der jedoch nicht das jeweils selbe Bedeutungsspektrum entspricht (b und c).

Innerhalb der semantischen *faux amis* lassen sich noch *totale* und *partielle* falsche Freunde unterscheiden. Bei den ersten gibt es synchronisch-aktuell keine semantischen Berührungspunkte (mehr), etwa fr. *balance* und dt. *Balance*, bei den zweiten sind diese zumindest noch in einer gemeinsamen Bedeutung vorhanden, wenngleich diese unterschiedlichen Gebrauchsbedingungen unterworfen sein kann (z.B. fr./dt. *trivial* oder fr. *figure*/dt. *Figur*, fr./dt. *fatal*).

---

137 Wörterbücher zu diesem Aspekt sind etwa Klein (1975) und Vanderperren ($^{2}$2011). Viele *falsche Freunde* enthält auch Zimmer (1990), der ein Korpus von 10 000 französisch-deutschen Sätzen und einen je 150-seitigen Index für Deutsch und Französisch bietet.

Eine weitere Differenzierung innerhalb der *faux amis* betrifft das Begriffspaar '**interlinguale**' und '**intralinguale Interferenz**'.[138] Die bisher behandelten Beispiele waren alle *interlingualer* Natur, fanden also zwischen zwei Sprachen, hier Deutsch und Französisch, statt: Lexempaare wie *Figur/figure*, *Balance/balance*; betroffen sind aber auch (hier nicht behandelte) Fälle im Bereich der Wortbildung, wie *Katalysator/catalyseur* (**catalysateur*) und *konservativ/conservateur* (**conservatif*), oder Syntax, z.B. Rektionen (*jemandem helfen/aider quelqu'un*) und Valenzen (*verliebt in/amoureux de*). Gerade bei Personen, die sich mit mehreren modernen Fremdsprachen beschäftigen, treten interlinguale Interferenzen auch zwischen **Lernersprachen** auf, z.B. aus deutscher Sicht zwischen Französisch und Englisch (fr. *envie* vs. e. *envy*, fr. *actuel* vs. e. *actual*) oder zwischen Italienisch und Französisch (it. *fermare* vs. fr. *fermer*, it. *comprendere* vs. fr. *comprendre*). *Intralinguale* Interferenzen hingegen liegen vor, wenn meist im phonologischen und morphologischen Bereich falsche Analogien innerhalb einer Lernersprache (das kann auch die Mutter- oder Zweitsprache sein) hergestellt werden: z.B. ein französisches Partizip **couvri* oder **couvru* (zu *couvrir*) aufgrund von *finir* oder *courir*, oder die Aussprache von *-men* in *specimen* wie in *examen* [-mɛ̃] anstelle von korrektem [-mɛn].

Der Unterschied schließlich zwischen semantischen und strukturellen Entlehnungen (Kap. 6.4) und falschen Freunden – scheinbar ähnlichen Phänomenen – liegt darin, dass die entlehnten Bedeutungen und *calques* in einer Sprachgemeinschaft kollektiv existieren (fr.q. *apprécier* 'souhaiter, aimer, désirer' oder fr.q. *prendre une marche* 'faire une promenade'), also kommunikativ (d.h. funktional) etabliert und damit bereits in der usuellen Norm verankert, in anderen Fällen sogar Teil des Sprachsystems geworden sind. *Faux amis* hingegen treten zwar auch immer wieder (und dadurch gewissermaßen auch kollektiv) auf, allerdings als Interferenz – und, aus normativer Sicht, Fehler –, und sie stören erstens die Kommunikation zwischen den Sprechern zweier Sprachen und betreffen zweitens die andere, nicht die eigene Sprache.

## 8.4 Zweisprachige Wörterbücher Französisch/Deutsch aus Sicht der Benutzer und ihrer Bedürfnisse

In Kap. 8.3 haben wir einige Standardprobleme kennengelernt, mit denen zweisprachige Wörterbücher konfrontiert sind. Im Folgenden soll es darum gehen, aufzuzeigen, wie ausgewählte Äquivalenzwörterbücher (deutscher Verlage) zum Sprachenpaar Deutsch/Französisch die wichtigsten Nachschlagebedürfnisse befriedigen. Zu diesen gehören:

[138] Es ist nicht nötig, wie seit einiger Zeit vorgeschlagen wird, auf den Terminus *Interferenz* zu verzichten, weil dieser im Englischen 'Einmischung, Störung' bedeute, und auf *Transferenz* auszuweichen. Für das Deutsche ist eine solche Konnotation in keiner Weise gegeben.

1) eine umfassende und klare Bedeutungsdifferenzierung in beiden Teilen des Wörterbuchs, die folgende Gesichtspunkte berücksichtigt:
a) typographisch übersichtliche Gestaltung;
b) Bedeutungsdifferenzierung mittels Synonymen der Ausgangssprache und
c) semantische Spezifizierung der Aktanten sowie
d) Angabe eines Kontexts (Situation) und
e) Angabe einer Kollokationsbasis (Kotext) bei den Einzelbedeutungen von Adjektiven und Verben;
f) Berücksichtigung möglichst vieler figurativer Bedeutungen (wichtig für Übersetzungen);
2) die Erfassung möglichst vieler Kollokationen und
3) die explizite Darstellung syntaktischer Konstruktionen.

Das *PONS Großwörterbuch Französisch-Deutsch/Deutsch-Französisch* aus dem Jahre 1996 (PGWF1996) ließ mit einer erstaunlichen Neuerung aufhorchen – den *Konstruktionen* genannten Einbettungen des Lemmas in einen satzwertigen Kotext, wobei die Aktanten abstrakt spezifiziert wurden: *qn/jd* für Menschen, Institutionen und staatliche Organe wie die Polizei, *qc/etw* für unbelebte Dinge, *quelque part/irgendwo* für Ortsadverbiale u.a.m. Damit wurde ein maximaler Rahmen an semantisch-syntaktischen Informationen gegeben, der in einem konkreten Fall wie folgt aussah:

**zählen I.** *vi* **1.** (*Zahlen aufsagen*) ■ **jd zählt |bis etw|** qn compte |jusqu'à qc|
**2.** (*addieren*) ■ **jd zählt [...]** qn compte [...]
**3.** (*gehören*) ■ **jd/etw zählt zu jdm/etw** qn/qc fait partie de qn/qc
**4.** (*sich verlassen*) ■ **jd zählt auf jd/etw** qn compte sur qn/qc
**5.** SPORT, SPIEL ■ **etw zählt** qc compte; ***dieser Sprung zählt nicht*** ce saut n'est pas valable
**II.** *vt* **1.** (*addieren*) ■ **jd zählt etw** qn compte qc
**2.** *geh* (*als gesamte Anzahl aufweisen*) ■ **etw zählt etw** qn compte qc
**3.** *geh* (*dazurechnen*) ■ **jd zählt jdn/sich zu etw** qn compte qn/se compte au nombre de qc
**4.** SPORT, SPIEL ■ **etw zählt etw** qc vaut qc

Abb. 97: Der Artikel *zählen* in PGWF1996 (gekürzt und typographisch leicht modifiziert)

Selbst wenn ein Aktant lexikalisch spezifiziert ist, weil er die Basis (*pièce*) zu einem nur schwach kollokativen Verb (*arpenter*) ist, kann die abstrakte Konstruktion aufrecht erhalten werden:

**arpenter** [...] **1.** (*parcourir*) ■ **qn arpente qc** *pièce* [...] jd durchschreitet etw mit großen Schritten [...].

Abb. 98: Der Artikel *arpenter* in PGWF1996 (stark gekürzt, typographisch leicht modifiziert)

In der Neubearbeitung von *PONS Großwörterbuch Französisch (für Experten und Universität)* aus dem Jahre 1999 (PGWF1999) wurde diese Technik noch angewandt, in der Neubearbeitung von 2009 (PGWF2009) bedauerlicherweise nicht mehr.

Die Herausforderungen für ein zweisprachiges Wörterbuch sind dann besonders groß, wenn es darum geht, stark kotextsensitive Adjektive oder Verben so darzustellen, dass der sprachliche Zusammenhang durch ein passendes Synonym und nach Möglichkeit eine Kollokationsbasis auf den ersten Blick ersichtlich ist. Ein Vergleich von *Langenscheidt Handwörterbuch Französisch* (LHF) und *PONS Großwörterbuch Französisch* (PGWF2009) soll zwei Möglichkeiten der typographischen Darstellung aufzeigen – als Fließtext (Abb. 99) und in Absätze gegliedert (Abb. 100 und 101):

> **scharf A** ADJ [~¨er, ~¨ste] **1** (*schneidend*) tranchant; coupant; aiguisé; *Zähne, Nägel, Krallen* acéré; *Kurve* brusque; *Ecke* saillant; **~e Kante** arête vive **2** (*ausgeprägt*) *Linien, Gesichtszüge* marqué; accusé *Gegensätze* (bien tranché); *Umrisse* net, nette; précis; *Foto* net, nette […]

Abb. 99: Auszug aus dem Artikel *scharf* im LHF (stark gekürzt, typographisch leicht verändert)

> **scharf** [ʃarf] <schärfer, schärfste> **I.** *Adj* ❶ *Messer, Klinge, Schneide* coupant(e); *Krallen* acéré(e)
> ❷ *(spitz zulaufend) Ecke, Kante* aigu(ë); *Zähne, Hörner* pointu(e)
> ❸ *(stark gewürzt)* épicé(e); *(sehr würzig)* fort(e)
> ❹ *(ätzend) Mittel, Säure* agressif(-ive)

Abb. 100: Auszug aus dem Artikel *scharf* im PGWF2009 (stark gekürzt, typographisch leicht verändert)

Auch kleinere Formate müssen nicht unbedingt auf Kotextualisierungen verzichten, wie das folgende Beispiel aus dem *Cornelsen Klausurwörterbuch Französisch* (CKF) zeigt. Als Ausgleich für die geringere Zahl an Kollokationsbasen zu *scharf* werden diese auch auf Französisch angegeben. Synonyme in der Ausgangssprache fehlen allerdings.

> **scharf**
> **1** (*Messer*) coupant(e), tranchant(e) (*couteau*)
> **2** (*Chili, Soße*) fort(e) (*chili, sauce*)
> **3** CHEMIE caustique
> **4** (*Augen*) perçant(e) (*vue*)

Abb. 101: Auszug aus dem Artikel *scharf* im CFK (stark gekürzt, typographisch leicht verändert)

Insgesamt kann man mit diesem Bereich also durchaus zufrieden sein. Es wäre natürlich immer besser, noch mehr Kotexte, auch Anwendungsbeispiele, am besten korpusbezogen, anzugeben, aber dies ist wohl nur digital realisierbar.

Die Qualität von Äquivalenzwörterbüchern zu beurteilen ist ohnehin nicht leicht. Käufer ohne metalexikographische Kenntnisse – und das ist der überwiegende Teil – bilden sich ihr Urteil meist nicht dadurch, die Mikrostrukturen miteinander zu vergleichen. Der Effekt der Verlagswerbung (Wörterbuchumschlag, Prospekte, Verlagsseiten im Internet) sowie Empfehlungen von Lehrern und nicht zuletzt das Preis-Leistungs-Verhältnis sind da oft gewichtigere Kriterien. Da nimmt es nicht Wunder, dass der Umfang des behandelten Wortschatzes immer weiter nach oben geschraubt wird. Wie bereits bei den einsprachigen Wörterbüchern (Kap. 4.3) festgestellt wurde, wird die genaue Anzahl der Lemmata nicht mehr genannt, sondern stattdessen Vereinigungsmengen unterschiedlicher Kategorien:

255 000 Stichwörter und Wendungen mit über 500 000 Übersetzungen (LHF)
Rund 260 000 Stichwörter und Wendungen (PWSF)
Rund 130 000 Stichwörter und Wendungen auf 1 320 Seiten (LAbiWF)
Rund 135 000 Stichwörter und Wendungen (PKompWF)
Über 100 000 Stichwörter und Wendungen (CKF)

Abb. 102: Angaben zum Umfang des inventarisierten Wortschatzes verschiedener zweisprachiger Wörterbücher Französisch/Deutsch

Ein weiterer Aspekt soll noch überprüft werden: das Niveau der Konstruktionsangaben. Hierzu wählen wir das Verb *accuser*, mit dessen syntaktischen Konstruktionsrahmen wir bereits in den Kapiteln 4.6.3 und 4.6.4 Bekanntschaft gemacht haben. Welche Valenzpatterns dieses Verb haben kann, wurde im *Dictionnaire des verbes du français actuel* (Dvfa) deutlich (4.6.3). Dabei handelt es sich um ein einsprachiges Spezialwörterbuch. Man kann also nicht erwarten, dass Äquivalenzwörterbücher ein solches Informationsspektrum bieten können.

**accuser** [akyze] **A** V/T **1** anklagen; ~ **qn de qc** [...] **2** *par ext sort, mauvais temps etc* verantwortlich machen (**de** für) [...] **B** V/PR **s'~ 1 a** *réfléchi* **s'~ de qc** [...]; **s'~ d'avoir fait qc** [...]

Abb. 103: Auszug aus dem Artikel *accuser* im LHF (stark gekürzt, typographisch leicht verändert)

**accuser** [akyze] <1 > **I.** *vt* ➊ JUR *(déclarer coupable)* ~ **qn d'un crime/d'avoir violé qn** [...]
➋ *(rendre responsable)* ~ **qn d'une catastrophe/d'être à l'origine de l'accident** [...]
**II.** *vpr* ➊ *(se déclarer coupable)* ***s'~*** **de qc** [...]

Abb. 104: Auszug aus dem Artikel *accuser* im PWSF (stark gekürzt, typographisch leicht verändert)

Vergleicht man die Valenztypen im Artikel *accuser* der beiden Wörterbücher mit den im Spezialwörterbuch Dvfa genannten, stellt man fest, dass im LHF alle, im PWSF alle bis auf einen (*s'accuser* de INF), vorhanden sind. Allerdings wäre es besser, durchgängig explizite Strukturformeln anzugeben. Im PWSF gehen die Valenzen sozusagen auf in den Kollokationen bzw. Beispielsätzen, Patterns wären jedoch klarer. Diese sind zwar im LHF vorhanden, aber nicht explizit genug.

An nennenswerten Neuerungen in den großen zweisprachigen Wörterbüchern sind diverse Rubriken in den Außentexten anzuzeigen, die durchaus nützlich sein können, z.B. eine französische Kurzgrammatik, Angaben zur Silbentrennung, französische Musterbriefe und Bewerbungsschreiben (PWSF) oder eine Liste von Suffixen mit jeweiliger Aussprache, Silbentrennung, Zeichensetzung, Großschreibung und empfohlene neue Schreibweisen im Französischen, eine Liste von *faux amis*, die französischen Departements und das französische Buchstabieralphabet (LHF).

Dass wie im PWSF innerhalb der Makrostruktur auch Kommunikationsabsichten, praktisch Sprechakte, zusammengefasst werden (dem *Thesaurus* in einsprachigen englischen Lernerwörterbüchern nachempfunden), ist ein didaktischer Fortschritt, z.B. die „Infokästen" *Ärger ausdrücken, Abneigung ausdrücken, loben, sich entschuldigen*. Auch enzyklopädische Informationen (dargestellt als Infokästen „Land und Leute"), z.B. zu den *banlieues*, *D.O.M.*, *T.O.M.* oder *grandes écoles*, sind begrüßenswert.

Der Wert eines Wörterbuchs erweist sich immer erst in der Praxis. Diese lässt sich in einem Einführungsbuch natürlich schwer simulieren. Dass in Texten auch andere Bedeutungen von Lexemen zu finden sind als diejenigen, die in der usuellen Norm verankert sind, wissen wir alle. Unserer sprachlichen Kreativität sind keine Grenzen gesetzt, so dass es illusorisch wäre, jede ko(n)textuelle Variante einer Bedeutung (s. 3.1.5) in einem Wörterbuch vorfinden zu wollen. Dennoch gibt es Bedeutungen, die keinen *ad-hoc*-Status haben, sondern im übertragenen Sinne in bestimmten sprachlichen und situativen Kontexten gebraucht werden, auch wenn sie nicht unbedingt häufig sind. Einige solcher Verwendungen (Kollokationen, isoliert oder in Sätzen [nach DFC, PR]) sollen im Folgenden Gegenstand einer kurzen vergleichenden Untersuchung sein:

(1) *Un vague sourire flottait sur ses lèvres* ('spielte um/umspielte ihre [seine] Lippen')
(2) *une pente rapide* ('steil')
(3) *La réponse est longue à venir* ('lässt (lange) auf sich warten')
(4) *attendre deux grandes heures* ('zwei geschlagene Stunden')
(5) *Depuis longtemps, nous caressions le projet de faire une croisière dans la Méditerranée* ('liebäugeln mit, mit dem Gedanken spielen')
(6) *Le soleil a mangé la couleur bleue du papier* ('hat ausgebleicht')
(7) *Cette ville est morte* ('ist wie ausgestorben')
(8) *une sauce longue* ('dünne Sauce')

| | PWSF | LHF = HLGda | LarGdb | LAbiWF | CKF | PKompWF |
|---|---|---|---|---|---|---|
| (1) | s.v. *flotter* | s.v. *flotter* | – | – | – | – |
| (2) | s.v. *rapide* | s.v. *rapide* | – | s.v. *rapide* | s.v. *rapide* | – |

| | | | | | | |
|---|---|---|---|---|---|---|
| (3) | – | s.v. *long* | – | s.v. *long* | – | – |
| (4) | – | s.v. *grand* | s.v. *grand* | s.v. *grand* | – | – |
| (5) | s.v. *caresser* | – | s.v. *caresser* | – | – | – |
| (6) | – | – | – | – | – | – |
| (7) | s.v. *mort* | s.v. *mort* | – | s.v. *mort* | s.v. *mort** | s.v. *mort* |
| (8) | – | – | – | – | – | – |

Abb. 105: Seltenere Kollokationen in sechs Äquivalenzwörterbüchern Französisch/Deutsch

Legende: * *mort* 'ausgestorben', jedoch nicht 'wie ausgestorben'; s.v. = unter dem Stichwort

Was man anhand dieser kleinen Stichprobe als Mindestergebnis schlussfolgern kann, ist zum einen, dass die Mikrostrukturen kleinformatiger Wörterbücher definitiv zu mager sind, um der sprachlichen Herausforderungen französischer Texte Herr zu werden, und dass zum anderen aber auch große Werke offenbar über schmalere Mikrostrukturen verfügen als ein einsprachiges Wörterbuch wie der DFC (mit selektiver Makrostruktur), dem die meisten der acht Fälle entnommen sind.

## 8.5 Lernerzentrierte zwei- und gemischtsprachige Wörterbücher

Inwieweit können zwei- oder gar mehrsprachige Wörterbücher *lernerzentriert* im Sinne der Lernerlexikographie sein? Sieht man sich die Anforderungen an ein einsprachiges Lernerwörterbuch (4.5.2) an, so entfällt in einem Äquivalenzwörterbuch mit den Bedeutungsparaphrasen einer der zentralen Bereiche. Es verbleiben jedoch Syntagmatik und Paradigmatik und weitere der in Kap. 4.5.2 genannten zwanzig Parameter – und es kann ja durchaus noch andere geben. Der Frage, ob die von den Verlagen als lernerzentrierte Wörterbücher konzipierten und in einem Fall auch so genannten Werke auch tatsächlich halten, was sie versprechen, soll im Folgenden nachgegangen werden. Zur Auswahl stehen:

Langenscheidt Power Wörterbuch Französisch (LPWF) (2012 [$^{1}$1999])
PONS Express Wörterbuch Französisch (PExWF) (2006)
PONS Lerner-Wörterbuch easy Französisch (PLWeasyF) (2011)

Braun (2008, 124), die die ersten zwei Werke umfangreich analysiert hat, kommt zu folgendem Befund:

> Die beiden Wörterbücher gehören eindeutig in den Bereich der zweisprachigen [...] Lernerwörterbücher, mit der Begrenzung ihrer Zielgruppe auf deutsche Muttersprachler und der damit zusammenhängenden Auswahl und Darstellung ihrer Inhalte.

Die Zielgruppe sind Schüler der ersten drei Lernjahre (PExWF) bzw. Französischlernende, besonders Anfänger (LPWF). Der Umfang beträgt 70 000 bzw. 65 000 „Stichwörter und Wendungen". Viele Elemente deuten auf eine konzeptionelle Lernerzentriertheit hin: Lemmata, die zum Grundwortschatz gehören, Lemmatisierung von Eigennamen und Komposita auch im Französischen, Infokästen in der Makrostruktur, sprachliche Spezifika, die für deutsche Lerner nicht selbstverständlich sind oder Hinweise zu häufigen Fehlern (z.B. beim Genus) oder zu *faux amis* beinhalten. Auch der kommunikative Aspekt wurde berücksichtigt: Infokästen *Chez le boulanger/Beim Bäcker* oder *Sich auf Französisch entschuldigen*. Bildseiten (z.B. zu *Communication moderne/Moderne Kommunikation*) und landeskundliche Informationen (z.B. zur Académie française, Weihnachten auf Französisch oder einem Crêpes-Rezept). Vergessen wir nicht den Ting$^{R}$-Sprachstift in *Langenscheidts Power Wörterbuch*, mit dem die sprachliche Realisierung der Lemmata gehört werden kann. Insgesamt ist vielleicht das *PONS Express Wörterbuch* noch eine Idee innovativer und informationsreicher – beide lexikographischen Hilfsmittel können jedoch empfohlen werden. Die Frage ist allerdings, wie bei all diesem didaktischen Zusatzangebot die Mikrostrukturen, das Kernstück eines Wörterbuchs, abschneiden. Und da müssen doch einige Abstriche, vor allem was den Bereich Syntagmatik betrifft, gemacht werden. Bei bisherigen Stichproben haben (für die Bereiche Valenzen, Kollokationen und Bedeutungsdifferenzierung) die Lemmata *jouer*, *bougie*, *bicyclette* sowie *raide* und *scharf* eine Rolle gespielt. Da laut Vorwort großer Wert auf den Produktionsaspekt gelegt wird, sollen bei *bougie* und *bicyclette* auch die entsprechenden deutschen Lemmata betrachtet werden – das dritte Werk, das sich ausdrücklich als Lerner-Wörterbuch bezeichnet (PLWeasyF), soll hier gleich mit in Augenschein genommen werden:

<table>
<tr><th></th><th>LPWF</th><th>PExWF</th><th>PLWeasyF</th></tr>
<tr><td>jouer</td><td>j. à la poupée; j. au tennis; j. aux cartes; j. du piano; j. un cheval; se j.; se j. de qqn</td><td>j. au foot; j du piano; j. sur qch; j. avec qch; j. qch; se j.</td><td rowspan="8">in den Mikrostrukturen textidentisch mit PExWF</td></tr>
<tr><td>bougie</td><td>keine Kollokationen</td><td>keine Kollokationen</td></tr>
<tr><td>Kerze</td><td>keine Kollokationen</td><td>keine Kollokationen</td></tr>
<tr><td>bicyclette</td><td>aller à (en) bicyclette</td><td>faire de la b.</td></tr>
<tr><td>Fahrrad</td><td>(mit dem) F. fahren; ich fahre mit dem F. zur Schule; heute fahre ich mit dem F.</td><td>F. fahren</td></tr>
<tr><td>raide</td><td>6 Bedeutungsdifferenzierungen; Basen/Synonyme (auf Dt.) mit angegeben</td><td>5 Bedeutungsdifferenzierungen; Basen/Synonyme (auf Dt.) mit angegeben</td></tr>
<tr><td>scharf</td><td>15 Bedeutungsdifferenzierungen; Basen/Synonyme (auf Dt.) mit angegeben</td><td>16 Bedeutungsdifferenzierungen; Basen/Synonyme (auf Dt.) mit angegeben</td></tr>
</table>

Abb. 106: Stichproben aus drei lernerzentrierten zweisprachigen Wörterbüchern Französisch/Deutsch hinsichtlich der Parameter 'Valenz', 'Kollokationen' und 'Bedeutungsdifferenzierung'

Auch wenn unter den Basen wenig bis gar keine Verbindungen erscheinen, so sind immerhin einige Kollokationen unter den Kollokatoren aufgeführt, was für ein Lernerwörterbuch dennoch suboptimal ist: z.B. *vom Fahrrad absteigen/descendre de vélo*, *aufs Fahrrad steigen/monter à vélo*, *ausblasen/souffler* Kerze, *anzünden/allumer* Kerze, Feuer im PExWF; im LPWF *auf sein Fahrrad steigen/enfourcher son vélo*, *ausblasen/éteindre* Kerze, *anzünden/allumer* Zigarette, Feuer, Kerze. Die kotextsensitive Bedeutungsdifferenzierung kann ebenso überzeugen wie die Rektions- und Valenzdifferenzierung im Falle von *jouer*.

Überraschend ist jedoch, dass das *PONS Lerner-Wörterbuch easy Französisch* (PLWeasyF), angekündigt als „vollständige Neuentwicklung 2011" und mit „90 000 Stichwörtern und Wendungen" klar umfangreicher als das *PONS Express Wörterbuch* (PExWF), in den Mikrostrukturen textidentisch mit diesem ist. Die (guten und sinnvollen) Infokästen des PExWF scheinen ebenfalls übernommen worden zu sein, aber bedauerlicherweise nicht mehr die Praxis, die diversen Informationstypen durch typographisch besonders große Buchstaben anzukündigen (*F* = *faux ami*, *G* = *Grammatik*, *K* = *Kommunikation*, *L* = *Land und Leute*, *Ü* = Übrigens, *V* = *Vorsicht*). Man mag sich fragen, warum nicht.

Diese – etwas kleinkarierten – Vergleiche waren nötig, um einen exemplarischen Eindruck in die lexikographische Substanz der drei Wörterbücher zu erhalten – jenseits von Infokästen und sprechendem Stift. Das Ergebnis lässt zumindest hoffen. Da es weder klare lexikographische Deskriptoren noch etablierte Vorbilder für zweisprachige Lernerwörterbücher gibt, ist der Begriff sozusagen ungeschützt. Anders als bei der einsprachigen Lernerlexikographie, die ihre Standards schon längst festgezurrt hat, sind die zweisprachigen Wörterbücher diesbezüglich noch in einer Experimentierphase. Man sollte jedoch den Titel *Lernerwörterbuch*, auch wenn er mit Bindestrich geschrieben wird, mit Bedacht vergeben.

Die nächsten beiden Wörterbücher, DAFA und DAFLES, die sich *dictionnaires d'apprentissage* nennen, stammen beide aus der Forschergruppe für pädagogische Lexikographie an der Katholischen Universität Löwen.[139] Grundlage ist eine Datenbank, die *Base lexicale du français* (BLF), die den Lemmabestand für beide Werke nach Frequenzwerten bestimmt und Korpusbelege zur Verfügung stellt. Wie leistungsstark Datenbanken für die Lexikographie sein können, ließ sich anhand der Ausführungen zum DiCoùebe und DicoPop, denen die Datenbank DiCo zugrunde liegt (Kap. 4.6.1), bereits ersehen. Und eine Mel'čuk'sche Komponente ist auch in DAFA und DAFLES enthalten, die der lexikalischen Funktionen, wenngleich in vereinfachter Form (s. unten). Beide Werke gehören zum Typ der *gemischtsprachigen* (oder *crosslingualen*) Wörterbücher, deren Besonderheit in der Alternierung des lexikographischen Angebots zwischen zwei Sprachen (*bilingualisierte Wörterbücher*) oder mehreren Sprachen (*multilingualisierte Wörterbücher*) besteht:[140] In einem bilingualisierten Wörterbuch sind z.B. die Bedeu-

---

139 Groupe de recherche en lexicographie pédagogique (GRELEP).

140 Im Grunde hat diese lexikographische Methode eine sehr lange Tradition, denn bereits Nicot (1606) praktizierte in den Mikrostrukturen eine Mischung aus französischen Elementen (Be-

tungsparaphrasen und Beispielsätze in der Ausgangssprache, der Rest auch in der Zielsprache.[141] Bei DAFA und DAFLES sind die Mikrostrukturen komplett auf Französisch, so dass man sich auch nur über diese informieren kann (es hätte dann die Funktion eines einsprachigen Wörterbuchs). Zusätzlich können lexikalische Einheiten und syntagmatische Verbindungen aber auch in mehreren Fremdsprachen gesucht werden.[142]

Da die Ausarbeitung der Internetversion des DAFA weniger ausgereift erscheint als diejenige des DAFLES, legen wir, was das erste Wörterbuch betrifft, im Folgenden die Papierversion zugrunde. Zuerst soll die Frage aufgeworfen werden, wie multilingualisierte Wörterbücher den Anspruch einlösen können, *Lerner*wörterbücher zu sein. Das ist für alle Komponenten (sprich: Sprachen) schwer vorstellbar, denn von den syntagmatischen Gütekriterien, die ein *learners' dictionary* ausmachen, kann bei der parallelen Darstellung mehrerer Sprachen nicht mehr viel übrig bleiben. Der *Dictionnaire d'apprentissage du français des affaires* (DAFA) gibt sich bescheiden hinsichtlich des inventarisierten Wortschatzumfangs: 3 200 „mots du français des affaires les plus fréquents". Diese werden aber immerhin in fünf Sprachen übersetzt, woraus mehr als 11 000 Kollokationen und Verwendungen und mehr als 3 000 Satzbeispiele resultieren, die aus einem elektronischen Korpus von 25 Millionen *tokens* extrahiert sind. Worin besteht der Aspekt des *Lerner*wörterbuchs? Zu erst einmal in der Bestimmung des Adressatenkreises:

> [T]ous ceux (étudiants, professeurs, traducteurs, hommes d'affaires; francophones et non francophones) qui veulent mieux comprendre et maîtriser le français des affaires et de l'économie (DAFA, Umschlagrücken).

Die Makrostruktur besteht aus den genannten 3 200 Lemmata, von denen 135 zudem (alphabetisch geordnet) als thematische Artikel (z.B. *commerce*) mit umfangreichen (rein französischen) Mikrostrukturen in Erscheinung treten. Sie enthalten Bedeutungsparaphrasen, Synonyme, Antonyme, Satzbeispiele sowie Kollokationen und fachsprachliche Verbindungen (z.B. unter „type de commerce" *le commerce indépendant*, *le petit commerce*), die erklärt werden. Bemerkenswert sind die ausführliche (lexikographisch professionelle) Beschreibung der Kollokationen (differenziert nach Wortarten der Kollokatoren) und die systematische Integration morphosemantischer Beziehungen (z.B. *commercialisation*, *commerçant*, *commercial*) als nestalphabetische Sublemmata mit eigener Mikrostruktur (Semantisierung, Beispiele, Kollokationen). Zudem werden analogische Verweise auf andere Begriffe (z.B. von *économie* zu *épargne*, von *publicité* zu *promotion* und *marketing*), die als thematische Artikel erscheinen, angegeben. Auffällig

deutungsparaphrasen, Syntagmen, Beispielsätzen) und lateinischen Äquivalenten, die Quemada (1967, 52–58) als „semi-biligue" bezeichnete. Offenbar anknüpfend an diese Tradition nennen die Autoren des DAFLES ihr Wörterbuch „semi-multilingue" (Selva/Verlinde/Binon 2002, 201).

141 ELDIT für das Sprachenpaar Italienisch/Deutsch ist z.B. ein bilingualisiertes Wörterbuch, ebenso Lo Cascio (2005) für Italienisch und Niederländisch.

142 Zur Problematik mehrsprachiger Wörterbücher im Allgemeinen s. Haensch (1991).

ist ferner der Einsatz von Symbolen, um die semantische Natur des Verbs innerhalb von Kollokationen zu visualisieren – eine Methode, die bewusst den lexikalischen Funktionen Mel'čuks nachempfunden ist[143] (vgl. Kap. 4.6.1, 4.6.4):

**Le verbe indique un/une:**

| | |
|---|---|
| ✓ | apparition, création, définition (début) –<br>z.B. s.v. *commerce*: un produit ✓ *se trouver dans* le ~ |
| x | présence, réalisation –<br>z.B. s.v. *commerce*: un commerçant x *ouvrir* un ~ (de X) |
| △△ | forte hausse, amélioration –<br>z.B. s.v. *commerce*: le commerce (de Y) △△ *être en pleine expansion* |

Abb. 107: Semantische Kategorisierungen des Verbs in N-V- und V-N-Kollokationen im DAFA

Der mehrsprachige Charakter kommt erst bei den Lemmata der Nomenklatur (also nicht in den thematischen Artikeln) sowie in den vier zweisprachigen Registern zum Ausdruck: Deutsch, Englisch, Italienisch, Niederländisch, Spanisch als Ausgangs- und Französisch als Zielsprache. Da die französischen Lemmata umgekehrt in jede der fünf Sprachen übersetzt werden, ist auch diese Richtung abgedeckt:

**commercer** (v.intr.) 1. Acheter et vendre.

| | | | | |
|---|---|---|---|---|
| Handel treiben<br>handeln | to trade | comerciar | commerciare | handel drijven |

[…]

**commercialement** (adv.) 1. Du point de vue de l'achat et de la vente.

| | | | | |
|---|---|---|---|---|
| unter geschäftlichen Gesichtspunkten | commercially | comercialmente | commercialmente | vanuit commercieel oogpunt |

Abb. 108: Ausschnitt aus der sechssprachigen Nomenklatur des DAFA

Der *Dictionnaire d'apprentissage du français des affaires* ist ein interessantes Wörterbuch, das Informationen enthält, die viele Benutzer nicht werden abrufen können oder wollen, da Einiges an linguistischem Know-how vorausgesetzt werden muss. Die mehrsprachigen Komponenten hingegen sind von jedermann problemlos benutzbar. Allerdings gehen diese über reine Äquivalenzangaben nicht hinaus. Die Stärke des DAFA liegt in den Mikrostrukturen der (nur) 135 thematischen Artikel, die kaum einen Beschreibungsaspekt unbeachtet lassen. Insofern ist es ein Wörterbuch mit extensiver Mikrostruktur für eine sehr selektive Anzahl von Lemmata (die restlichen 3 065 Stichwörter enthalten nur die mehrsprachigen Äquivalente). Ob es ein Lernerwörterbuch ist, hängt davon ab, welche Merkmale man für ein solches Spezialwörterbuch, möchte man

---

[143] S. Binon/Selva/Verlinde (2002).

es in den Stand der pädagogischen Werke erheben, ansetzt. Hierfür gibt es im Moment noch keine Kriterien.

Wie vielfältig und linguistisch ausgeklügelt eine Datenbank lexikographisch aufbereitet werden kann, zeigt der gratis *online* zugängliche DAFLES, der trotz seiner nicht ganz einfachen Handhabung (mehrere Masken auf einer Seite, sehr viele Optionen) ein faszinierendes Projekt ist (Selva/Verlinde 2002, Selva/Verlinde/Binon 2002). Auf der Basis eines Zeitungskorpus (*Le Monde*, *Le Soir* 1998) von 52 Millionen *tokens* wurde eine Frequenzliste von Worttypen erstellt, die den Grundbestand (die Makrostruktur) des Wörterbuchs ausmachen sollen – derzeit 6 500 Lexeme, geplant sind 12 000 bis 13 000. Dieses Korpus dient zugleich als Fundus für Beispielsätze und für Frequenz- und Korrelationsberechnungen aller Art. Denn das ist eines der Alleinstellungsmerkmale: der lexikographisch lukrative Einsatz von Algorithmen. Dieser reicht von Häufigkeitsangaben zu einzelnen Lexemen und Verbindungen bis zu Korrelationen zur Klärung der Frage, ob zwei Wörter (z.B. *utiliser* und *user*) wirklich synonym sind. Darüber hinaus muss dem im DAFLES umgesetzten Methodenpluralismus einfach nur ein Lob gezollt werden: moderne Korpuslinguistik, Mel'čuks lexikalische Funktionen (allerdings in einer *Light*-Version), die satzwertigen Bedeutungsparaphrasen von COBUILD und die Andockung an eine Übersetzungsplattform (*Interglot*), über deren Qualität hier keine Aussage getroffen werden kann. DAFLES ist ein digitales Wörterbuch, das unbedingt in Universitätsseminaren zur französischen Lexikographie konsultiert werden sollte, da „beispielsweise durch die ‚profils combinatoires' auch theoretisch relevante Einblicke in syntagmatische Strukturen des Wortschatzes [vermittelt werden können]" (Blumenthal 2008, 30).

Der mehrsprachige Teil – insgesamt können die Sprachenpaare Französisch plus Niederländisch/Englisch/Deutsch/Spanisch/Schwedisch (in dieser Reihenfolge) abgefragt werden – kann hier nicht näher besprochen werden. Stattdessen sollen drei Beispiele für die linguistische Relevanz des DAFLES gegeben werden:[144]

1) *Onomasiologische Perspektive – lexikalische Funktionen* (Rubrik: *How to express an idea*):

Mit den lexikalischen Funktionen *Something is, exists/starts/continues/ stops/restarts/is high, intense, severe, heavy/low, softer, higher* sowie *part of* und *great number of* – unverkennbar Mel'čuk'sche Kategorien (4.6.1, 4.6.4) – können Kollokationen und Syntagmen gesucht werden, die eine dieser 'Ideen' beinhalten. So kann man sich alle Substantiv-Substantiv-Verbindungen und Verb-Substantiv-Kollokationen anzeigen lassen, die das Merkmal [FIN] ('Ende') ausdrücken. Nur einige Beispiele (die semantischen Rollen des Aufhörens oder Zuendebringens sind unterstrichen):

a) Subst-Subst: *un <u>arrêt</u> de travail*, *la <u>clôture</u> du marché*, *l'<u>issue</u> d'un combat*

---

[144] Der Name DAFLES erscheint auf der Startseite des BLF (http://ilt.kuleuven.be/blf) nicht, erst bei den Ergebnissen einer Abfrage. Die Metasprache ist bisher (1.10.2013) nur Englisch; Französisch und Niederländisch sind angekündigt. Die Ergebnisse zu Recherchen werden allerdings auf Französisch präsentiert.

b) Verb-Subst: *abandonner une idée*, *accomplir la volonté*, *cesser le travail*

2) *Kombinatorisches Profil eines Lexems* (Rubrik: *How to combine words to form sentences/Find which words to use with*):

Am Beispiel *jouer* kann man anhand eines Balkendiagramms die statistisch häufigsten Mitspieler im Sinne einer lexikalisch-semantischen Distribution ersehen: *rôle*, *carte*, *jeu*, *déterminant*, *décisif*.

3) Das syntaktische Profil eines Lexems (Rubrik *Find information on a word/How to use it in a sentence*):

Der Valenzrahmen (*schéma actanciel*) eines Lexems (nicht nur Verben) wird in Form von *full sentence definitions* (Bedeutungsparaphrasen), abstrakten Strukturformeln (z.B. N1 V à N3) und Beispielsätzen illustriert, hier exemplifiziert am Verb *jouer*:

**jouer** – *verbe* – effectuer une activité

1a lorsqu'une personne ou un animal joue, il effectue une activité pour s'amuser
N1 V *Les enfants jouent dans la rue.*

1b lorsqu'une personne joue #aux cartes, à un jeu vidéo, à un jeu de société comme le Monopoly#, elle utilise ce jeu pour s'amuser tout en suivant certaines règles
N1 V à N3 *Ils jouent au Monopoly au moins une fois par semaine.*

[...]

3a lorsqu'une personne joue #au foot, au basket, au rugby#, etc., elle pratique un sport où l'on utilise une balle, un ballon
N1 V à N3 *Nous avons trouvé un terrain pour jouer au foot.*
N3 se V Nlieu *Le foot se joue aussi en salle.*

[...]

4d lorsqu'une personne joue #d'un instrument (de musique)#, elle s'en sert, elle l'utilise pour faire de la musique
N1 V de N3 *Il joue de la guitare depuis 8 ans.*

Abb. 109: Auszug aus dem *schéma actantiel* des Verbs *jouer* im DAFLES

Ist ein Lexem nicht verzeichnet (z.B. *démanger*), wird die Möglichkeit geboten, in anderen Wörterbüchern zu suchen. Die Suchanfrage wird dann automatisch im TLFi beantwortet, in der Liste stehen aber weitere online verfügbare Werke des CNRTL (wie die 4., 8. und 9. Auflage des DAF oder die frankophone Datenbank BDLP). Schließlich besteht auch noch die Option, sich zu einem Suchwort alle verfügbaren Ressourcen im Netz anzeigen zu lassen.

Es konnte hier nur ein kleiner Teil dessen illustriert werden, was in DAFLES alles möglich ist. Das Wörterbuch enthält eine Fülle von Perspektiven, von denen aus mit Sprache rezeptiv, produktiv und lernstrategisch umgegangen werden kann. Es ist zweifelsohne ein neuer Typ von Lernerwörterbuch, der die schier grenzenlosen Möglichkeiten einer datenbankbasierten Neudigitalisierung in Verbindung mit Sprachkorpora und einer multilingualen Ausrichtung umsetzt.

Nachschlagen, ohne nachschlagen zu müssen. Die Zukunft hat auch für die kommerzielle zweisprachige Lexikographie längst begonnen. Interaktive Technologie ermöglicht es, ein Wort am PC in Textdokumenten, auf Webseiten oder in E-Mails von einer digitalisierten Stimme vorsprechen und sich den gesamten Artikel eines zugrundeliegenden Äquivalenzwörterbuchs zum entsprechenden Lemma als Pop-Up-Menü durch simple Cursor-Positionierung anzeigen zu lassen. PONS hat ein solches elektronisches Wörterbuch auf mehreren Niveaus (z.B. Schule, *Advanced*) auf den Markt gebracht. Eine Überprüfung hat ergeben, dass französische flektierte Wortformen (also Konjugations- und Deklinationsformen wie *vont* und *chevaux*) erkannt und dem jeweiligen Lemma (und Artikel) zugeordnet werden. Dass dies für deutsche Formen nicht funktioniert (auch nicht beim Plural, z.B. *Erkenntnisse*, oder in einer Kasusform, z.B. *Lehrers*), mag damit zu rechtfertigen sein, dass man als deutscher Muttersprachler ja weiß, zu welchen Nennformen diese Wörter gehören (Direktionalität!) – das Prinzip der schnellen Information ist auf diese Weise dennoch nicht umgesetzt. Komposita sind natürlich nur dann vorhanden, wenn sie lemmatisiert sind: *Lehrerzimmer* z.B. ja, *Unterrichtsstunde* nein. Die Zukunft wird sicher so sein, dass kotextsensitive Übersetzungsprogramme, die auch sofort jede Wortform *Zug* in einem Satz oder Text erkennen können, mit elektronischen Wörterbüchern gekoppelt sein werden und Sprachkorpuskonkordanzen zu einem bestimmten Lexem (Lemma) sowie holistische Darstellungen wie in DAFLES oder im PhraseoFrame (3.2.3) interagieren.

Wie bereits an anderer Stelle angesprochen, ist davon auszugehen, dass Printwörterbücher massiv an Marktanteilen einbüßen werden und das Segment ‘zweisprachige Wörterbücher’ zunehmend auf digitale Medien, insbesondere mobile Apps, verlagert werden wird. Die Papierversionen werden zwar weiterhin an Gymnasien, vor allem für Klausuren, benötigt, aber der Trend wird in Richtung Digitalisierung gehen. Welche Konsequenzen hat das Gebot der schnellen Informationssuche für die Lexikographie? Wenn Geschwindigkeit die Devise ist und bleiben wird, und davon ist auszugehen, dann dürften dichte Mikrostrukturen kaum gefragt sein, sondern sich in viele einzelne Lexem- und Verbindungsgleichungen auflösen, wie man etwa anhand des Artikels *zählen* in PONS.eu (de.pons.org), einer digitalisierten Fassung des *PONS Großwörterbuch*, angereichert durch Fachwortschätze des Office franco-allemand pour La Jeunesse, erkennen kann. Dass hierbei *Zahlen*, *zählen* und *zahlen* auf einer Seite erscheinen, mag sich technologisch erklären lassen – optimal ist es jedoch nicht.

Schüler und Studenten benutzen PONS.eu schätzungsweise mehr als irgendeine Printversion eines Wörterbuchs (DAFLES wäre viel zu komplex). Ebenfalls greifen sie auf die von einem Laienteam erstellte und mit einem Userforum ausgestattete lexikographische Plattform LEO zurück, deren Qualität jedoch immer wieder zu Kontroversen an Gymnasien und Universitäten Anlass gibt. Lehrer und Dozenten beklagen heterogene, lückenhafte und teilweise auch falsche Angaben in den Artikeln. Es hat in der Tat, um ein paar Beispiele zu geben, didaktisch gesehen keinen Sinn, wenn bei der Eingabe von *tuer*, etwa um die Bedeutung dieses Verbs in einem Satz wie *La crise des affaires a tué certains petits commerces* zu suchen, an erster Stelle Substantivgleichungen wie *porte/Tür*, *portière/Tür*, *lourde* (fam.)/*Tür* und *huis* (vieux)/*Tür* erscheinen – abgesehen davon, dass diese Abfolge, unkommentiert wie sie ist, hochproblematisch ist[145] und die Bedeutung von *tuer* 'vernichten, zugrunde richten' nicht verzeichnet ist. Ein stark kontextabhängiges Verb wie (*sich*) *entschuldigen* benötigt in einer zweisprachigen Gegenüberstellung unbedingt Synonymangaben wie *als abwesend melden* oder *verzeihlich machen* oder Kotexte (z.B. *Schule*), erst recht Valenzangaben, Kollokationen oder Beispielsätze wie *Ich möchte meine Tochter für morgen entschuldigen* (PWSF). Unverständlich sind deshalb 1:1-Äquivalenzen zu *entschuldigen*, wie sie in LEO gegeben werden:

| | |
|---|---|
| s'excuser | sich **entschuldigen** |
| faire des excuses | sich **entschuldigen** |
| présenter des excuses | sich **entschuldigen** |
| excuser qn/qc *personne, comportement, erreur* | jmdn./etw. **entschuldigen** |

Abb. 110: Ausschnitt aus LEO, Artikel *entschuldigen*

Selbst wenn danach etliche Beispielsätze aufgelistet werden, so bleibt dieser Artikel doch lückenhaft und unorganisch.

Weiter oben wurde das Lemma *scharf* behandelt, das wir uns nun auch in LEO ansehen werden. Unter der Rubrik *Adjektive/Adverbien* werden untereinander, jedoch nicht alphabetisch (hier in einer Tabelle), aufgelistet:[146]

| | | | |
|---|---|---|---|
| accusé, accusée *adj.* | **scharf** | vertement *adv.* – *critiquer* | **scharf** |
| aigu, aiguë *aussi:* aigüe *– pointu – pointe, intelligence* | **scharf** | vif, vive *adj.* | **scharf** - *Diskussion* |
| acéré, acérée *adj.* | **scharf** | affûté, affûtée *adj. aussi* [*fig.*] | **scharf** |
| acrimonieux, acrimonieuse *adj.* | **scharf**. | délié, déliée *adj.* [*fig.*] | **scharf** |
| à l'emporte-pièce | **scharf** | acide *m./f. adj.* [*fig.*] | **scharf** - *Worte* |
| prononcé, prononcée *adj.* | **scharf** | au vitrol [*fig.*] | **scharf** - *Kritik* |

[145] Wo liegt der Unterschied zwischen *porte* und *portière*? Sind sie austauschbar? (*portière* ist die Auto- oder Zugtüre!). Kann man umgangssprachlich einfach *porte* durch (das Argotwort [TLFi]) *lourde* ersetzen? Schließlich: *Huis* kommt außerhalb von *à huis clos* 'unter Ausschluss der Öffentlichkeit' praktisch gar nicht vor! Wie kann es dann, auch wenn es als *vieux* markiert ist (aber in *à huis clos* ist es gar nicht veraltet), einfach unter *porte* usw. stehen?

[146] Überprüfung am 30.9.2013.

| | | | |
|---|---|---|---|
| saillant, saillante *adj.* | **scharf** | à la diable [cuis.] | an **scharfer** Sauce *auch:* Soße |
| tranchant, tranchante *adj.* | **scharf** | sagace *m./f. adj.* | **scharf** blickend |
| tranché, tranchée *adj.* | **scharf** | concis, concise *adj.* | **scharf** umrissen |
| virulent, virulente *adj.* | **scharf** | corsé, corsée *adj.* | **scharf** gewürzt - *Essen* |
| âcre m./f. *adj. – saveur* | **scharf** | à la diable [cuis.] | **scharf** gewürzt |
| cinglant, cinglante *adj.* | **scharf** - *Wind* | pimenté, pimentée *adj.* [cuis.] | sehr **scharf** - *würzig* |
| fort, forte *adj. – lunettes, moutarde* | **scharf** | diffus, diffuse *adj.* | nicht **scharf** abgegrenzt |
| accusé, accusée *adj.* | **scharf** | tranché, tranchée *adj.* | **scharf** |
| aigu, aiguë *aussi:* aigüe *– pointu – pointe, intelligence* | **scharf** | virulent, virulente *adj.* | **scharf** |
| acéré, acérée *adj.* | **scharf** | âcre m./f. *adj. – saveur* | **scharf** |
| acrimonieux, acrimonieuse *adj.* | **scharf** | cinglant, cinglante *adj.* | **scharf** - *Wind* |
| à l'emporte-pièce | **scharf** | fort, forte *adj. – lunettes, moutarde* | **scharf** |
| prononcé, prononcée *adj.* | **scharf** | vertement *adv. – critiquer* | **scharf** |
| saillant, saillante *adj.* | **scharf** | vif, vive *adj* | **scharf** - *Diskussion* |
| tranchant, tranchante *adj.* | **scharf** | affûté, affûtée *adj. aussi* [fig.] | **scharf** |
| | | délié, déliée *adj.* [fig.] | **scharf** |

Abb. 111: Auszug aus der Seite *scharf* in LEO Deutsch/Französisch (geänderte Darstellung)

Die unmittelbar folgende Rubrik *Substantive* enthält neben Substantiv-Adjektiv-Kollokationen (z.B. *verte semonce/scharfer Verweis*) idiomatisierte Komposita (z.B. *peau de vache* [fig.]/*scharfer Hund*) und fachsprachliche Termini (z.B. *renoncule âcre/Scharfer Hahnenfuß*), eine reichlich bunte Mischung also. Eine Exemplifizierung der oben aufgelisteten 25 Adjektive (1 Adverb) erfolgt nicht, sieht man von dem mit *télécomm.* markierten Syntagma *diffraction par une arête vive* (*Beugung an einer scharfen Kante*) (!) ab. Weitaus gewichtiger sind die größtenteils ohne Kotext (Synonym oder Kollokationsbasis) untereinander stehenden Adjektive, von denen niemand weiß, wie man sie benutzen soll[147] und die zudem eine völlig unterschiedliche Wertigkeit bezüglich Frequenz und Markiertheit haben (z.B. *critique acrimonieuse* 'scharfe Kritik', *un style à l'emporte-pièce* 'eine bissige Schreibart' (LarGdb)). Man kommt nicht umhin, an die vielen Schüler und (leider auch) Studenten zu denken, die das erstbeste Adjektiv,

[147] Einige Aperçus: Das Adjektiv *sagace* wird im Deutschen als Adverb wiedergegeben, sechsmal wird *scharf* auf das Essen bezogen (*âcre* <saveur>, *corsé*, *fort* <moutarde>, *pimenté*, zweimal (!) *à la diable*), aber die Unterschiede, den Gebrauch betreffend, werden nicht klar.

hier *accusé*, das sich nur auf Basen wie *traits*, *type* und *profil* bezieht (GR) und 'markant, ausgeprägt' bedeutet, nehmen, wenn sie in einem Text auf das Adjektiv *scharf* stoßen. Es können hier nicht alle Einzelaspekte[148] angesprochen werden und es geht auch nicht darum, LEO in Bausch und Bogen zu verurteilen, aber qualitativ kann diese Plattform (bisher) einfach nicht mit etablierten Wörterbüchern konkurrieren.

Auf weitere Plattformen, wie *Wiktionary*, *bab.la*, *dict.cc*, *Babylon*, *Google Übersetzer* oder *Interglot* (wird von DAFLES verwendet), kann an dieser Stelle nicht mehr eingegangen werden; ebenso wenig auf Datenbanken wie IATE (s. 3.1.4). Durchaus vielversprechend scheint *Linguee* zu sein, nach eigenen Angaben (Startseite/*Über Linguee*), eine „einzigartige Kombination aus einem redaktionellen Wörterbuch und einer Suchmaschine, mit der […] 100 Millionen zweisprachige Texte nach Wörtern und Ausdrücken [durchsucht werden] können". Neben einer Liste von Äquivalenten im Wörterbuchteil werden Übersetzungsbeispiele aus konkreten Texten (etwa EU-Dokumenten oder professionell übersetzten Webseiten von Firmen) präsentiert, z.B.:

> Berühren Sie die beim Spreizen abgerissenen Teile nur mit Schutzhandschuhen, da die Bruchkanten **sehr scharf sein** können.
> En écartant, ne toucher les pièces arrachées qu'avec des gants de protection, car les bords de rupture peuvent être **extrêmement tranchants** (Linguee).

Damit wäre der erste Schritt zur digitalen korpusgestützten zweisprachigen Lexikographie getan. Die in *Linguee* verwendete technische Aufbereitung erlaubt es auch, korpusbezogene Frequenzdaten zu jedem Äquivalent anzugeben. Ein Beispiel: Das Adjektiv *scharf* wurde in 30% der (Beleg-)Fälle mit *piquant* übersetzt.

Die nahe Zukunft wird für die digitale Lexikographie Kombinationen aus Sprachkorpora, Lexikographie und Übersetzungsprogrammen und vermutlich weiteren über Internet zu bedienenden Komponenten hervorbringen. Die Authentizität und sprachliche Richtigkeit der Daten dürfen darunter allerdings nicht leiden – sonst wäre der falsche Weg beschritten worden.

## Aufgaben

1. Suchen Sie in DAFLES (http://ilt.kuleuven.be/blf/) unter *Find information on a word* Synonym- und Antonymangaben zu *raide*, morphosemantische Beziehungen (Wortfamilie) zu *décevoir* und den Valenzrahmen von *excuser* (*How to use it in a sentence*).
2. Suchen Sie in DAFLES das Kollokationsprofil (*profil combinatoire*) zu *accuser* (*Learn how to combine words to form sentences*/*Find which words to use with*) und diskutieren Sie die Ergebnisse im Seminar.

---

[148] Warum wird die Graphie *aigüe* aufgeführt? Wieso wird bei *scharfer Hund* als (angeblichem) Äquivalent zu *peau de vache* nicht auch *fig.* hinzugefügt? Die Bedeutung ist dem GR zufolge 'personne méchante' mit einem Synonym *salaud*, und der Verwendungsbereich *familier*.

3. Lassen Sie sich in DAFLES die Lexeme anzeigen, mit denen man im Französischen *atténuation* ('Abschwächung') ausdrücken kann (*How to express an idea/Something is low, softer, lighter*).
4. Lassen Sie sich zuerst die Synonyme zu *excuser* und *pardonner* geben (*Find information on a word*). Überprüfen Sie sodann (*How to avoid common errors*), bis zu welchem Grad *excuser* und *pardonner* kotextuell synonym sind.
5. Experimentieren Sie im Menü *Find information on a word combination* mit Kollokationen und Idiomen nach Wahl oder auch mit einzelnen Lexemen.
6. Vergleichen Sie anhand selbst gewählter Beispiele das Leistungspotenzial von *Interglot* und *bab.la* mit demjenigen von *Linguee*. Was müsste noch verbessert werden?

# 9. Literatur[149]

## 9.1 Wörterbücher und Enzyklopädien


Bal, W. et al. (1994): Belgicismes. Inventaire des particularités lexicales du français en Belgique. Louvain-la-Neuve, Duculot.

Bárdosi, V./Ettinger, S./Stölting, C. (1992, ³2003): Redewendungen Französisch/Deutsch. Thematisches Wörter- und Übungsbuch. Tübingen, Francke.

Bárdosi, V./Gonzáles Rey, M. I. (2012): Dictionnaire phraséographique thématique français-espagnol. Diccionario fraseológico temático francés-español. Lugo, Editorial AXAC.

Battaglia, S. (1961–2002): Grande Dizionario della Lingua Italiana. 21 Bde. Suppl. 2004, 2008, Autorenindex 2004. Turin, UTET.

Bernet, Ch./Rézeau, P. (2008): On va le dire comme ça. Dictionnaire des expressions quotidiennes. Paris, Balland.

Blumenthal, P./Rovere, G. (1998): PONS Wörterbuch der italienischen Verben. Konstruktionen, Bedeutungen, Übersetzungen. Stuttgart et al., Klett.

Boissière, P. (1862, ⁷1894): Dictionnaire analogique de la langue française. Répertoire complet des mots par les idées et des idées par les mots. Mit Complément ⁹1900. Paris, Larousse.

Bordas = Hallouin, C. (1994, ed.): Encyclopédie Bordas. 10 Bde. Paris, Bordas.

Boussinot, R. (2007): Synonymes, analogies et antonymes. Paris, Bordas.

BrockEnz = Brockhaus Enzyklopädie in zwanzig Bänden (1966). Bd. 21. Karten (1975), Bd. 22–23: Ergänzungen (1975–1976), Bd. 24: Bildwörterbuch der deutschen Sprache (1976), Bd. 25: Ergänzungen (1981). Wiesbaden, Brockhaus.

Brockonl = Brockhaus Enzyklopädie online, http://www.brockhaus-enzyklopaedie.de.

BW = Bloch, O./Wartburg, W. v. (1932, ⁶1975): Dictionnaire étymologique de la langue française. Paris, Presses Universitaires de France.

Campa, C. (2012): Le grand livre des expressions. Connaître leur origine et savoir les utiliser. Levallois-Perret, Studyrama.

CEC jeunesse = Boulanger, J.-C. (1982, ⁴1999, dir.): Dictionnaire CEC jeunesse. Montréal, Centre éducatif et culturel, Anjou (Québec), Les Éditions CEC (Abenaim, R. ⁵2011, dir.).

Cellard, J./Rey, A. (1980, ²1991): Dictionnaire du français non conventionnel. Paris, Hachette.

CKF = Worsch, W. (2012, dir.): Cornelsen Klausurwörterbuch Französisch. Berlin, Cornelsen.

COBUILD1 = Sinclair, J. (1987, ed.): Collins COBUILD English language dictionary. London, Collins.

COBUILD3 = Sinclair, J. (³2001, ed.): Collins COBUILD English language dictionary. Glasgow, Harper Collins.

Colin, J.-P. (1993): Dictionnaire des difficultés du français. Paris, Robert.

DAF = Dictionnaire de l'Académie française (1694). 2 Bde. Paris, Veuve de Jean Baptiste Coignard et Jean Baptiste Coignard. Weitere Auflagen: DAF-CD, URL-AF, URL-ARTFL, gallica.bnf.fr.

DAFA = Binon, J. et al. (2000, eds.): Dictionnaire d'apprentissage du français des affaires. Paris, Didier (http://www.projetdafa.net).

DAF-CD = Le Dictionnaire de l'Académie française. Les huit éditions complètes du XVIIᵉ siècle au XXᵉ siècle (2000). Version diachronqiue. Marsanne, Redon.


[149] Alle Internetadressen wurden letztmals am 30.9.2013 überprüft.

DAFLES = Verlinde, S./Selva, Th./Bertels, A./Binon, J. (o.J.): Dictionnaire d'apprentissage du français langue étrangère ou seconde. Löwen, Institut Interfacultaire des Langues vivantes. Version électronique: BLF (http://ilt.kuleuven.be/blf).

Darg = Colin, J.-P./Mével, J.-P./Leclère, Ch. (1990, $^{2}$2001): Dictionnaire de l'argot et de ses origines. Paris, Larousse-Bordas.

Dcf = Zinglé, H./Brobeck-Zinglé, M.-L. (2003): Dictionnaire combinatoire du français. Expressions, locutions et constructions. Paris, La Maison du Dictionnaire.

Dcm = Le Fur, D. (2007, ed.): Dictionnaire des combinaisons de mots. Les synonymes en contexte. Paris, Le Robert.

Dcompl = Larousse, P. (1869): Dictionnaire complet de la langue française. Paris, Larousse et Boyer (Neubearbeitung 1878).

Ddc = Beauchesne, J. (2001): Dictionnaire des cooccurrences. Montréal et al., Guérin.

Ddf = Dubois, J. (1989, $^{3}$2002): Dictionnaire de français. Paris, Berlin, Larousse, Cornelsen.

DdfLAR = Dictionnaire de français en ligne (2009–). Paris, Larousse, http://www.larousse.fr/dictionnaires/francais-monolingue.

DEC = Mel'čuk, I. (1984/1988/1992/1999): Dictionnaire explicatif et combinatoire du français contemporain. Recherches lexico-sémantiques. 4 Bde. Montréal, Presses de l'Université de Montréal.

DECOLAR = Gévaudan, P./Koch, P./Blank, A. (2011–): Dictionnaire étymologique et cognitif des langues romanes, www.uni-tuebingen.de.

DencLF = Dictionnaire encyclopédique de la langue française (1992). Paris, Hachette.

DF = Gatard, M. (1987, $^{2}$1992, dir.): Dictionnaire du français. Paris, Hachette (s. DPF).

DFC = Dubois, J. et al. (1966, $^{3}$1977): Dictionnaire du français contemporain. ($^{2}$1971: Spécial Enseignement). Paris, Larousse (1982 Paris, Larousse, Berlin, München, Langenscheidt).

DFCill = Dubois, J. et al. (1980, $^{2}$1984): Dictionnaire du français contemporain illustré. Paris, Larousse.

Dfcoll = Dubois, J. (1986, $^{6}$2003): Dictionnaire du francais au collège. Paris, Larousse.

DFLE = Dubois, J. (1978–1979, $^{2}$1983): Dictionnaire du français langue étrangère. 2 Bde. Paris, Larousse.

DFplus = Poirier, C. et al. (1988): Dictionnaire du français plus à l'usage des francophones d'Amérique. Montréal, Centre éducatif et culturel.

DFusuel = Picoche, J./Rolland, J.-C. (2002): Dictionnaire du français usuel. Brüssel, De Boeck Duculot.

Dfv = Davau, M./Cohen, M./Lallemand, M. (1972, $^{3}$1980): Dictionnaire du français vivant. Paris, Bruxelles, Montréal, Bordas.

DG = Hatzfeld, A./Darmesteter A./Thomas, A. (1889–1900). Dictionnaire général de la langue française du commencement du XVII$^{e}$ siècle à nos jours. 2 Bde. Paris, Delagrave. Nachdruck 1964.

DH = Mével, J.-P./Gaillard, B. (2013, dirs.): Dictionnaire Hachette 2014. Paris, Hachette ($^{1}$2002).

DHben = Mével, J.-P. (1996, $^{6}$2011, dir.): Dictionnaire Hachette benjamin. Paris, Hachette.

DHbenp = Labro, C. (2001, $^{3}$2011, dir.): Dictionnaire Hachette benjamin de poche. Paris, Hachette.

DHcoll = Labro, C. (2008, $^{2}$2011, dir.): Dictionnaire Hachette collège. Paris, Hachette.

DHE = Fouquet, E. (2001, dir.): Dictionnaire Hachette encyclopédique. Paris, Hachette ($^{1}$1993).

DHEill = Fouquet, E. (2000, dir.): Dictionnaire Hachette encyclopédique illustré. Paris, Hachette ($^{1}$1994).

DHencp = Dictionnaire Hachette encyclopédique de poche (2012). Paris, Hachette ($^{1}$1998).

DHFQ = Poirier, C. (1998, dir.): Dictionnaire historique du français québécois. Monographies lexicographiques de québécismes. Sainte-Foy, Les Presses de l'Université Laval.

DHj1 = Foquet, E. (1998, dir.): Dictionnaire Hachette junior. Paris, Hachette.

DHj2 = Mével, J.-P. (2002, [4]2010, dir.): Dictionnaire Hachette junior. Paris, Hachette.

DHjp = Dictionnaire Hachette junior de poche (1999, [4]2007). Paris, Hachette.

DHjs = Amiel, Ph./Bonnevie, P. (1980, [7]1995): Dictionnaire Hachette juniors. Paris, Hachette.

DHLEN = Dictionnaire Hachette. Langue. Encyclopédie. Noms propres (1980, [3]1986). Paris, Hachette.

DHLF = Dictionnaire Hachette de la langue française (1999). Paris, Hachette ([1]1980).

Dicbelg = Francard, M. et al. (2010): Dictionnaire des belgicismes. Brüssel, De Boeck Duculot.

DicDC = Gonzáles Rodríguez, T. (2004): Dictionnaire des collocations, www.tonitraduction.net.

DicDF = Rey-Debove, J. (1999, dir.): Dictionnaire du français. Apprentissage, Référence. Paris, Dictionnaires Le Robert, CLE International (Ersch. auch als PONS-Lizenzausgabe u.d.T. Lernerwörterbuch Französisch/Dictionnaire du français. Stuttgart et al., Klett).

Dicfém = Dictionnaire féminin-masculin des professions, titres et fonctions électives (1990). Genf, Bureau de l'égalité entre homme et femme.

Dicfém2 = Stroun, M. (1991, ed.): Dictionnaire féminin-masculin des professions, des titres et des fonctions électives. Genf, Les éditons Metropolis.

DicHist = Rey, A. (1998, [2]2012): Dictionnaire historique de la langue française. 3 Bde. Paris, Dictionnaires Le Robert.

DiCoPop = Polguère, A. (2011, dir.): DiCoPop. Accès grand public au Dictionnaire de combinatoire du français, Université de Montréal, http://olst.ling.umontreal.ca/dicopop/index.php.

DiCouèbe = Mel'čuk, I./Polguère, A. (2005–). Dictionnaire en ligne de combinatoire du français, Université de Montréal, http://olst.ling.umontreal.ca/dicouebe/index.php.

Dicovalence 2 = van den Eynde, K./Mertens, P. (2010): Dictionnaire de valence des verbes français, http://bach.arts.kuleuven.be/dicovalence/#introfr.

DicSyn = Bertaud du Chazaud, H. (2007): Dictionnaire de synonymes, mots de sens voisin et contraires. Paris, Gallimard.

DicSynContr 1992 = Bertaud du Chazaud, H. (1992): Dictionnaire de synonymes et contraires. Paris, Dictionnaires Le Robert.

DicSynContr 1996 = Bertaud du Chazaud, H. (1996): Dictionnaire de synonymes et contraires. Paris, Dictionnaires Le Robert.

DLF = Girodet, J. (1985): Dictionnaire de la langue française. 2 Bde. Paris, Bordas.

DMD = Dubois, J./Mitterand, H./Dauzat, A. (2005, [2]2011): Grand dictionnaire étymologique & historique du français. Paris, Larousse.

Dnt = Maurin, M. (1988, [5]1993, dir.): Le dictionnaire de notre temps. Paris, Hachette.

Doillon, A. (2010): Dictionnaire de l'argot. Paris, Robert Laffont.

DPF = Fouquet, E. (1987, [4]2004): Dictionnaire pratique du francais. Paris, Larousse, Berlin. München, Langenscheidt (kürzere Fassung des DF).

DQA = Boulanger, J.-C. (1992, [2]1993): Dictionnaire québécois d'aujourd'hui. Saint-Laurent (Québec), Dicorobert.

DQF = Meney, L. (1999, [2]2003): Dictionnaire québécois-français. Pour mieux se comprendre entre francophones, Montréal, Guérin.

DRAE = Real Academia Española ([22]2001): Diccionario de la lengua española. Madrid, Real Academia Española, http://rae.es.

DRF = Rézeau, P. (2001, ed.): Dictionnaire des régionalismes de France. Géographie et histoire d'un patrimoine linguistique. Bruxelles, Duculot.

Dsnc = Le Fur, D. (2005, dir.): Dictionnaire des synonymes, nuances et contraires. Paris, Dictionnaires Le Robert-SEJER.

DSR = = Thibault, A. (1997, ²2004): Dictionnaire suisse romand. Particularités lexicales du français contemporain (P. Knecht, ed.). Genf, Éditions ZOÉ (CD-ROM 1999; Unveränd. Nachdruck der 2. Aufl. 2012).

Dubois, J. et al. (1994, ²2007): Grand dictionnaire linguistique & sciences du langage. Paris, Larousse.

Duden français = Duden français: dictionnaire en images (1962). Mannheim, Dudenverlag des Bibliographischen Instituts.

DUE = Moliner, M. (1966–1967, ³2007): Diccionario de uso del español. 2 Bde. Madrid, Gredos (CD-ROM 2008).

DUF = Lucot, H. (1997, ed.): Dictionnaire universel francophone. Paris, Hachette.

Duneton, C. (1979, ⁴2001): La puce à l'oreille. Les expressions imagées et leur histoire. Paris, Balland.

DUnpr = Robert, P./Rey, A./Rey-Debove, J. (1974, dirs.): Dictionnaire universel des noms propres alphabétique et analogique. 4 Bde. Paris, Société du Nouveau Littré (weitere Aufl. s GRnpr).

Dupré, P. (1972): Encyclopédie du bon français dans l'usage contemporain. 3 Bde. Paris, Éd. de Trévise.

DUW = Duden. Deutsches Universalwörterbuch (1983, ⁵2003). Mannheim et al., Dudenverlag (CD–ROM)

Dvfa = Florea, L. S./Fuchs, C. (2010): Dictionnaire des verbes du français actuel. Constructions, emplois, synonymes. Paris, Ophrys.

Eisler, R. (1899, ³1910): Wörterbuch der philosophischen Begriffe. Bd. 3. Berlin, Mittler und Sohn.

ELDIT = Elektronisches Lernerwörterbuch Deutsch-Italienisch (1999–). Bozen, EURAC, www.eurac.edu/eldit.

Enc = Diderot, D./D'Alembert, J.: Encyclopédie, ou dictionnaire raisonné des sciences, des arts et des métiers. 17 Bde, Paris 1751–1765, Suppl. 4 Bde, 1776–1777, Table analytique 2 Bde, Paris/Amsterdam 1780. Weitere, z.T. bearbeitete Auflagen: Genf 1771–1776, Genf, Neuchâtel 1777–1781, Lausanne, Bern 1778–1782, Nachdruck Stuttgart-Bad Cannstatt 1966–1967. Digital: 4 CD-ROM (Marsanne, Redon 2000); http://encyclopedie.uchicago.edu.

EncI = Enciclopedia Italiana di Scienze, Lettere ed Arti. 35 Bde (1929–1937). Appendici e Indici: 19 Bde (1938–2007). Rom, Istituto della Enciclopedia Italiana fondata da Giovanni Treccani.

EncLar = Encyclopédie Larousse en ligne, http://www.larousse.fr/encyclopedie.

Encméth = Encyclopédie méthodique, ou par ordre de matières: par une société de gens de lettres, de savans et d'artistes (1782–1832). 166 Bde. Paris, Lüttich, Panckoucke.

EncRec = Diderot, D./D'Alembert, J.: Recueil des planches, sur les sciences, les arts libéraux, et les arts méchaniques, avec leur explication. 11 Bde, Paris 1762–1772. Suppl.: Suite de recueil de planches, 1 Bd. 1777. Nachdruck Stuttgart-Bad Cannstatt 1966–1967.

Ettinger, S./Nunes, M. (2006): Portugiesische Redewendungen. Ein Wörter- und Übungsbuch für Fortgeschrittene. Hamburg, Buske.

E-VALBU = Kubczak, J. (2010–): Das elektronische Valenzwörterbuch deutscher Verben. Mannheim, Institut für Deutsche Sprache, http://hypermedia.ids-mannheim.de/evalbu/index.html.

FEW = Wartburg, W. von (1922–2002): Französisches Etymologisches Wörterbuch. Eine darstellung auf galloromanischer grundlage. 25 Bde. Bonn, Schroeder, Basel, Zbinden (teilweise zugänglich unter http://www.atilf.fr/spip.php?article168).

Furetière, A. (1690): Dictionnaire universel, contenant generalement tous les mots françois tant vieux que modernes, et les Termes de toutes les sciences et des arts […]. 3 Bde. Den Haag, Rotterdam, Leers, Nachdruck Genf, Slatkine 1970.

Gamillscheg, E. (1928, ²1969): Etymologisches Wörterbuch der französischen Sprache. Heidelberg, Winter.

Gavira, A. (2005): Visuelles Wörterbuch Französisch-Deutsch. Starnberg, Dorling Kindersley.

GDEncLar = Grand Dictionnaire encyclopédique Larousse (1982–1985). 10 Bde. Paris, Larousse.

GDHE = Maurin, M. (1993, ³1996): Grand Dictionnaire Hachette encyclopédique illustré. Paris, Hachette.

GDT = Gouvernement du Québec (2012, ed.): Le grand dictionnaire terminologique, http://gdt.oqlf.gouv.qc.ca.

GDU = Larousse, P. (1864–1876): Grand Dictionnaire universel du XIXᵉ siècle. 15 Bde. 2 Suppl. 1878, 1890. Paris, Larousse & Boyer.

GE = La Grande Encyclopedie (1971–1976). 20 Bde. Index (1978), 2 Suppl. (1981, 1985). Paris, Larousse.

Girodet, J. (2007): Pièges et difficultés de la langue française. Avec une grammaire pratique et 100 tableaux de conjugaison. Paris, Bordas.

GL5 = Grand Larousse en 5 volumes (1987). Paris, Larousse.

GLarenc = Dubois, C. (1960–1964): Grand Larousse encyclopédique. 10 Bde. Suppl. 1968, 1975. Paris, Larousse.

GLarUniv = Grand Larousse universel (1989). 15 Bde. Suppl. 1992. Weitere Aufl. zwischen 1993 und 1997. Paris, Larousse.

GLE = Grand Larousse encyclopédique (1960–1964). 10 Bde. 2 Suppl. 1968, 1975. Paris, Larousse.

GLLF = Guilbert, L./Lagane, R./Niobey, G. (1971–1978, dirs.): Grand Larousse de la langue française. 7 Bde. Paris, Larousse.

Godefroy = Godefroy, F. (1881–1902/2006), Dictionnaire de l'ancienne langue française et de tous ses dialectes du IXᵉ au XVᵉ siècle. 10 Bde. Paris, Vieweg/Bouillon, Classiques Garnier Numérique, http://www.classiques-garnier.com/numerique-bases.

Gordienne, R. (2004): Dictionnaire argotique des trucs, des bidules et des machins. Paris, Éditions Hors Commerce.

Goudaillier, J.-P. (1997, ³2001): Comment tu tchatches! Dictionnaire du français contemporain des cités. Paris, Maisonneuve et Larose.

Gougenheim, G. (1958, ⁴1977): Dictionnaire fondamental de la langue française. Nouvelle édition revue et augmentée. Paris, Didier.

GR = Robert, P./Rey, A. (2011, dirs.). Le Grand Robert de la langue française. Nouvelle édition en ligne de la deuxième édition de 2001 (= Grand Robert 2'), http://gr.bvdep.com.

GRADIT = De Mauro, T. (1999–2000): Grande dizionario italiano dell'uso. 6 Bde. Bd. 7: Nuove parole I (2003), Bd. 8: Nuove parole II (2007). Turin, UTET (1 CD-ROM 2000, 1 CD-ROM 2003).

„Grand Robert 1“ = Robert, P. (1959–1964, dir.). Dictionnaire alphabétique et analogique de la langue française. Les mots et les associations d'idées. 6 Bde, Suppl. 1970. Paris, Société du Nouveau Littré.

Grand Robert 2 = Robert, P./Rey, A. (²1985, dir.). Le Grand Robert de la langue française. Dictionnaire alphabétique et analogique de la langue française. 9 Bde. Paris, Le Robert.

Grand Robert 2' = Rey, A./Morvan, D. (2001, dirs.). Le Grand Robert de la langue française. Dictionnaire alphabétique et analogique de la langue française. 6 Bde. Paris, Le Robert.

Grimm = Grimm, J./Grimm W. (1854–1961): Deutsches Wörterbuch. 16 Bde. Leipzig, Hirzel.

Grimm-dig = Der digitale Grimm. Das deutsche Wörterbuch von Jacob und Wilhelm Grimm auf CD-ROM und im Internet, http://kompetenzzentrum.uni-trier.de/de/projekte/projekte/der-digitale-grimm.

GRnpr = Robert, P./Rey, A./Rey-Debove, J. (1984, dirs.): Le Grand Robert des noms propres. Dictionnaire universel alphabétique et analogique des noms propres. 5 Bde. Paris, Le Robert (weitere Aufl. 1987, 1989, 1992, 1. Aufl. s. DUnpr).

GThF = Dudová, H. (2009, dir.): Großes Themenwörterbuch Französisch. 20.000 Stichwörter und Wendungen mit Beispielsätzen und Abbildungen. Berlin, Cornelsen.

GWDS = Scholze-Stubenrecht, W./Alsleben, B. (1999, eds.): Duden. Das Große Wörterbuch der deutschen Sprache in zehn Bänden. Mannheim et al., Dudenverlag, http://www.munzinger.de/search/query?query.id=query-duden.

Hanse, J./Blampain, D. ([6]2012): Dictionnaire des difficultés du français. Brüssel, De Boeck Duculot.

HLGda = Klausmann, B./Lohr, G. (2009, dirs.): Hachette/Langenscheidt Grand dictionnaire allemand. Berlin, München, Langenscheidt, Paris, Hachette.

Huguet = Huguet, E. (1927–1967/2006): Dictionnaire de la langue française du 16e siècle. 7 Bde. Paris, Champion, Classiques Garnier Numérique, http://www.classiques-garnier.com/numerique-bases.

Juilland, A./Brodin, D./Davidovitch, C. (1970): Frequency Dictionary of French Words. Den Haag, de Gruyter.

Kempcke, G. (1984, ed.): Handbuch der deutschen Gegenwartssprache. 2 Bde. Berlin, Akademie-Verlag.

Kesselring, W. (1981): Dictionnaire chronologique du vocabulaire français: Le XVIe siècle. Heidelberg, Winter.

Klein, H.-W. (1975): Schwierigkeiten des deutsch-französischen Wortschatzes. Revid. und erw. Fassung. Stuttgart, Klett ([1]1968).

Kösters-Roth, U. (1990, ed.): Locutions. Lexikon der französischen Redewendungen. Eltville am Rhein, Bechtermünz.

Kunz, V. (2005): 2000 Redewendungen Deutsch-Französisch. Ismaning, Hueber.

LAbiWF = Klausmann, B. (2008, dir.): Langenscheidt Abitur-Wörterbuch Französisch. Berlin, München, Langenscheidt.

LAF = Mel'čuk, I./Polguère, A. (2007): Lexique actif du français. L'apprentissage du vocabulaire fondé sur 20 000 dérivations sémantiques et collocations du français. Louvain-la-Neuve, De Boeck Duculot.

LarColl = Lambrechts, Ch. (2006, dir.): Larousse du collège. Paris, Larousse ([1]2003).

LarColl 2013 = Girac-Marinier, C. (2010, [2]2013, dir.): Dictionnaire du collège. Paris, Larousse.

LarDéb = Lambrechts, Ch. (2005, dir.): Larousse des débutants. Paris, Larousse ([1]2000).

LarGdb = Nugue, Ch./Brockmeier, R./Blériot, J. (1991, 2007, dirs.) Larousse Grand Dictionnaire bilingue. Par P. Grappin. Paris, Larousse.

LarJun = Lambrechts, Ch. (2013, dir.): Dictionnaire Larousse junior. Paris, Larousse.

LarJunP = Dictionnaire junior poche (2013). Paris, Larousse.

LarMat = Larousse des maternelles (2013). Paris, Larousse ([1]2002).

LarMaxDéb = Dictionnaire Maxi débutants (2005). Paris, Larousse ([1]1986).

Larpt = Le Larousse pour tous (1907–1909). 2 Bde. Paris, Larousse.

Lar3 = Larousse trois volumes. En couleurs (1965). 3 Bde. Paris, Larousse (Kurzfass. von GLE).

Laruniv = Larousse universel. Dictionnaire encyclopédique (1922–1923). 2 Bde. Paris, Larousse.

Laruniv1982 = Dubois, C. (1982, ed.): Larousse universel. 2 Bde. Paris, Larousse.

LarXXe = Augé, P. (1927–1933, dir.): Larousse du XXe siècle. 6 Bde, Suppl. 1953. Paris, Larousse (Neuaufl. 1948–1950, Suppl. 1953 et al.).

LDOCE5 = Mayor, M. (1978, [5]2009, dir.): Longman Dictionary of Contemporary English. Harlow, Pearson Longman.

Lebouc, G. (1998): Le belge dans tous ses états: dictionnaire de belgicismes, grammaire et prononciation. Paris, Ed. Benneton.

Lebouc, G. (2006): Dictionnaire de belgicismes. Brüssel, Éditions Racine.

Lexis = Dubois, J. (1975, ed.): Dictionnaire de la langue française. Paris, Larousse.

Lexis 2009 = Haboury, F. (2009, ed.): Le Lexis. Le dictionnaire érudit de la langue française. Paris, Larousse.

LGDaF = Götz, D./Haensch, G./Wellmann, H. (1993, 2010, eds.): Langenscheidt Großwörterbuch Deutsch als Fremdsprache. Das einsprachige Wörterbuch für alle, die Deutsch lernen. Neubearbeitung. Berlin et al., Langenscheidt.

LHF = Horn, H. (2010, dir.): Langenscheidt Handwörterbuch Französisch. München, Berlin, Langenscheidt.

Littré, E. (1863–1873): Dictionnaire de la langue française. 4 Bde, Suppl. 1877. Paris, L. Hachette et C^ie^ (auch unter: http://www.littre.org). Gekürzte einbändige Fassung (Beaujean, A./Venzac, G.) Paris, Editions Universitaires 1963 (= Neubearbeitung des PLit 1874). Verschiedene Neuausgaben: Paris, Gallimard 1971 (7 Bde), Chicago, Encyclopædia Britanncia 1982 (5 Bde).

LKon = Ilgenfritz, P./Stephan-Gabinel, N./Schneider, G. (1989): Langenscheidts Kontextwörterbuch Französisch-Deutsch. Ein neues Wörterbuch zum Schreiben, Lernen, Formulieren. Mit einer Einführung von F. J. Hausmann. Berlin et al., Langenscheidt.

Lo Cascio, V. (2005, ed.): Grande dizionario elettronico Italiano-Neerlandese/Neerlandese-Italiano. Amstelveen, Fondazione Italned.

Logos = Girodet, J. (1976): Logos: grand dictionnaire de la langue française. 3 Bde. Paris, Bordas.

LPWF = Epple, B. (2012, dir.): Langenscheidt Power Wörterbuch Französisch. Berlin, München, Langenscheidt.

Maquet, Ch. (1936): Dictionnaire analogique. Répertoire moderne des mots par les idées, des idées par les mots, d'après les principes de P. Boissière, rédigé sur un plan nouveau. Paris, Larousse.

Martin, R. (2012): Dictionnaire du Moyen Français (1330–1500). Paris, Nancy ATILF-CNRS, Université de Lorraine, http://www.cnrtl.fr.

Massion, F. (1987): Dictionnaire de belgicismes. 2 Bde. Frankfurt am Main, Lang.

Mauriac, P./Ebneter, Th. (1989, $^{2}$1990): Dictionnaire des verbes du français parlé. Zürich, Ebneter.

Merle, P. (2004): Dictionnaire du français qui se cause. Toulouse, Milan.

ML = Mémo Larousse. Encyclopédie générale visuelle et thématique (1989, $^{3}$2002). Paris, Larousse.

Moliner = Moliner, M. (1966–1967, $^{3}$2008): Diccionario de uso del español. Edición electrónica. Versión 3.0. Madrid, Gredos.

MR1 = Robert, P./Rey, A. (1971, $^{3}$1986, eds.): Micro-Robert. Dictionnaire du français primordial. Paris, Le Robert.

MR2 = Rey, A. et al. (1988, $^{3}$2006, eds.). Micro Robert. Dictionnaire d'apprentissage du français. Paris, Le Robert.

MR3 = Morvan, D. (2012, dir.): Micro Robert. Dictionnaire d'apprentissage du français. Paris, Le Robert (z.T. auch als MR2 ($^{4}$2012) gezählt) (PONS-Lizenzausgabe Stuttgart, Klett).

MRplus = Rey, A. (1988, dir.): Le Micro Robert plus. Langue française, noms propres, chronologie, cartes. Paris, Le Robert.

Multi = Villers, M.-É. de (1988, $^{5}$2009): Multidictionnaire de la langue française. Montréal, Québec Amérique.

MultiJ = Villers, M.-É. de (1997): Le Multi des jeunes. Dictionnaire de la langue française. Un dictionnaire de langue, une grammaire en tableaux, les difficultés du français, les modèles de conjugaison. Montréal, Québec Amérique.

Ndicfém = Moreau, Th. (1999, ed.): Le nouveau dictionnaire féminin-masculin des professions, des titres et des fonctions. Genf, Les éditions Metropolis.

NDLF = Larousse, P. (1856): Nouveau Dictionnaire de la langue française. Paris, Librairie Larousse et Boyer.

Nicot = Nicot, J. (1606): Thresor de la langue francoyse, tant ancienne que moderne. Paris, David Douceur (http://www.cnrtl.fr).

NLar = Augé, C. (1897–1904): Nouveau Larousse illustré. Dictionnaire universel encyclopédique. 7 Bde. Suppl. 1906–1907. Paris, Larousse.

NLaruniv = Nouveau Larousse universel (1948). 2 Bde. Paris, Larousse.

NLaruniv2 = Nouveau Larousse universel (1969). 2 Bde. Paris, Larousse.

NLit = Blum, C. (2004, [2]2005): Le nouveau Littré. Le dictionnaire de référence de la langue française. Paris, Garnier.

NML = Nouveau Mémo Larousse (1999). Paris, Larousse.

NPR = Rey-Debove, J./Rey, A. (1993, dirs.): Le Nouveau Petit Robert. Paris, Dictionnaires Le Robert.

NPR-CD 2001 = Le CD-ROM du Petit Robert (2000). Version électronique du Nouveau Petit Robert. Version 2.1. Paris, Dictionnaires Le Robert.

NRobméth = Rey-Debove, J. (2003, dir.): Le nouveau Robert méthodique. Analyse des mots et régularités du lexique. Paris, Dictionnaires le Robert (1. Aufl. 1988 als Robméth ersch.).

OED2 = Simpson, J. A./Weiner, E. S. C. (1884–1928, [2]1989, eds.): The Oxford English Dictionary. 20 Bde. Oxford, Clarendon.

OED online = Oxford English Dictionary online (2000–), www.oed.com.

PExWF = Gachod-Schinko, R. et al. (2006, dirs.): PONS Express Wörterbuch Französisch. Stuttgart, Klett.

PGWF1996 = Chassard, J./Frischmann-Chautard, M. (1996, dirs.): PONS Großwörterbuch Französisch-Deutsch/Deutsch-Französisch. Stuttgart, Klett.

PGWF1999 = Schnorr, V. (1999, dir.): PONS Großwörterbuch Französisch für Experten und Universität. Stuttgart, Klett.

PGWF2009 = Eschmann, H. et al. (2009): PONS Großwörterbuch Französisch – Deutsch. Stuttgart, Klett.

Picoche, J. (2009): Dictionnaire étymologique du français. Paris, Dictionnaires Le Robert.

PKompWF = Auvrai, F. et al. (2009): PONS Kompaktwörterbuch Französisch. Stuttgart, Klett.

PLi = Jeuge-Maynart, I./Florent, J. (2013, dirs.): Le Petit Larousse illustré 2014. Paris, Larousse.

PLi 1905 = Petit Larousse illustré 1905 en ligne, http://dictionnaire1905.u-cergy.fr.

PLi 2011 = Jeuge-Maynart, I. (2010, dir.): Le Petit Larousse illustré 2011. Paris, Larousse.

PLit = Beaujean, A. (1874/1959): Petit Littré. Dictionnaire de la langue française abrégé du Dictionnaire de Littré. Paris, Gallimard, Hachette (Nachdruck 1959).

PLWeasyF = Auvrai, F. et al. (2011): PONS Lerner-Wörterbuch easy Französisch. Stuttgart, Klett.

PONS.eu, Das Online-Wörterbuch, http://de.pons.eu.

PR = Le Petit Robert 2014 (2013). Dictionnaire alphabétique et analogique de la langue française. Nouvelle édition (version 4.0). Version Web. Paris. Dictionnaires Le Robert, http://pr.bvdep.com.

PR2 = Robert, P./Rey, A. (1974, dirs.): Le Petit Robert 2. Dictionnaire universel des noms propres alphabétique et analogique illustré en couleurs. Paris: Dictionnaires Le Robert, SEPRET (weitere Aufl. 1995, 2003 Dictionnaires Le Robert).

PR 1981 = Le Petit Robert. Dictionnaire alphabétique et analogique de la langue française. Par P. Robert. Rédaction dirigée par A. Rey et J. Rey-Debove. Nouvelle éd. revue, corrigée et mise à jour. Paris, Le Robert ([1]1967).

PR 2011 = Le Petit Robert 2011 (2010). Dictionnaire alphabétique et analogique de la langue française. Version numérique (3.4). Paris, Dictionnaires Le Robert.

PRenf = Rey-Debove, J. (1988, dir.): Le Petit Robert des enfants. Dictionnaire de la langue française. Paris, Le Robert (1991 umbenannt in Le Robert des jeunes).

PRnp = Le Petit Robert des noms propres (2000). Alphabétique et analogique. Rédaction dirigée par A. Rey. Nouvelle édition refondue et augmentée. Paris: Dictionnaires Le Robert ([1]1974).

PWSF = Auvrai, F. et al. (2009): PONS Wörterbuch Studienausgabe Französisch. Stuttgart, Klett.

PZ = Cannella, M. (1991, [4]2004, ed.): Il Primo Zanichelli. Bologna, Zanichelli.

Quillet = Dictionnaire encyclopédique Quillet (1979). 10 Bde, Bd. 11: Suppl. (1984). Paris, Quillet.

Rey, A. (2005): Dictionnaire culturel en langue française. 4 Bde. Paris, Dictionnaires Le Robert.

Rey, A./Chantreau, S. (1993, [2]2007): Dictionnaire des expressions et locutions. Paris, Dictionnaires Le Robert.

Richelet, P. (1680): Dictionnaire françois contenant les mots et les choses. 2 Bde. Genf, Widerhold, Genf, Slatkine Repr. 1970 (Orig. digitalisiert auf gallica.bnf.fr).

Robauj = Rey, A. (1992): Le Robert d'aujourd'hui. Langue française, histoire, géographie, culture générale. Paris, Dictionnaires Le Robert.

RobBen = Bellefonds, Ch. de/Laporte, L. (2013, dirs.): Le Robert benjamin. Paris, Dictionnaires Le Robert.

RobBen 1997 = Varrod, P. (1997, dir.): Le Robert benjamin. Paris, Dictionnaires Le Robert.

RobBrio = Rey-Debove, J. (2004, dir.): Le Robert Brio. Paris, Dictionnaires le Robert (1. Ausg. 1988 als Robméth, 2. Ausg. 2003 als NRobméth ersch.)

RobColl = Drivaud, M.-H. (2013, dir.): Le Robert Collège. Paris, Dictionnaires Le Robert.

RobColl 2008 = Drivaud, M.-H. (2008): Le Robert Collège. Paris, Dictionnaires Le Robert.

RobJun = Drivaud, M.-H. (2005): Le Robert junior. Paris, Dictionnaires Le Robert.

RobJunill = Drivaud, M.-H. (2012, dir.): Le Robert junior illustré. Paris, Dictionnaires Le Robert (Neuausg. 2013).

RobJunp = Drivaud, M.-H. (2012, dir.): Le Robert junior poche. Paris, Dictionnaires Le Robert (Neuausg. 2013).

RobJunp+ = Drivaud, M.-H. (2012, dir.): Le Robert junior poche plus. Paris, Dictionnaires Le Robert.

Robméth = Rey-Debove, J. (1988, [2]1989, dir.): Le Robert méthodique. Dictionnaire méthodique du français actuel. Nouv. éd. rev. et corr. Paris, Dictionnaires Le Robert.

Roboral = Taulelle, D. (1989, dir.): Le Robert oral-écrit. L'orthographe par la phonétique. Paris, Dictionnaires Le Robert.

Robpoche = Legrain, M./Morvan, D. (1995, dirs.): Le Robert de poche. Dictionnaire Le Robert (aktuelle Ausgabe: Le Robert de poche 2014 (2013)).

Robprat = Rey, A. (2013, dir.): Le Robert pratique. Dictionnaire d'apprentissage de la langue francaise. Paris, Dictionnaires Le Robert (erw. Aufl. des MR3; z.T. auch als MR2 ([5]2013) gezählt).

Robquot = Legrain, M. (1996, dir.): Le Robert quotidien. Paris, Dictionnaires Le Robert.

Robtous = Legrain, M./Morvan, D. (1994, dirs.): Le Robert pour tous. Paris, Dictionnaires Le Robert.

Schemann, H./Raymond, A. (2011): Idiomatik Deutsch-Französisch. Hamburg, Buske.

SynContr = Lambrechts, Ch. (2004, dir.): Grand Dictionnaire des synonymes & des contraires. Paris, Larousse.

TLF = Imbs, P./Quemada, B. (1971–1994, dirs.): Trésor de la Langue Française. Dictionnaire de la langue du XIX^e et XX^e siècle (1789–1960). 16 Bde. Paris, Éditions du CNRS (Bd. 1–10), Paris, Gallimard (Bd. 11–16).

TLFi = Trésor de la Langue Française informatisé (2002–). Paris, Nancy, CNRS, Université de Nancy 2, ATILF, http://atilf.atilf.fr/tlf.htm.

Tobler, A./Lommatzsch, E. (1925–1936): Altfranzösisches Wörterbuch. 11 Bde. Fortgeführt von H. H. Christmann und R. Baum. Berlin, Weidmann (1925–1936), Wiesbaden, Steiner (1954–2002).

Universalis = Baumberger, P. F. (⁴1995): Encyclopædia Universalis. 28 Bde. Paris, Encyclopaedia Universalis (1. Aufl. 1968–1975 (20 Bde), 7. Aufl. 2012 (30 Bde)).

Universalis online = Encyclopædia Universalis http://www.universalis-edu.com.

Usito = Cajolet-Laganière, H./Martel, P./Masson, Ch.-É. (2013, dirs.): Usito. Dictionnaire général de la langue française, www.usito.com.

van den Eynde, K./Mertens, P. (2010): Dicovalence 2. Dictionnaire de valence des verbes français, http://bach.arts.kuleuven.be/dicovalence.

Vanderperren, F. (1996, ²2001): Dictionnaire des / Wörterbuch der faux amis: Deutsch-français / français-Deutsch. Brüssel, De Boeck Duculot.

VDE = Herbst, Th. et al. (2004): A Valency Dictionary of English. A Corpus-Based Analysis of the Complementation Patterns of English Verbs, Nouns and Adjectives. Berlin, de Gruyter.

Vilela, M. (1990, ³1991, ed.): Dicionário do português básico. Porto, Edições Asa.

Weber, K. (2011, ed.): Rechtswörterbuch. Begr. v. Carl Creifelds. 20. Aufl. München, Beck.

Wikipedia, de.wikipedia.org; Wikipédia, fr. wikipédia.org.

Zimmer, R. (1990): Äquivalenzen zwischen Französisch und Deutsch. Theorie – Korpus – Indizes. Ein Kontextwörterbuch. Tübingen: Niemeyer.

(Lo) Zingarelli 2014. Vocabolario della lingua italiana (2013). Bologna, Zanichelli.

## 9.2 Zitierte Literatur

Ágel, V. (2000): Valenztheorie. Tübingen, Narr.

ALW 17 = Baiwir, E. (2011): Atlas linguistique de la Wallonie. Bd. 17: Famille, vie et relations sociales. Lüttich, Presses universitaires de Liège.

Aristoteles (1993). Analytica posteriora. Zweiter Halbband. Übersetzt und erläutert von W. Detel. Berlin, Akademie Verlag.

Bavoux, C./Beniamino, M. (2008, eds.): Le français des dictionnaires. L'autre versant de la lexicographie française. Bruxelles, De Boeck Duculot.

Béjoint, H. (2008): Le Dictionnaire québécois-français vu de France: un regard perplexe, in: Cormier/Boulanger (eds.), 239–266.

Béjoint, H./Corbin, P. (2009, eds.) : Changer les dictionnaires? Villeneuve d'Ascq (Nord), Presses Universitaires du Septentrion.

Bergenholtz, H./Tarp, S./Wiegand, H. E. (1999): Datendistributionsstrukturen, Makro- und Mikrostrukturen in neueren Fachwörterbüchern, in: Hoffmann/Kalverkämper/Wiegand (eds.), 1762–1832.

Bierbach, M. (1997): Grundzüge humanistischer Lexikographie in Frankreich. Ideengeschichtliche und rhetorische Rezeption der Antike als Didaktik. Tübingen, Francke.

Bierbach, M./Pellat, J.-Ch. (2003): Histoire de la réflexion sur les langues romanes: le français, in: G. Ernst et al. (eds.), Romanische Sprachgeschichte. Ein internationales Handbuch zur Geschichte der Sprache. Bd. 1. Berlin, New York, de Gruyter, 226–242.

Binon, J./Selva, Th./Verlinde, S. (2002): Tendances et innovations récentes en lexicographie pédagogique. La contribution des dictionnaires d'apprentissage DAFA et DAFLES, in: P. Battaner/J. DeCesaris (eds.), De Lexicografia: actes del I Symposium Internacional de Lexicografia (Barcelona, 16-18 de maig de 2002). Barcelona, Institut Universitari de Lingüística Aplicada. Universitat Pompeu Fabra, 53–81.

Bischof, B.-B. (2008): Französische Kollokationen diachron. Eine korpusbasierte Analyse. Universität Stuttgart, http://elib.uni-stuttgart.de/opus/volltexte/2008/3418.

Blampain, D. et al. (1997, dirs.): Le français en Belgique: une langue, une communauté. Louvain-la-Neuve, Duculot.

Blank, A. (1997): Prinzipien des lexikalischen Bedeutungswandels am Beispiel der romanischen Sprachen. Tübingen, Niemeyer.

Blank, A. (2001): Einführung in die lexikalische Semantik für Romanisten. Tübingen, Niemeyer.

Bloomfield, L. (1933): Language. London, Allen & Unwin.

Blumenthal, P. (2004): Ein korpusbasiertes französisches Kollokationswörterbuch, in: Lexicographica 20, 87–99.

Blumenthal, P. (2006): Wortprofil im Französischen. Tübingen, Niemeyer.

Blumenthal, P. (2008): Französische Kollokationen in Lexikografie und Forschung, in: Lexicographica 24, 21–37.

Bogaards, P. (1998): Des dictionnaires au service de l'apprentissage du français langue étrangère, in: Cahiers de lexicologie 72, 127–167.

Bossong, G. (1990): Sprachwissenschaft und Sprachphilosophie in der Romania. Von den Anfängen bis August Wilhelm Schlegel. Tübingen, Narr.

Braun, I. (2008): Zweisprachige Lernerwörterbücher für das Sprachenpaar Deutsch-Französisch. Auswählen, Bewerten und Anwenden. Saarbrücken, VDM Verlag Dr. Müller.

Bray, L. (1990): La lexicographie française des origines à Littré, in: Hausmann et al. (1989–1991, eds.), 1788–1818.

Bühler, A. (1979, [3]2000): Einführung in die Logik. Freiburg, München, Alber.

Burger, H. (1998, [4]2010): Phraseologie. Eine Einführung am Beispiel des Deutschen. Berlin, Schmidt.

Burger, H./Buhofer, A./Sialm, A. (1982): Handbuch der Phraseologie. Berlin, New York, de Gruyter.

Burger, H. et al. (2007): Phraseologie: Objektbereich, Terminologie und Forschungsschwerpunkte, in: Burger et al. (eds.), 1–10.

Burger, H. et al. (2007, eds.): Phraseologie. Ein internationales Handbuch der zeitgenössischen Forschung. 2 Halbbände. Berlin, New York, de Gruyter.

Buridant, C. (2007): Historische Phraseologie des Französischen, in: Burger et al. (eds.), 1106–1125.

Busse, D. (2009): Semantik. Paderborn, Fink.

Busse, D. (2012): Frame-Semantik. Ein Kompendium. Berlin, Boston, de Gruyter.

Chrétien, A. et al. (2001): Le projet de l'Académie française à travers les préfaces de deux éditions de son dictionnaire: 1694 et 1798, in: International Journal of Lexicography 14, 85–95.

CLG 2013 = Wunderli, P. (2013, ed.): Ferdinand de Saussure: Cours de linguistique générale. Zweisprachige Ausgabe französisch-deutsch mit Einleitung, Anmerkungen und Kommentar. Tübingen, Narr.

Cölfen, H. (2011): Wikipedia, in: Haß (ed.), 509–523.

Cormier, M. C. (2002): Un siècle de lexicographie au Québec: morceaux choisis, in: International Journal of Lexicography 15, 55–73.

Cormier, M. C./Boulanger, J.-C. (2008, eds.): Les dictionnaires de la langue française au Québec: de la Nouvelle-France à aujourd'hui. Montréal, Université de Montréal.

Cormier, M. C./Francœur, A. (2005, eds.): Les dictionnaires Larousse: genèse et évolution. Montréal, Presses de l'Université de Montréal.

Cormier, M. C./Francœur, A./Boulanger, J.-C. (2003, eds.): Les dictionnaires Le Robert: genèse et évolution. Montréal, Presses de l'Université de Montréal.

Cormier, M./Ouimet, C./Boulanger, J.-C. (2001): A propos de la néobienséance dans les dictionnaires scolaires: les prénoms dans les exemples, in: Pruvost (ed.), 139–163.

Coseriu, E. (1967): Lexikalische Solidaritäten, in: Poetica 1/3, 293–303.

Coseriu, E. (1978): Einführung in die strukturelle Betrachtung des Wortschatzes (1966/1973), in: H. Geckeler (ed.), Strukturelle Bedeutungslehre. Darmstadt, Wissenschaftliche Buchgesellschaft, 193–238.

Croft, W. (2001): Radical Construction Grammar. Syntactic Theory in Typological Perspective. Oxford, Oxford University Press.

Cruse, A. et al. (2002, 2005 eds.): Lexikologie. Ein internationales Handbuch zur Natur und Struktur von Wörtern und Wortschätzen. 2 Halbbände. Berlin, New York, de Gruyter.

Dotoli, G. (2012): Le dictionnaire de la langue française. Théorique, pratique, utopie. Paris, Hermann.

Dürscheid, Ch. (2002, [4]2012): Einführung in die Schriftlinguistik. Göttingen, Vandenhoeck & Ruprecht.

Engelberg, S./Lemnitzer, L. (2001, [4]2009): Lexikographie und Wörterbuchbenutzung. Tübingen, Stauffenburg.

Ettinger, S. (2011): Einige kritische Fragen zum gegenwärtigen Forschungsstand der Phraseodidaktik, in: Schäfer/Schowalter (eds.), 231–250.

Farina, A. (2001): Dictionnaires de la langue française du Canada: lexicographie et société au Québec. Paris, Champion.

Feilke, H. (2007): Syntaktische Aspekte der Phraseologie III: Construction Grammar und verwandte Ansätze, in: Burger et al. (eds.), 63–76.

Filatkina, N. (2007): Pragmatische Beschreibungsansätze, in: Burger et al. (eds.), 132–158.

Fillmore, Ch. J. (1982): Frame Semantics, in: The Linguistic Society of Korea (ed.), Linguistics in the morning calm. Seoul, Hanshin Publishing Company, 111–137.

Fillmore, Ch. J. (2008): Border Conflicts: FrameNet Meets Construction Grammar, in: E. Bernal/J. DeCesaris (eds.), Proceedings of the XIII Euralex International Congress (Barcelona, 15–18 July 2008). Barcelona, Institut Universitari de Lingüística Aplicada Universitat Pompeu Fabra, 49–69.

Fillmore, Ch. J./Kay, P./O'Connor, M. C. (1988): Regularity and Idiomaticity in Grammatical Constructions: The case of *let alone*, in: Language 64, 501–538.

Fleischer, W. (1982, [2]1997): Phraseologie der deutschen Gegenwartssprache. Tübingen, Niemeyer.

Forkl, Y. (2010): Zur digitalen Zukunft der Kollokationslexikographie. Perspektiven der Präsentation von Wissen über usuelle französische und deutsche Wortverbindungen in gedruckten und elektronischen Wörterbüchern. Münster, Monsenstein und Vannerdat, http://www.opus.ub.uni-erlangen.de/opus/volltexte/2010/2169.

Francard, M./Geron, G./Wilmet, R. (1994): L'insécurité linguistique dans les communautés francophones périphériques. Bd. 1: Cahiers de l'Institut Linguistique de Louvain 19 (1993) (ersch. 1994), Bd. 2: Cahiers de l'Institut de Linguistique de Louvain 20 (1994).

Fried, M./Östman, J.-O. (2004): Construction Grammar: A thumbnail sketch, in: M. Fried/J.-O. Östman (eds.), Construction Grammar in a Cross-Language Perspective. Amsterdam, Philadelphia, Benjamins, 11–86.

Galarneau, A. (2002): D'un grand lexicographe, Paul Robert, à une grande maison d'édition: les dictionnaires *Le Robert*, in: International Journal of Lexicography 15, 22–37.

Glessgen, M.-D. (2007, $^{2}$2012): Linguistique romane. Domaines et méthodes en linguistique française et romane. Paris, Armand Colin.

Goldberg, A. E. (1995): Constructions. A Construction Grammar Approach to Argument Structure. Chicago, London, Chicago University Press.

Goosse, A. (2010): Observations et réflexions à propos d'un nouveau dictionnaire des belgicismes; A propos d'un nouveau dictionnaire des belgicismes (suite), in: La revue générale 8/9, 51–61, 10, 45–50.

Gougenheim, G. et al. (1956): L'élaboration du français élémentaire: étude sur l'établissement d'un vocabulaire et d'une grammaire de base. Paris, Didier. Nouv. éd. refondue et augmentée (1964) sous le titre L'élaboration du français fondamental: étude sur l'établissement d'un vocabulaire et d'une grammaire de base. Paris, Didier.

Grevisse, M. (1936, $^{15}$2011): Le Bon Usage. Hg. v. A. Goosse. Brüssel, De Boeck Duculot.

Gülich, E./Henke, K. (1979, 1980): Sprachliche Routine in der Alltagskommunikation, in: Die Neueren Sprachen 78, 513–530 und 79, 2–33.

Haensch, G. (1991): Die mehrsprachigen Wörterbücher und ihre Probleme, in: Hausmann et al. (1989–1991, eds.), 2909–2937.

Hallig, R./Wartburg, W. von (1952, $^{2}$1963): Begriffssystem als Grundlage für die Lexikographie. Versuch eines Ordnungsschemas. Berlin, Akademie-Verlag

Harras, G. (1989): Zu einer Theorie des lexikographischen Beispiels, in: Hausmann et al. (1989–1991, eds.), 607–614.

Haß, U. (2011, ed.): Große Lexika und Wörterbücher Europas. Europäische Enzyklopädien und Wörterbücher in historischen Porträts. Berlin, New York, de Gruyter.

Hausmann, F. J. (1977): Einführung in die Benutzung der neufranzösischen Wörterbücher. Tübingen, Niemeyer.

Hausmann, F. J. (1984): Wortschatzlernen ist Kollokationslernen. Zum Lehren und Lernen französischer Wortverbindungen, in: Praxis des neusprachlichen Unterrichts 31, 395–406.

Hausmann, F. J. (1985): Lexikographie, in: Ch. Schwarze/D. Wunderlich (eds.), Handbuch der Lexikologie. Königstein/Ts., Athenäum, 367–411.

Hausmann, F. J. (1989a): Das Definitionswörterbuch, in: Hausmann et al. (1989–1991, eds.), 981–988.

Hausmann, F. J. (1989b): Le dictionnaire de collocations, in: Hausmann et al. (1989–1991, eds.), 1010–1019.

Hausmann, F. J. (1989c): Die Markierung im allgemeinen einsprachigen Wörterbuch, in: Hausmann et al. (1989–1991, eds.), 649–657.

Hausmann, F. J. (1989d): Wörterbuchtypologie, in: Hausmann et al. (1989–1991, eds.), 968–981.

Hausmann, F. J. (1990a): Das Wörterbuch der Sprechsprache, des Argot und des Slang, in: Hausmann et al. (1989–1991, eds.), 1184–1190.

Hausmann, F. J. (1990b): Les dictionnaires pour l'enseignement de la langue étrangère: français, in: Hausmann et al. (1989–1991, eds.), 1386–1390.

Hausmann, F. J. (1996): La syntagmatique dans le TLF informatisé, in: D. Piotrowski (ed.), Lexicographie et informatique. Autour de l'informatisation du Trésor de la Langue Française. Paris, Didier, 37–50.

Hausmann, F. J. (2003): Beaucoup de splendeurs, peu de misères: bilan sur les dictionnaires Le Robert, in: Cormier/Francœur/Boulanger (eds.), 246–262.

Hausmann, F. J. (2004): Was sind eigentlich Kollokationen?, in: K. Steyer (ed.), Wortverbindungen – mehr oder weniger fest. Berlin, New York, de Gruyter, 309–334.

Hausmann, F. J. (2008): Kollokationen und darüber hinaus. Einleitung in den thematischen Teil „Kollokationen in der europäischen Lexikographie und Wörterbuchforschung", in: Lexicographica 24, 1–20.

Hausmann, F. J./Blumenthal, P. (2006): Présentation: collocations, corpus, dictionnaires, in: Langue française 150, 3–13.

Hausmann, F. J./Werner, R. O. (1991): Spezifische Bauteile und Strukturen zweisprachiger Wörterbücher. Eine Übersicht, in: Hausmann et al. (1989–1991, eds.), 2729–2769.

Hausmann, F. J. et al. (1989–1991, eds.). Wörterbücher. Dictionaries. Dictionnaires. Ein internationales Handbuch zur Lexikographie. 3 Bde. Berlin et al., de Gruyter.

Heger, K. (1971, $^{2}$1976): Monem, Wort, Satz, Text. Tübingen, Niemeyer.

Heinz, M. (2005, ed.): L'exemple lexicographique dans les dictionnaires français contemporains. Actes des „Premières Journées Allemandes des Dictionnaires". Tübingen, Niemeyer.

Heinz, M. (2009, ed.): Le dictionnaire maître de langue. Lexicographie et didactique. Actes des „Deuxièmes Journées Allemandes des Dictionnaires" à la mémoire de Josette Rey-Debove. Berlin, Frank & Timme.

Heinz, M. (2010, ed.): Cultures et lexicographies. Actes des „Troisièmes Journées Allemandes des Dictionnaires" en l'honneur d'Alain Rey. Berlin, Frank & Timme.

Heinz, M. (2012, ed.): Dictionnaires et traduction. Actes des „Quatrièmes Journées Allemandes des Dictionnaires" dédiés à la mémoire de Henri Meschonnic. Berlin, Frank & Timme.

Helbig, G. (1971): Theoretische und praktische Aspekte eines Valenzmodells, in: G. Helbig (ed.), Beiträge zur Valenztheorie, Den Haag et al., Mouton, 31–49.

Herbst, Th./Klotz, M. (2003): Lexikografie. Paderborn et al., Schöningh.

Herbst, Th. et. al. (2004, eds.): Lexikografie, ihre Basis- und Nachbarwissenschaften. (Englische) Wörterbücher zwischen „common sense" und angewandter Theorie. Tübingen, Niemeyer.

Heringer, H.-J. (1984): Neues von der Verbszene, in: G. Stickel (ed.), Pragmatik in der Grammatik. Jahrbuch 1983 des Instituts für deutsche Sprache. Düsseldorf, Schwann, 34–64.

Hermanns, F. (1988): Das lexikographische Beispiel. Ein Beitrag zu seiner Theorie, in G. Harras (ed.), Das Wörterbuch. Artikel und Verweisstrukturen. Düsseldorf, Schwann-Bage, Bielefeld, Cornelsen-Velhagen und Klasing.

Hoffmann, L./Kalverkämper, H./Wiegand, H. E. (1998, 1999, eds.): Fachsprachen. Ein internationales Handbuch zur Fachsprachenforschung und Terminologiewissenschaft. 2 Halbbände. Berlin, New York, de Gruyter.

Hoinkes, U. (2011): Die große französische Enzyklopädie von Diderot und d'Alembert, in: Haß (ed.), 117–136.

Hunnius, K. (2013): Nähesprache vs. Oralität. Zwei Konzeptionen von Mündlichkeit im Vergleich, in: Zeitschrift für französische Sprache und Literatur 123, 1–11.

Hupka, W. (1989a): Das enzyklopädische Wörterbuch, in: Hausmann et al. (1989–1991, eds.), 988–999.

Hupka, W. (1989b): Wort und Bild. Die Illustrationen in Wörterbüchern und Enzyklopädien. Tübingen, Niemeyer.

Jacquet-Pfau, Ch. (2002): Les dictionnaires du français sur cédérom, in: International Journal of Lexicography 15, 89–104.

Jehle, G. (1990): Das englische und französische Lernerwörterbuch in der Rezension. Theorie und Praxis der Wörterbuchkritik. Tübingen, Niemeyer.

Jousse, A.-L./Polguère, A. (2005): Le DiCo et sa version DiCouèbe. Document descriptif et manuel d'utilisation. Montréal, OLST, Université de Montréal, DiCoDOC.pdf, http://olst.ling.umontreal.ca/dicouebe/index.php.

Karnath, H.-O./Thier, P. (2003, $^{3}$2012, eds.): Kognitive Neurowissenschaften. Berlin, Heidelberg, Springer.

Kay, P./Fillmore, Ch. J. (1999): Grammatical constructions and linguistic generalizations: the *What's X doing Y?* construction, in: Language 75, 1–33.

Knecht, P. (1982, $^{2}$2000): Die französischsprachige Schweiz, in: R. Schläpfer/H. Bickel (eds.), Die viersprachige Schweiz. Aarau et al., Sauerländer, 139–176.

Koch, P./Oesterreicher, W. (1990, $^{2}$2011): Gesprochene Sprache in der Romania. Französisch, Italienisch, Spanisch. Berlin, New York, de Gruyter.

Komenda-Earle, B.: Das fünfte Rad am Wagen sein. Zur Grammatik des Satzphraseologismus. Deutsche Grammatik im europäischen Dialog, www2.hu-berlin.de/linguistik/institut/syntax/krakau2006/beitraege.htm.

Konecny, Ch. (2010): Kollokationen. Versuch einer semantisch-begrifflichen Annäherung und Klassifizierung anhand italienischer Beispiele. München, Meidenbauer.

Lakoff, G. (1987): Women, Fire, and Dangerous Things. What Categories Reveal about the Mind. Chicago, University of Chicago Press.

Lakoff, G./Johnson, M. (2007): Leben in Metaphern. Konstruktion und Gebrauch von Sprachbildern. Heidelberg, Carl-Auer-Verlag (englisches Original (1994): Metaphors we live by. Chicago, University of Chicago Press).

Lançon, Ph. (2013): Barthes parallèle. Et si le sémiologue n'avait pas glissé sous une camionnette?, in: Libération, 19.7.2013, http://www.liberation.fr/livres/2013/07/16/barthes-parallele_918720.

Lehmann, A. (1995, ed.): L'exemple dans le dictionnaire de langue. Histoire, typologie, problématique. Paris, Larousse.

Lehmann, A. (2002): in: Constantes et innovations dans la lexicographie du français destineé aux enfants (1970–2001), in: International Journal of Lexicography 15, 74–88.

Lehmann, A./Martin-Berthet, F. (1998, $^{3}$2008): Introduction à la lexicologie. Sémantique et morphologie. Paris, Armand Colin.

Leisi, E./Mair, Ch. (1955, $^{9}$2008): Das heutige Englisch. Wesenszüge und Probleme. Heidelberg, Winter.

Lengert, J. (1999): Romanische Phraseologie und Parömiologie. Eine teilkommentierte Bibliographie von den Anfängen bis 1997. 2 Bde. Tübingen, Narr.

Lengert, J. (2007): Phraseographie des Französischen, in: Burger et al. (eds.), 958–975.

Leroyer, P./Binon, J./Verlinde, S. (2009): La lexicographie d'apprentissage française au tournant du troisième millénaire; le couple FLM/FLE(S) entre tradition et innovation, in: Lexicographica 25, 109–133.

Löbner, S. (2003): Semantik. Eine Einführung. Berlin, New York, de Gruyter.

Lüger, H.-H. (2007): Pragmatische Phraseme: Routineformeln, in: Burger et al. (eds.), 444–459.

Martin, R. (1989): L'exemple lexicographique dans le dictionnaire monolingue, in: Hausmann et al. (1989–1991, eds.), 599–607.

Martinet, A. (1960, $^{2}$1967): Éléments de linguistique générale. Paris, Armand Colin.

Matoré, G. (1968): Histoire des dictionnaires français. Paris, Larousse.

Mavoungon, P. A. (2010): Lexicographie et confection des dictionnaires au Gabon. Stellenbosch, Sun Media.

Mejri, S. (2007): French phraseology, in: Burger et al. (eds.), 682–691.

Meney, L. (2008): Langue et idéologie : aspect du champ linguistique québécois, in: B. Horiot/Ch. Bignamini-Verhoeven (eds.), Français du Canada – Français de France VII. Actes du septième colloque international de Lyon (16–18 juin 2003). Tübingen, Niemeyer, 39–47.

Meschonnic, H. (1991): Des mots et des mondes. Dictionnaires, encyclopédies, grammaires, nomenclatures. Paris, Hatier.

Mfém = Conseil supérieur de la langue française (1994, $^{2}$2005): Mettre au féminin. Guide de féminisation des noms de métier, fonction, grade ou titre. Brüssel, Service de la langue française.

Niklas-Salminen, A. (1997): La lexicologie. Paris, Armand Colin.

Pöll, B. (1998): Französisch außerhalb Frankreichs. Geschichte, Status und Profil regionaler und nationaler Varietäten. Tübingen, Niemeyer.

Pöll, B. (2002): Spanische Lexikologie. Eine Einführung. Tübingen, Narr.

Poirier, C. (2005): La dynamique du français à travers l'espace francophone à la lumière de la base de données lexicographiques panfrancophone, in: Revue de linguistique romane 69, 483–516.

Polguère, A. (2003, [2]2008): Lexicologie et sémantique lexicale. Notions fondamentales. Nouvelle édition revue et corrigée. Montréal, Les Presses de l'Université de Montréal.

Popelar, I. (1976) : Das Akademiewörterbuch von 1694 – das Wörterbuch des Honnête Homme? Tübingen, Niemeyer.

Porep, R./Steudel, W.-I. (1974, [2]1983): Medizinische Terminologie. Ein programmierter Kurs mit Kompendium zur Einführung in die medizinische Fachsprache. Stuttgart et al., Thieme.

Pottier, B. (1964): Vers une sémantique moderne, in: Travaux de linguistique et de littérature 2,1, 107–136.

Pottier, B. (1962, [5]1969): Introduction à l'étude des structures grammaticales fondamentales. Nancy, Faculté des Lettres et des Sciences Humaines.

Préface NPR = Préface du Nouveau Petit Robert (1993) par J. Rey-Debove et A. Rey, in: PR, Aide en ligne: Préfaces et annexes du Petit Robert.

Préface PR = Préface du Petit Robert (première édition, 1967) par P. Robert, in: PR, Aide en ligne: Préfaces et annexes du Petit Robert.

Pruvost, J. (2001): Les dictionnaires d'apprentissage monolingues de la langue française (1856–1999): Problèmes et méthodes, in: Pruvost (ed.), 67–95.

Pruvost, J. (2002a): Du lexicographe Pierre Larousse (XIXe s.) à la maison Larousse (XXe–XXIe s.), in: International Journal of Lexicography 15, 38–54.

Pruvost, J. (2002b): Le Trésor de la Langue française: du „grand chêne" au cyberspace, in: International Journal of Lexicography 15, 1–21.

Pruvost, J. (2003): Paul Robert: de la passion des mots au grand architecte de la lexicographie, in: Cormier/Francœur/Boulanger (eds.), 14–87.

Pruvost, J. (2001, ed.): Les dictionnaires de langue française. Dictionnaires d'apprentissage. Dictionnaires spécialisés de la langue. Dictionnaires de spécialité. Paris, Champion.

Pruvost, J. (2008, ed.): Dictionnaires et mots voyageurs. Les 40 ans du Petit Robert; de Paul Robert à Alain Rey. Eragny sur Oise, Editions des Silves.

Pusch, C. D. (2002/2003): A survey of spoken language corpora in Romance, in: Pusch/Raible (eds.), 245–264 (aktualisierte Version 2003: http://www.corpora-romanica.net/publikationen.htm#2000).

Pusch, C. D./Raible, W. (2002, eds.): Romanistische Korpuslinguistik/Romance Corpus Linguistics: Korpora und gesprochene Sprache/Corpora and Spoken Language. Tübingen, Narr.

Quemada, B. (1967): Les dictionnaires du français moderne: 1539–1863. Étude sur leur histoire, leurs types et leurs méthodes. Paris, Didier.

Reichmann, O. (1990): Das onomasiologische Wörterbuch: Ein Überblick, in: Hausmann et al. (1989–1991, eds.), 1057–1067.

Rettig, W. (1985): Die zweisprachige Lexikographie Französisch-Deutsch, Deutsch-Französisch. Stand, Probleme, Aufgaben, in: Lexicographica 1, 92–124.

Rettig, W. (1989): Die Wortbildungszusammenhänge im allgemeinen einsprachigen Wörterbuch, in: Hausmann et al. (1989–1991, eds.), 642–649.

Reutner, U. (2007): Das kanadische Französisch in der heutigen Lexikografie Frankreichs, in: Lebende Sprachen (2007), 75–84.

Reutner, U. (2009): Sprache und Tabu. Interpretationen zu französischen und italienischen Euphemismen. Tübingen, Niemeyer.

Rey, A. (1982): Encyclopédies et dictionnaires. Paris, Presses Universitaires de France.

Rey, A. (1987): Le dictionnaire culturel, in: Lexicographica 3, 3–50.

Rey, A. (1990): La lexicographie française depuis Littré, in: Hausmann et al. (1989–1991, eds.), 1818–1843.

Rey, A. (2008): De l'artisanat des dictionnaires à une science du mot. Paris, Armand Colin.

Rey-Debove, J. (1971): Étude linguistique et sémiotique des dictionnaires français contemporains. Den Haag, Paris, Mouton.

Rey-Debove, J. (1989): Le traitement analogique dans le dictionnaire monolingue, in: Hausmann et al. (1989–1991, eds.), 635–640.

Rey-Debove, J. (2001): De quelques utopies lexicographiques concernant l'apprentissage du français, in: Pruvost (ed.), 97–103.

Ripfel, M. (1989): Die normative Wirkung deskriptiver Wörterbücher, in: Hausmann et al. (1989–1991, eds.), 189–207.

Römer, Ch./Matzke, B. (2010): Der deutsche Wortschatz. Struktur, Regeln und Merkmale. Tübingen, Narr.

Rössler, A. (2011): À la recherche de la recherche collocationelle. Kollokationsforschung in der Romania und ihre Bedeutung für die Fremdsprachendidaktik, in: Schäfer/Schowalter (eds.), 251–263.

Rothe, U. (2001): Das einsprachige Wörterbuch in seinem soziokulturellen Kontext. Gesellschaftliche und sprachwissenschaftliche Aspekte in der Lexikographie des Englischen und Französischen. Tübingen, Niemeyer.

Schäfer, P./Schowalter, Ch. (2011, eds.): In mediam linguam. Mediensprache – Redewendungen – Sprachvermittlung. Festschrift für Heinz-Helmut Lüger. Landau, Verlag Empirische Pädagogik

Schafroth, E. (1995): Lernerwörterbücher im Vergleich. Empirische Untersuchungen zu vier einsprachigen französischen Wörterbüchern, in: Zeitschrift für französische Sprache und Literatur 105, 113–136.

Schafroth, E. (1999): Rez. zu Sabatini, F./Coletti, V., DISC. Dizionario Italiano Sabatini Coletti, Florenz, Giunti 1997, in: Lexicographica 15, 281–296.

Schafroth, E. (2001): Phraseologie im Französischen zwischen Lernsituation und sprachlicher Wirklichkeit. Neue didaktische Perspektiven durch die modernen Medien?, in: Moderne Sprachen 45, 63–86.

Schafroth, E. (2003a): Kollokationen im GWDS, in: H. E. Wiegand (ed.), Untersuchungen zur kommerziellen Lexikographie der deutschen Gegenwartssprache. I. Duden. Das große Wörterbuch der deutschen Sprache in zehn Bänden. Tübingen, Niemeyer, 397–412.

Schafroth, E. (2003b): Zwischen Chaos und Systematizität: Markierungen in einsprachigen Wörterbüchern des Italienischen, in: M.ª T. Echenique Elizondo et al. (eds.), Lexicografía y lexicología en Europa y América. Homenaje a Günther Haensch en su 80 aniversario. Madrid, Gredos, 647–662.

Schafroth, E. (2005): Zum Problem der Definition von *argot* und *gergo*, in: Romanische Forschungen 117, 285–310.

Schafroth, E. (2008): Aspects de la normativité dans les dictionnaires du français québécois, in: Cormier/Boulanger (eds.), 199–238.

Schafroth, E. (2009): Die französische Standardsprache in Quebec, in: U. Reutner (ed.), 400 Jahre Quebec. Kulturkontakte zwischen Konfrontation und Kooperation. Heidelberg, Winter, 45–72.

Schafroth, E. (2011a): Enciclopedia Italiana di scienze, lettere ed arti, in: Haß (ed.), 407–431.

Schafroth, E. (2011b): Trésor de la langue française (informatisé), in: Haß (ed.), 367–403.

Schafroth, E. (im Druck): Das pragmatische Potential von Phrasemen – illustriert am Deutschen und Italienischen, in: S. Cantarini (ed.), Wortschatz und Wortschätze im Vergleich: Methoden, Instrumente und neue Perspektiven. Frankfurt am Main, Lang.

Scherfer, P. (2002, [2]2008): Lexikalische Kollokationen, in: I. Kolboom,/Th. Kotschi/E. Reichel (eds.), Handbuch Französisch. Für Studium, Lehre, Praxis. Berlin, Schmidt, 238–245.

Schlaefer, M. (2002, [2]2009): Lexikologie und Lexikographie. Eine Einführung am Beispiel deutscher Wörterbücher. Berlin, Schmidt.

Schwarze Ch. (2009): Grammatica della lingua italiana. Edizione italiana interamente riveduta dall'autore. A cura di A. Colombo, con la collaborazione di E. Manzotti. Rom, Carocci.

Selva, Th./Verlinde, S. (2002): L'utilisation d'un dictionnaire électronique: une étude de cas, in: Euralex 2002 Proceedings. Kopenhagen, 773–783 (http://www.euralex.org/proceedings-toc/euralex_2002).

Selva, Th./Verlinde, S./Binon, J. (2002): Le DAFLES, un nouveau dictionnaire électronique pour apprenants du français, in: Euralex 2002 Proceedings. Kopenhagen, 199–208 (http://www.euralex.org/proceedings-toc/euralex_2002).

Siepmann, D. (2002): Eigenschaften und Formen lexikalischer Kollokationen: Wider ein zu enges Verständnis, in: Zeitschrift für romanische Sprache und Literatur 112, 240–263.

Störig, H. J. (1992): Kleine Weltgeschichte der Philosophie. Erweiterte Neuausgabe. Frankfurt am Main, Fischer.

Svensén, B. (2009): A Handbook of Lexicography. The Theory and Practice of Dictionary-Making. Cambridge, Cambridge University Press.

Tarp, S. (2009): The foundations of a theory of learners' dictionaries, in: Lexicographica 25, 155–168.

Tutin, A. (2005): Le dictionnaire de collocations est-il indispensable?, in: Revue Française de Linguistique Appliquée 10, 31–48.

Tutin, A./Grossmann, F. (2002): Collocations régulières et irrégulières: esquisse de typologie du phénomène collocatif , in: Revue Française de Linguistique Appliquée 7, 7–26.

van den Eynde, K./Mertens, P. (2010): Le dictionnaire de valence Dicovalence: manuel d'utilisation, http://bach.arts.kuleuven.be/dicovalence/manuel_100625.pdf.

Wartburg, W. von (1946, [10]1971): Évolution et structure de la langue française. Bern, Francke.

Werner, R. (1989): Probleme der Anordnung der Definitionen im allgemeinen einsprachigen Wörterbuch, in: Hausmann et al. (eds.), 917–930.

Wiegand, H. E. (1977): Nachdenken über Wörterbücher: Aktuelle Probleme, in: G. Drosdowski/H. Henne/H. E. Wiegand (eds.), Nachdenken über Wörterbücher. Mannheim, Wien, Zürich, Bibliographisches Institut, 51–102.

Wiegand, H. E. (1996): Über die Mediostrukturen bei gedruckten Wörterbüchern, in: A. Zettersten/V. Hjørnager Pedersen (eds.), Symposium on Lexicography VII. Tübingen, Niemeyer, 11–43.

Wiegand, H. E. (1998, 2009): Wörterbuchforschung. Untersuchungen zur Wörterbuchbenutzung, zur Theorie, Geschichte, Kritik und Automatisierung der Lexikographie. 2 Teilbände. Berlin, New York, de Gruyter.

Wiegand, H. E. (2003): Altes und Neues zur Mediostruktur in Printwörterbüchern, in: Lexicographica 18, 168–252.

Wiegand, H. E. et al. (2010, eds.): Wörterbuch zur Lexikographie und Wörterbuchforschung. Bd. 1. Systematische Einführung: A–C. Berlin et al., de Gruyter.

Wiese, I. (1998): Die neue Fachsprache der Medizin seit der Mitte des 19. Jahrhunderts unter besonderer Berücksichtigung der Inneren Medizin, in: Hoffmann/Kalverkämper/Wiegand (eds.), 1278–1285.

Wittgenstein, L. (1989): Tractatus logico-philosophicus. Tagebücher 1914–1916 [u.a.], in: Werkausgabe, Bd. 1. Frankfurt am Main, Suhrkamp.

Wolf, H. J. (1979, ²1991): Französische Sprachgeschichte. Heidelberg, Wiesbaden, Quelle & Meyer.

Wolf, L./Hupka, W. (1981): Altfranzösisch – Entstehung und Charakteristik. Eine Einführung. Darmstadt, Wissenschaftliche Buchgesellschaft.

Wunderli, P. (1989): Französische Lexikologie. Einführung in die Theorie und Geschichte des französischen Wortschatzes. Tübingen, Niemeyer.

Wunderli, P. (1990): Französisch: Lexikologie und Semantik, in: G. Holtus/M. Metzeltin/Ch. Schmitt (1990, eds.), Lexikon der Romanistischen Linguistik. Bd. V,1: Französisch. Tübingen, Niemeyer, 94–112.

Ziem, A. (2008): Frames und sprachliches Wissen. Kognitive Aspekte der semantischen Kompetenz. Berlin et al., de Gruyter.

Zöfgen, E. (1994): Lernerwörterbücher in Theorie und Praxis. Ein Beitrag zur Metalexikographie mit besonderer Berücksichtigung des Französischen. Tübingen, Niemeyer.

Zöfgen, E. (2008): Kollokationslexikografie im Aufwind. Der Dictionnaire des combinaisons de mots auf dem Prüfstand, in: Zeitschrift für französische Sprache und Literatur 118, 107–124.

## 9.3 Digitale Sprachkorpora und weitere Internetquellen

bab.la Online Wörterbuch für 24 Sprachen, bab.la.

Babylon Wörterbuch, http://woerterbuch.babylon.com.

BDL = Banque de dépannage linguistique, http://www.oqlf.gouv.qc.ca/ressources/bdl.html.

BDLP = Poirier, C. (2004–, dir.): Base de données lexicographiques panfrancophone, http://www.bdlp.org.

BLF = Base lexicale du français, http://ilt.kuleuven.be/blf.

CFPQ = Corpus de français parlé au Québec, recherche.flsh.usherbrooke.ca/cfpq.

CLAPI = Corpus de LAngues Parlées en Interaction, http://clapi.univ-lyon2.fr.

CNRTL (2005–) = Centre National de Ressources Textuelles et Lexicales, http://www.cnrtl.fr.

Collocations and idioms: An International Bibliography (2007), http://kollokationen.bbaw.de/bib/index_de.html.

De Kock, J. et al. (1980–, eds.): Elilap – Etude linguistique de la langue parlée. Löwen, Leuven University/Linguistics Department, http://bach.arts.kuleuven.ac.be/elicop.

dict.cc = Dictionnaire Allemand-Français , http://defr.dict.cc.

Ettinger, S. (2009–): Phraseologie und Phraseodidaktik, http://www.ettinger-phraseologie.de.

FrameNet, https://framenet.icsi.berkeley.edu/fndrupal.

Frantext, Nancy, ATILF, http://www.frantext.fr.

Gallica, Paris, Bibliothèque nationale de France, http://gallica.bnf.fr.

Google Übersetzer, translate.google.de.

IATE = InterActive Terminology for Europe, iate.europa.eu.

Interglot = Interglot translation dictionary, www.interglot.com.

Konecny, Ch./Autelli, E. (2012–): Italienische Kollokationen, http://www.kollokation.at.

Larousse, http://www.editions-larousse.fr.

LEO Französisch-Deutsch, http://dict.leo.org/frde/index_de.html.

Linguee, www.linguee.de.

Musée = Pruvost, J./Jacquet-Pfau, Ch. (o.J., dirs.): Le Musée virtuel des dictionnaires, http://www3.u-cergy.fr/dictionnaires/index.html.

New, B./Pallier, Ch. (2001): Lexique 3. Une Base de Données Lexicales Libre, http://www.lexique.org.
OLFQ = Office québécois de la langue française, http://www.oqlf.gouv.qc.ca/ressources/bdl.html.
(Le) Robert, www.lerobert.com.
TLFQ = Trésor de la langue française au Québec, http://www.tlfq.ulaval.ca.
Treccani, www.treccani.it.
URL-AF: Académie française, http://www.academie-francaise.fr.
URL-ARTFL = The ARTFL Project, Dictionnaires d'autrefois, http://artfl-project.uchicago.edu/node/17.
Wiktionary, das freie Wörterbuch, http://de.wiktionary.org/wiki/Wiktionary:Hauptseite.

# 10. Indizes

## 10.1 Sachindex

## 10.2 Namensindex

## 10.3 Index der Wörterbücher, Lexika und Korpora

# 11. Glossar

Aufgeführt werden hier nur Termini, die nicht bereits im Buch erklärt wurden.

**Archilexem**: Hyperonym, mit dem sich ein Wortfeld bezeichnen lässt (z.B. fr. *sièges*). Lässt sich kein einzelnes Lexem finden, wird auf eine Paraphrase zurückgegriffen, z.B. *stehende Gewässer*, *fließendes Gewässer* oder, besonders im Deutschen, auf ein Kompositum (z.B. *Sitzgelegenheiten*, *Bildungseinrichtung*). Das Archilexem ist die konkrete Realisierung eines Archisemems.

**Archisemem**: Gemeinsame Schnittmenge zwischen den Semen der Lexeme eines Wortfeldes: z.B. die Seme 'sur terre' und 'transport de personnes' der Lexeme *voiture*, *taxi*, *autobus*, *autocar* und *métro* des Wortfeldes 'moyens de transport'.

**autosemantisch**: (im Unterschied zu *synsemantisch*) semantisch autonom; alle Inhaltswörter (Autosemantika), insbesondere Basen einer Kollokation (z.B. *Haar* im Unterschied zu *schütter*).

**Diasystem** (**diasystematisch**): Gesamtheit aller Varietäten (einschließlich der Standardvarietät) einer historischen Einzelsprache.

**hexagonal**: auf Frankreich bezogen (zu *Hexagon* 'Sechseck' [Form der geographischen Umrisse Frankreichs]), meist in Abgrenzung zu Französischvarietäten anderer Länder.

**Idiosynkrasie** (*idiosynkratisch*): Nichtvorhersagbarkeit, Nicht-Ableitbarkeit einer Konstruktion (im Sinne der Konstruktionsgrammatik) hinsichtlich ihrer Form und/oder ihrer Bedeutung (z.B. eines komplexen Lexems, eines Valenzpatterns, einer Kollokation, eines Phrasems oder einer syntaktischen Struktur).

**Koinè** (die): Kompromissvarietät, die zwischen den Sprechern verschiedener Varietäten einer Sprache (im Sinne von Diasystem) verwendet wird, um Kommunikation zu ermöglichen (z.B. frankophone Sprecher aus Frankreich, Quebec und Afrika).

**Kontext** (*kontextuell*): der situationelle (auch *situative*), also außersprachliche Kontext; z.B. tritt das Lexem *Gemahl* meist in betont formellen oder in humorigen Kontexten auf.

**Kotext** (*kotextuell*): der innersprachliche (syntagmatische) Kontext, vor allem hinsichtlich des typischen Miteinanderauftretens von Lexems (z.B. Kollokationen).

**Lernersprache** (auch *Lernervarietät*, *Interlanguage*): eine Art Interimssprache bei der Erlernung einer Fremd-, Zweit- oder Muttersprache; sie wird hinsichtlich des Sprachsystems und der Sprachnorm noch unzureichend beherrscht.

**Satellitenbegriff**: (ausgehend von einem bestimmten Begriff) Begriff, der zum Feld (Frame) dieses Begriffs gehört, z.B. ‘Sattel’ als Satellitenbegriff zu ‘Fahrrad’.

**Satellitenlexem**: konkrete Realisierung eines Satellitenbegriffs.

**Seme**: distinktive semantische Merkmale eines Lexems, die dieses von anderen Lexemen (meist desselben Wortfeldes) abgrenzen, z.B. das Sem ‘privat’ in *Verabredung* im Unterschied zu ‘beruflich’ oder ‘Institution/Arzt’ in *Termin*; das Lexem *Date* hingegen enthält das Sem ‘mit amouröser Zielsetzung’.

**synsemantisch**: (im Unterschied zu *autosemantisch*) semantisch nicht autonom, keine eigenständige Bedeutung aufweisend, sondern semantisch oder funktional abhängig von einem oder mehreren anderen sprachlichen Elementen; synsemantisch sind vor allem Funktionswörter (Präpositionen, Konjunktionen etc.) und Kollokatoren (z.B. *schütter*, dessen Bedeutung an die Kollokationsbasis *Haar* gebunden ist).

**Semem**: die Bedeutung eines Lexems bzw. bei Polysemie eine Einzelbedeutung eines Lexems; ein Semem besteht in der Regel aus mehreren Semen, z.B. die Sememe des Lexems *couronne*: $\text{Semem}_1$ ‘Kranz’, $\text{Semem}_2$ ‘Krone’ (Gegenstand), $\text{Semem}_3$ ‘Krone’ (Institution), $\text{Semem}_4$ ‘Krone’ (Baum).

**Sublemma** (Pl. *Sublemmata*): (meist kleiner gedrucktes) Lemma innerhalb eines Wörterbuchartikels; diese Praxis wird vor allem in Wörterbüchern angewandt, die den Wortschatz nach formalen und semantischen (morphosemantischen) Gesichtspunkten innerhalb einer Mikrostruktur gruppieren, wie z.B. im DFC beim Lemma *coffre*, in dessen Mikrostruktur die Sublemmata *coffrage*, *coffrer*, *coffre-fort*, *coffret* in nestalphabetischer Reihung angeordnet sind (s. Kap. 2.1).

**Varietät**: Teilsystem einer Sprache (im Sinne von Diasystem), dessen Merkmale charakteristisch sind für a) eine bestimmte Kommunikationssituation oder Äußerungsabsicht (*diaphasische Varietät*), b) einen bestimmten soziokulturellen Hintergrund oder eine soziale Kategorie wie Alter und Geschlecht (*diastratische Varietät*) oder c) eine bestimmte Region oder ein bestimmtes Land derselben Sprache (*diatopische Varietät*). Der Begriff der ‘diamesischen Varietät’ (sprachliche Merkmale in Abhängigkeit von Medium und Konzeption einer Äußerung) ist nicht unumstritten.